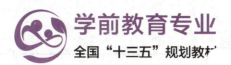

学前教育专业
全国"十三五"规划教材

# 幼儿园游戏指导

主编 曹中平 韦 丹 蔡铭烨

北京理工大学出版社
BEIJING INSTITUTE OF TECHNOLOGY PRESS

版权专有 侵权必究

**图书在版编目(CIP)数据**

幼儿园游戏指导 / 曹中平，韦丹，蔡铭烨主编. —北京：北京理工大学出版社，2018.4(2018.5 重印)

ISBN 978-7-5682-5483-0

Ⅰ.①幼… Ⅱ.①曹… ②韦… ③蔡… Ⅲ.①游戏课-学前教育-教学参考资料 Ⅳ.①G613.7

中国版本图书馆 CIP 数据核字(2018)第 068583 号

| | |
|---|---|
| 出版发行 / | 北京理工大学出版社有限责任公司 |
| 社　　址 / | 北京市海淀区中关村南大街 5 号 |
| 邮　　编 / | 100081 |
| 电　　话 / | (010)68914775(总编室) |
| | (010)82562903(教材售后服务热线) |
| | (010)68948351(其他图书服务热线) |
| 网　　址 / | http://www.bitpress.com.cn |
| 经　　销 / | 全国各地新华书店 |
| 印　　刷 / | 定州启航印刷有限公司 |
| 开　　本 / | 787 毫米×1092 毫米　1/16 |
| 印　　张 / | 18 |
| 字　　数 / | 403 千字 |
| 版　　次 / | 2018 年 4 月第 1 版　2018 年 5 月第 2 次印刷 |
| 定　　价 / | 42.00 元 |

责任编辑 / 梁铜华
文案编辑 / 郭贵娟
责任校对 / 周瑞红
责任印制 / 边心超

图书出现印装质量问题，请拨打售后服务热线，本社负责调换

学前教育专业全国"十三五"规划教材

## 编写委员会

顾问　李倡平

主任　杨莉君

委员（按姓氏首字母排列）

曹中平　郭咏梅　金庆玲　金晓梅
康　丹　龙明慧　路　奇　卢筱红
彭　荣　宋婷婷　谭　芳　田景正
万湘桂　于开莲　张　春　张晓辉
张永红　郑三元　周丛笑　周文华
周杨林

## 本书编写成员

主　编　曹中平　韦　丹　蔡铭烨

副主编　林　静　莫　群　郭　殷

参　编　李　香　吴艳芳　梁　娟　龙蓁蓁
刘　志　宋　词　马潇潇　劳琬清
何宏怀　蓝嘉如

# 序 XU

近年来，世界学前教育界已经达成了最基本的共识：幼儿生命中最初几年是为其设定正确发展轨道的最佳时期，早期教育是消除贫困的最佳保证，投资学前教育比投资任何其他阶段的教育都拥有更大的回报。当然，这些成效的达成都以高质量的学前教育为前提，而幼儿园教师是保证高质量学前教育的关键。

《国务院关于当前发展学前教育的若干意见》强调，要造就一支师德高尚、热爱儿童、业务精良、结构合理的幼儿园教师队伍，为此颁布了《幼儿园教师专业标准（试行）》，引导幼儿园教师和教师教育向着专业化、规范化和高质量的方向发展。这套教材正是为达到《幼儿园教师专业标准（试行）》《教师教育课程标准（试行）》和幼儿园教师资格考试要求而编写的，体现了以下特点：

一、全新的教材编写理念

师德是幼儿园教师最基本的职业准则和规范。师德就是教师的职业道德，是幼儿园教师在保教工作中必须遵循的各种行为准则和道德规范的总和。对幼儿园教师而言，师德是其在开展保育教育活动、履行教书育人职责过程中须放在首位考虑的因素。关爱幼儿，尊重幼儿人格，富有爱心、责任心、耐心和细心是幼儿园教师师德的重要内容。"教育爱"不仅仅需要呵护幼儿的身体，也包括对幼儿人格的尊重，保障他们在幼儿园里快乐而有尊严地生活，为幼儿创造安全、信任、和谐、温馨的教育氛围，促进其富有个性地发展。由于幼儿独立生活和学习的能力还较差，幼儿园教师几乎要对他们生活、学习、游戏中的每一件事提供支持和帮助。只有幼儿园教师充满爱心地、负责任地、耐心和细心地呵护幼儿，才能使学前教育满足幼儿个体生命成长的需要，只有这样，才能体现学前教育对个体生命的意义与价值。

"幼儿为本"是幼儿园教师应秉持的核心理念。学前幼儿是学前教育的主体和核心，学前教育的一切工作必须以促进每一个幼儿的全面发展为出发点和归宿，因此，珍惜幼儿的生命，尊重幼儿的价值，满足幼儿的需要，维护幼儿的权利，促进每一个幼儿的全面发展，是学前教育的本质，也是学前教育最根本的价值所在。具体来说，"幼儿为本"要求教师尊重幼儿作为"人"的尊严和权利，尊重其学前期的独特性，同时，以幼儿为主体、充分调动其积极性，提供适宜、有效的学前教育，保障幼儿健康快乐地成长。

专业能力是幼儿园教师成长的关键。但是，我国幼儿园教师的专业能力与学前教育改革的需要之间还存在着较大的差距。在当下，幼儿园教师观察幼儿、理解幼儿、评价幼儿、研究幼儿、与幼儿互动、有针对性地支持幼儿、反思自己的教育行为等保教实践能力是其专业能力中的短板，在职教师普遍感到在将《幼儿园教育指导纲要（试行）》《3~6岁儿童学习与发展指南》中的先进教育理念转变为教育行为时仍然存在困难，入职前的学前教育专业学生也需要强化正确的教育观和相应的行为，认真学习、深刻理解教育幼儿的知识与能力，丰富观摩、参与、研究教育实践的经历与体验。因此，幼儿园教师和教师教育应该强调在新的变革中转变自己的"能力观"，树立新的"能力观"，提高自己与学前教育变革相匹配的、适应"幼儿为本"的学前教育专业能力。

终身学习顺应了教师职业特点与教育改革的要求。德国教育家第斯多惠说过："只有当你不断致力于自我教育的时候，你才能教育别人。"幼儿园教师需要不断拓展自身的知识视野，优化知识结构，了解学科发展和幼教改革的前沿观点。因此，幼儿园教师应该是终身学习者，具有终身学习和持续发展的意识和能力。终身学习是时代进步和社会发展对人的基本要求，是人类自我发展、自我实现的不竭动力，是幼儿园教师专业发展的基本条件，也是幼儿园教师更好地完成保育教育工作的必然要求，只有不断学习与发展，才能跟上学前教育改革的步伐。

二、重实践的教材特点

这套教材的编写力图呈现以下特点：

第一，内容全而新。根据《幼儿园教师专业标准（试行）》《教师教育课程标准（试行）》和《幼儿园教师资格考试大纲》的内容和要求，确保了内容的全面性和时效性。

第二，重实践运用。针对学前教育专业学生的特点和实际需要，围绕成为一名合格的幼儿园教师"需要做什么"和"具体怎么做"这两个问题展开了，强调了实践运用。

第三，案例促理解。为了帮助学习者了解幼儿园保教实践中遇到的各种问题，灵活地运用保育教育现场的各种策略，这套教材列举了大量的案例，并对案例进行了具体分析，增强了这套教材的针对性和可操作性。

三、多元化的教材使用者

这套教材主要的使用对象是中等职业学校、高等职业院校学前教育专业的学生，但本教材也可供幼儿园新教师培训、转岗教师培训和在职幼儿园教师自学。实践取向的教材涉及学前教育、儿童发展理论的相关内容，以深入浅出的解读与理论联系实际的方式阐释，提供了大量的操作案例，同时提供了课件，方便教师备课和理解钻研教材时使用，也便于学生自学、预习或温习。

杨莉君

于湖南师范大学

# 前言

幼儿园教育以游戏为基本活动，这一基本原则不仅彰显出游戏在幼儿园教育活动中的核心地位，而且昭示着游戏教育能力是幼儿园教师职业的核心素养。

时至今日，尽管课程的名称异彩纷呈，"游戏"类课程已然成为各级各类学前教育专业的专业课程。中等职业教育类学前教育专业的特点决定了"游戏"类课程的实践取向和初级层次，本书以《幼儿园游戏指导》命名，一是因为游戏指导是游戏教育中实践性最强的"实操"技能，二是因为幼儿园中的游戏承载着正规教育的使命，能够充分体现幼儿园教师的专业性。

《幼儿园游戏指导》力求紧扣幼儿园游戏实践的基本需求，贴近中等职业学校学生的学习素养，体现幼儿园教师的专业属性。为此，从"游戏"学科中筛选（当然只能凭借教育经验）出具有基础性质的"游戏知识"，构成了本书的基本内容。

全书由十章构成。其中，第一至第三章相当于本书的概论（游戏及其特征，幼儿园游戏及其与课程、教学的关系，游戏在幼儿发展中的作用，玩具的游戏意义，游戏环境创设的路径），第四至第九章是本书的核心（游戏指导的一般原理、幼儿园各类游戏的具体指导方案），第十章既对应第二章（游戏评价必须以幼儿发展为据），又是第四至第九章的自然延伸（保持游戏指导、观察与评价的内在统一性）。

各章由四个既相互连贯又相对独立的板块构成：

（1）引例开篇，选取源于幼儿园游戏实践中的真实案例，引出每章的核心内容。

（2）正文由背景知识、基本知识和拓展知识及穿插其中的案例构成。其中，背景知识相当于每章的开场白，在引例与基本知识之间起承上启下的作用；基本知识是每章的核心知识点，属于学生必须掌握的部分；拓展知识是核心知识点的铺垫或提升,对核心知识点起补充的作用,属于学生一般了解的部分;而案例是核心知识点的具体化表现。拓展知识和案例按章编号,穿插在对应的核心知识点之后。

(3)思考与练习旨在指导学生独立思考。思考题的设计密切围绕核心知识点,采取开放式题型,力求帮助学生准确掌握相关知识点,初步学会运用相关知识解决游戏实践中的问题。每章的思考题不少于4题。

(4)延伸阅读旨在扩大学生的阅读范围,培养学生独立阅读文献的能力。基于核心内容,每章精选或改编一篇文章,字数在3 000~5 000。

《幼儿园游戏指导》力图凸显中等职业学校学前教育专业的特点,从幼儿园游戏实践入手,基于分类指导的原则,着重介绍区域活动与游戏环境创设、各类游戏(角色游戏、建构游戏、表演游戏、规则游戏、区域游戏)的指导流程(游戏前的准备、游戏中的介入、游戏后的讲评)。为此,建议安排68课时,其中,每章系统讲授4课时,阅读指导或思考练习安排2~3课时。

《幼儿园游戏指导》是集体智慧的结晶。全书由曹中平整体规划并修改定稿。第一、二章由湖南师范大学曹中平执笔,第三、四、九章分别由长沙幼儿高等师范专科学校(筹)林静、李香、吴艳芳执笔,第五章由株洲幼儿师范学校刘志、宋词执笔,第六章由湖南民族职业技术学院郭殷执笔,第七章由湖南幼儿高等师范专科学校莫群执笔,第八章由湘南幼儿高等师范专科学校梁娟执笔,第十章由长沙职业技术学院龙蓁蓁执笔。在统稿过程中,李香和吴艳芳做了大量细致的工作。在本书编写过程中,参考、借鉴和引用了大量前辈和同行的学术观点和研究成果,而教材的顺利出版得到了北京理工大学出版社的大力支持。在此,一并表示衷心的感谢。

# 目录

## 第一章　幼儿园教育中的游戏 … 1
第一节　游戏概述 … 2
第二节　幼儿园教育与游戏 … 12

## 第二章　游戏与幼儿发展 … 29
第一节　游戏与幼儿身体发展 … 31
第二节　游戏与幼儿认知发展 … 37
第三节　游戏与幼儿情感发展 … 47
第四节　游戏与幼儿社会性发展 … 50

## 第三章　玩具与游戏环境 … 58
第一节　玩具 … 59
第二节　幼儿园游戏环境的特点 … 70
第三节　幼儿园游戏环境创设 … 73

## 第四章　幼儿游戏指导概述 … 94
第一节　幼儿游戏指导的一般过程 … 95
第二节　幼儿游戏指导的基本策略 … 97

## 第五章　幼儿角色游戏及其指导 … 119
第一节　角色游戏及其特点 … 120
第二节　幼儿角色游戏的指导 … 124

## 第六章　幼儿建构游戏及其指导 ...... 140

第一节　建构游戏及其特点 ...... 141
第二节　建构游戏指导 ...... 148

## 第七章　幼儿表演游戏及其指导 ...... 174

第一节　表演游戏的概念及特点 ...... 175
第二节　幼儿表演游戏的指导 ...... 182

## 第八章　幼儿规则游戏及其指导 ...... 197

第一节　规则游戏及其特点 ...... 198
第二节　幼儿规则游戏的指导 ...... 209

## 第九章　幼儿园区域游戏及其指导 ...... 220

第一节　幼儿园区域游戏及其特点 ...... 222
第二节　幼儿区域游戏的指导 ...... 225

## 第十章　幼儿游戏观察与评价 ...... 246

第一节　幼儿游戏观察 ...... 247
第二节　幼儿游戏评价 ...... 265

## 参考文献 ...... 278

# 第一章 幼儿园教育中的游戏

## 引例

晓亮从小在乡下长大,4岁时随进城务工的父母一起来到一个中等城市,并且上了小区内的幼儿园。幼儿园户外场地很大,活动室里还有很多玩具。晓亮觉得幼儿园很美,也很好玩。但是,一个月后,晓亮开始不开心了。尽管幼儿园很好玩,有很多家里没有的玩具,但是在幼儿园里玩游戏有很多规矩——不能想什么时候玩就什么时候玩,不能想玩多久就玩多久,不能想和谁玩就和谁玩。晓亮不时想起进城上幼儿园之前乡下自由自在的时光——和邻居小伙伴一起上山爬树、下河戏水,一起嬉笑打闹、追逐疯跑。每当这个时候,晓亮都特别怀念乡下的伙伴和自由自在的游戏。

主班老师纳闷,幼儿园环境和班级游戏条件远比农村好,晓亮为什么不开心呢?幼儿园教育中的游戏和日常生活中的游戏是应该一样还是应该不一样呢?

要消除老师的疑问,首先必须搞清楚:游戏是什么?游戏有何特点?进而弄明白:幼儿园游戏与日常游戏有何不同?幼儿园教育中游戏、教学与课程之间存在什么关系?

本章围绕这些问题阐述游戏的概念、特点和类型,讨论幼儿园教育中游戏、教学与课程之间的关系。

## 背景知识

游戏是一种恒久的社会文化现象,也是一种持续的个体发展过程。

从人类发展看,游戏是一种古老的社会活动。在进化成为人类之前,游戏已经在高等动物中普遍存在。游戏在人类进化和发展历程中具有不可替代的作用。尽管人类游戏与动物游戏有很多相似之处,但是,人类游戏与动物游戏有着本质区别。对于动物而言,游戏更多出于本能,而对于人类而言,游戏是一种文化传承与积累。不同民族都有独特的传统游戏,不同地域都有本地流行的民间游戏。

从个体发展看,游戏是一种毕生的学习活动。从出生起,婴儿就开始了"游戏"(或"被游戏")——母亲温柔的怀抱,还有富有节奏的轻拍和摇晃。亲子"游戏"给予婴儿安全感,也开始了婴儿的社会学习征程。尽管人生不同阶段具有不同的发展任务,但是,游戏作为一种学习活动,贯穿于人生每个发展阶段。

然而,悠久的游戏历史和广泛的游戏功能并没有得到应有的关注。受社会发展历史条件的局限和传统价值观念的束缚,游戏一度被视为一种"剩余能量"的释放,一直被认为是与学习(工作)相悖的活动(消磨时光,浪费生命)。直到今天,仍然不同程度地存在着误解游戏、轻视游戏或贬低游戏的现象。为此,有必要澄清关于游戏的一些混乱或落后的认识,全面系统地理解游戏的本质与价值。

## 第一节 游戏概述

游戏现象有着悠久的历史,但游戏研究只有很短的历程。尽管如此,许多学者仍然对游戏做过深入的思考和系统的分析,提出了不少真知灼见。遗憾的是,由于游戏现象的复杂性和研究视角的多样性,直到今天,仍然没有一个广泛认同的游戏定义。

游戏是多学科研究的交叉领域,不同学科关注游戏的不同层面。

### 拓展知识 1-1

#### 不同学科对游戏的关注层面

**生物学、心理学和教育学**:研究假装游戏、规则游戏等,核心价值是进步,所谓进步不是政治概念,而是强调儿童是通过游戏来发展、进步的。

**数学**:研究与概率有关的游戏——赌博,核心价值是运气。

**社会学**:更多集中在规则游戏,如体育运动,核心价值是力量。

**人类学**:研究的是民俗、节日、聚会等,核心价值是认同。比如,中国人或者说接受中国文化的人才会过春节、清明节等中国节日。

**艺术、文学**:研究人物形象、假装游戏,核心价值是想象。

**精神病学**:研究主观感受,核心价值是自我。当自我出现分裂等问题的时候,人就会出现问题。

**流行文化**:研究娱乐,娱乐和游戏紧密相连,核心价值是休闲。

本节从游戏的一般含义入手,剖析游戏的概念,描述游戏的特点,分析游戏的类型。

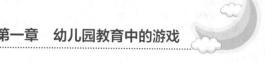

第一章　幼儿园教育中的游戏

学术界，游戏的概念界定主要有两种方式：一种是语词分析，另一种是特征列举。

（一）游戏的语词分析

由于人类游戏由来已久，所以"游戏"一词很早就产生了。在现代汉语中，"玩耍"和"嬉戏"更接近日常生活中"游戏"的含义。

在古代汉语中，"游"和"戏"是两个相对独立的词汇，即使二词合用后，"游戏"一词也有很多表达方式，例如，"游""逰""嬉""戏"等。其中，"游"与"逰"两词可以通用，但含义略有差异。"游"的含义多与水有关（如，游泳），意指在水中随意自如的身体活动；而"逰"的本义是指行走、远行，后来引申为游历、游玩、闲暇的意思（如，逍遥逰），也可以理解为一种开放式的学习方式（如，游学）。

"戏"主要是指玩耍活动，如，把戏、儿戏。凡是能够让人开心快乐的事情，都可以视为"戏"。"嬉"同于"戏"，是"戏"的方言变体，表示言笑游乐之意。"嬉""戏"二字常常连用，"嬉戏"的特征就是自娱自乐、自由自在、无拘无束。

从古代汉语对"游戏"一词的解释中可以看出：游戏是一种闲暇时的娱乐活动，具有轻松自在的意思；游戏是一种没有实用价值的嬉戏活动，具有不认真、不严肃或不正经的意思。显然，在古代，人们对游戏的看法比较消极，贬义多于褒义。

在英语中，通常有两个词汇表示"游戏"。一个是 play（自发性游戏或创造性游戏），另一个是 game（有规则的游戏或有组织的游戏）。

汉语和英语中，"游戏"一词的含义大致相近，主要表现在下列几个方面：

（1）游戏总是与运动或动作有关。
（2）游戏不同于工作，以及具有工作性质的"学习"。
（3）游戏是一种自由、放松的活动。
（4）游戏是一种无价值、不认真、不严肃的活动。

显然，在日常概念中，"游戏"一词的鲜明特点是"逸"（对应于"劳"）——没有沉重的任务和负担。也就是说，游戏是一种轻松、松散、休闲、自在的娱乐活动。

图 1-1 所示为土耳其一幼儿墓穴出土的全球最古老玩具车——陶瓷制玩具车，体积小，玩具车上的雕刻纹理非常清晰，距今约 5 000 年。

图 1-1　陶瓷制玩具车

### （二）游戏的特征列举

特征列举，也称属性列举，是一种列举事物的各种特征（属性，因素），然后综合分析，提炼出最能反映事物本质或最具典型性的特征（属性）的一种研究方法。

首先把概念看作一类具有共同属性的对象，这样游戏就被看作具有某些共同因素的一类行为。只要设法找出这些共同因素，并把它们组织起来，就可以构成游戏的标准而区别于非游戏活动。列举的特征越多，就越接近游戏本身。

游戏行为特征列举法主要通过分析游戏行为在动机、手段、目的等构成要素上的倾向性来概括游戏行为的特征。

很多学者都采用特征列举的方法分析游戏的含义，由于分析视角和层次不同，关于游戏的特征及其数量有明显的差异。我国教育工作者一般把游戏的特征归结为以下四个方面：

（1）游戏是幼儿主动的、自愿的活动。因为自主性是游戏本质的最基本属性的表现。

（2）游戏是在假想的情景中反映周围生活。幼儿不是机械地模仿，而是通过想象将日常生活中的表象，形成新的形象，用新的动作方式去重演别人的活动。

（3）游戏没有社会的实用价值，没有强制性的社会义务，不直接创造财富。游戏的价值不在于外部目的而在于本身的过程，不在于结果而在于享受过程。

（4）游戏伴随着愉悦的情绪。游戏适应幼儿的需要和身心发展水平，因此能使幼儿感到满足和愉快。

特征分析试图通过游戏的共同要素或特征描述游戏与非游戏之间的差异。然而，这些特征往往不是游戏独有的。游戏与非游戏之间的区别并不是泾渭分明的。因此，把游戏与非游戏之间的关系看作一个渐变的连续体更符合实际。一种活动如果能够满足游戏的全部特征或指标要求，则这种行为可以被看作"纯游戏"；如果只具有部分特征，则可以被看作游戏性差或弱的活动。

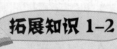

### 国外游戏特征理论的代表性观点

1. 三特征说

纽曼用控制、真实性和动机这三个指标来确定一种活动是不是游戏。在他看来，游戏是一种由内部动机（不由外部动机）驱动，并且由内部控制（不受外部力量支配）的内部真实（从外部看是虚假）活动。

2. 四因素论

克拉斯诺和佩培拉认为，游戏具有四种特征或含有四种因素：

（1）灵活性。

（2）肯定的情感。

（3）虚构性。
（4）内部动机。

3. 五特征论

加维认为，游戏具有五个特征：

（1）游戏是令人愉快、有趣的活动，即使有时并不一定表示出快乐，游戏者仍然做出积极的评价。
（2）游戏没有外在的目标。
（3）游戏是自发自愿的。
（4）游戏包括对游戏者的积极约束。
（5）游戏与非游戏活动之间有着某种系统性的联系。

4. 六特征说

克罗伊斯认为，游戏有六种特点：

（1）自由。
（2）松散。
（3）易变。
（4）非生产性。
（5）由某种规则和玩法支配。
（6）虚构。

综合不同学者的研究，可以给游戏的概念做出一个初步的界定：游戏是一种在虚构的情景中，由内部动机支配，遵从一定规则，伴随愉悦情绪，主动进行的有序活动。

## 二、游戏的特点

幼儿喜欢游戏，从表面上看，是因为游戏能够带给幼儿快乐。的确，游戏具有享乐性特点。正因为喜欢游戏，所以幼儿主动、自愿地参加游戏活动。然而，游戏只是一种愿望和要求的满足，是一种获得愉快体验的手段。

游戏不仅是一种娱乐活动，而且是一种认识活动。游戏是幼儿以假想的情景创造性地反映现实生活的认识活动，具有虚构性、主动性、愉悦性和有序性。

### （一）游戏的虚构性

游戏是在假想的情景中反映真实的活动。游戏的角色、情节、言语、动作、玩具或材料，往往是象征性的。

在游戏中，幼儿采用以物代物、以人代人的方式，象征性地将真实的情景当成想象的情景。比如，在"骑竹马"游戏中，幼儿把竹竿当马骑；在"医院"的角色游戏中，幼儿穿上白大褂，假装医生，用竹筒当作注射器给布娃娃打针。游戏时，幼儿都清楚地知道"只是玩玩""是假装的"。

显然，游戏不是平常的、真实的生活，它是走出"真实"生活而进入一个暂时的、别具一格的活动情境。所以，游戏是一种假装的行为，具有虚构性。

在游戏中，幼儿可以不受日常生活的约束，也可以把日常生活暂时抛弃。这种虚构的、不真实的情境，给游戏蒙上了一种神秘的色彩，而正是这种神秘的、充满幻想的、虚构的色彩，深深地吸引着幼儿，使幼儿在一种神秘的氛围中，"神神秘秘""非同寻常"地去玩耍。

游戏是社会的产物。游戏的内容、种类和玩法，都受到社会、地理、文化、习俗的影响。游戏内容来源于日常生活，但游戏本身不是日常生活。游戏中，幼儿假装睡觉，而非真的睡觉。所以，游戏只是幼儿"象征性的生活"。

此外，游戏的发生地点和时间也有别于"平常"生活。一旦游戏开始，幼儿就生活在游戏的世界里；而游戏一旦结束，他们就会立即回到现实中。等到下次游戏开始时，他们可以将上次的游戏重复进行。

### 拓展知识 1-3

#### 游戏行为与探究行为、工具行为的区别

（1）探究行为是在人们对事物不熟悉或不理解的情况下产生的，由"这是什么东西？它有什么用？"这样的问题引导。探究的目的在于发现。而游戏行为受"这东西好玩不好玩？我能用这个东西玩什么？"这样的问题支配。

（2）工具行为是按物体的意义或实际用途来使用物体的行为。而在游戏中，游戏者往往不按物体的实际意义来使用它，把它当作别的东西的替代物。对儿童来说，他所感受到的一切，都可以成为玩具或赋予其象征意义，即使是吃饭用的小勺子，也首先是玩具，其次才是工具。

### （二）游戏的主动性

游戏是"我要玩"，而非"要我玩"。游戏是非强制性的活动，任何强制性的活动都不是游戏。幼儿之所以游戏，是因为游戏给他们带来自由。在游戏中，幼儿可以自由选择游戏的内容、玩法及同伴等。

现实生活是成人的世界。幼儿由于不成熟而出现的稚拙、滑稽、可笑的行为，只在属于他们自己的游戏世界中才能被理解和接受，所以，幼儿在游戏中将现实中难以实现的愿望降低到实际能力所能承受的水平，使自己成为游戏的主人，主宰自己的世界，而不受别人的支配。因此，幼儿在游戏中总是积极主动地参与，表现出极大的主动性。

游戏是自愿参加的活动，推动幼儿游戏的动力来自内部动机。幼儿参加游戏，是出于自己的兴趣和愿望。由于游戏形式、材料和过程符合幼儿身心发展特点，因此他们对游戏充满兴趣，主动去进行游戏。在游戏中，幼儿的行为几乎没有限制，他们可以自由地充分活动，从中得到快乐并得到发展。

在幼儿游戏中，自愿和自主是两个重要条件。游戏方式、游戏材料以及游戏过程都应由幼儿掌握，幼儿按照自己的意愿、体力、智力来选择。正因为游戏具有自主性，所以幼儿的游戏态度是积极、主动的；反之，如果游戏失去了自主性这一特征，而是由教师来精心安排，幼儿只是在不得已的情况下被动地参加游戏，担任某一角色，从表面上看，幼儿是在参加游戏，实际上幼儿并没有真正地玩游戏，他们认为是在完成教师布置的任务，也就失去了游戏的积极性。所以，只有充分尊重幼儿心愿、发挥幼儿主动性的游戏，才是真正的游戏。

当然，幼儿游戏不可避免地受到环境条件的制约，特别是成人和同伴对幼儿游戏具有直接影响。游戏的主动性不能排斥同伴互动和成人指导。在游戏活动中，积极的同伴互动和适宜的教师指导有助于幼儿主动性的发挥。

## 儿童的需要与游戏动机

动机是推动人活动的心理力量，是人活动的目的。从动机产生的来源看，可以把活动动机分为内部动机与外部动机。内部动机来自活动主体自身的需要，而外部动机相反，是指活动本身是应他人的要求引起的。

儿童的需要包括身体活动的需要、最佳觉醒状态的需要、理解与影响环境的需要、社会交往的需要、尊敬与认可的需要。在一定条件下，儿童的这些需要可转化为游戏动机。

1. 活动性动机

这一动机主要源于身体活动需要和最佳觉醒状态需要的双重驱动。被其激起的游戏行为主要是运动性游戏及重复性游戏，在身体运动中获得生理性满足和情感性的体验。

2. 探究性动机

这一动机主要源于理解与影响环境的需要，并以最佳觉醒状态需要为基本内驱力，被其引发的游戏行为主要是智力类游戏和象征性游戏，儿童在智力活动中获得新的体验和自主感。

3. 成就性动机

这一动机主要源于理解与影响环境需要和社会性交往需要，一方面驱动儿童与环境相互作用，引发象征性游戏和造型性游戏，另一方面驱动儿童人际交往，引发规则游戏。儿童在互动中获得成就感和胜任感。

4. 亲和性动机

这一动机源于尊敬与认可需要，并以社会交往需要为基础，驱动合作性游戏，在集体活动中获得自尊和自信。这种合作性游戏既可能是运动性合作，也可能是智力性合作；既满足自主、自由的需要，又接受规则的制约和规范，是一种复合性的游戏。

### (三)游戏的愉悦性

游戏就是一种充满智慧的娱乐活动,游戏能给幼儿带来快乐。所以,游戏具有愉悦性。

游戏包含着丰富的快乐体验,是因为游戏往往充满着偶然性或挑战性。这种不可预计的偶然性或挑战性让幼儿体验到意想不到的乐趣。人的本性往往是趋向快乐,快乐往往源于需要的满足,需要的满足激起新的需要,进一步驱动幼儿继续活动。在游戏活动中,幼儿因为需要得到满足而感到快乐,快乐体验推动幼儿继续游戏。为此,在游戏中,幼儿自娱自乐且"乐此不疲",甚至达到"忘我"的境地。

由于游戏的虚构性,幼儿在游戏中没有任何心理负担,不担心游戏以外的任何奖惩,不受日常生活的约束,因而可以全身心地投入,处于身体的最佳、最自然、最轻松的状态,从而获得快乐的享受。当游戏能够为幼儿创造快乐时,幼儿对游戏的需要也就变得"急切"了。

由此可知,乐趣是游戏的必备品质,是游戏的原始功能。游戏的魅力就在于快乐体验。

#### 游戏中的快乐体验

(1)兴趣性体验。这是一种为外界刺激物所捕捉和占据的体验,是一种情不自禁地被卷入、被吸引的心理状态。

(2)自主性体验。这是一种由游戏活动能够自由选择、自主决定的性质引起的主观体验,即"我想玩就玩,不想玩就不玩"或"我想怎么玩就怎么玩"的体验。

(3)愉悦性体验。这是在轻松的活动过程中由嬉戏、玩笑引起的心理快感。

(4)活动性体验。这是游戏者在游戏中获得的生理快感,主要是由于身体活动的需要和中枢神经系统维持最佳唤醒水平的需要得到满足之后产生的。例如,外出活动可以有效地解除因长时间坐着不动而产生的精神困顿,获得来自本体的活动快感。

(5)成就感或胜任感体验。这是一种验证自己能力的乐趣体验,具有较强的影响力,可以增强游戏者的信心和继续挑战的意愿。任务与游戏者能力之间的合适差距是游戏者产生胜任感体验的关键所在。成就感体验往往伴随着紧张的心理,好的游戏总是把游戏者置于失败的危险中,却不让他失败。

### (四)游戏的有序性

游戏是自由的活动,也是有序的活动。游戏之所以自由而有序,是因为游戏中包含着规则。

幼儿在游戏中并非毫无约束和限制。尽管游戏有时显得乱七八糟、非常忙乱,但每个游戏中都隐含一种秩序性,每个幼儿都遵循一定的规则进行自我约束。也正是这种规则的约束,把幼儿的游戏带入一种和谐、有序的状态。任何游戏都是有一定规则的,不管是行为方面的规则还是游戏本身的规则,一旦规则被违背或破坏,都会直接影响游戏的有序开展。

游戏规则是指游戏行为(动作与语言)的顺序,以及在游戏中对允许或禁止的游戏行为的规定。根据规则的性质,可以将游戏规则分为外显规则和内隐规则两种。

外显规则是外在的游戏规则,主要是关于游戏方法的规定。外显规则一般是约定俗成的。游戏时,外显规则的建立或修改必须得到所有参加者的理解和同意,游戏才能正常进行。

游戏的内隐规则是隐藏在游戏过程中的"惯例"或"约定",具有模糊性和不确定性。内隐规则对游戏同样具有限制和约束作用。

规则是社会发展的产物。游戏规则既有稳定性,也有变化性。随着时代变迁,游戏规则也会相应发生变化。

## 三、游戏的类型

游戏好似万花筒,每一次晃动看到的结果都有所不同;游戏就是一片山林,"横看成岭侧成峰"。为了深入揭示游戏内在的奥秘,学者大多采取分类研究的策略,首先从一个视角(维度)对游戏进行系统分类,然后逐一研究每类游戏的特点。由于游戏本身的复杂性和分类标准(依据)的多样性,至今仍然没有形成一个统一的游戏分类系统。

在学前教育中,常见的游戏分类系统主要是基于幼儿发展的游戏分类和基于教育作用的游戏分类。其中,基于幼儿发展的游戏分类又有两个不同的视角(维度):认知发展与社会性发展。

### (一)基于幼儿认知发展的游戏分类

心理学家皮亚杰根据幼儿在不同认知发展阶段中游戏的特点,把游戏分为以下四种类型(或四种发展水平):

#### 1. 感觉运动游戏(练习性游戏、机能性游戏)

幼儿最早出现的游戏类型是感觉运动游戏。从出生到2岁,幼儿处于感觉运动阶段。这一阶段,幼儿主要是通过感知和动作来认识环境、与人交往的。相应地,幼儿最初是将自己的身体作为游戏的中心,逐渐地会摆弄与操作具体物体,并不断反复练习已有动作,从简单的、重复的练习中,尝试发现、探索新的动作,从而使自身获得发展。在反复的成功的摆弄和练习中,获得愉快的体验。游戏的驱力就是获得"机能性的快乐"、"动"即快乐。故而,感觉运动游戏也称练习性游戏或机能性游戏。

感觉运动游戏的主要表现形式为徒手游戏或重复地操作物体的游戏。

#### 2. 象征性游戏(符号游戏)

象征性游戏是2~7岁儿童最典型的游戏形式。2~7岁儿童横跨前运算和具体运算两个发展阶段。大约从2岁开始,幼儿逐步超越感知运动的动作水平,能够运用符号(手势、言语)表现认知活动。故而,象征性游戏也称符号游戏。

象征就是用具体的事物表现某种特殊意义。游戏中出现象征物或替代物,幼儿把一种东西当作另一种东西来使用（即"以物代物"）、把自己假装成另一个人（即"以人代人"），是象征的表现形式。

通过象征性游戏，幼儿可以脱离当前对实物的知觉，以象征代替实物并学会用语言符号进行思维活动，体现着幼儿认知发展的水平。象征性游戏的主要特征是模仿和想象，角色游戏是其主要的表现形式。

3. 结构游戏（建构游戏）

结构游戏是幼儿利用各种不同的结构材料来建构、反映现实生活中的物体的活动。由于结构游戏水平往往取决于幼儿的建构技能，为此，结构游戏也称建构游戏。常见的结构游戏形式是积木游戏和积塑游戏。

结构游戏具有过渡性，从游戏活动过渡到非游戏活动。前期（2~7岁）儿童的结构游戏具有象征性，接近象征性游戏；后期（7岁以后）儿童的结构游戏逐渐成为一种智力活动。

当感觉运动游戏开始衰退、象征性游戏开始减少时，综合了操作性和象征性因素的结构游戏逐渐成为主要的游戏形式。年龄较小幼儿的结构游戏较多地反映具体的事物（如"房子"等），年长些幼儿的结构游戏则更多地反映抽象的概念（如"战争"或"和平"的情景等）。这些行为持续到青少年期和成年期，逐渐演化成艺术、手工艺、建筑创作等。

4. 规则游戏

规则游戏是7~11岁的儿童按照一定的规则进行的、带有竞赛性质的游戏，参加游戏的幼儿必须在两人以上。常见的规则游戏形式是竞技游戏和棋类游戏。

规则游戏是游戏的高级形式，必须建立在一定的社会化基础上。幼儿最初的感觉运动游戏，主要通过重复简单动作或运动获得快感。这种初级阶段的游戏并无规则可言。

幼儿游戏的规则性伴随着其认知能力的发展逐步形成。随着年龄的增长，幼儿对规则游戏的兴趣逐渐增强，并稳定在较高水平上。因此，规则游戏也将从此伴随人的一生。

（二）基于幼儿社会性发展的游戏分类

美国学者帕顿从幼儿社会性发展的角度，把游戏行为分为以下六种类型：

1. 偶然的行为（或称无所事事）

幼儿不是在玩，而是注视着身边突然发生的使他感兴趣的事情，或摆弄自己的身体，或从椅子上爬上爬下、到处乱转，或坐在一个地方东张西望。

2. 旁观（游戏的旁观者）

幼儿大部分时间是在看其他幼儿玩，听他们谈话，或向他们提问题，但并没有表示出要参加游戏。只是观察、注视某几个幼儿或群体的游戏，对发生的一切都心中有数。

3. 独自游戏（单独的游戏）

幼儿独自一个人在玩玩具，所玩的玩具与周围其他幼儿的不同。他只专注于自己的活动，不管别人在做什么，都不会做出接近其他幼儿的尝试。

#### 4. 平行游戏

幼儿仍然是独自在玩，但他玩的玩具同周围幼儿玩的玩具是类似的，他在同伴旁边玩，而不是与同伴一起玩。

#### 5. 联合游戏

幼儿仍以自己的兴趣为中心，但开始有较大的兴趣与其他幼儿一起玩，同处于一个集体之中开展游戏，时常发生如借还玩具、短暂交谈的行为，但还没有建立共同目标，幼儿个人的兴趣还不属于集体，只做自己愿做的事情。

#### 6. 合作游戏

幼儿以集体的共同目标为中心，在游戏中相互合作并努力达到目标。游戏中有明确的分工、合作及规则意识，有一两个游戏的领导者。

### （三）基于教育作用的游戏分类

苏联学前教育注重从教育角度研究游戏，把游戏作为促进幼儿发展的途径。为此，根据教育实践中游戏的教育作用将游戏分成两大类：

#### 1. 创造性游戏

创造性游戏是幼儿创造性地反映现实生活的游戏。创造性游戏的规则是内隐的，规则对游戏活动的制约是内隐式的，幼儿在游戏中自由度较大，自由创造的"余地"也很大。创造性充分体现了幼儿的自主性，是幼儿时期的典型游戏。在幼儿园中，创造性游戏包括角色游戏、结构游戏和表演游戏。

此类游戏一般由幼儿自己组织，教师大多是通过创设游戏环境及投放游戏材料进行间接指导。

#### 2. 规则游戏

规则游戏是指教师为发展幼儿的各种能力而编创的游戏。这类游戏一般都有目的、玩法、规则和结果四个部分，其中规则是这类游戏的核心。

规则游戏的规则是外显的，规则对游戏活动的制约是公开式的，幼儿必须严格按游戏规则开展游戏活动，自由度较小，自由创造的"余地"也较小。但这并不排除创造性的存在，只是创造性的表现方式发生变化。在幼儿园中，规则游戏一般有智力游戏、体育游戏、音乐游戏三种。

此类游戏一般由教师组织与指导，幼儿在教师的直接指导下主动而有序地展开游戏。

创造性游戏与规则游戏的区别在于：创造性游戏的本义是不追求外在结果的自由玩耍，强调的是自娱自乐；而规则游戏的本义是遵守规则的游戏，是追求共同目标的竞赛，强调的是整体性的相互关联。二者的相同之处在于：两种游戏都是幼儿自愿发起、主动参加的活动。

由于历史的原因，我国幼儿园教育基本上延续了苏联的游戏分类方式。这种分类方式与游戏的两个英语词汇（play 和 game）具有一定的巧合。也许正是因为这种一致性的巧合，在我国幼儿园游戏实践中，能够调和来自苏联和西方游戏理论的冲突。

### 拓展知识 1-6

#### play 与 game 的含义及区别

play 是指自由玩耍或创造性游戏——不追求外在结果的自娱自乐（为游戏而游戏），注重角色（role）扮演。

game 是指竞赛或有规则的游戏——遵循游戏规则，追求共同的目标（为成功而游戏），注重规则（rule）调节。

play 与 game 中游戏过程的区别：

创造性游戏：幼儿以自我为中心自娱自乐，选择和扮演自己喜欢的角色，享受游戏过程中的体验，不在乎别人的想法；角色之间的关系简单且缺乏约束力，儿童可以随意选择游戏伙伴，甚至缺少个别角色也不会影响游戏的继续。

创造性游戏具有自由想象的空间，其核心价值是认知与创造性教育。

规则游戏：儿童必须与参与者形成一个整体（角色之间的关系具有约束力），缺少任何一个人都可能导致游戏无法进行；儿童必须采取别人的观点（学会观点采择），在规则上达成共识，在目标上达成一致。

规则游戏具有去自我中心的功能，其核心价值是社会性与人格教育。

play 与 game 中经验学习的区别：

创造性游戏：创造性游戏是儿童对现实生活中他人经验的模仿与学习，是一种外在经验逐步内化为自身经验的过程。创造性游戏中反映的经验是间接经验，具有零散性和模糊性。例如"娃娃家"中，儿童把自己想象为家庭成员，以角色扮演的方式，模仿家庭成员的社会行为，在模仿学习中内化他人的经验。

创造性游戏重在经验的内化，处于知识建构的同化水平。

规则游戏：在规则游戏中，儿童运用的是自己的经验。这些经验已经内化于儿童自身经验体系之中，不再是一种模仿，而是能够灵活地运用（外化）。例如"跳房子"中，儿童必须内化游戏规则（如何跳格子？如何判定输赢？），否则游戏就无法进行。

规则游戏重在经验的外化，上升到知识建构的顺应水平。

## 第二节 幼儿园教育与游戏

自从福禄贝尔创办世界上第一所现代化幼儿园以来，游戏就与幼儿园教育有了不解之缘。然而，游戏在幼儿园教育中扮演何种角色（占据何种地位，发挥什么作用），学前教育界一直争论不休。

我国学前教育通过教育法规的形式确立了游戏在幼儿园教育中的基础地位，《幼儿园工作规程》明确指出游戏是幼儿园教育的基本活动。但是，作为正规教育机构的幼儿园中的游戏必然有别于日常生活中的游戏。

本节从剖析幼儿园游戏特点入手，介绍幼儿园教育中游戏与课程、教学的相互关系。

## 一、幼儿园游戏的特点

众所周知，游戏的历史远比幼儿园教育的历史悠久。幼儿园游戏大多源于日常生活中的游戏，其中，民间游戏是幼儿园游戏的"资源宝库"。然而，当日常游戏（民间游戏）进入幼儿园后，成为一种有目的、有计划、有组织的教育活动，游戏的内容和形式必然发生变化。

幼儿园游戏具有双重目标：一是满足幼儿游戏的需要，保证童年生活的快乐；二是寓教育于游戏活动中，促进幼儿主动学习，为幼儿的终身发展奠定良好的素质基础。相对日常游戏（家庭游戏、社区游戏）的享乐性而言，幼儿园游戏更突出教育性。

### （一）幼儿园游戏的时间更加有保障

在日常生活中，尽管幼儿拥有自由选择游戏的机会，幼儿的游戏却没有固定时间，随意性大。在很多情况下，受各种因素的干扰，游戏甚至变成可有可无的活动。

而幼儿园游戏作为基本的教育活动或教育活动的基本形式，有目的、有计划地安排在一日生活的一定时间内，体现出幼儿园游戏活动的计划性和游戏时间的稳定性。

在幼儿园一日生活的各个环节中，不仅在区域活动中幼儿拥有自主游戏的时间，而且在集体教育活动中教师也为幼儿留下了充分的游戏机会。

尤其值得注意的是，幼儿园游戏更加关注户外游戏时间。《幼儿园工作规程》明确规定，在幼儿园一日生活中，户外（游戏）活动的时间不得少于2小时，其中户外体育（游戏）活动的时间不得少于1小时。

### （二）幼儿园游戏的环境更具教育性

日常生活中幼儿可以随时随地开展游戏，可以在家庭中独自游戏，也可以在居住小区的户外场地和邻居小伙伴一起游戏，还可以在节假日和父母一起去游乐场玩游戏。然而，这些游戏的环境教育性相对较弱，游戏追求的是娱乐性或休闲性。即便是家庭游戏，家长提供的玩具大多也缺乏一定的教育意图，随幼儿兴趣或家长的期望而定，不能充分发挥玩具材料在幼儿游戏中的作用。

幼儿园的游戏环境是教师按教育目的和游戏特点创设的"有准备的环境"。不仅投放符合幼儿身心特点的玩具和丰富多样的游戏材料，而且根据不同类型游戏的特点系统规划游戏场地，精心设计游戏区域。游戏区域的布置和游戏材料的投放都符合安全、卫生的要求，有利于幼儿健康成长，避免或减少了意外伤害事故的发生和不安全因素的出现。

教师通过游戏环境的创设，将教育意图客体化（物质化），让幼儿在与环境的相互作用中获得发展。

### （三）幼儿园游戏的伙伴相对稳定

计划生育政策造就了大量独生子女。独生子女最大的缺憾就是缺少兄弟姐妹，日常生活中交往的对象几乎都是成人,与成人游戏的时间多,与幼儿游戏的时间少,造成幼儿早熟,缺乏童趣;幼儿在户外交往的对象带有极大的偶然性,碰到谁就跟谁玩,这样使幼儿缺乏形成稳固的伙伴关系的条件,伙伴往往较分散,无明显的群体特征。这些都不利于幼儿社会性的发展。

然而,在幼儿园游戏中,幼儿结成的伙伴关系是相对稳定的,而且伙伴多,年龄相当,兴趣相同,相互交往的机会多,弥补了独生子女缺乏伙伴的缺陷社会规则,促进同伴关系的发展。

### (四)幼儿园游戏的过程指导性更强

尽管在日常生活中,成人(主要是父母)也时常关注、指导幼儿的游戏,但指导往往带有很大的随机性和片面性。受父母不当教育观与幼儿观的影响,有些指导行为可能在不同程度上干扰和阻碍幼儿游戏的发展。

在幼儿园游戏中,教师不仅鼓励幼儿独立游戏,而且在科学解读幼儿游戏的基础上给予适宜、有效的指导。大多数教师是经过专业培训的,懂得幼儿身心发展的规律,并具有指导游戏的专业知识和技能技巧。

### (五)幼儿园游戏的内容更加丰富

虽然游戏是日常生活经验的反映,但由于享乐性占据主导地位,所以日常生活中幼儿游戏的内容相对贫乏。大多数情况下,日常生活中的游戏是"因地制宜,就地取材",幼儿是遇到什么就玩什么,能怎么玩就怎么玩。

幼儿园游戏是课程的组成部分,渗透在一日生活的各个环节,形式多样,内容丰富。尤为重要的是,幼儿园游戏不仅具有预设性,而且具有生成性。一方面,教师有计划、有准备地开展教学游戏,而且创造适宜的游戏环境,发挥幼儿的创造性,引导幼儿自我生成游戏。

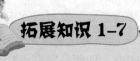

**拓展知识 1-7**

### 民间游戏及其特点

在民间各地流传着许多具有浓厚生活气息、风格各异的游戏,这就是所谓的民间游戏,它在许多人的脑海中留下了属于童年的美好回忆。民间游戏是以口头形式传授,以直接参与为目的的竞技性或表演性活动,是日常活动的一部分。

在传统意义上,民间游戏是一种游戏方式;但在理论意义上,它属于民间文化的范畴。民间文化的民族性决定了民间游戏具有地域广泛性、方式多样性、内容丰富性等鲜明特点。显然,民间游戏具有独特的文化魅力和精神价值。

一、民间游戏的特点

1.随意性

从游戏的组织和取材角度来说,民间游戏既具有一定的规则,又具有随意性。一些游戏可以就地取材，找一些木棍、石子、叶子，就可以开始游戏，如利用石子或果核，按不同的图形玩"走子"游戏。

2. 趣味性

民间游戏能够代代流传是因为具有极强的趣味性，符合儿童好奇、好动的特点。例如，跳皮筋可以边说儿歌边跳，玩法上可以从一根到两根、三根。再如摔烟纸盒，其中好看的图案、摔的动作和纸盒摔在地上发出的声音都给儿童带来了乐趣。

3. 灵活性

幼儿在玩民间体育游戏时，可以自主选择、自由结伴，同时不受玩法的限制，可以自己去探索，玩出新的花样，形式很灵活。

4. 简便性

以前的儿童玩具十分有限，为了丰富儿童的生活，人们就自发创编了各种民间体育游戏。这些游戏一般都比较简单易学，有的是徒手进行的，有的虽使用道具但很简单，一般都是日常生活中随手可得的材料，玩时十分简单方便。

5. 地方性

民间游戏具有鲜明的地方文化特色，如四川民间游戏"蝗蜥蚂蚂"贴近儿童的生活，有着自身突出的特点，这一切都为其成为幼儿园可资利用的课程资源奠定了基础，使教育与儿童鲜活的生命、生活状态紧密相连，使教育更加亲切，更加富有实效。

## 二、民间游戏的意义

幼儿游戏与人类的文化有着天然的联系，一定民族共同体的文化亦与其游戏密不可分，其文化的产生与发展更受到游戏因素的影响。在民间游戏中，幼儿更能受到自身民族文化的熏陶，并在轻松愉快的游戏过程中认识、了解、学习和掌握本民族文化。从这种意义上来说，游戏既是幼儿一种独特的文化生活方式，又是幼儿成长的历程。而民间游戏是更能体现幼儿成为民族共同体合格一员的内在发展需求的独特文化生活方式，是幼儿内心最真诚的呼唤。

开展民间游戏不仅扩大了幼儿的游戏范围，丰富了幼儿的生活内容，而且为幼儿提供了全面发展及自我教育的机会，以达到促进幼儿今后发展的目的。因此，民间游戏对幼儿来说是一种"快乐有趣的教育"，对教师来说是一种"轻松有趣的教育方法"。

我国文化源远流长，民间游戏资源丰富。民间游戏不仅丰富了幼儿的游戏生活，更重要的是，幼儿在这些民间游戏自由、轻松的玩耍过程中，促进了能力和个性的发展。在幼儿园的一日活动中合理运用民间游戏，不仅能让各个活动环节平稳过渡，也是幼儿自我发展、自我教育的有效形态。因此，我们要重视民间游戏在幼儿园一日活动中的作用，挖掘民间游戏特有的教育价值，从而提高教育教学的效果。

## 三、幼儿园教育中的游戏与课程

游戏是幼儿园教育的基本活动。要把这种教育理念转化为教师的教育行为,必须通过幼儿园课程来实现。

幼儿园课程一般通过"一周活动计划"向家长公布。这不仅是家园共育的必要手段及策略,更为重要的是向家长展示幼儿园的教育理念。然而,课程中的游戏活动未必能够得到所有家长的认同。

开园的第一天,某幼儿园中一班门口,一群家长围着张贴在家园联系栏里的"一周活动计划",议论纷纷。

"怎么一天就上两节课?"

"一天有这么多的时间做游戏,要玩这么长的时间吗?"

"怎么这么多游戏?玩?我花这么多钱送孩子上幼儿园就是来玩的吗?"

"我倒是要问问园长,幼儿园到底是干什么的?"

假如你是该班的主班老师,如何面对家长的疑问或质问?

要回答家长的这些问题,就必须摆正游戏在幼儿园课程中的地位,正确处理幼儿园课程中各类教育活动(生活活动、游戏活动与教学活动)的关系,充分发挥游戏在幼儿园课程中的作用。

### (一)游戏与课程的关系

自从福禄贝尔创办第一所现代意义的幼儿园起,游戏在幼儿园课程中就扮演着一个举足轻重的角色。然而,在不同的教育理念下,游戏与课程的关系往往存在实质性的差异。

福禄贝尔认为,游戏能培养幼儿的自主性和创造性,是组成幼儿生活的一个重要方面,也是学前幼儿教育中的一个主要教育手段。为此,他给幼儿园设计了一个完整的游戏课程体系,教育内容主要包括园艺活动、艺术活动、游戏活动、作业活动等。

陈鹤琴认为,游戏是幼儿生来就喜欢的,幼儿以游戏为生活,使幼儿在游戏中、在活动中学习,往往会收到事半功倍的效果。为此,课程实施应采用整个教学法、游戏法、小组教学法等。

伴随着教育理念的不断更新,幼儿园课程游戏化进程不断深入,游戏与课程的关系日益明朗,游戏在幼儿园课程中的地位更加明确。如今,大多数幼儿园都认识到,缺乏游戏的幼儿园课程不仅不完美,而且是错误的。因为,游戏蓄积了幼儿发展的价值。没有游戏,幼儿就不可能实现真正的全面发展。游戏是幼儿成长的需要,幼儿的学习与发展离不开游戏。

在我国幼儿园,游戏以双重身份进入课程——游戏既可以是课程内容,又可以是课程实施的途径。

(1)游戏作为幼儿园课程的内容,能完善和丰富课程内容,促进幼儿认知、情感、社会性等方面的发展,较好地完成课程目标。

(2)游戏作为幼儿园课程实施的重要途径,能激发幼儿的兴趣,只有幼儿的参与性高,教学效果才好。

## （二）幼儿园游戏课程

即使在幼儿园课程中确立了游戏的重要地位，游戏的价值定位及其实现方式也存在差异。根据游戏进入幼儿园课程的方式及游戏发挥作用的方式，游戏课程主要有两种类型。

### 1. 非指导游戏课程

受精神分析学派游戏理论的影响，这种游戏课程强调游戏的情感宣泄与治疗功能，注重幼儿自发的、独立的游戏，主张采取非指导方式对待幼儿游戏。也就是说，教师既不参与也不干涉幼儿的游戏，只是帮助幼儿进入游戏情境，观察幼儿的游戏内容与方式，判断幼儿担心或感兴趣的事物或事件，但不进行任何教育意义上的指导。

非指导游戏课程突出游戏环境的创设，教师的使命是为幼儿提供大量的游戏机会，丰富游戏材料，保障幼儿足够的自由游戏时间。在这种课程中，游戏更多的是解决幼儿的情绪情感问题，而非帮助幼儿进行认知学习。而教师在一定程度上扮演着父母和治疗师的双重角色。

非指导游戏课程盛行于20世纪20—30年代，受认知学习理论的冲击，20世纪60年代以后影响力逐渐减弱。然而，进入21世纪后，随着开放教育及区域活动的兴起，幼儿园中非指导游戏课程的影响力又开始回升，典型的表现是日益关注幼儿的自主游戏。

### 2. 指导性游戏课程

与非指导游戏课程相对应的是指导性游戏课程。受认知心理学的游戏观的影响，指导性游戏课程突出游戏的认知功能与知识学习价值。这种游戏课程主张，幼儿园课程大量吸纳游戏，并且在游戏过程中渗透教育目标，发挥教师在幼儿游戏中的指导作用。根据教育目标定位的不同，指导性游戏课程又可分为单一目标游戏课程与多重目标游戏课程两种。

1）单一目标游戏课程

单一目标游戏课程强调游戏的特定发展价值。在这种游戏课程中，游戏类型与幼儿发展的不同侧面具有一定程度的对应性。某类游戏更有助于幼儿某个方面的成长和发展，相较于其他类型的游戏更具有教育价值。

例如，社会性主题角色游戏训练方案是心理学家斯米兰斯基针对低经济地位的以色列移民家庭幼儿设计的一套旨在通过游戏提高幼儿认知和社会性发展水平的教育方案，包括以下三个步骤：第一步，为幼儿提供社会性角色扮演游戏所需要的经验；第二步，创设游戏材料与情景；第三步，教师与幼儿一同游戏并进行指导或干预，从而为这些幼儿的入学做好准备。

斯米兰斯基认为，不同游戏类型对于幼儿有不同的发展意义，但是社会性角色扮演游戏对于幼儿的发展有着非常特殊的价值。社会性角色扮演游戏能力与幼儿入学后的学业有直接关联，因为学习中涉及的符号思维能力（创造一种心理表象或符号以代替真实的物体或事件）首先出现在幼儿的象征性游戏中，而社会性角色扮演游戏正是象征性游戏发展到一定成熟时期的典型形式，所以幼儿在进行社会性角色扮演游戏过程中能够不知不觉地发展这种符号思维能力。同时，斯米兰斯基认为，成人（教师、父母）的干预（指导）可以提高幼儿社会性角色扮演游戏的质量。

2）多重目标游戏课程

多重目标游戏课程认为，游戏不应该分主次。各种类型的游戏都有益于幼儿各方面的发展，都应该成为幼儿园课程的主要内容。这种游戏课程最为典型的是瑞吉欧课程。

来自意大利的瑞吉欧课程强调"互动关系"和"合作参与"。"互动合作"是瑞吉欧课程的一个重要价值取向，也是贯穿于教育活动过程的一项原则。"互动合作"包括教师和幼儿的互相沟通、关怀和控制的不断循环，以及教育活动中相互引导的过程。

瑞吉欧课程主张，幼儿的学习不是独立建构的，而是在诸多条件下，主要是在与家长和教师、同伴的相互作用过程中建构的；幼儿在特定的文化背景中建构知识、情感和人格。因此，各种游戏都有存在的价值和重要的作用，在互动过程中，幼儿既是游戏的实践者，又是游戏的生成者。

### 案例 1-1

#### 小鸟的乐园

"小鸟的乐园"是基于瑞吉欧课程理念设计的一个活动方案。这个方案最初的构想来自幼儿园里的一池清水。

在幼儿园里放置一池清水，原目的是给栖息的小鸟解渴。而幼儿认为，如果小鸟会口渴，也一定会肚子饿，如果它们又饿又渴，也许会疲惫不堪。于是，有的幼儿建议在树上搭建鸟巢，还有小鸟玩的秋千、老鸟搭乘的"电梯"；有的幼儿建议安置一个音乐旋转木马；有的幼儿建议给小鸟准备滑水用的小木片，让它们滑水；还有的幼儿提议做个喷泉，是又大又真实的，能把水喷得高高的那一种喷泉。

于是，一个具有想象力同时也鼓舞人心的主题出现了：为小鸟建造一座真正的乐园。接着就是一个漫长的探索与实验过程，小朋友们遇到了各种各样的难题。为了建一个喷泉，大家各自谈了自己的构思。

有个名叫菲利普的幼儿说："这是天使喷泉，我认为在这里应该有输送水的管子。水管里的水来自水道，当水流到倾斜处并进入喷泉时，水流的速度开始加快。喷水池底有一些水，它应每年更换一次。"

一个名叫爱莉莎的女孩子认为："水来自天上，那就是雨，它从山上流下来，流入山的小洞里，最后流入山脚下的湖中。然后有条往下倾斜的水道将水先带入另一个湖，再带入水道中。地下的通路有很多条，老鼠会喝掉一些水，但喝得很少，其余的水就流入喷泉，从喷泉的石块中往上喷出，而石块就像滑滑梯一样，让水滑下来。"

另有一个名叫西蒙尼的小朋友也谈了自己的创意："我真想有一个很大的装满水的储水槽，看到没有？我们做了两个，一边一个，上方有一座天平告诉你水槽中是否有水。比如，如果天平平衡，表明水槽中有水，喷泉可以喷水；如果天平倾斜，就代表水不多了，你就得按开关处的按钮，让水槽装满水。"

经过实验，孩子们为小鸟做了水车和喷泉，还为小鸟乐园举行了开幕式。

在瑞吉欧课程中，游戏活动就是幼儿学习的过程。本质上，瑞吉欧课程是一种师生共建的弹性课程与探索性教学过程。在探索的过程中，幼儿不断地把主题引向深入，最终问题得到创造性的解决。

## 第一章 幼儿园教育中的游戏

### （三）游戏与课程的相互生成

在幼儿园教育中，游戏与课程是一个开放式的相互生成关系：课程可以生成游戏，游戏也可以生成课程。

#### 1. 由课程生成游戏

课程生成游戏，就是把游戏作为课程实施的基本途径，在游戏中支持幼儿学习，促进幼儿发展。主要是为幼儿创设丰富的、有意义的游戏环境，精心设计、组织与课程匹配的游戏活动。

**案例 1-2**

**学习数的组成与分解**

在科学领域中，"数的组成与分解"往往是幼儿学习的难点。很多教师采用图和填写等方式来让幼儿做练习，但幼儿仍难以掌握。

美国幼儿教育家凯米等为了让幼儿更好地掌握数的组成与分解，利用扑克牌来玩游戏。先从一副扑克牌中，取 A 到 6 的 24 张牌（6×4 种花色），A 作为 1，然后玩"合成 7"的游戏：

先把 24 张牌叠成一堆，翻开最上面的 3 张，从中找出 2 张可以凑成 7 的牌。谁凑成功了牌就归谁所有，再从牌堆里翻牌，继续找"合成 7"的对子。

如果找不到就轮到下家，下家若不成功，就将牌丢弃在一边，成为废牌；一直等到有人成功地合成 7 了，这堆废牌才重新启用，放在原来牌的下面继续进行。

最后谁手上的牌最多谁就获胜。

#### 2. 由游戏生成课程

游戏生成课程，就是教师根据幼儿在自由游戏中表现出来的兴趣和愿望，及时开展有针对性的教育活动，进一步丰富和深化幼儿的相关经验，从而使课程与幼儿的个体需要更加匹配。

**案例 1-3**

**区域游戏生成课程**

在大班建构区中，王老师发现幼儿在建构游戏时，喜欢"搭桥"，但搭不好，于是，就开展了科学活动"搭桥"。

在活动中，先让幼儿看一些桥的图片，并讨论桥的基本结构，教师总结桥的基本结构。然后把幼儿分成 4 人一组，从提供的材料中选择材料，再搭桥。搭完桥后，比一比哪组搭得最好，总结桥好和不好的原因。

王老师发现幼儿在游戏中的兴趣和问题，及时开展相应的活动，增进了幼儿继续学习的兴趣。

19

### 案例1-4

### 民间传统游戏生成课程

"老狼、老狼,几点钟"是一个传统的游戏,也是孩子们非常喜欢的游戏。

有一次,杨老师发现,当自己扮演的"老狼""凶狠"地扑向"小兔子"的时候,大部分"小兔子"四处逃散,但有几个"小兔子"一动不动,一副"我不怕你"的模样。杨老师继续"凶狠"地逼近,他们竟然"开枪",部分躲在树后面的"小兔子"也效仿,冲老师"开枪"并逼近。"小兔子"居然不怕狼。

杨老师灵机一动,做出逃跑状:"哎呀,遇到几只勇敢的小兔子,我还是赶紧跑吧。""小兔子"们开心极了,纷纷过来追老师。

杨老师回到教室后,和孩子们讨论"这个游戏还可以怎么玩才更有趣?"有的孩子想到了"猎人"开枪打"狼",有的想到把"小兔子"替换成其他动物,有的想到把一只"狼"变成几只,有的想到"老狼"来的时候不逃走,变成石头人一动不动,把"老狼"骗走,还有其他的想法。

杨老师能机智地应对新的游戏情节,并及时抓住孩子们的兴趣点,进行讨论,既丰富了孩子们的知识,又培养了孩子们的思维能力、创新意识。

### 三、幼儿园教育中的游戏与教学

在幼儿园教育中,游戏和教学是两种重要的路径或手段,在很多教育活动中,二者往往交织在一起,难以分离。

### 案例1-5

### 看谁贴得又快又对

小一班的幼儿已经学习了三角形、长方形、正方形、圆形,为了让幼儿巩固对这些形状的认识,黄老师设计了一个竞赛活动"看谁贴得又快又对"。

在竞赛开始前,黄老师在每个幼儿的小凳子下放了四种几何图形(三角形、长方形、正方形、圆形)的卡片,并在黑板上画了四种几何图形(三角形、长方形、正方形、圆形)。

在竞赛开始后,让幼儿依次从自己的小凳子下拿出卡片,并张贴到黑板上相应的图形中,比一比哪些幼儿做得又快又对。

试问:这个教育活动是属于教学还是游戏呢?从形式和过程上看,似乎属于游戏;若从目标和内容看，更贴近于教学。

### （一）幼儿园教学及其与游戏的关系

本质上，教学是一种特殊的认识过程。在正规教育机构中，教学是教师的教与学生（幼儿）的学的双边活动。一般情况下，教学就是在教师的指导和帮助下，学生（幼儿）把知识经验转化为能力或品质的过程。

#### 1. 幼儿园教学的含义

幼儿园教学是教师对幼儿学习有目的、有计划的组织、支持与指导过程。教学是幼儿园教育活动的重要形式。幼儿园的特点是保育与教育结合，幼儿园教学有其特定的含义。

（1）幼儿园教学渗透于一日生活的各个环节，具有生活性。

（2）幼儿园教学是一种有目的、有计划的教育活动，具有正规性。

（3）幼儿园教学是一种师幼互动过程，具有预设性，也具有生成性。

#### 2. 幼儿园教育活动中游戏与教学的区别

在幼儿园教育情境中，游戏与教学的区别主要在三个方面：

（1）目标导向。一般情况下，教学比游戏更具目标导向。游戏往往是"为游戏而游戏"，重过程，轻结果。大多数游戏没有外在的强制性约束，也没有外部的目的性，幼儿更多的是追求愉悦性和自我满足。而教学具有明显的外在目标，是教师有计划地组织幼儿学习的活动，不仅要为幼儿提供系统的知识经验，而且要保证幼儿身心获得整体发展，教师更多的是对幼儿施加影响，以保证教学效果。

（2）过程监控。游戏是内部动机驱动的自主自愿行为。游戏过程不受外界社会要求或行为之外的诱因所控制，完全取决于游戏者自己的需要、兴趣和能力。而教学是实现教育目标的路径，直接受制于教育目标及教学内容。教学是一种有计划、有组织的外部控制活动，既关注活动过程，更重视活动结果。

（3）组织结构。游戏的内容丰富、形式多样，但组织结构比较松散。游戏是一种基于假想的独立自主的自我表现活动，完全不同于工具性行为。而教学是一种典型的工具性行为，而且活动目标明确，组织结构严密，教师的控制程度高，幼儿的自由空间有限。

作为教育活动的两种形式，游戏与教学既相互独立，又相互关联。由于教育目标的一致性，二者之间具有内在联系。

### （二）游戏在幼儿园教学中的运用

游戏与教学不可相互替代，但相互关联。在幼儿园教育中，游戏与教学可以优势互补，相得益彰。

游戏具有双重价值：工具价值（外在价值）和本体价值（内在价值）。尽管游戏本身不具有工具性，但可以作为一种工具或手段对其他活动（如教学活动、生活活动）产生重要作用。游戏不仅具有外在的工具价值，还具有内在的本体价值。游戏可以作为教育活动的一种精神状态或品质，使人产生愉悦、自由及超越的高峰体验。因此，游戏不仅可以成为教学的活动形式，而且可以作为一种精神贯穿于教学过程的各个环节。

#### 1. 游戏作为教学的活动形式

游戏作为教学的活动形式就是在游戏活动中进行教学。在教育目标的引导下，游戏和教学相继呈现，游戏成为教学的先导活动或延伸活动。于是，教学获得了游戏形式，确保了教学活动的有效性与趣味性。

然而，借助游戏形式开展的教学活动仍然属于教学活动，而非游戏活动。与自然情境中幼儿的自主游戏相比，作为教学形式的游戏具有明显的控制性和规则性。其目的不在于游戏本身，而在于游戏产生的教学结果。这种游戏常称为教学游戏。

2.游戏作为教学的精神向导

游戏作为教学的精神向导就是在教学活动中渗透游戏精神，不仅使教学具有趣味性和有效性，而且使教学过程关注幼儿的身心健康与人文情怀。

游戏的精神主要转变为自由精神、体验精神、对话精神与和谐精神。教学充满游戏精神，意味着教师的教学过程获得一种理性的自由，幼儿在学习过程中产生一种愉悦性的体验，师幼关系更加和谐，师幼互动更加顺畅。

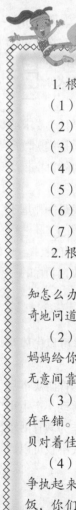

## 思考与练习

1. 根据游戏的特点，判断以下几种活动是不是游戏，并阐述理由。

（1）白日梦。

（2）恶作剧（如用唾沫弄湿的纸团扔人）。

（3）听故事。

（4）看画册。

（5）参观动物园。

（6）东敲敲西打打。

（7）看看什么东西能被磁铁吸住。

2. 根据帕顿的游戏分类，判断以下几种游戏情境中包含哪些游戏行为。

（1）在"过家家"游戏中，"娃娃"生病了。"爸爸"和"妈妈"很着急但不知怎么办。在旁的"哥哥"也着急，并提议赶紧去看医生。同样在旁的贝贝则好奇地问道："你们的娃娃是从哪里来的？"

（2）佳佳、贝贝相邻而坐。佳佳玩布娃娃，边轻拍娃娃边念念有词："别哭了，妈妈给你吃糖……"贝贝在搭积木，边玩边说："我要搭楼房。"过了一会儿，佳佳无意间靠在贝贝身上，贝贝则试图躲开佳佳，并且继续搭积木。

（3）佳佳、贝贝面对面坐在一张桌子旁，都在搭积木。佳佳在垒高，而贝贝在平铺。其间，贝贝不时地看佳佳并且试图垒高，言道："我的也高了。"这时，贝贝对着佳佳说："哈哈！你的也变高了。"之后，二人继续各自搭积木。

（4）佳佳、贝贝和明明三人试图玩"过家家"的游戏。三人都想当"妈妈"，争执起来。这时，佳佳出了个主意，说："谁最能干，谁就当妈妈。妈妈要买菜做饭，你们会吗？"贝贝和明明都摇头。佳佳接着说："我会。上次我和妈妈一起买

## 第一章 幼儿园教育中的游戏

过菜，我来当妈妈。贝贝是男的，就当爸爸。明明最矮，就当孩子。"贝贝和明明没有异议。于是，三人开始游戏。游戏中，三人相互提醒应该怎么做，不断纠正角色行为，玩得很开心。

3. 案例分析

张老师在教中班幼儿学习认识数字7，想组织幼儿做游戏"猫抓老鼠"来练习巩固。

她让一些小朋友扮演小猫去抓身上带数字7的孩子，结果孩子们嘻嘻哈哈打成一团，互相追逐，根本不去认识数字7。

张老师很困惑：不是说孩子的游戏也是学习吗？可是，这个游戏看不出有学习的效果，还很浪费时间。

请问：教学游戏是不是游戏呢？张老师困惑的症结在哪里呢？

4. 案例分析

李老师带小班，她认为小班孩子太小，不会自由玩耍，在自由玩耍中也根本学不到知识。

于是，她每天不停地组织指挥孩子们这样玩，那样做，结果发现有的孩子确实在自己的训练下学到了不少知识，但是一旦不组织，孩子们就常常坐在凳子上发呆，要不就是跑过来问老师："我能这么玩吗？""我能那么做吗？"真是烦透了！

请问：李老师的做法有什么问题？为什么会产生这样的现象？

### 游戏的界限

**王振宇**

在安吉游戏的带动下，我国幼教界开始重视游戏的价值。安吉游戏启动了我国幼教事业游戏精神的伟大回归，也势必推动学术界对游戏理论的审视和研究。

一、游戏理论必须适应游戏实践的丰富和发展

林林总总的游戏理论，总是围绕着游戏定义和游戏分类的问题。由于游戏自身的复杂性和不同学科的研究侧重点不同、研究方法不同，对游戏的定义和分类也是不同的。就游戏的分类而言，有些学科对游戏的分类侧重于形式化（如发展心理学），有些学科对游戏的分类侧重于技术化（如通常游戏论中的分类）。

对幼教工作者来说，我们看待游戏的分类，既不能过于形式化，又不能过于技术化。学前教育专业对游戏的分类应该体现儿童发展与教育相结合的目标和需要，而不是简单地从其他学科和专业的游戏分类中比照和搬运。

从幼教的实际出发，将幼儿园的游戏分为自主游戏与工具性游戏两大类是适宜的。

自主游戏是儿童自己发动、自导自游的游戏活动。而工具性游戏是蕴含着教学意图的游戏活动。

自主游戏与工具性游戏都是幼儿园内的游戏。

两类游戏形式和内容不尽相同，但具有以下七个共同的因子：

（1）正向情绪。主要是愉悦，也包括推动追求愉悦的适度紧张和焦虑。

（2）身体动作。没有身体动作，既没有游戏，也没有认知。

（3）心理表征，尤其是双向表征。没有表征就没有游戏。双向表征是指儿童同时以两种方式考虑一个物体，把一个物体既看作一个物体，又看作一个符号。双向表征是儿童游戏的核心特征。

（4）虚拟强化。传统游戏理论认为儿童游戏重过程不重结果，这是一种成人自我中心的解释，不符合儿童游戏的实际过程。事实上，儿童游戏的过程和结果，都对儿童的经验和行为具有强化作用。但这种强化通常不是物质的，而属于虚拟强化。从人类进化的角度看，虚拟强化是人类社会交往和使用语言后形成的特有功能，在儿童游戏中发挥着重要作用。

（5）有效调节。游戏能增强儿童行为选择能力和行为灵活性，满足愿望，调节情绪。

（6）适应行为。游戏适应儿童的年龄特征，帮助儿童缓解环境压力，了解自身文化的特点。游戏的最近发展区为游戏成为教育性活动提供了可能性。

（7）活动方式与游戏精神。游戏不仅是一种活动、一种行为，更是一种态度、生活方式和精神。自主游戏和工具性游戏的形式不完全一样，但游戏精神是一致的。

所以，我们可以说，游戏是具有正向情绪的、具有身体动作和心理表征的、具有虚拟强化和有效调节作用的适应行为和活动方式。

这段文字并不是游戏的科学定义，只是对游戏特性的形式表达，或者说是一条操作性定义。

自主游戏的核心是儿童自身掌握着游戏的权利，这正是安吉游戏的核心。工具性游戏是具有一定教育目的、在一个由成人建构的结构内的自主活动。

我们以"发起"和"主导"为分析维度，划分出幼儿园游戏的四个类型：

| 分析维度 | 儿童主导 | 成人主导 |
| --- | --- | --- |
| 儿童发起 | 自主游戏 | 合作游戏 |
| 成人发起 | 指导游戏 | 儿童参与的教学游戏 |

工具性游戏包括：①成人发起和儿童主导的指导游戏；②儿童发起和成人主导的合作游戏；③由成人发起和成人主导但儿童以活动方式参与的活动属教学游戏（就是我们常听到的"教学游戏化"）。

在幼儿园的游戏中，工具性游戏只是游戏的特殊类型。它不能冲击和限制自主游戏，更不能替代自主游戏。但在幼教的实践中，工具性游戏是不可或缺和放弃的。就实质而言，自主游戏与工具性游戏都是游戏，而游戏是幼儿园教育的主导活动，都是儿童学习的主要方式和主要途径。

形象地说，自主游戏是儿童在海滩上和海水里玩水，工具性游戏是在游泳池里学习游泳。儿童在游泳池里学会了游泳，就能在海滩或大海中更加自主地玩水。儿童在游泳池里跟着教练的学习，就是一个教学游戏化的过程。

教学游戏化是人类学习的重要途径。所谓教学游戏化，本质就是学习的活动对象化，在有指导的条件下让儿童进行有意义的游戏，使教学过程适应学习对象的年龄特征和学习特点，使学习过程与学习对象的认知水平相适应。也就是说，通过游戏教儿童学会利用智慧来控制未来事件。因此，教学游戏化就是教学追随儿童的发展性。从这个意义上看，教学游戏化是一个理念性的问题，而不只是一个技术性的问题。绝不是将游戏作为教学的"药引子"，或在教学中用游戏来调剂"胃口"，或在教学中使用某个游戏元素。教学游戏化，关键是弘扬游戏精神，让儿童在过程中获得游戏性体验，表现为有趣味性、自主性、合作性和成功感。

陈鹤琴先生指出："游戏是人生不可缺少的活动，不管年龄性别，人们总是喜欢游戏的……我们中国人往往轻视游戏，把游戏当作调皮的活动……这种把读书与游戏孤立分离的看法，完全是错误的。""教学游戏化适合于任何人和儿童，也适合于任何工作与教学，只是儿童年龄越大，教学游戏化的困难越多罢了。"

教学游戏化成功的关键是教师对游戏的理解，以及创造性的高度发挥。正如程学琴老师所说，教师要"想明白、讲清楚、做到位"，要请教师从教育舞台的中心走下来，把儿童从观众席上请到教育舞台的中央。这需要教师发挥高度的教学智慧，需要教师有驾驭对话的能力、觉察学习点动态变化的能力和掌控自己控制欲的能力。

有人会问，这里的课程游戏化与游戏课程化是什么关系呢？根据我们对幼儿园游戏的分类，教学游戏只是工具性游戏中的一种，是游戏的形式之一。从课程论的角度看，课程游戏化是一种课程取向，而游戏课程化是一种课程模式。显然，游戏课程化是幼儿园课程建设的宏大目标，带有方向性、全局性、系统性。我们更大的目标是幼儿园的游戏课程化。也就是说，在幼儿园中，建构自主游戏和工具性游戏相结合的游戏体系，使得两类游戏相辅相成，使游戏真正成为幼儿园的基本活动，寓教育于生活、游戏之中。

实现游戏课程化的前提是要像安吉游戏那样，全面、大力推广自主游戏，创造丰富多彩的自主游戏的形式，积累根基扎实的自主游戏的经验，自觉地将自主游戏与工具性游戏有机地融合在一起。我国台湾著名的幼教课程专家简楚瑛教授首次将安吉游戏作为课程模式收入《幼儿教育课程模式》（心理出版社，2016年第4版）。这是对安吉游戏课程化的学术认可，必将对游戏课程化的课程模式建设（建模）起到积极的推进作用和产生深远的影响。

以这样的基本观点看待幼儿园的游戏活动，就可以避免将游戏与教学机械割裂，避免在讨论幼儿园中"游戏与教学孰轻孰重"的伪命题中纠缠不清。

如果更深入地看待自主游戏与工具性游戏的内在逻辑，我们可以发现，游戏精神

是这两类游戏共同的内核。

游戏的形式和内容是变化的，但游戏的本质及其内核游戏精神是不变的。

从进化论来看，人类最早的游戏就是"做中学"，"做中学"就是游戏。

从成熟论来看，必须让儿童按照自己的方式自由地发展。自主游戏就是儿童"自己的方式"。

游戏精神应该是人类内源性的精神。任何年龄的人都具有游戏精神。生活的苦难和心理的枯竭可能会压抑游戏精神，但不等于游戏精神不存在。个体的成熟，无非是重新体验儿时游戏的认真态度和重新审视儿时积累的早期经验。因此，游戏精神实际上就是一种人生观念，一种人生态度，一种生活方式。

二、划清工具性游戏与假游戏的界限

改革开放以来，广大的幼教工作者在克服幼儿园小学化和从以教师为中心发展到以儿童为中心的转变中，取得了显著的进步。但严重的问题是我们还不善于把握各种教育思想的核心概念和理论体系，不善于把握各种课程的基本理念，不善于从儿童观和教育观的高度理解幼教的本义和实质，而更多的是简单模仿、机械类比、追风赶潮、顾此失彼。例如，当我们强调培养儿童独立自理能力时，甚至不敢提醒小班儿童喝水、上厕所，全然不顾儿童的年龄特征和个体差异；当我们开始重视自主游戏时，就把工具性游戏视为错误加以排斥……诸如此类，不一而足，其根子就在于我们脑子里根深蒂固的二元论思想方法。不从思想方法上摆脱二元论的思想障碍，就很难理解幼儿园游戏中的许多复杂关系。

幼教中的二元论是我们正确认识游戏作用的思维障碍。这种障碍主要表现在以下三个方面：

一是将游戏与教学割裂开来，把游戏与教学当作幼儿园教育轴的两端，认为游戏与教学的关系是一个"孰轻孰重"或"孰多孰少"的关系，是一个"五五开"还是"三七开"的关系。

二是将自主游戏与工具性游戏割裂开来，认为自主游戏就是放羊，而工具性游戏就是课堂教学。

三是将儿童愉悦与儿童发展割裂开来，认为自主游戏只能以愉悦为前提，不应该强调儿童发展。

以上三种认识是典型的黑白分明、非此即彼的二元论思想方法的表现。这种二元论不仅在理论上缺乏依据，在幼教的实践中也起到误导的作用，束缚了广大教师的积极性和创造性，尤其是伤害了儿童游戏、学习和发展的权利。幼教实践中的二元论是幼教事业发展的思维枷锁。

有一些同仁担心我们这样的游戏分类会导致假游戏借着工具性游戏的外衣重返幼儿园，这种担心不是没有道理的。程学琴老师在回顾安吉游戏的发展历程时说道，安吉游戏经历了"无游戏—假游戏—真游戏"三个阶段。所谓假游戏，就是表面上是儿童游戏，实际上是教师掌控下的"游戏儿童"。这种为了满足教师教学目的的"游戏儿童"，表面上热热闹闹疑似游戏，实际上不具备我们以上分析的游戏基本因子，故曰假游戏。现在，许多幼儿园都在学习安吉游戏，大力开展自主游戏，这个势头来之不易。如果我们将工具性游戏与自主游戏一起纳入幼儿园游戏，是否会冲击自主游戏的推广和深化，许多已经受到排斥的假游戏是不是又会冒充工具性游戏重返教室呢？这种可能性是存在的。因此，最关键的是要提高识别工具性游戏与假游戏的区别的能力。我们提出以下划清工具性游戏与假游戏的界限：

1. 游戏是否自主

皮亚杰在论述传统教育与现代教育的区别时，提出"主动性与被动性"的本质区别。其实，是否自主，是否能发挥主动性，也是区别真游戏与假游戏的根本界限。

2. 是否使用玩具（包括工具、教具等）并有自己的表征

如果儿童外部没有玩具，内部没有表征，就没有游戏。

3. 是否接受和保持教师提出的表征

如果儿童不接受或没保持教师提出的表征，也就不是真游戏。

4. 强化的来源

行为主义心理学告诉我们，强化是增加行为发展频率的有效力量。最有力的强化来源于个体的内部兴趣和动机，而不是外部的物质刺激。如果维持儿童游戏的动机是外部的物质刺激或获得表扬，游戏就不具备真实性。

5. 经验的获得是否符合儿童认知规律

儿童的认知规律是从动作到形象再到抽象，这是儿童认知发展的总趋势。凡是与这趋势相悖的游戏，就是假游戏。

6. 是否增强行为的适应性（感知、运动、交往、克服困难、寻找新的方式等）

卢梭指出："由于人类最初的自然冲动是在他的环境中估量自己，在他所见到的每个事物中寻找与自己有关的基本特点，因此，他最初的学习是一种为保护自己的实验物理学。"游戏，就是一连串的实验物理学。在一连串的实验中认识自己，适应环境，掌握技能。限制了实验的游戏，无疑是假游戏。

7. 有无创造性

创造性的前提是自主性，没有自主性就很难有创造性。儿童在游戏中的创造性，是认知能力和活动水平的集中表现，也是最近发展区的展现。

8. 有无游戏的满足感和愉悦感

儿童游戏的满足感和愉悦感，本质是对自主操作和人际交往的成功感。不能产生满足感和愉悦感的游戏就是假游戏。

9. 有无学习的新生长点

由于游戏是探索和交往的过程，必然会产生学习的新的生长点，使游戏不断深化。如果只是简单的机械重复，不能产生新的学习机会，就是假游戏。

具备以上特性的活动，就是真游戏；不具备以上特性的活动，就不是真游戏，而是假游戏。分清工具性游戏与假游戏的界限，是一个动态的、连续的过程，也就是说，是在游戏活动的全过程中进行的工作，不是一个孤立的、僵化的、间断的、静止的判断。

辨别是真游戏还是假游戏，从本质上看，是一个辨析权利主体的问题，而不仅仅是个技术活。游戏是儿童的权利。儿童的游戏权利是否得到尊重、维护，才是最根本的界限。

　　我们在这里提出的一系列关于游戏的新认识，是在我国幼教实践，尤其是安吉游戏的推动下所做的理性思考，目的是解释游戏实践中提出的新问题，有利于广大教师从一个新的角度理解幼儿园游戏的特性，自觉开展游戏活动，真正实现和落实《幼儿园教育指导纲要（试行）》等一系列教育文件中提出的游戏定位和作用。从根本上说，是为了维护儿童游戏的权利，保障儿童身心健康发展。一个新的理论观点的提出，既要有实践的基础，也要有实证的支持。因此，我们特别注重用科学研究的方法，尤其是实证研究的方法，寻求科研成果的支持。这需要广大幼教界同人的踊跃参加和深入研究。本次论坛我们将向大家介绍对游戏开展实证研究的方法，其意义就在于此。

　　（本文是作者于2017年5月13日在第二届儿童发展与游戏精神论坛（长沙）上的主旨报告。全文发表于《幼儿教育》2017年第7~8合刊。）

# 第二章　游戏与幼儿发展

　　幼儿常常醉心于游戏之中，可以连续很长时间一个人搭积木，拼魔方，把玩具拆开再装好，或者和小朋友一起玩游戏。在游戏过程中，幼儿逐渐掌握了一些基本的概念，懂得要遵守规则。重要的是，在游戏中，幼儿要自己确立目标，选择实现目标的途径，并按计划一步步去做，逐渐接近目标。这样，就充分调动了幼儿的自主性，有助于幼儿独立地去解决问题。

　　美国心理学家布鲁纳和他的同事们曾经做过一项实验，目的是观察游戏在幼儿解决问题中的作用。通过集体性的游戏，幼儿逐渐学会从别人的角度来看问题，这有助于幼儿发展交往能力，提高社会智力。

　　从参加游戏的人数来看，两三岁的幼儿往往喜欢一个人独自摆弄物体，即使和别的人一起玩，人数也不多，一般只有两三人。四五岁的幼儿已经比较喜欢和别的人一起玩游戏了，到了五六岁，游戏时参加的人数就更多了，往往是一起做集体性的游戏。

　　可见，随着年龄的增大，幼儿从不能与别人很好地交流，到逐渐可以从别人的角度看问题，并协调好自己和别人的关系，共同完成活动。这种合作能力的发展，应该归功于游戏的作用。

　　游戏是幼儿的学习，也是幼儿发展的一条适宜途径。对成人来说，游戏太多也许是在浪费时间。可是对幼儿来说，游戏才是正当的事情，游戏玩得越好，说明幼儿智力发展得越好。常言道：会玩的孩子聪明，聪明的孩子会玩。

　　从个体发展的角度，幼儿乃成人之父。成人与幼儿是一个不可分割的连续发展过程。成人的生活信念包括自信与自卑、成功与失败、荣耀与屈辱，这些都在自己的过去经验，特别是童年经验中不知不觉形成。童年生活中，游戏经验占据举足轻重的地位。游戏是幼儿自我透视的一扇窗户，也是幼儿消解成长压力，应对生活挫折的一种机制。通过游戏，幼儿可以调节自己的心理状态，找到身心健康发展的途径。显然，一个人如果童年失去了游戏机会,那么他的人生将是灰暗的,因为他丧失了阳光照射心灵的通道。

游戏贯穿于人生的每个阶段。然而,在幼儿期游戏具有独特的发展价值。那么,游戏如何影响幼儿发展的呢?游戏对幼儿发展又具有哪些影响呢?本章围绕游戏与幼儿发展这一主线,分别从生理发展、认知发展、情感发展与社会性发展等方面阐述游戏在幼儿发展中的作用。

## 背景知识

游戏与发展有着相互影响、不可分割的关系。游戏既能反映幼儿自身发展水平,同时也能巩固和促进幼儿自身发展。

(1)游戏反映发展:幼儿的游戏是幼儿发展的"窗口",透过"窗口"可以了解幼儿在各个领域的发展状况,也就是说,游戏能够反映发展。

(2)游戏巩固发展:游戏是巩固幼儿发展性的情境和媒介,也就是说,游戏能够巩固发展。

(3)游戏促进发展:游戏是发展性变化的一种手段,游戏可以促使有机体的功能和结构组织产生质的提高,即游戏能够促进发展。

心理学家皮亚杰认为,游戏与认知在发展上具有同步性,游戏是认知发展的"副产品"。也就是说,游戏反映或巩固认知发展(游戏通过同化机能完善或巩固原有认知结构)但不能促进认知发展(游戏不能发生顺应改变原有认知结构而形成新的认知结构)。

而另一位心理学家维果茨基研究发现,幼儿在游戏中不会满足于已经获得的行为水平,总是会以略高于往常行为水平的方式进行游戏,所以游戏会促进幼儿发展。游戏中幼儿会出现大量的尝试性行为就证明了这一点。

游戏具有巩固和促进幼儿发展的功能,恰恰与教育所追求的目标(促进幼儿发展)相一致。于是,游戏进入了教育视野,进而衍生出游戏的教育意义及其各种解释。在促进幼儿发展的过程中,游戏与教育存在一定的内在联系。这种联系一方面表现为游戏中隐藏着教育的契机,另一方面表现为游戏能够成为教育的一种方法。为此,"游戏是幼儿园教育的基本活动"成了幼儿园教育的一个基本原则。

## 拓展知识 2-1

### 游戏的三种功能

阿什利·蒙塔古(英国裔美国人类学家、人文学者)研究发现,为了防止"心理硬化",在生命的所有时间里,人人都需要游戏,即继续欢笑、歌唱、跳舞、恋爱、尝试和探索。

人类学研究发现，游戏具有三种功能：一是儿童从游戏中学习到生活的原则和规则，在轻松的玩耍中，培养将来踏入社会必需的适应能力；二是在人类的群体生活里，需要在团体规则限制与个人的自由之间找到一种精神上的平衡，而游戏正好具备让个体摆脱社会规则和文化的限制、去寻求个人自由发挥的特性；三是在游戏的一段特定时空里，游戏者可以虚构任何现实生活中所不允许的行为及情节，来逃避现实社会的种种限制，弥补由此造成的不满和沮丧。儿童在日常生活中通过各种各样的游戏，扮演、模仿、练习着社会生活中的各种职业、礼仪、规则及所需的技能与技巧，在游戏中学习着社会的习俗和秩序。

## 第一节　游戏与幼儿身体发展

随着科技不断进步和体力活动不断减少，当今幼儿的生活方式发生了明显变化。静坐和看电视（手机、计算机）的时间越来越多，运动（特别是户外运动）和游戏（特别是群体游戏）越来越少。为此，当今的幼儿身体发展面临越来越多的挑战。

幼儿身体发展主要表现为身体发育和动作发展两个方面。游戏在幼儿身体发育和动作发展中都具有不可估量的作用和意义。

### 一、游戏与幼儿身体发育

身体发育是指人体各个组织、器官的结构与功能从简单到复杂，从低级到高级的分化演变过程。幼儿身体发育从幼稚到成熟是个连续的过程，它比较严格地受到时间的制约，前一个阶段是后一个阶段发育的基础，后一个阶段是前一个阶段发育的延续，如果前面阶段出了问题，就会影响后面阶段的发育。

幼儿身体发育明显。即使没有外力帮助，只要营养充足，幼儿也会成长得越来越高大、强壮、灵活和协调，因为幼儿身体发育具有自然性。但事实上，有外力帮助下，幼儿会比同龄人的身体发育更好一些。对于幼儿来说，最为重要的外力就是游戏与运动。

#### （一）游戏增强幼儿体能，提高幼儿身体机能

体能是指人体在从事身体运动时表现出来的能力，包括身体基本活动能力（走、跑、跳、投、钻、爬、平衡等）和身体素质（速度、力量、耐力、灵敏、平衡等）。

游戏是提高幼儿身体素质的有效途径。因为游戏符合幼儿生理发展规律，能够全面锻炼幼儿身体的基本活动能力。

游戏含有各种动作和活动，特别是户外体育游戏能锻炼幼儿的走、跑、跳、钻爬、投掷、平衡、攀登等基本动作。幼儿期，特别是学龄前时期，基本动作的练习都是在游戏中

进行的。可以说，游戏既是驱动幼儿体能锻炼的强劲动力，又是促进幼儿体能发展的良好条件。

体育游戏，以其丰富而刺激的内容，向幼儿的运动水平不时地发出挑战信号，从而使幼儿的身体动作变得敏捷、灵活和协调，使幼儿身体大小肌肉、骨骼、关节等组织器官得到有效的活动和锻炼，让幼儿变得更为结实和健壮。

实验研究表明，专门的体育游戏促进幼儿身体生长发育的效果显著。通过实验班（用体育游戏形式进行锻炼）与对比班（按常规运动方式进行锻炼）的比较分析发现，实验班的幼儿在身体的各项指标中得分均好于对比班。由此可见，体育游戏能促进幼儿生长发育，促进幼儿骨骼、肌肉系统的发育，提高其身体机能。

### （二）游戏增强幼儿免疫力，提高幼儿适应能力

免疫力是指人体抵抗外来侵袭，维护体内环境稳定性的能力。它是人体自身的防御机制。研究表明，只有多游戏、多运动（每天至少做三十分钟的有氧运动），人体才能有充沛的活力对抗病毒的入侵。

适应能力是指人体在适应内外环境中表现出来的能力。幼儿进行户外游戏，常常接触到阳光、水、空气这三大自然因素。他们可以感受温热和寒冷，这既符合幼儿生理代谢的需要，又能够增强幼儿对外界环境的适应能力（如知道热了脱衣服、冷了加衣服、口渴了喝水等等），保持幼儿身体的健康。

然而，身体发育水平是游戏的生理基础。与身体羸弱、营养不良的幼儿相比较，身体健康的幼儿更喜欢游戏。在同一游戏中，幼儿所能承受的运动负荷有大有小，完成的动作难度也有高有低。为此，我们应该注意游戏与幼儿身体生长发育之间的这种正性或负性循环的相互关系，及时、合理地制订游戏计划，最大限度地发挥游戏在幼儿生长发育中的作用。

总之，游戏，特别是户外游戏，在幼儿身体发育中具有重要的促进作用。处于身体快速发育时期的幼儿活泼好动，游戏正好可以释放这一天性。游戏使幼儿身体的各种器官都处在活跃状态：从全身运动到局部运动，从大肌肉运动到小肌肉运动。游戏活动不仅直接促进幼儿骨骼和肌肉的成熟，也有利于内脏器官和神经系统的发育。同时，游戏往往能给幼儿带来快乐和满足，以及轻松、愉悦的心情。良好的心理状态对幼儿身体的健康生长具有良好的促进作用。

另外，户外游戏可以使幼儿接触到充足的阳光、新鲜的空气，让他们感受自然的滋养，提高机体对外界环境的适应能力，更有利于幼儿身体的健康发展。

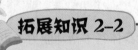

## 幼儿身体发育趋势

1. 随着年龄的增长，婴幼儿身高的中点下移

婴幼儿身高的增长主要是下肢长骨的增长。刚出生时，婴幼儿的身体比例不协调，下肢很短，身高的中点位于脐以上。随着年龄的增长，下肢增长的速度加快，身高的

中点逐渐下移，1岁时身长中点移至脐，6岁时移到下腹部。

2.体围发育的顺序是由上而下，由中心到末梢

体围是指绕身体某个部位周围线的长度，通常由头围、胸围、腰围、臀围等指标组成。但对婴幼儿的体围测量一般只测量其头围、胸围、腰围等。婴幼儿身体发育的顺序是由上而下，由中心到末梢。头部最先发育，然后是躯干、上肢，最后才是下肢。2个月时的胎儿头长相当于身长的1/2，婴幼儿出生时头长约为身长的1/4，而到成人时仅头长为身长的1/8，这说明头的发育最早。头脑是人整个身体的"司令部"，它的成熟程度直接影响和制约着整个身体的生长发育。

婴幼儿手的发育较早，在其会走路以前几乎已经掌握了手的各种功能。如在婴幼儿刚刚学会爬的时候，主要是靠手的力量向前爬行，而此时腿部还不会与手的力量相互协调。婴幼儿下肢的发育较晚，主要是在学会走路后，才开始逐渐发育的。婴幼儿四肢的发育，无论是骨骼、肌肉、血管和神经，都是按先中心后末梢的顺序进行的。

3.婴幼儿各器官系统的发育不平衡，有先后、快慢的差异

婴幼儿各器官系统的发育呈现不平衡的特点。其神经系统最先发育成熟，而生殖系统到儿童末期才加快发育。当其生殖系统发育成熟，也就是性成熟的时候，就会让人感觉到儿童一下子长大并进入青春期了。

儿童肌肉的发育有两个高峰，一个是在五六岁以后，一个是性成熟期以后。肺的发育要在青春期才完全成熟。婴幼儿出生后的几个月内，心脏大小基本维持原状；2~3岁时，它的重量迅速增加到出生时的3倍，以后生长速度减慢，到青春期又激增到出生时的10倍。

## 二、游戏与幼儿动作发展

根据人体运动方式，动作可以划分为粗大动作与精细动作。前者是指躯干的大肌肉动作，后者是指肢体（特别是手指）的小肌肉动作。

### （一）幼儿动作发展过程

整体上，幼儿动作发展大致经历反射活动（原始动作）、初步动作、基础动作和专门化动作四个基本阶段。尽管阶段出现的顺序不变，但是发展速度具有个体差异。

1. 反射活动阶段

从出生到1岁左右，婴儿处在反射活动（原始动作）阶段。新生儿主要依靠原始动作（源于进化而遗传的无条件反射）与环境相互作用，从中逐步习得动作经验。随着动作经验的增长，一部分原始动作（如游泳反射、抓握反射）因无适用价值而消失，另一部分原始动作包容于后继的基本动作（如伸手触物、抓物、松手放物、坐、站）而得到继续发展。

2. 初步动作阶段

1~2岁幼儿处于初步动作的发展阶段，其中最为明显的是学步行走能力的发展，故

而，这个阶段的幼儿称为"学步儿"。除了行走能力快速发展，幼儿手部动作也不断分化，其中抓握能力发展迅速。人生头两年，幼儿获得的初步动作技能为后续基础动作的发展打下了良好基础。

3. 基础动作阶段

2~7岁儿童进入基础动作发展阶段。幼儿越来越熟练地控制自己的躯干动作和肢体动作，如翻滚、跑跳、投掷、接物、攀爬等基础动作。每个基础动作都是一系列单个动作有机组成的"联合体"，具有组合性与灵活性。幼儿可以根据具体情境主动调整基础动作的表现方式及其策略。从零散的单个动作组合成具有协调性的基础动作，幼儿必须经历一个学习过程。幼儿基础动作的学习过程主要发生在游戏活动之中——在游戏中运动，在运动中学习。

4. 专门化动作阶段

一般情况下，从7岁开始儿童进入了专门化动作的发展阶段。这个阶段一直延续到青少年直至成年。专门化动作是指服务于特定需要（如学习、劳动或竞技）的动作，动作的分化水平高，灵活性强。专门化动作的形成离不开专门性的学习与训练，如，小学生的文字书写、数学绘图需要标准化的练习。

**拓展知识 2-3**

## 儿童动作发展规律

头—尾（从上到下）原则：儿童最早发展的动作是头部动作，其次是躯干动作，最后是脚的动作。任何一个儿童的动作总是沿着抬头—翻身—坐—爬行—站立—行走的方向发展。

近—远（由中心到边缘）原则：接近身体中心（躯干）部分的肌肉和动作总是先发展，远离身体中心的肢端部分的动作最后发展。以手臂为例，肩头和上臂首先成熟，其次是肘、腕、手，手指动作发展得最迟。

整体—部分—整体原则：婴儿的动作是混乱笼统的、未分化的大肌肉群动作。随着神经系统和肌肉的成熟以及婴儿自身的反复练习，动作不断分化。婴儿渐渐学会控制身体局部的小肌肉群动作。当身体某部位受到刺激时，能控制仅由有关部位做出反应，而抑制其余部分的动作。

在婴儿获得了对各部分小肌肉群动作的控制之后，又学会把这些小动作"归并"到一起，整合成为更加复杂的整体动作。如：婴儿在学会控制头部、颈部、手臂的动作后，在这些已经分化了的动作的基础上整合协调产生了坐的动作。这是更高一级的整体动作。

H·沃纳（1948）把这个过程称为"分级整合"。动作发展就是从大肌肉群动作到小肌肉群动作，从未经分化的混沌的整体动作到分化了的整体动作的不断分化、不断整合的过程。

## （二）基础动作的学习过程

幼儿期处在基础动作的发展阶段。幼儿基础动作的学习贯穿在幼儿园一日生活的各个环节之中，其中，游戏是幼儿学习基础动作的基本活动。

基础动作技能的学习过程包括定向、模仿、整合与熟练等基本阶段：

### 1. 定向阶段

学习动作技能之前，幼儿必须激活学习动机，了解动作结构，在头脑中形成动作技能的一般的、粗略的表象。例如，幼儿学习"跑步跳"时，首先激起活动热情，同时形成动作表象，包括跑多少步后起跳、每步应该做到什么程度（如强度、幅度、方向与频率等）、每步之间的关联和顺序是什么。

动作表象不仅有助于幼儿理解动作要领，而且活动过程能够调节、控制实际动作。为此，教师要准确地讲解动作结构、示范动作过程，使幼儿建立清晰、准确的动作表象。

### 2. 模仿阶段

模仿是指实际再现出动作，即做出所看到的动作。模仿不仅可以对头脑中的动作表象进行检验、充实或修正，而且可以获得初步的动作体验。

模仿阶段，幼儿动作的稳定性、准确性、灵活性较差，动作较迟缓，不够协调，常有顾此失彼的现象，不能够把分解动作联结成整体，动作的顺序常出现混乱，难以有效地分配注意。

### 3. 整合阶段

整合就是把个别动作结合成连贯动作的过程，使个别动作一体化。在模仿阶段，幼儿只是初步再现、做出一些动作，动作的整体水平还是比较低的。通过整合，一方面，动作水平得以提高，动作结构趋于合理、协调；另一方面，幼儿对动作的有效控制逐步增强。因此，整合是运动技能形成过程中的关键环节，它是从模仿到熟练的一个过渡阶段。

在整合阶段，幼儿动作有一定的精确性、灵活性，但还不稳定，经常随外界情况的变化而变化；各个动作之间趋于协调、连贯，相互干扰以及多余动作减少；动作体验增多，依靠体验对动作进行控制的能力有所增强。

### 4. 熟练阶段

熟练指所形成的动作协调、准确，达到完善化和自动化。熟练是动作技能形成的高级阶段。熟练的动作技能为幼儿解决生活中的各种问题、应对困难等提供了有力的保障。

这一阶段，即使环境条件发生变化，幼儿仍能根据具体的情况做出灵活的、准确的动作；各个动作之间的干扰消失，衔接连贯、流畅，高度协调，多余动作消失；主要靠动作体验来控制活动，能准确地觉察到外界环境的变化，并根据变化来调整动作。

## （三）游戏在动作学习与发展中的作用

动作学习与发展必须具备三个基本条件，即提供动作学习与练习的机会、对动作学习的鼓励以及有一个可供模仿的正确的动作模式。游戏能够同时满足这些条件，故而，游戏是幼儿学习基本动作最为理想的方式。

### 1. 游戏的多样性为幼儿学习各种基本动作提供了充足的机会

在动作学习方面，幼儿身体柔软，动作发展潜能大；幼儿天性好动，喜欢模仿各种动作；只要感兴趣，幼儿可以不厌其烦地重复练习同一个动作。

多种多样的游戏活动为幼儿提供尝试、学习和练习各种基本动作的机会。例如，户外体育游戏中，幼儿学习攀登、追逐、跳绳、滑滑梯、走平衡木等大肌肉动作；在折纸、捏橡皮泥、串珠、积木及拼图游戏中，幼儿则可以学习手部操作技能，锻炼手眼协调及双手协调能力，促进动作的不断分化，提高动作技能的精细化和精确化水平。

2. 游戏的趣味性鼓励幼儿自主学习基本动作

基本动作的学习不可避免地会经历一个不断练习的过程，其中一些动作练习难免枯燥。游戏不仅可以激发幼儿动作学习的热情，而且能够降低动作学习的枯燥性。实践表明，角色扮演能够促进幼儿快速进入动作学习情境，增强动作学习的动机。同时，丰富的游戏情节能帮助幼儿理解基本动作的实际意义，体验基本动作的实际效能。

体育游戏，特别是竞技性体育游戏能够满足幼儿的好胜心，而且在竞争过程中能实现从被动学习到主动学习的转化，进而获得成就感。

3. 游戏的有序性为幼儿创造一个模仿正确动作模式的适宜情境

游戏是一种含有规则的有序性活动。规则游戏不仅包含显性的游戏规则，而且含有明确的动作规范或运动程序。例如，"老鹰抓小鸡"游戏要求前后左右移动奔跑；"炒黄豆"游戏中要求甩动胳膊念儿歌，最后两人举起一侧手臂共同翻转身体180°；"动物跳跳跳"游戏中，幼儿一会儿学小青蛙蹦一蹦，一会儿学小猫咪轻声走路等。

按照规则进行游戏的过程实际上就是一个正确动作的模仿过程。在规则游戏中，幼儿必须接受规则的约束，才能完成游戏。于是，游戏为幼儿规范地学习动作提供了一个良好的模拟情境。

### 案例 2-1

#### 滚铁环

滚铁环是一项民间游戏。游戏有一定的难度，需要一定的技巧，它是对人的耐心和平衡技巧的考验。

功能：

这项游戏不仅能够发展幼儿的奔跑能力，增强幼儿的身体灵活性、协调性、控制能力，提高幼儿的运动技能和运动水平，而且把单调枯燥的运动变化成丰富多彩的集健身、娱乐、竞赛为一体的趣味活动。

这项游戏不仅使幼儿能够积极主动地参与体育活动，而且在运动的过程中可以培养幼儿克服困难的勇气和勇于创新的精神，从而达到娱乐健身的目的。

玩法：

用较粗的铁丝做一个直径50厘米左右的环，整个铁环要有一定的硬度，接头尽量小些、光滑些。再把一根弯成"U"形的铁丝绑在一根小木棍上，手握木棍推动着铁环在"U"形铁丝圈内滚动着行走，可以听见铁圈发出哗啷哗啷的声音。可以进行一些竞速、绕障碍物比赛的游戏。

滚铁环主要是使铁环往前运动，而不倒。技巧是要找对铁环的一个支点，即铁环接触地面的那个点到木棍与铁环接触的点不能大于45°，把木棍放在这样的地方往前推，铁环就会往前滚动了。

游戏规则：

一种具有时代特点的幼儿游戏。铁环直径越小，控制难度越大。比赛时，以铁环"不倒"或速度快慢来决定胜负。

应用：

玩具制作简单，价廉而方便。玩时不限场地，只要大体平整就行。既可以一人独享，自娱自乐，也可以和小伙伴们聚在一起进行比赛。运动量大，可以练习奔跑能力和平衡能力，有助于灵活性和协调性的发展。

## 第二节 游戏与幼儿认知发展

在幼儿发展过程中，游戏与认知是一种相互依赖同时又相互促进的关系。认知发展为幼儿游戏提供智慧基础，游戏为认知发展创造良好条件。认知发展在实际问题的解决过程中实现。问题解决就是运用观察、比较、操作、实验等方法，发现和理解事物的本质和事物间关系的过程。实际上，游戏也是一种问题解决过程。在大多数游戏活动中，幼儿不仅是娱乐——满足好奇心和求知欲，也是学习——尝试和探索解决问题的方法。

游戏中遇到的新事物和新问题是最有价值的学习内容。从可持续性发展的角度来看，游戏活动中，幼儿探究什么、学习什么并不重要，重要的是幼儿在实际生活中学会发现问题和解决问题，不断积累认知经验，并运用于后续的学习活动，形成终身受益的学习方法和探究能力。

### 一、游戏与幼儿语言发展

游戏与语言发展的直接关联是象征物的使用。研究发现，早期语言发展和游戏中，幼儿使用象征物具有某种相似的机制。

#### （一）语言作为游戏的对象或载体

幼儿天生具有通过游戏练习刚获得的技能的冲动，包括语言游戏。从很小的时候，幼儿就学会使用语言要素（语音、语义）作为一种自娱自乐的方式。

在一个幼儿园里，小班幼儿正准备喝果汁。轮到小明和小红倒果汁时，二人咯咯地笑起来。"你是富含果汁的鹅"，小明说。"你是富含果汁的又愚又笨的鹅"，小红咯咯笑着说。他们在欢笑声中结束了语言游戏。

幼儿就像操纵物体一样操纵语言，把语音和词句当作具有多种玩法和时刻伴随的玩具。把语言当作游戏的对象,自发地编押韵的顺口溜玩对话的游戏。例如,"跳皮筋"游戏中,幼儿边跳边唱:"马兰花,马兰花,风吹雨打都不怕,勤劳的人在说话,请你马上就开花。"唱完后,脚要正好将皮筋踩住。每跳完一曲,皮筋便升高一次,如跳时犯规或够不到皮筋,则换人。民间大量的手指游戏都是边念儿歌边做手指动作。在这些游戏中,幼儿不仅获得了快乐,也发展了语言。

正如维果茨基指出的那样,游戏帮助幼儿把"词"作为一个符号来掌握,在游戏中幼儿能根据物体和动作的意义去行动;在现实生活中,幼儿却不能这样做,他们只能用真实的物体做出真实的动作。

### 案例 2-2

#### 语言游戏

游戏为幼儿练习语言理解和表达能力提供机会。自发的语言游戏是幼儿练习语言的一种方式。

1. 对话式语言游戏(2~3 岁幼儿)

孩子问:"这是什么?"

妈妈答:"这是电风扇。"

孩子问:"电风扇干什么?"

妈妈答:"电风扇可以吹风。"

孩子问:"吹风干什么?"

妈妈答:"有风就凉快。"

孩子问:"凉快干什么?"

妈妈答:"人不热就舒服。"

孩子问:"舒服干什么?"

妈妈答:"舒服就开心。"

孩子问:"开心干什么?"

妈妈答:"开心……"

2. 竞赛式语言游戏(3~4 岁幼儿)

离园环节,几个幼儿无聊地等待父母来接。突然,一个幼儿指着墙顶漏水的痕迹,高声喊道:"看,黑色的墙。"另一个幼儿说:"黄色的墙。"其后,几个幼儿接二连三地说:"绿色的墙""红色的墙""咖啡色的墙""奶油色的墙"。忽然,从"墙"转到"奶油":"奶油蛋糕""奶油大饼""奶油房子""奶油王佳杰"(一个幼儿的姓名)"奶油苏小明"(另一个幼儿的姓名)。再次转换为"坏":"王佳杰坏""苏小明坏""你是大大的坏""他是最最大大的坏""嗒嗒嗒嗒,开摩托车"。又一次转换到"开汽车""开大炮""开飞机"……叫声此起彼伏,夹杂着阵阵笑声。这是一种语言竞赛游戏,具有练习词汇组合的作用。

任务。之前的任务组，如果当时搭建的是车库，这次就换搭建直升机停机坪；如果当时搭建的是直升机停机坪，这次就被要求搭建车库。

### 结果分析

利用"芝加哥大学空间语言分析系统"，研究人员找出在第一、第二阶段，每组的家长和孩子各自使用的空间语言。

空间语言根据功能分成以下六种：

（1）空间位置（上，下）。

（2）空间相对关系（这里，那里）。

（3）空间纬度（长，高）。

（4）空间状态（直，弯曲）。

（5）形状（长方形，正方形）。

（6）空间转形、转向（把A转过来；A面对着B）

他们找出的语言包括词语和短语。词语包括"上""那里""弯曲"等等，短语包括"A面对着B""A在B的中间""A的两面都有B"等。

他们数出每名家长和孩子使用的空间语言的种类。一个空间词多次出现只算一个词。

他们再计算出每名家长和孩子使用的空间语言的比例。公式如下：

（空间词语 + 空间短语）/ 所有的词语和短语

一名家长或者孩子得到的数值越高，空间语言使用的比例就越高。

为了对比分析，研究人员从一个叫"儿童之家"机构的家长和孩子互动影像库中，选出31对家长和孩子的视频，提取出10分钟的和研究中相似的家长与孩子一对一互动场景的视频。只是家长和孩子没有玩任何积木游戏。我们称这一组为"普通互动组"。

研究结果表明：

（1）积木任务组的家长空间语言使用的比例比另外两组都高。积木自由游戏组和积木成品游戏组的家长空间语言使用的比例没有不同。积木任务组空间语言使用率达到9%，另外两组在7%左右。

（2）在普通互动组中，家长的空间语言使用率比上述三组都低，在3%左右。也就是说，积木游戏能让儿童听到的空间语言提高至平常的2~3倍。

（3）积木任务组的儿童空间语言使用的比例比积木自由游戏组高。积木任务组大约为6%，积木自由游戏组在5%。但是，积木成品游戏组的儿童空间语言使用的比例和积木任务组一样高。

（4）在普通互动组中，儿童的空间语言使用率比这三组都低，在3%左右。也就是说，积木游戏能让儿童空间语言的使用率提高至平常的2倍。

### 启示

（1）只要涉及积木类玩具，不管怎么去玩，成人和儿童的空间语言使用率都会比没有积木玩具时高。所以，积木玩具能让成人多使用空间语言，进而让儿童更多地听到空间语言，积木玩具也会刺激儿童多使用空间语言。

（2）任务型积木游戏比非任务型的积木游戏更能刺激家长、儿童使用空间语言。这呼应了Casey博士的研究发现——任务型积木游戏能培养儿童的空间思维。也就是说，任务型积木游戏通过确定明确的目标并设定儿童必须通过一定的途径而达到这些目标，让家长、儿童不可回避地使用空间语言、解决空间问题，从而促进空间语言和思维能力的双提高。

（3）不要僵硬地应用研究发现。比如，在积木成品游戏情况下，家长空间语言的使用率不如任务型积木游戏组高，但是，儿童的空间语言使用率竟然和任务型积木游戏组一样高。原来，儿童在不被要求搭建任何东西并被给予已经搭建好的成品的时候，他们会利用手头的小人物开始想象游戏，"妈妈，我们把车开进车库再开出来吧！""消防员往上爬、爬、爬到了楼顶！"

（4）家长是空间语言使用的带头人。在三种游戏情况下，家长空间语言使用率达到7%~9%，儿童达到5%~6%。这个现象被称作"孩子就差两个百分点地跟在你后面！"

## 二、游戏与幼儿创造性发展

创造性是一种优秀的思维品质，它与思维的流畅性、灵活性、独创性及创造性想象相联系。游戏以特有的魅力吸引幼儿，让幼儿拥有自由想象的空间，对幼儿创造性的发展起着重要作用。研究表明，创造性与主动自愿的内部动机、自由民主的气氛、灵活易变的形式有着密切的一致性。正是因为如此，游戏与创造性解决问题之间有着许多相似之处。

### （一）自由游戏促进幼儿创造性思维的发展

心理学家丹斯基和西尔弗曼做了一项研究，将4~6岁幼儿分为三组：

（1）游戏组幼儿在10分钟内自由地玩一些常用物品：一些纸巾和湿塑料杯、一把螺丝刀和一些钉在板上的螺丝钉、一些纸夹和空白卡片以及一些火柴盒。

（2）模仿组幼儿模仿成人用这些物品做一些常规的事，如用纸夹夹紧卡片。

（3）控制组幼儿只用一盒蜡笔给素描着色。

随后对幼儿进行物品用途测验，要求幼儿想出同一物品的多种不同用途，测查幼儿的创造力。结果发现，游戏组幼儿比另外两组幼儿能想出更多的非标准答案，而另外两组幼儿成绩相当接近。游戏组的幼儿对未玩过的物品用途的反应，也明显好于另外两组。由此可见，游戏特别是自由游戏能促进幼儿创造性思维能力的发展，有助于引发出多样性联想的态度及其心理结构的形成与发展。

### （二）游戏促进幼儿解决问题能力的发展

游戏影响幼儿解决问题，主要表现在三个方面：

（1）游戏使幼儿具有解决问题的内部动机。

（2）游戏使幼儿有机会运用多种方法和手段探索解决问题的能力。

（3）游戏的特征是游戏者对过程的注意超过对结果的注意，因此能降低游戏者对失败的担忧，提高挫折承受力和坚持性。

美国著名心理学家布鲁纳做了一个经典实验：

他以3~5岁的学前幼儿作为被试，要求幼儿坐在椅子上（不能站起来），从放在远处的一只透明塑料做成的盒子里取出一支彩色粉笔，盒子的开口对着幼儿，但它的"门"是用一个"J"形钩子钩住的。幼儿唯一可以利用的工具是放在他们脚边的3根长短不一的淡蓝色棍子（长分别为38厘米、30厘米、13厘米，截面均为3厘米×3厘米）和2个"C"形夹钳。幼儿如果能拿到粉笔，粉笔就归幼儿所有。但是盒子放在用最长的棍子也够不着的地方，要拿到粉笔，幼儿就必须用一只夹钳把2根较长的棍子连接起来构成一根长棍子，去打开门闩，把粉笔拨到跟前来。

在解决问题之前，实验者把幼儿分成三组。每一组都有36名被试，男女各半。

（1）游戏组：成人先说明一只夹钳可以夹在一根棍子上，然后让幼儿用10根蓝棍子和7只夹钳自由操作、游戏。

（2）观察原理组：成人先说明一只夹钳可以夹在一根棍子上，然后让幼儿看成人如何用一只夹钳把两根棍子连接起来。

（3）控制组：成人说明一只夹钳可以夹在一根棍子上。

然后，让幼儿去解决上面的问题。结果表明，在游戏组和观察原理组，能够解决问题的人数非常接近。

在完成这项指定任务的过程中，游戏组幼儿比其他各组有较明确的目标，有较好的主动性和坚持性。这大概是因为游戏中的不确定性给幼儿带来了挑战，促进幼儿主动去探索，去寻找解决问题的办法。游戏可以为幼儿提供没有压力，但需要坚持性和毅力的良好的解决问题的环境，这也是幼儿解决问题的心理条件。游戏环境应有利于幼儿思考问题和处理问题，不断地去尝试，失败，思考，再试，最终取得成功。可见，在游戏中，幼儿按照自己的兴趣和愿望去接收外部环境的信息，并进行加工，使之适应自己的认知结构。

### （三）游戏性质影响幼儿创造性的发展

美国心理学家佩普勒和罗斯设计了两个扩散性问题和三个集中性问题。将64名3~4岁的幼儿从年龄、性别上分成相同的四组：集中性游戏条件组、扩散性游戏条件组、集中性活动观察组、扩散性活动观察组。

将幼儿分为两组，分别进行性质不同的游戏，集中性游戏条件组进行"集中性游戏"，对游戏方法进行限定，实际用的是拼图板；扩散性游戏条件组进行"扩散性游戏"，游戏方法未限定，实际用的是图块。

实验中，进行集中性游戏的大多数幼儿，花了一半以上的时间来完成拼图；而进行扩散性游戏的幼儿把时间都花费在研究图块的特征，把图块组装起来进行观察以及把图块比作其他东西（象征性游戏）上。在幼儿取得游戏经验后，实验者让幼儿进行集中型问题解决和扩散型问题解决。结果发现，在集中型问题解决上，有集中性游戏经验的幼儿比有扩散性游戏经验的幼儿成绩好；在多种方法解决扩散型问题上，有扩散性游戏经验的幼儿则明显好于有集中性游戏经验的幼儿，显示出很大的可塑性。

集中性游戏经验的效果具有特殊性，而扩散性游戏经验的效果具有一般性、迁移性。由此推断：使用集中性材料进行游戏，教会幼儿的是在这里有一个正确的答案，并促进幼儿寻找此答案；而使用扩散性材料进行游戏，教会幼儿的是无论什么问题都有许多可能的解决问题的策略。因此，可以让幼儿充分地、尽情地施展自己的想象力、创造力，他们在解决问题时，更多地运用尝试错误法，在放弃无效决策时具有更大的灵活性。而使用集中性材料游戏组，在解决问题时更倾向于用原来的策略来解决当前的问题，思维的灵活性较差，不容易将在游戏中获得的特殊经验概括迁移到解决其他不同的问题上。

这个实验表明，集中性游戏受条条框框限制，容易使幼儿产生固定化的倾向；而扩散性游戏不受条条框框限制，使幼儿有可能去寻求解决问题的多种方法。由此可见，游戏性质与幼儿创造性有密切关系，扩散性游戏更有利于幼儿创造性的形成和发展。换句话说，自主、自由的创造性成分较高的游戏，更能促进幼儿解决问题的发散性、多样性的发展，有利于多种途径地解决问题。

### 拓展知识 2-5

## 积木游戏培养幼儿空间思维

世界是立体的，空间思维是重要的，无论是对学习还是生活。

早从20世纪70年代开始就一直有研究发现，儿童的空间思维能力和数学学习能力相关。有些数学题只能通过空间思维的介入才能解出来，有的数学题通过空间思维的介入则能产生额外的解题方法。

从20世纪90年代末，就有研究发现搭建积木的经历和儿童的空间思维能力有关。但是，积木搭建的活动有多种执行方式，究竟哪种搭建方式和哪种积木活动方式能有效地促进空间思维能力的发展？

早从20世纪60年代开始就有研究发现，把要教给儿童的信息和知识放入故事情境中去教给儿童，他们对故事里夹带的信息会吸收得好、记得牢。但是，故事情境的这种优势，能否体现在和故事看似不相关的能力——空间思维能力上？

波士顿学院的资深教育研究专家Beth M. Casey博士多年来从事儿童空间思维能力发展的研究，其中一个研究就是探索把积木活动和故事情境融合是否能较有效地促进空间思维能力的发展。

**研究对象**

100名美国幼儿园的儿童，年龄在5~7岁。儿童的家庭收入、家长教育水平、种族多元。

**测量指标**

儿童在积木学习项目开始前后，空间思维能力和积木搭建能力用以下三个方式测评。测评由研究人员一对一进行。

1. 空间想象力

美国标准儿童智商测验 WISC-IV 中有一个积木测评项目。儿童用有红白两色的立体积木块按要求拼出 12 种平面图形。12 道题由简到难递进，难度由图形的复杂程度决定。

2. 空间旋转

儿童看到两个一模一样的用多个立体块状体搭成的构型。第一次看到，两个构型摆放的方向一样。接着，两个构型都被移出视野，其中一个被旋转成不同的指向。之后，两个已经变成不同指向的构型重新出现，儿童要把其中一个构型通过各种空间旋转变成和另一个的指向相同。10 道题由简到难递进，难度由搭造构型所用积木数量多少和构型的复杂程度决定。

3. 积木搭建能力

每个儿童得到 70 块积木，要求在 12 分钟内用它们搭建一个学校。儿童搭建的学校按照复杂和达标程度分成 1~9 个级别。这个分级系统是从 20 世纪 80 年代就开始研究并逐步确定的。

**研究过程**

6 个幼儿园自然班的儿童参加了研究。

1 班、2 班、3 班、4 班的儿童被要求按照以下顺序搭建出 3 种建筑物：

（1）给一座即将建成的城堡搭建一个围墙。

（2）在护城河上搭建一座桥通往城堡。

（3）建造一个 3 层楼的城堡。

每个班里，儿童被分成 3~5 人的小组，每个小组得到同样一套积木，儿童合作搭建。

**实验分组**

1. 目标性积木搭建项目

1 班、2 班的儿童参与。他们被给予一幅图，图上是一座城堡以及它周围的建筑，包括围墙和桥。儿童被告知可以参照图上的式样搭建。

2. 故事＋目标性积木搭建项目

3 班、4 班的儿童参与。老师先给儿童讲了一个故事，故事来自绘本《"喷嚏"建城堡》。"喷嚏"是故事里的一条玩具龙。老师先要儿童排成一条龙坐在地上，一个抓一个，大家假装坐在"喷嚏"身上，飞到古代的"城堡时代"。在那里，儿童被要求搭建各种东西。比如，"喷嚏"不小心把城堡的墙撞倒了，很担忧被国王和王后指责，大家要帮忙重新把墙建起来；国王和王后需要跨过护城河进入城堡区；国王和王后需要某个式样的城堡等。所有提出的设计要求，都是以故事人物的口吻提出的。

3. 自由积木搭建项目

5 班、6 班的儿童参与。儿童得到同样一套积木，花了和另外两组学生同样的时间去使用这些积木。老师没有给他们分组，也没有给他们任何的指示，儿童可以任意搭建东西。这项活动模仿了幼儿园惯例性的自由玩耍时间儿童所处的状态。

以上三种积木活动项目由接受过培训的班上的老师主持,在每个自然班里以3~5人小组的方式进行,前后历时6~8个星期。

**研究结果**

(1)对于儿童搭建的结构质量,研究人员用9级的标准去测评。结果发现,"故事+目标性积木搭建项目组"的儿童平均分最高:

故事+目标性积木搭建项目:平均达到7级。

目标性积木搭建项目:平均达到6级。

自由积木搭建项目:平均低于6级。

和另外两组相比,"故事+目标性积木搭建项目组"的儿童有更多的从低水平线(1、2、3级)提高到中级水平(4、5、6级),或从中级提高到高级(7、8、9级)。

(2)在积木活动项目开始前后,儿童被测评了三项能力:空间想象,空间旋转,积木搭建能力。空间想象、空间旋转基本代表儿童空间思维的潜力,而积木搭建能力是一种实操能力。

在积木活动项目开始后,这三个能力全部呈现正相关。也就是说,包括空间想象、空间旋转在内的空间思维能力越强,儿童积木搭建能力就越强。然而,在积木活动项目开始前,积木搭建能力和空间思维能力的两个指标并不呈正相关。

研究人员的分析是,在积木活动开始前,因为儿童积木搭建的经验不多,所以具备潜力和不具备潜力的儿童搭得都差不多。但是,当儿童有实践经验后,那些有潜力的儿童会进步得更快。

这个研究发现给我们的启发是:如果不给儿童实操机会,在空间思维方面有潜力的儿童的潜力就无法发挥;如果给儿童实操机会,那些潜力大的儿童很快就能把潜力转换成实际能力,而潜力小的儿童也能得到锻炼和成长。

(3)故事情境促进积木搭建能力提高的原因。以故事人物的口吻对儿童提出具体的搭建要求,这有什么好处?

因为儿童和故事中的人物产生了情感连接,所以,会格外有动力搭建出那些人物想要的东西。

因为故事里的人物会解释为什么自己想要某样东西,儿童在理解的基础上会更加动脑、用脑、专心去满足他们的需求。比如,要把墙建得高点,这样墙里的动物才不会跑出去;当老师看到儿童把城堡第一层建好了又用积木填满了,就提醒儿童:"别忘了,这第一层国王、王后要让动物来住。现在,它们怎么住?"看到儿童搭的桥一边不着地,会说:"国王和王后走到这里,怎么下来?"

因为有情节,当儿童需要帮助的时候,故事情节会让老师更容易抓住关键点给儿童提供支持,以把他们往更高层次推。比如儿童该建的是3层的城堡,但只建了2层。老师可以说:"'喷嚏'一会儿要来检查你们做得是否符合标准。你们想想国王和王后要几层的呢?"在没有故事情境的情况下,老师只能说:"别忘了,我要求你们建几层?"显然,这样的提醒对儿童更苍白无力。

(4)如何看自由搭建活动?我们不应该因为这个研究发现而下自由积木搭建活动

没有价值的结论。研究只是说明，有结构、目标、引导并最好有故事情境的积木搭建活动是有可检测出的效果的。主要原因是儿童为了达到目标，必须系统地、从易到难地解决一个个的问题。而自由玩耍中，是否"迎着困难上"就要看儿童的个性了。所以，在幼儿园和家庭环境下，不应忽视结构合理、目标明确的积木搭建活动。

## 第三节　游戏与幼儿情感发展

情感（情绪）是客观事物是否符合人的需要而产生的态度体验。情绪是和有机体的生物需要相联系的体验形式，主要包括心境、激情与应激；情感则是同人的高级的社会性需要相联系的体验形式，主要包括道德感、美感和理智感。情感与情绪不仅有强度之分，而且具有两极性——积极情绪与消极情绪。

情绪和情感紧密联系，情感是在情绪社会化的基础上形成的。情感一旦形成就会对情绪产生制约作用。游戏的愉悦性决定了游戏与情绪有着特殊的关系。有时候，很难区分是因为游戏才愉悦，还是因为愉悦才游戏。

### 一、游戏与幼儿情绪体验

幼儿的游戏活动带有情绪色彩。游戏不仅是幼儿表现积极情绪、调整消极情绪的手段，而且是成人（家长、教师）了解幼儿情绪状态的路径。

#### （一）游戏与幼儿积极情绪的体验

1. 游戏为幼儿体验积极情绪提供充足的机会

在游戏中，幼儿按自己的意愿，自由自在地活动，从而游戏为幼儿建构了一种轻松愉快的活动氛围。

在自主的游戏氛围中，幼儿容易通过自我的努力而成功，从而感到愉快和满足。在轻松的游戏氛围中，幼儿积极主动地活动，没有强制的目标，减少了为达到目标、完成任务而产生的紧张感，游戏满足了幼儿的需要和愿望，幼儿便产生快乐、自信、满足等积极的情绪。游戏中没有来自外界的压力，允许幼儿以自己的方式、毫不畏惧地探索，充分享受成功带来的兴奋、产生的浓厚兴趣等积极情绪。在自控的游戏氛围中，幼儿把成人世界复杂的事物转换为他们自己可以控制的范围，减少了周围世界与其已有经验的不协调和不一致。在探索玩具的过程中，儿童可以体验到由环境的中等程度的新异性所带来的趣味性和兴奋感，并在多次重复中逐渐熟悉并掌握周围事物，由此产生快乐感。

2. 游戏影响幼儿的情绪体验质量

跟踪研究发现，在3~4岁幼儿的游戏中，经常玩装扮游戏或者有假想伙伴的幼儿有较多的微笑和欢笑，坚持性和合作性较好，较少出现攻击行为，也较少愤怒和悲伤。在年龄稍大的幼儿中，富于想象的幼儿较少莫名其妙地发火、攻击他人，较少冒失、冲动，更容易分清想象与现实的区别。

临床研究表明，具有情绪障碍的幼儿在游戏中会表现出混乱和刻板的特征。他们在游戏中会表现出不合群、焦虑，且容易受到心理压力的影响，出现攻击行为和冲动行为，不能担任帮助他人的角色。他们在幻想游戏中要从"我"转移到自我以外，转移到假想的其他人的角色也很困难。由此推断，不能发展幻想游戏意味着幼儿具有严重的心理障碍。

### （二）游戏与幼儿消极情绪的宣泄

持续的紧张或焦虑会瓦解一个人的心理结构。长期处在不良情绪状态，会导致幼儿食欲减退、消化不良、心跳加速、血压和呼吸不正常，甚至会诱发疾病。游戏为幼儿表达各种情绪提供了一个安全场所。在游戏中，幼儿可以合理地释放不良情绪，达成心理平衡。为此，游戏不仅有助于保障幼儿的心理健康，而且能够促进幼儿身体发展和生理健康。

#### 1. 游戏是幼儿克服紧张情绪的一种手段

游戏是一种积极的情感交往方式，它有利于各种情感类型的产生。游戏可以作为自我表达的通道。在游戏中，幼儿可以摆脱惩罚的威胁来表达一般社会情景中禁止的情绪。当冲动的行为或实现愿望受阻而产生挫折感时，幼儿可以在游戏活动中学会控制这种挫折感。这样既能让幼儿学会自我控制，又不会伤害幼儿的自尊心，能够保障幼儿心理健康发展。

在游戏中，幼儿能够学会解决问题的方法，减轻心理压力。比如，一个幼儿可能挑选一种玩具，这种玩具代表着他所惧怕或厌恶的事物。玩具的象征意义有助于幼儿消除不良情绪。系统脱敏就是利用玩具的情绪象征来减弱消极情绪的一种心理辅导技术。

在游戏中，幼儿独立或合作解决现实生活中面临的问题，会提升幼儿的自我效能感，使幼儿相信自己有能力去解决问题，从而增强自信心。同时，游戏中获得的成功经验可以迁移到现实生活中，提高解决问题的能力，从而增强安全感。

游戏能改变幼儿的错误观念，帮助幼儿消除不良情绪。只要幼儿对错误观念有了正确的理解和认识，就能改变情绪状态，心平气和地接受现实。因而，象征性游戏或幻想游戏有助于幼儿理解现实与理想的矛盾及真实与虚构的差距。

#### 2. 游戏可以帮助幼儿宣泄不良情绪，保持心理平衡

受到挫折和困扰时，游戏可以帮助幼儿宣泄焦虑、害怕、气愤和紧张等消极情绪，从而减轻或克服不良心理体验。

游戏以幼儿能接受的情景再现不愉快的经验。在角色扮演中，幼儿能够消除紧张感、减少恐惧感，从而使心理保持平衡。如，幼儿害怕打针，但在游戏中喜欢玩"打针"，通过再现痛苦的体验，减轻害怕的程度，体验战胜恐惧的愉快；在游戏中还能转换角色，扮成"医生"给别的"小孩"打针，缓解对医生和打针的恐惧感。在游戏中，幼儿可以用比较妥当的方式表现自己的情绪，设法控制自己不良的情绪。

在生活中，幼儿会受到不同程度的客观条件的限制和束缚，这难免会使幼儿产生紧张或压抑情绪，而游戏是缓解紧张情绪的良好方式。通常可以发现，男孩特别爱玩黏土，他们在玩黏土时一系列的挤、压、捏、摔等动作，都具有宣泄功能。有的幼儿有时喜欢反复地搭积木，然后又用力地把它推倒，这也具有宣泄意义。在玩"娃娃家"游戏时，有的幼儿喜欢把布娃娃的裤子脱下来，然后狠狠地打它的屁股并在口中念念有词。在玩"医院"

游戏时，许多幼儿喜欢打针，这是幼儿将自己在打针时的痛苦发泄到"打针"的活动中去。只要注意观察，就可以发现，幼儿通过游戏把精力和情绪发泄之后，他们的脸上总会露出一种满足和痛快的表情。

目前，我国幼儿园已开始尝试游戏心理辅导。游戏不仅是一种情绪教育活动，而且是调节情绪状态和治疗情绪障碍的手段，并取得了良好的辅导效果。

## 二、游戏与幼儿情感发展

情感是情绪社会化的产物，情感发展在社会性需要满足的过程中实现。随着自我意识的出现和人际关系的扩展，幼儿的自我情感发展迅速。在幼儿园一日生活中，不仅表现出自豪感、友谊感、同情感以及成功感等积极情感，而且流露出内疚感、羞愧感、委屈感以及妒忌等消极情感。

在游戏中，幼儿会主动选择和接触各种色彩鲜艳、造型生动的玩具，创造性地反映现实生活中美好的事物。幼儿的美感在游戏中萌生并发展。在游戏中，幼儿感知美、体验美、表现美和创造美。在游戏中，幼儿积累经验，发现知识，从而体验到理智感。同样，在游戏中通过人物关系的处理、角色情感的体验，幼儿形成同情心和道德感。总之，在游戏中幼儿不断地丰富发展自己的高级情感。

### （一）游戏与道德感发展

道德感是指评价自己和他人行为是否符合社会道德行为准则时产生的内心体验。游戏是对现实生活的特殊反映，角色及角色行为无不表现出道德属性。例如，在"公共汽车"游戏中，幼儿扮演给老人让座的年轻乘客；在"医院"游戏中，幼儿扮演同情和护理病人的护士角色。在游戏中，当幼儿的角色行为和道德行为相联系时，角色行为的内心体验也就充满着道德情感，并有助于形成稳定的道德情感。

群体游戏需要同伴之间的协作、体谅和关爱。在游戏中，能力弱的幼儿常常需要能力强的幼儿的帮助。这种帮助也许是游戏本身的需要，但是接受帮助的幼儿会体验到友好、会产生感激之情；提供帮助的幼儿会得到肯定和表扬，会产生一种自豪感和满足感。

分组竞赛游戏会诱发幼儿的合作与竞争行为。在对外竞争、对内合作的团队活动过程中，幼儿会逐步形成归属感、集体荣誉感及责任感。

### （二）游戏与美感发展

美感是指在领略事物美好时产生的审美体验。幼儿的美感最早源于游戏。游戏常常使幼儿自得其乐，沉浸在美感的享受之中，产生一种自发的表现欲望。例如，陶醉于角色扮演形式，痴迷结构造型活动，对漂亮玩具爱不释手，用各种材料装饰和美化游戏环境，从中得到一种审美快感。

游戏本身呈现出丰富多彩的审美表现形式，不仅使游戏本身充满美感，而且使参与游戏过程的幼儿产生美感。例如，建构游戏中作品的造型美、折纸和剪纸中作品的意境美。在这些游戏中，幼儿的创造和智慧转换成一种富有对称、平衡、协调及和谐等审美特点的作品。面对自己的作品，幼儿常常抑制不住审美的愉悦感，一句"好看吗？"透露了幼儿活跃的审美体验。

在大型户外体育游戏中，幼儿需要攀爬、追逐、游荡。这些活动不仅需要力量，而且需要勇气。当幼儿以一种超乎寻常的方式表现出勇气和力量时，一句"真带劲！"道出了美感的内心体验。在角色游戏中，以物代物，以人代人，当幼儿的想象和意境以一种似真非真、似假非假的滑稽形态出现时，一句"假的呀！"道出了幽默的内心体验。

### （三）游戏与理智感发展

理智感是指认知活动中求知欲、好奇心以及探究奥秘的愿望是否得到满足而产生的内心体验。理智感主要由求知的动机引起，其中隐藏着探索、猜测和推理等认知需要。

游戏是幼儿理智感的源泉。幼儿的求知欲在游戏中得到充分的表现，从观察、操作到独立发现问题、自发寻求答案，问题解决后会感到极大的满足与愉快。

在游戏中，每当一种玩具发现了多种玩法，一种事物的奥秘被解开，一项游戏技巧被掌握，幼儿都欢欣鼓舞。这种求知欲的满足正是幼儿理智感的表现。

显然，游戏不仅催生并且满足幼儿的理智感，而且引导并且促进幼儿的理智感朝着正确的方向发展。当幼儿进入小学阶段，这种理智感将转化为一种强有力的认知内驱力。

## 第四节　游戏与幼儿社会性发展

社会性是人的基本属性。在一定程度上，社会性发展也可视为人的社会化程度。社会性发展就是人的社会性不断成熟和社会参与能力逐步提高的过程。幼儿社会性发展是幼儿从"自然人"（自然进化的人）转化为"社会人"（符合社会要求的人）的发展过程。在这个过程中，幼儿必须学会独立解决人际关系问题，掌握如何与别人友好相处，学会分享、助人和合作等社会性技能。

幼儿阶段是社会性发展的关键时期。社会性发展对幼儿一生的影响巨大而深远。社会态度（对人对己的态度）、群体生活适应能力以及自我调控能力，不仅影响幼儿人际关系、社会适应和生活幸福感，也直接影响幼儿身心健康以及知识、能力和智慧的发展。

在与成人（或同伴）的共同生活中，通过人际交往、协同探索和群体游戏等活动，幼儿的社会性逐步得到发展。游戏，特别是社会性游戏（角色游戏和表演游戏），为幼儿模仿、学习社会生活技能提供了丰富的机会。他们在游戏中扮演角色，以角色的身份来游戏，在游戏中体验着角色的喜怒哀乐。在与同伴的交往中，幼儿逐渐懂得分享，学会合作，学会安慰和帮助，当同伴遇到困难时会表现出移情或关心的表情。

### 一、幼儿社会性游戏的发展

社会性游戏是指基于人际互动的群体游戏，主要包括社会角色游戏、规则游戏等。幼儿社会性游戏的发展主要表现为象征能力和交流能力的发展,其中语言的社会化功能和文化的传承功能起着重要作用。

### (一)社会性游戏的结构

戈特曼对游戏中幼儿的社会互动做过详细的编码分析,发现幼儿社会性游戏的结构包括社会参与、自我探索、情感状态和修复。

#### 1. 社会参与

社会性游戏的核心要素是"共同的活动",其中信息交流的数量是评价"共同的活动"(社会参与水平)的主要指标。

#### 2. 自我探索

游戏互动会出现大量的自我探索:幼儿谈论自己,并且与他人比较(陈述自己与他人的相似性)或自我暴露(相互表达或评论自己的情感)。社会比较有助于幼儿正确认识自己,缓解社会认知的不确定性,确定正确的社会态度。

#### 3. 情感状态

游戏互动中同时存在友好和冲突两种情感状态。友好指积极的情感交流,包括对他人的肯定或赞许、对彼此关系的肯定、同情、主动给予、关爱、幽默及共享。冲突包括所有争论或观点相左。

#### 4. 修复

修复是指游戏中冲突的解决过程。在社会性游戏中,一般具有信息澄清、冲突解决和减少共同活动等三种修复过程。冲突修复后,幼儿的情绪状态主要是积极的,依旧保持着亲密的关系,并且继续维持合作。

一旦幼儿进入共同游戏,社会参与、自我探索、情感状态以及修复就开始不断转换。随着时间的推移,幼儿在相互作用中生成游戏规则,并且学会通过变换主题来维持共同的游戏兴趣。

### (二)幼儿社会性游戏的发展过程

大量实验和观察研究表明,幼儿社会性游戏有特定的发展规律和发展顺序。关于社会性游戏中幼儿互动模式及其发展主要有三种观点(见表2-1)。

表2-1 幼儿游戏的社会性发展阶段

| 帕顿的分类 | 豪威斯的分类 | 温特的分类 |
| --- | --- | --- |
| 旁观:喜欢观察他人游戏 | | |
| 单独游戏:独自在不同或相同场合游戏 | | 独立游戏:远离他人独自一人游戏 |
| 平行游戏:在类似游戏中,在同伴身边或中间游戏,但不进行交流 | 简单的平行游戏:进行相关的类似活动,不注意一起游戏的其他人 | 邻近游戏:在他人身边游戏,但没有参与其他人游戏的意图 |
| 联合游戏:喜欢和他人一起游戏并进行讨论,但是个人目标是第一位的 | 彼此注意的平行游戏:注意到他人的存在,但是没有口头交流或不愿意参与共同活动 | 相关游戏:与其他人进行言语交流,不参与同伴活动的选择 |

续表

| 帕顿的分类 | 豪威斯的分类 | 温特的分类 |
| --- | --- | --- |
| 合作游戏：以组织和合作的方式进行游戏，被分配角色，并且认同游戏主题和目标 | 简单的社会性游戏：带有一定社交目标的游戏 | 相互游戏：与同伴共同参与游戏 |
|  | 互补游戏：以一些具有合作性但不具分享性的方式参与相同的游戏 |  |
|  | 合作性社会装扮性游戏：涉及分享性和合作性的社交目标 |  |
|  | 复杂的社会装扮性游戏 |  |

幼儿社会性游戏是指幼儿在与玩伴社会互动中进行的游戏。表2-1中的三种观点没有本质的区别。从中可以看出，随着年龄的增长，幼儿在游戏中的社会性参与程度逐渐加深。所以，我们通常将幼儿社会性游戏分为单独游戏、平行游戏、联合游戏和合作游戏等四个发展阶段。

1. 单独游戏

单独游戏指的是幼儿独自一人游戏，即使有其他人在场，也不与他们发生任何联系，而且幼儿之间从事着不同的游戏活动。发生时间大概在2岁到2岁半期间。例如，两个幼儿在游乐场，一个玩滑梯，一个玩海洋球，每个人玩的都是不一样的东西，而且彼此之间也没有什么交流。

2. 平行游戏

平行游戏指的是幼儿在一起玩相似的游戏，但是彼此之间没有社会互动，发生时间通常是2岁半到3岁左右。单独游戏时，幼儿游戏的内容是不一样的，但平行游戏中幼儿玩的内容是一样或者相似的，他们的游戏内容、游戏方式是可以相互影响的。因此，平行游戏中幼儿的社会参与度比单独游戏高。

心理学家进一步区分了平行游戏和平行意识游戏。平行游戏是幼儿在一起参与类似的活动，但彼此并不注意对方的行动，而如果幼儿在一起参与类似的活动，并且也有目光接触，了解有别的幼儿的存在，就是平行意识游戏。

3. 联合游戏

联合游戏通常要到3岁半到4岁半发生，联合游戏中幼儿们在一起游戏，彼此的行为相互关联，但不相互合作。比如两个幼儿一起搭积木的时候会因为材料进行语言的交流，但这种联合仅仅是同伴的交往，他们并没有为了一个共同的目标而游戏，这种社会互动还是比较低级的。

4. 合作游戏

一般情况幼儿要到4岁半以上才能真正进行合作游戏，这时他们会为了达成同一个目标或满足同一个需要，在合作中一起游戏。进行合作游戏的幼儿的社会行为包括合作、商量、交流、妥协、配合等，游戏中有分工也有协作。合作游戏是幼儿的社会性参与度最高的一种游戏状态。

纵向研究发现，这些形式的游戏出现有相对稳定的顺序，但是在发展序列中后出现的游戏形式并未取代之前的游戏形式。例如，单独游戏并不随着幼儿年龄的增加而减少，很多年龄较大的幼儿也非常喜欢单独游戏，平行游戏会随着幼儿年龄的增加而减少，联合游戏不会随着年龄的增加而减少，合作游戏则随着幼儿年龄的增加、幼儿社会性知识的积累和交往能力的提高而不断增多。

##  二、游戏在幼儿社会性发展中的作用

### （一）游戏促进幼儿社会交往技能发展

游戏不仅能提高幼儿游戏的社会水平，而且能加强幼儿之间的交往和合作行为，促进幼儿获得社会性技能。

游戏，特别是集体游戏是幼儿学习社交技能的理想场所。为了能够更好地玩游戏，幼儿必须逐渐掌握必要的社交技能，学会使自己的意见和别人的看法协调起来，学会相互理解和帮助，学会协商、合作，学会积极地反馈与支持，学会对同伴让步以及被同伴接纳等。

研究表明，幼儿经常参加角色游戏，其社会能力明显好于那些不参加角色游戏的幼儿。在角色游戏中，幼儿必须学会控制冲动、自我控制、延迟满足，显然，角色游戏有助于幼儿养成良好的意志品质。

社交技能的发展离不开意志品质的形成。自制力是一种重要的意志品质。自制力是指在意志行动过程中抑制那些干扰性因素，保持有效行为。坚持性也是一种良好的意志品质，表现为能抵制眼前的诱惑、坚持追求更高的目标。

美国心理学家曾对一群4岁的幼儿进行"果汁软糖效应"的实验，后来的追踪研究显示，那些在4岁时就能抵制诱惑的幼儿长大后，有较强的社会竞争能力、较高的工作效率及较强的自信心，能较好地应付生活中的挫折；而那些满足于一时快乐的幼儿显得孤独、孤僻，易受挫折，在压力下容易退缩，面对挑战总是逃避。因此，自制力对幼儿发展十分重要。

幼儿在游戏中是相当认真、投入的，他们严格地遵守着某种规则并相互要求执行。在角色游戏中担当一定的角色，只能做角色范围内的事情；在规则游戏中必须遵守游戏的规则，才能被同伴接受并参与游戏。因此，幼儿在游戏中必须控制自己的行为，哪怕是非常不愿意的，也必须坚持自我控制。如，"乘客"在车没到站时是不能"下车"的；"买菜"就要"排队"；"医生"的职责是"看病"……

幼儿在游戏中往往会自然产生游戏的中心人物（主角和配角），担任次要角色或处于被动地位角色的幼儿，不管愿意与否，都要听从指挥者的指挥，这也需要幼儿控制自己的情感、行为、愿望。这些对幼儿自制力和坚持性的培养起到了重要的作用。

苏联学者马努依连柯著名的"哨兵站岗"的实验研究充分说明，用游戏来培养幼儿的坚持性等意志品质是十分有效的。实验是以3~7岁的儿童为被试，要求他们在空手的情况下保持哨兵持枪站岗的姿势。实验设置了两种情境：游戏情境和非游戏情境。游戏情境中实验者以游戏的方式向被试提出要求："工人"在"工厂"包装糖果，你来当哨兵，站在旁边为保护工厂而站岗。非游戏情境：其他小朋友在一边玩，让被试在旁边站着。结

果表明:在游戏情境中幼儿坚持站立不动的时间,远远超过非游戏条件下站立不动的时间。

## (二)游戏促进幼儿角色采择能力发展

角色游戏在幼儿角色采择能力(从他人角度看问题的能力)发展中有重要作用。为了逼真地扮演角色,幼儿必须把自己放在角色的位置,从角色的角度看待周围的事物。这种有意识地把自己的身份转化为他人身份的过程能促进幼儿的去中心化过程,从而促进幼儿从他人角度看问题能力的发展。

美国心理学家罗森的社会性表演游戏训练表明,游戏在帮助幼儿克服"自我中心",发展角色采择能力的过程中具有明显的作用。

实验将被试分成两组:实验组进行40天社会性游戏训练,即为被试提供进行社会性表演游戏的机会、条件、玩具等,并指导幼儿游戏,丰富幼儿游戏内容;控制组则不予进行社会性表演游戏训练,仅仅为其提供一些游戏材料。

40天以后对两组进行测试,测试方法是以商店游戏形式,先给幼儿看一大堆东西:妇女穿的袜子、男人的领带、玩具汽车、娃娃和成人看的书。确信被试认识这些东西并知道它们的用途后,要求他们假装:第一,他们正在一个卖这些东西的商店里;第二,他们是一个父亲,现在在为自己的生日挑选一些东西,让他们思考父亲会为自己挑选哪些东西,然后要求他们依次假装母亲、教师、哥哥、姐姐来选择符合角色身份的物品,并以自己的身份来选择物品。

实验结果表明:实验组比控制组更能做出较好的符合人物身份的选择。这就证明社会性表演游戏中的角色扮演,使幼儿能在游戏中把自己当别人(角色)来意识,这时,他既是自己,又是别人,在这种自我与角色的同一守恒中,幼儿有了角色意识,并能根据角色需要去扮演别人,逐步理解别人。游戏能为幼儿建立良好的社会人际关系打下基础。

游戏训练能促进幼儿角色采择能力的发展,其原因可能有三个方面:

(1)游戏本身:游戏中物体和角色的转换促进幼儿的去中心化过程。

(2)成人的指导:游戏训练中成人和幼儿的相互作用直接或间接地教幼儿学习新的技能。

(3)同伴相互作用:角色游戏中出现的同伴间的冲突可能导致幼儿认知过程的不平衡,从而促进新的学习和发展。

### 思考与练习

1.我们从小就玩游戏。在你的印象中,玩游戏时的感受是什么?从下列选项中挑选出最适合自己感受的项目。

游戏好玩、自我娱乐、放松休息、消磨时间、打发无聊、学习技能、相互交流、挑战自我、情感补偿。

2. 有许多家长或教师担心幼儿在户外游戏中发生危险，不允许幼儿出去玩。你认为，这种看法错在哪里？运用游戏与动作技能发展关系的原理加以解释。

3. 有人研究发现，游戏中有四类幼儿：受人尊敬的幼儿；顺从、随和的幼儿；不受欢迎又受嫌弃的幼儿；因霸道而遭排斥的幼儿。请去幼儿园一个班，跟踪观察一周，用自己的观察结果检验上述发现是否成立。

4. 案例分析：在玩"娃娃家"游戏时，有的幼儿喜欢把布娃娃的裤子脱下来，然后狠狠地打它的屁股并在口中念念有词。请问这是为什么？

## 延伸阅读

### 自由玩耍为什么会让孩子更优秀

人们应该重新认识玩耍，不能将玩耍看作工作的对立面，而应看作对工作的补充。好奇心、想象力和创造力就像肌肉一样，不用则废。

1. 童年的玩耍很重要

精神病学家斯图尔特·布朗（Stuart Brown）用了42年，采访了6 000人，了解他们的童年生活。数据显示，如果在儿童时代不能无拘无束地玩耍，孩子长大后可能会不快乐，难以适应新环境。

科学家口中的"自由玩耍"（Free Play），对于培养孩子的社交能力、应对压力的能力以及解决问题的认知技能都至关重要。

很多研究都支持布朗的观点：无论是人类还是动物，如果幼年时"没有玩够"，社交、情感和认知能力的发展都会受到影响。

对动物行为的研究证实了玩耍的益处以及它在进化上的重要性：从根本上讲，玩耍能让动物（包括人类）学会某些技能，有利于生存和繁衍后代。

大多数心理学家都认为，即便成年后，人们仍会受益于幼年时的自由玩耍，玩耍同样有助于成年人的身心健康。

在过去，几乎每个孩子都有足够的时间嬉戏玩耍，而如今，很少有孩子能享受自由玩耍的快乐。2005年，《儿童和青少年医学文献》上的一篇报道表明，从1981年到1997年，儿童自由玩耍的时间缩短了1/4，为了让孩子上一所好大学，父母牺牲了孩子的游戏时间，给他们安排了很多课外活动——从幼儿园开始。然而，正是随心所欲的玩耍，才能让孩子更具创造力和协调能力。

2. 同龄人一起玩耍更有效

儿童如何从这些看似毫无意义的活动中获益呢？最重要的一点可能是，与同龄人一起自由玩耍，有助于培养孩子的社交能力。

佩莱格里尼说："你可以从老师那里学会如何约束自己的行为，但你无法因此变成社交强人，只有在与同伴交往的过程中，你的社交能力才会变得越来越强。通过与同龄人互动，孩子们逐渐会知道哪些东西是大家可以接受的，哪些是无法接受的。"他们会懂得，和同伴公平交往并进行角色轮换——不能总要求扮演仙女、皇后等正面角色，才能与同伴长期保持良好的关系，否则很快就会失去同伴。

佩莱格里尼解释说："孩子们想继续玩下去，所以愿意退让一步来满足别人的要求。"

孩子们对这些活动很感兴趣，遇到挫折时，他们不会像遇到数学难题那样轻易放弃——这有助于培养他们坚持不懈的品质和谈判技能。

保持良好的氛围还需要一定的交流技巧——这也许是最重要的社交技能了。从这一点来说，与同伴玩耍就显得极为重要。

研究显示，儿童与同龄人玩耍时使用的语言，比与成年人玩耍时更复杂。

佩莱格里尼认为，在角色扮演游戏中，"如果孩子们必须提及眼前不存在的事物，他们就得用一些复杂的语言，以同伴能理解的方式，来表达自己想要说明的问题"。

当儿童将一个虚构的圆锥形物体递给同伴，并问："香草还是巧克力？"同伴将很难理解这是什么意思，他必须提供场景线索："你想要香草冰激凌还是巧克力冰激凌？"成年人却不同，他们能自动填补缺少的信息。

如果玩耍能培养孩子的社交能力，不能尽情玩耍就会阻碍社交能力的提高——这得到了相关研究的证实。

美国密歇根州伊普西兰蒂的高瞻教育研究基金会曾针对贫困儿童和成绩较差的儿童进行了一项研究。

基金会的科学家在发表的研究报告中指出，相比那些始终有老师教导、孩子不能自由玩耍的幼儿园，以自由玩耍为主导内容的幼儿园培养出来的孩子，在以后的生活中能更好地适应社会。数据显示，两三岁时曾就读于教导型幼儿园的孩子中，当他们长大后有1/4以上的人都被停过职，而曾在玩耍型幼儿园学习的孩子，只有不到7%的人有过被停职的经历。

3.玩耍能够释放压力

玩耍能够消除焦虑、缓解压力，并有助于孩子应对难以预知的困难情景。

研究显示，玩耍对儿童的情绪健康也起着关键作用。这可能是因为，玩耍能帮助他们顺利摆脱焦虑和压力的困扰。

《儿童和青少年医学文献》曾刊登了这样一篇报告：研究人员通过观察74名三四岁儿童第一天去幼儿园上学时的表现，比如是否会央求父母留下、手掌出了多少汗等，来评估他们的焦虑程度。

研究人员把孩子分为焦虑型和非焦虑型，将他们随机分成四组。一半孩子会进入一个装满玩具的房间，他们可以独自或与同伴一起玩耍15分钟；其余的孩子只能单独或与同伴坐在一张小桌前，听老师讲故事，时间同样是15分钟。

随后，研究人员又重新评估了孩子们的焦虑程度。此前被认为是焦虑型的孩子，玩了15分钟玩具后，焦虑情绪的缓解程度是听故事的孩子的2倍（当然，非焦虑型孩子就更不会焦虑了）。有趣的是，相比那些与同伴一起玩耍的孩子，独自玩耍的孩子的情绪更为平静。

研究人员推测，孩子独自一人时，很容易创造出富有想象力的玩耍方式，这可以使他们产生更多幻想，有利于他们应对当前困境。

### 4. 多接触东西的玩耍使孩子更聪明

玩耍有助于培养孩子的创造性思维，从而使他更聪明、解决问题的能力更强。玩耍最明显的好处似乎是缓解压力、培养社交技能，然而研究显示，玩耍还有第三种出人意料的作用：让孩子变得更聪明。

在发表于《发育心理学》杂志的一项经典研究中，研究人员将90名尚在上幼儿园的小朋友分成三组——第一组小朋友可以从一叠纸巾、一把螺丝刀、一块木板、一堆纸夹等常见物品中，挑选4种来自由玩耍；对于第二组小朋友，研究人员要求他们模仿工作人员，根据日常方法使用这些物品；第三组小朋友看不到这些日常物品，他们坐在桌前，随机画自己想画的东西。10分钟后，研究人员要求小朋友们说出其中一种物品的使用方法。结果显示，自由玩耍的孩子说出的非常规的、创造性的使用方法是另外两组孩子的3倍，这说明借助材料的自由玩耍有助于培养创造性思维。

此外，嬉戏打闹也可以提升孩子解决问题的能力。佩莱格里尼曾发表文章称，打闹越多的小学男生，在解决社会问题的测试中表现得越好。

测验中，研究人员给孩子们看一些图片，其中5张图片的内容是"一个孩子试图从同伴手里拿到玩具"，另外5张是讲"一个孩子试图躲避母亲的训斥"。研究人员要求参与测试的孩子针对每张图片，尽可能多地说出解决方案，他们提出的解决方案的多样性决定了他们的成绩。结果显示，经常玩耍的孩子得分更高。

### 5. 玩耍为什么会使孩子更优秀呢？

美国科罗拉多大学博尔德分校的进化生物学家马克·贝科夫认为，"玩耍就像个万花筒"，具有随机性和创造性——玩耍能提升孩子的灵活性和创造性，当他们遇到意外情况或处于新环境时，将更具竞争优势。美国塔夫特大学儿童发育专家戴维·埃尔金德等儿童心理学家都认同这种观点。埃尔金德认为，玩耍是儿童的一种学习方式，"没有玩耍，儿童就会错过不少学习机会"。

当然，如今很多家长都认为，他们是为了让孩子获取最大利益，才限制孩子自由玩耍，让他们参加各种"有价值的"学习活动。

加拿大艾伯塔莱斯布里奇大学的行为神经科学家赛尔焦·M·佩利斯认为，有些父母也会犹豫，是否应该放任不管，让孩子自己去玩。他们可能担心，在打闹或粗暴的幻想游戏中，孩子们可能会受伤。

佩利斯认为，父母有这样的直觉很正常，但这样保护孩子"是要付出代价的"，"这些孩子长大后，很可能会难以应对预料之外的复杂世界。如果一个孩子曾尽情地自由玩耍，他长大后更可能自如应对不可预期的社会环境"。

我们应该让"孩子真正成为孩子"——这不仅是因为要让他们享受童年的快乐，还因为不满足孩子自由玩耍的渴望，很可能扼杀他们的好奇心和创造性。

——改编自《环球科学》（《科学美国人》中文版）

# 第三章 玩具与游戏环境

### 引 例

　　小花朵幼儿园是一所收费昂贵的私立幼儿园，幼儿园室内外环境装修非常高档，室内户外地面铺设的全是漂亮的塑胶地板，玩教具非常丰富，有各类仿真玩具，如会发声的娃娃、仿真餐厅和各式各样的拼插玩具等，应有尽有。孩子们刚入园时对这些玩具很感兴趣，可是半个学期过去了，老师们发现孩子们对那些玩具渐渐不再热心，每种玩具玩了几分钟后就不愿意再玩了。每当到自主游戏时间，孩子们总是左瞧瞧右看看，经常换地方玩，还有些孩子不再玩玩具，反而躲在一起说悄悄话或是无所事事地游荡。一位善于思考的班主班熊老师十分纳闷，幼儿园的环境很好，玩具也很丰富，孩子们为什么没有自己喜欢的玩具？为什么对玩具的探索兴趣不能持久？到底是玩具不够吸引孩子，还是投放玩具创设的游戏环境影响了孩子们的游戏热情呢？

　　要消除熊老师的疑问，首先必须搞清楚：什么是玩具？玩具有哪些作用？玩具可以分为哪些种类？选择玩具的原则有哪些？进而明白：应当如何投放玩具，幼儿的游戏环境需要具备怎样的特点，幼儿园的游戏环境如何促进幼儿的发展以及幼儿园游戏环境创设的要求是怎样的。本章围绕这些问题阐述玩具的作用、种类和选择的原则，讨论幼儿园教育中游戏环境的特点和创设要求。

### 背景知识

　　幼儿园必须遵循幼儿身心发展规律，面向全体幼儿，关注个体差异，坚持以游戏为基本活动，保教结合，寓教于乐，促进幼儿健康成长。为此，幼儿园要配备充足的玩教具和幼儿图书，为幼儿创设丰富多彩的教育环境。

第三章 玩具与游戏环境

> 游戏活动生动活泼、富有个性，能够激起幼儿的探究欲，保持持久的好奇心，给予孩子们无穷的快乐，促进幼儿模仿力、想象力、创造力的发展，促进幼儿认知水平的提高，使幼儿在游戏中学习，在游戏中创造。玩具是社会文化的载体，能够丰富游戏内容，幼儿通过玩具认识世界，把人和物从复杂的环境中简化出来，玩具是幼儿感知世界的工具，是幼儿的伙伴，是教科书。
>
> 玩具带给幼儿多方面的自信，幼儿在玩耍中，能够加深对生活的理解。幼儿的思维具体形象，在没有玩具的情况下，很难调动已有的经验，而玩具能激发幼儿的游戏动机，通过游戏体验获得知识。玩具是幼儿游戏的物质条件，是幼儿发展的桥梁，同一个玩具有不同的玩法，幼儿能学到不同的知识。游戏体现了玩具的功能，幼儿在游戏中，自由选择玩具，开发智力。游戏活动离不开玩具，玩具决定着游戏的内容。
>
> 玩具总是随着游戏的发展而发展。自从有了游戏，玩具便出现了。然而，要让游戏促进幼儿的发展，并不是玩具越多越好，一个合适的玩具能促进幼儿游戏的开展，如果玩具提供不恰当，反而会阻碍游戏的进行。因此，玩具是孩子喜欢的可以自由玩耍的伙伴。创设良好的游戏环境就是要提供一个孩子爱玩、能玩的地方，要为孩子提供可以自由选择、获得快乐并且能够有序、充满想象地玩耍的玩具和场地。

## 第一节 玩具

每个人的童年记忆中都有玩具的影子。玩具是幼儿的亲密朋友，是幼儿游戏的工具。玩具从狭义上是指由玩具企业按照一定标准和工艺批量生产的成品玩具；从广义上是指一切用于游戏的材料，即游戏材料，既包括狭义上的成品玩具，也包括利用废旧物品或自然材料加工制作的替代玩具和各种自然材料。

### 一、玩具在游戏中的作用

#### （一）玩具的功能

**1. 社会文化传递功能**

玩具传递着人们的思想和观念，传递着社会文化、科学技术、艺术、教育等信息，不同民族都有独特的传统玩具，不同地域都有本地流行的民间玩具。幼儿在玩玩具的过程中，能够加深对生活的理解，提高适应环境的能力。如据记载，公元前1801—公元前1792年，古埃及"猎狗捉豹"是一种最原始的棋盘玩具。最初的玩具是适合幼儿体力的劳动工具（小弓、小箭），而后出现模拟鸟兽及人物形状的玩具。这些玩具让幼儿在"玩"

中获得快乐，同时也获得一些粗浅的劳动知识，反映了当时的生产劳动水平。

### 2. 娱乐、审美功能

玩具一般造型幽默夸张、构思奇特、结构精巧、形象生动活泼、声响悦耳、色彩亮丽，能引起幼儿的快乐和喜爱之情，使幼儿在摆弄玩具的过程中，发现美、感受美、欣赏美和创造美。如许多民间玩具蕴含了大量的民间艺术元素和民族风格，这些都可供幼儿娱乐、消遣，还能启迪幼儿对艺术的兴趣，使其身心愉快地发展，如图3-1、图3-2所示。

图3-1 民间玩具 拨浪鼓

图3-2 民间玩具 风筝

### 3. 益智功能

在幼儿还不能广泛地接触现实世界时，玩具成为他们认识世界的工具。幼儿在看、听、摸等玩的实际操作中认识事物，培养对事物的观察力、注意力，在玩的过程中进行各种感官练习，促进感知觉的发展。有些专门进行思维训练的玩具，幼儿在玩的过程中必须积极地进行思考、想象，手脑并用，从而发展创造力，如磁性拼图（图3-3）、七巧板（图3-4）。

图3-3 磁性拼图

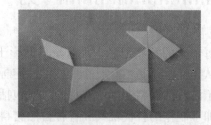
图3-4 七巧板

**拓展知识 3-1**

## 民间玩具的基本介绍

民间玩具俗称"杂耍"，是指具有一定历史传统、产生于民间并在民间广为流传的各种各样的玩具，主要指供儿童玩耍或游戏的物品或道具。民间玩具分布广泛、品种多样，制作材料庞杂。迄今为止，关于民间玩具的分类很多，主要按照民间玩具的性能、制作材料、使用对象和娱乐性质来划分。根据民间玩具性能分类，民间玩具包括：①节令玩具：指特定节日中的应时玩具，如元宵节的走马灯、清明节的风筝等；②观赏玩具：指以装饰为主要功能的玩具，如木雕、泥人等；③响玩具：指以发出声音为主要娱乐手段的玩具，如陶哨、拨浪鼓等；④益智玩具：指以开发智力、刺激大脑为主要功能的玩具，如七巧板等；⑤健身玩具：指以锻炼身体为主要目的的玩具，此类玩具有健身作用，娱乐性和竞技性也较强，如毽子、秋千等。

### （二）玩具在游戏中的作用

**1. 玩具能激发幼儿游戏的动机**

因为幼儿的思维具体形象，所以他们在缺乏玩具的情境下，很难将已有经验调动出来。玩具是幼儿游戏的物质基础，没有玩具，游戏便很难进行。一个好的玩具，可以激发幼儿游戏的动机。不同的玩具材料、不同的玩具数量都能影响幼儿的游戏过程。如提供娃娃家的游戏道具组合、各类交通运输工具等容易促使幼儿集体结伴游戏，而黏土、串珠、拼图和积木等较易引起单独的、平行的游戏。

**2. 玩具能促进游戏水平的提高**

玩具影响着游戏的内容、情节，支持着游戏的进程。幼儿在游戏中，将玩具作为中介与周围的人和事物进行互动，或自己玩，或和其他同伴玩，或和成人玩等，不同的玩耍方式会给幼儿提供不同的经验，促进游戏水平的提高。如，在娃娃家中成为娃娃的"爸爸""妈妈"，共同照顾娃娃、给娃娃喂饭等。

**3. 玩具为幼儿提供练习能力的机会**

幼儿的发展是有个体差异的。幼儿在游戏中可以凭借自己的能力去反映现实，允许有不同类型的游戏存在。玩具为幼儿提供练习某种能力的机会，他们通过操作、摆弄玩具，学习、接触、体验外界事物。玩具能促进幼儿能力的发展，如，有的幼儿在一段时间内，总是选择一种游戏、玩某一类玩具，而当他已具备这种能力后，就会主动选择其他的游戏和玩具。

**拓展知识 3-2**

### 民间玩具的作用

民间玩具集娱乐价值和益智、审美、科学等多种教育价值于一身。幼儿园可以开发各类民间玩具游戏促进儿童的发展，如七巧板、九连环等玩具，其本身蕴含着深奥的数学原理，能使儿童在游戏的同时得到智力上的开发和锻炼。皮影、木偶等可以发展为角色游戏和表演游戏，有助于在角色扮演游戏中促进儿童社会性的发展。不倒翁、风筝、孔明灯等玩具可以让儿童在游戏和动手制作过程中对科学有更直接的体验。此外，民间玩具本身的工艺、色彩及造型特点也有助于儿童艺术素养的熏陶。

## 二、玩具的种类

玩具品种繁多，分类的角度不同，形式也不同。如按照玩具的材料，可以分为塑料玩具、毛绒玩具、橡胶玩具、竹木玩具、陶瓷玩具等；按照玩具的内部结构可以分为电动玩具、惯性玩具、发条玩具、充气玩具、模型玩具、电子玩具等；按照玩具的功能可以分为智能玩具、健身玩具、科教玩具等。以下主要介绍玩具的两种分类。

### （一）成品玩具、替代玩具和自然材料

根据玩具的加工水平和生产过程的标准化程度，将玩具分为成品玩具、替代玩具和自然材料。

**1. 成品玩具**

成品玩具是指由玩具企业按照一定标准和工艺批量生产的玩具，如图 3-5、图 3-6 所示。

图 3-5　娃娃家餐具

图 3-6　套套乐

**2. 替代玩具**

替代玩具是指将一些废旧物品或者自然材料进行加工后以代替成品玩具的游戏材料，又称自制玩具，如各种废旧的包装盒、碎布头、纸、木条、梯子、油桶等。幼儿进行这种玩具游戏时，可以一物多用、随意替代，或将物品组合成另外一个象征物，或自己探索玩法，具有较大的灵活性、多功能性，为发展幼儿的想象力、活跃其思维、发挥其创造性等提供了条件。如图 3-7、图 3-8 所示。

图 3-7　滑木板

图 3-8　滚油桶

# 第三章 玩具与游戏环境

## 案例 3-1

### 自制稻草玩具

苏联教育家乌申斯基曾说:"最好的玩具是那些幼儿能够运用各种方式加以变更的玩具。"如皋市九华镇营防幼儿园教师根据幼儿的年龄特点和爱好巧用稻草玩具,因地制宜地开展游戏活动。

1. 草球

小班"找果子"游戏,用稻草球做成了大大小小的好多"果子",用草篮装好,再利用幼儿园周边的黄杨树(其高度比孩子稍微高一点),按不同层次投放很多"果子",幼儿够一够、跳一跳就能摘到,他们对摘"果子"的游戏特别感兴趣,不仅对数学领域里的方位有了简单的认识,还进一步了解了"1"和许多的关系。要求每次只能摘一个"果子",摘到"果子"后放在草篮里。

幼儿自由选择大小不一的草球分散玩,孩子们有的抛球、绕球、运球、顶球、跨球,有的面对面站立把合作草球夹在中间走,有的把草球放成一排练习高脚爬,有的借助草靶玩投球游戏,等等。

2. 草垫

小班"草垫叠叠乐"游戏,利用草垫一块、两块、三块、四块叠起来进行游戏,在一定的高度上保持身体平衡自然地走,幼儿根据自己的能力自主选择挑战点;中班"小乌龟历险记"游戏,幼儿把草垫进行不同的排列组合,大胆练习手脚着地,爬过障碍物(草垫),做到手脚基本协调;"小青蛙捉害虫"游戏,则是把草垫当成了"荷叶",练习从不同的高度往下跳到"荷叶"上;在大班的"我和草垫一起玩"游戏中,幼儿借助草垫练习双脚左右侧跳的本领;"过河拆桥"游戏,则是通过两块草垫互换移动到达终点,来锻炼孩子们动作的灵敏度和合作能力。可通过两个草垫借助一根竹棒做出"举重器",各班根据幼儿的年龄特点和兴趣自主选择游戏的玩法。如大班幼儿可以用它练习跨跳,中班幼儿可以练举重,小班宝宝可以把它放在地上当小车推着走,还可以把草垫当"盘子"运"果子"。

3. 稻草人

孩子们在美工区搓、编织稻草绳给"稻草人"进行装饰,给它们设计漂亮的"裙子";在体育游戏中,"稻草人"则可以用来练习投掷;语言区就用"稻草人"进行故事表演;在游戏大舞台,幼儿还进行"稻草裙时装秀"表演。

4. 草圈

游戏"草圈滚滚乐",教师让小班宝宝侧躺在里面,双手举起或平放于身体两侧,大班幼儿用手推草圈带动宝宝一起向前滚。大孩子在照顾小孩子的过程中会产生成就感,小孩子和大孩子在一起玩游戏的过程中会产生愉悦感。

5. 其他稻草玩具

如草圈、草捆、草尾巴、草绳、草网、草绳梯、草垛等,孩子们对不同的稻草玩具有各种各样不同的玩法。如图3-9所示。

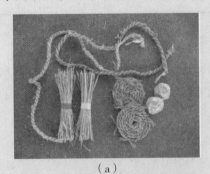
（a）

（b）

（c）

（d）

图3-9 稻草玩具

（案例源自如皋市九华镇营防幼儿园）

### 3. 自然材料

自然材料是指未经任何加工的自然物品的游戏材料，如石头、树枝、树叶、竹竿、泥沙等。幼儿在游戏中往往利用各种自然材料来满足他们不断变化游戏的需要（见图3-10和图3-11）。

图3-10 拔草乐

图3-11 跳草圈

### （二）道具及表演材料、积木及建构材料、运动玩具及器材、智力玩具及材料

根据玩具与游戏的对应关系将玩具分为道具及表演材料、积木及建构材料、运动玩具及器材、智力玩具及材料。

#### 1. 道具及表演材料

主要是指供幼儿玩各类角色游戏和表演游戏的玩具，如角色游戏中"医院"的医疗器械、"理发店"的用具,以及"娃娃家"的餐具、娃娃、炊具等;表演游戏中扮演人或动物所用的头饰、服装、道具等用品;各种木偶(指偶、布袋木偶、提线木偶等)、皮影、戏台、桌面表演的各种人物、动物形象玩具和一些打击乐器(铃鼓)等。如图3-12、图3-13所示。

图3-12 理发店用具

图3-13 木偶

### 2. 积木及建构材料

主要是指供幼儿玩建筑结构游戏的各种玩具用品,包括由基本几何形体构成的大、中、小型成套积木、乐高积塑、雪花插片、磁力片、磁性砌图等,以及金属的或木制的装拆建造玩具,还包括橡皮泥、黏土等材料。如图3-14、图3-15所示。

图3-14 彩虹积木

图3-15 乐高积塑

### 3. 运动玩具及器材

运动玩具是指通过基本动作发展幼儿体能的玩具设备,包括大型的运动玩具,如滑滑梯、蹦蹦床等;中型的运动玩具有跷跷板、三轮车等;小型的运动玩具有球类玩具、跳绳、高跷、毽子、风筝、陀螺等。运动器材主要有攀登架、单双杠、爬行杆等。如图3-16、图3-17所示。

图3-16 "鸡蛋"

图3-17 陀螺

#### 4. 益智玩具及材料

主要是指为发展幼儿智力、启迪其智慧、丰富其感性经验的玩具。常见的智力游戏玩具有镶嵌类、拼图类、套装类、接插类、棋子类、创作类、迷宫类等，也包括借助发条、惯性、电池等动力以及通过无线遥控活动的玩具，如遥控汽车、声控小狗等。这些玩具反映了现代生产技术水平，能开阔幼儿的眼界，激发他们的求知欲。如图3-18、图3-19所示。

图3-18 企鹅排队益智棋

图3-19 电动火车

### 拓展知识 3-3

#### 电子游戏

电子游戏是指通过计算机、平板电脑、手机和游戏机等终端设备进行游戏的娱乐方式，是以电子游戏本身为核心，以玩家为主体，以游戏行为为主要内容的独特的游戏形式。

由于电子游戏集图形、图像、声音、文字、动画、影像等要素于一体，具有逼真生动、形象动态等特点，符合幼儿的思维特征，因此，电子游戏作为幼儿的娱乐方式，或幼儿园教育教学的辅助策略正得到逐步运用。如图3-20、图3-21所示。

图3-20 国字块砖王

图3-21 娃娃找线索

第三章 玩具与游戏环境

 三、选择提供游戏材料的原则

### （一）玩具应具有教育性

玩具应能引起幼儿的好奇心，在游戏过程中能增加其经验，引起其创造性活动，或有利于活动身体，或能启发想象，或能训练各种能力和练习技能，或装饰美观而富有趣味性等。如皮球能发展幼儿的各种运动能力。

### （二）玩具要具有可操作性

给幼儿的玩具应该是活动的、可操作的，让幼儿主动控制玩具而不是被动适应玩具。如果给幼儿选择已经装备好的电动玩具，幼儿只能看着它运动，其参与游戏的机会就被剥夺了。如果让幼儿从装配开始，幼儿更愿意去探索操作。越简单的玩具越有价值，因为它没有固定的功能和形状，可以让幼儿通过操作去发现、去创造，一物多玩，使玩具千变万化。研究表明，幼儿更喜欢选择具有活动可能性的玩具。

### （三）玩具要符合安全卫生要求

由于幼儿的身心发展不完善，自我保护意识不强，所以提供给幼儿的玩具要保证安全、卫生。一是玩具要结实光滑。对于木制的、金属制的及塑胶制的玩具，必须保证不会破裂且边、角均已磨圆，表面光滑无棱角、无木渣铁刺，不会拉伤、割伤幼儿；玩具的零配件应结实，如绒布制玩具纽扣的眼睛与耳朵等应不易脱落，避免幼儿将其误食或塞入耳孔、鼻孔。二是玩具的材料和颜色应无毒。如果是有油漆的玩具，所用油漆的含铅量应低于百分之一或无毒。三是玩具应易于消毒。四是不同年龄阶段的幼儿对玩具的安全卫生要求不一样。如皮毛制和毡制玩具一般不可以给学龄前幼儿玩，因为其不易消毒，且染料会因褪色而造成污染；在婴儿能翻身或爬行之前，不可在床上放置有填充物或吹气的玩具，以及任何大型的软性物品等。

### （四）玩具应符合幼儿年龄特点

不同年龄幼儿对玩具的需求是不同的。根据不同的年龄阶段特征，1~2岁婴幼儿开始学习走路，可为他们提供能促进其平衡移动、运动的玩具，如手扶车、学步车、木制或塑料制的拖拉玩具，以及小型皮球等；3岁以后的幼儿以发展动作为重点，可提供各种幼儿熟悉的社会生活玩具，如娃娃家、积木、动物玩具等；4岁以后的幼儿对玩具的需求重在满足智力和体育活动的需要，可以选择各种玩具材料，实现多样化、复杂化等，要以培养孩子的思维能力和精细动作能力及反映物体细节特征为重点。

 **案例3-2**

#### 触觉游戏

**玩具名称**：触觉游戏。
**材料构成**：24块触觉游戏牌，其表面有8种不同材质贴面（图3-22）。

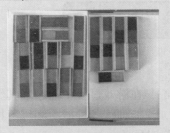

图 3-22　触觉游戏

适宜年龄：3~4 岁。
（1）发展幼儿的视觉，能细致观察物品。
（2）发展幼儿的触觉，有较敏锐的感知能力。
（3）发展初步的空间建构能力。
游戏一：摸摸什么感觉。
适用区角：建构区。
游戏价值：自由探索触觉游戏牌的玩法，初步熟悉游戏材料（图 3-23）。

（a）

（b）

图 3-23　游戏一

游戏二："游戏牌"里躲猫猫。
适用区角：益智区。
游戏价值：对触觉游戏有兴趣，学习用触觉感知各种不同材质（图 3-24）。

图 3-24　游戏二

游戏三：手拉手好朋友。

适用区角：益智区。

游戏价值：引导幼儿将自己和同伴手上相同材质的游戏牌头尾相连（图3-25）。

图 3-25　游戏三

（案例源自爱立方幼教）

## 四、玩具的管理与使用

### （一）建立玩具的管理和使用常规

玩具的管理和使用常规包括幼儿园和班级两个方面的常规。幼儿园对全园购置的玩具实行统筹管理，由幼儿园主管玩具，实行整借整还制度，使玩具更能满足不同年龄幼儿的使用需求。在班级里，应引导幼儿制定使用玩具的常规。如规定玩耍的时间、场所；先拿到先玩、轮流玩；收放玩具的规则等，便于对玩具的爱护和合理使用。

### （二）所有玩具都向幼儿开放，并便于幼儿取放

幼儿园的玩具应该是开放式地摆放，并且适合幼儿取放，便于幼儿根据自己的意愿和游戏的要求自由选择玩具。常用的玩具应放置在固定的地方，每种玩具都要让幼儿看得见，便于引起幼儿注意；相同的玩具应摆放在一起；小零件的结构玩具要放在简便、轻巧、易搬动的容器里，以便收捡。

### （三）建立定期检修和清洗玩具的制度

玩具应随时进行检查，发现有破损的要及时处理，定期对玩具进行检修，保证玩具的安全，并能引起幼儿的兴趣和对玩具的爱护。玩具还要定期清洗、消毒，防止细菌的传播。幼儿园一般每周至少要对玩具进行一次清洗、消毒。

### （四）玩具的投放要有多样性和层次性

玩具和游戏材料要能满足不同幼儿的需要，熟悉的和新异的玩具和游戏材料都需要，促进幼儿在已有经验的基础上，开发新材料或改造部分旧材料；同时，要准备高结构的成型玩具和低结构的未成型玩具和游戏材料，让他们既能使用特定的高结构的成型玩具表演熟悉的角色，又能利用不确定的低结构的未成型玩具和游戏材料进行想象和创

造性游戏。

### （五）合理利用经费，定期添置玩具和投放游戏材料

要准备数量充足的玩具和游戏材料供幼儿选择，并且玩具和游戏材料要经常进行轮换，保持幼儿对它们的长久兴趣，满足其探索玩耍的需要。

## 第二节 幼儿园游戏环境的特点

游戏环境是指为幼儿游戏活动所提供的条件，包括物质环境和心理环境两个方面。物质环境主要是指幼儿园各种人工或非人工的游戏空间和场地、游戏材料、游戏时间等；心理环境是指环境中的人际关系及心理气氛，包括师幼关系以及幼儿与幼儿之间的同伴关系，宽松、自由的游戏氛围等。

### 一、创设良好游戏环境的意义

#### （一）有利于教师树立正确的幼儿观和游戏观

为发挥游戏自身应有的教育价值，在创设良好的游戏环境过程中，教师首先要充分观察了解幼儿的游戏发展水平，然后为幼儿准备符合其发展需要、能促进其发展的游戏环境。这就要求教师在具体操作中树立正确的幼儿观和游戏观，要以幼儿发展需要为重点，考虑怎样根据幼儿的发展水平为其提供游戏的条件，如何利用游戏促进其发展，让幼儿成为游戏的主人，在与环境的交互作用中获得发展。

#### （二）有利于幼儿与环境发生积极的相互作用

教师应根据幼儿的经验为他们提供能够进行操作、改造、调节的环境，把教育意图渗透在丰富的、有组织的环境中，为幼儿的探索提供机会。这样不仅能激发幼儿游戏的愿望和兴趣，还有利于他们在玩耍的过程中手脑并用，积极地思考，增加感性经验，增进相互交往，通过游戏环境中的各个因素传递信息、启发诱导幼儿，促进游戏朝着教师所期望的方向发展；同时，通过幼儿与环境的相互作用，及时反馈幼儿游戏的需要并立即加以补充、完善，促进游戏进一步发展。

**拓展知识 3-4**

#### 游戏的意义

游戏对于儿童的健康成长具有重要意义。通过游戏，儿童的身体得到锻炼，有助于身体健康；在游戏中，儿童学习与同伴交往，认识到与人交流和交朋友的重要性；

感知自然现象、季节变化、人的生老病死等，体会各种情绪和感受；能够把新的想法付诸实践，发展创造性；克服困难，接受新的挑战。

以儿童玩滑滑梯的特点为例，对2岁左右的儿童来说，玩滑梯能够锻炼其重心和平衡能力，但他们更需要在成人的陪伴下进行；3岁儿童更多注意的是如何去滑滑梯；4岁儿童更感兴趣的是怎样才能滑得更快、更有趣，怎样和小伙伴一起滑滑梯（图3-26）。可见，游戏可以锻炼儿童的想象力、创造力、社会性交往能力，儿童的智慧会在游戏过程中得到发展。

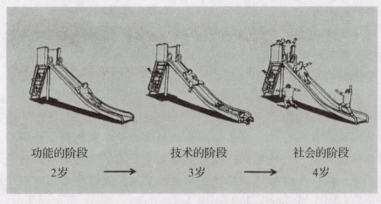

图3-26　不同年龄儿童玩滑梯的特点

## 二、幼儿园游戏环境的特点

心理学家指出：在促进幼儿早期教育方面，最有效的做法是创设良好的环境。良好的游戏环境至少具有以下几个特性：

（1）游戏环境必须宽敞。必须有能让幼儿频繁移动和开展规模较大、内容丰富的游戏的可能性。

（2）游戏场地不能单调无物，应该有不陡的坡地、柱子和角落。同时，也应有舒适的表面，如毛绒的地毯和木地板。

（3）游戏环境应该具有易于变化、调整的空间。幼儿应当能把椅子摆成一排玩火车游戏，能坐在大篮子里和从沙发顶上滑下，或者在桌子下面钻爬。对户外场地也有相同的要求，宽窄、景观应可以变化，有无数的小物件，如石块、植物、蚂蚁；有能够变动的空间，如挖洞、造小屋、玩体育游戏的可能。

（4）只有当优美环境的主要要求都实现以后，布娃娃、小马车和箱子里的游戏用品才能发挥适当的作用，才能进入幼儿的生活。

## 拓展知识 3-5

### 吸引儿童游戏的空间结构

设计儿童的游戏空间应考虑两个方面：第一，硬件设计不应妨碍儿童的活动和行动；第二，充分发挥硬件设施所具有的教育和保育功能。儿童游戏的环境包括场所、时间、伙伴和方法四个要素。适合儿童游戏的户外空间环境具有六个特点：

（1）有自然的游戏。
（2）可以捉迷藏。
（3）有道路可供儿童嬉戏。
（4）有挑战性的空间。
（5）有开放的游戏。
（6）有游戏器械与玩具。

空间作为环境存在的形式，对儿童成长的影响力量不容忽视。能够唤起儿童身体运动欲望的环境应当是开放的空间；能够唤起儿童交流欲望的环境应当包括道路、隐秘的藏身空间等；让人感动的环境应当包括自然空间；能够唤起儿童创造欲望的环境应当是无秩序的自由空间。如图3-27、图3-28所示。

图 3-27 田螺

图 3-28 带轱辘的车

日本的儿童游戏环境理论研究者提出了"环游结构"的建筑空间理念，游戏环境的环游结构模式具有七个特点：

（1）拥有循环的功能。
（2）环路安全且富于变化。
（3）有标志性空间、场所。
（4）环路上有体验迷路的部分。
（5）有近道。
（6）环路有广场接壤。
（7）整体由多孔质空间构成。

## 三、幼儿园游戏环境的要求

### (一) 具有安全性

安全性主要包括心理安全和身体安全两方面。心理安全是指幼儿获得充分游戏活动的机会，让幼儿感到自己在集体中是受尊重、受欢迎的；充分尊重幼儿的自由和个性，让幼儿在游戏中有自由感、被许可感，能够按照自己的经验和愿望进行游戏。身体安全主要是指游戏场所便于通行和玩耍；游戏的玩具材料摆放安全可靠、牢固结实，没有导致幼儿摔倒、碰撞、刺伤等危险的因素存在；室内空气保持新鲜，并有充足的采光，设备要定期清洗消毒、保持卫生；户外游戏场地里的大型体育器械等要定期检查、修理，最好有草坪、沙地及土质地。

### (二) 具有丰富的刺激性

为激发幼儿的好奇心和求知欲，游戏环境必须具有丰富多彩的特点，既要是幼儿所熟悉的，又要能引起他们主动、积极探索，以刺激他们去发现问题、解决问题，激发他们从游戏中学习和寻求有用的知识经验，同时还应给幼儿提供学习的机会，让他们成为环境中的主探索者，促进其想象力和创造力的发展。

### (三) 具有可参与性

游戏环境的创设必须适合幼儿的发展水平和多种兴趣，同时还要考虑个别幼儿的个体差异，尽量为每个幼儿提供可能发展的空间，为他们顺利开展游戏提供条件。如在已创设好的环境中，要提供一两个待用区、放置一定数量的未成型玩具，以适合和满足不同幼儿的需要，让每个幼儿都能真正参与、融入游戏环境中去。

### (四) 注意教育性和可控性相结合

游戏环境的教育性是指教师在教育目标的指引下将各种条件加以优化、合理组合，把教育意图渗透在游戏环境中，创设与教育相适应的良好环境。可控性指教师有效地调整环境中的各要素，维持环境的动态平衡，使它始终保持在最适合幼儿发展的状态。注意将游戏环境中的教育性和可控性相结合，可以帮助教师随时根据教育和幼儿发展的需要创设最适宜的游戏环境。

## 第三节　幼儿园游戏环境创设

### 一、室内游戏环境的创设

#### (一) 室内游戏环境设置的内容和一般要求

室内游戏环境一般包括全园多功能游戏室、班级室内游戏环境和班级附属环境（包括班级附近的走廊、墙裙、地面和楼道等）。游戏环境设计的内容主要包括空间利用、活动区创设、墙面设计及地面的设计。

**1. 空间利用**

在充分考虑幼儿的发展目标、课程内容、本地特色等因素的基础上，教师要因地制宜，规划幼儿园活动室的立体空间，分析活动室、卧室、洗手间等基本结构区和各区的墙、门、柱、窗、过道等建筑元素，合理利用各个区域创设适合幼儿室内生活活动、集体活动和游戏活动的区域。同时，要扩大空间利用率，如，在活动室内利用各个角落设置益智区、建构区等各种游戏区域；或将吃饭的餐桌加以折叠或以小书桌的方式放置，既可以吃饭也可以游戏，提高室内空间的利用率。当然，在空间利用中也要注意规划通道和空置空间。一个有效的环境规划需要具备充足的空置空间和通道，这些空间及通道应该让幼儿容易辨认，能使他们在空间里往来无阻，并有自由支配的空间。如，在班级里不能有太多的游戏区，游戏区个数要根据室内面积和幼儿人数来确定，一般按照5~6个幼儿一个游戏区来设计，一个班需要4~6个游戏区。

### 案例 3-3

#### 斯洛文尼亚的开放式幼儿园

以鼓励幼儿相互合作、共同学习及自主学习为设计宗旨，斯洛文尼亚幼儿园采用开放式的平面布局，使用率较低的空间（如换衣间、走廊、楼梯等）与学习、游戏空间融合为一体。其中核心区域为一个多用途中心区域，以多功能彩虹楼梯为特色。一方面，该区域可以帮助孩子认知色彩和数字，另一方面，侧墙是黑板，可作为孩子们艺术创作的画布。楼梯下部为储藏空间和一个特别的"獾的巢穴"，孩子们可以远离吵闹的活动区，享受安静的独处时刻。贯通上下的红色滑梯不断吸引孩子们进行玩耍和体育锻炼。比起爬楼梯，孩子们更喜欢玩滑梯，但他们不明白这得爬22节台阶才能到达滑梯入口。

滑梯也是被动式锻炼的主要器材：孩子们平均每天要玩10~20次滑梯，可以单独玩耍，也可以每次2~3人一组玩耍。大多数家具都装有轮子，可快速高效地进行转换，以迎合不同的空间需求。主题性角落、众多的黑板、各类运动器材和可移动设备可以调动孩子们的积极性，促使其去发现并追求自己的兴趣。如图3-29~图3-31所示。

（a） （b） （c）

图 3-29 走廊

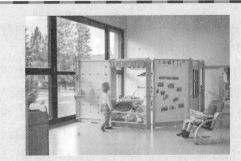
图 3-30 公共活动区

图 3-31 楼梯

## 2. 活动区创设

活动区是幼儿室内游戏活动的主要区域，教师要根据幼儿的需要和教育目标，将室内（包括走廊）活动环境分成若干具体的学习区域或游戏区域，并提供不同的学习或游戏材料，幼儿可以有选择地进行学习或游戏，以满足不同的需要。区域空间的大小位置都可以根据场地条件设计，区域间可以用矮柜或屏风隔开，在各个活动区间要给游戏环境以清晰的边界和路线标注。同时，室内学习或游戏区应该是有目的、有计划地进行规划，要满足幼儿认知、语言、社会性、情绪、情感、大小肌肉等各个方面发展的需求。因此在规划室内游戏区时，要注意各个学习或游戏区域的功能，不要仅仅因为幼儿喜欢或材料容易准备而选择功能相近的区域，如娃娃家、超市、医院、美发厅等都是角色游戏区，功能较为接近，主要促进幼儿社会性、语言和想象力的发展，所以尽量不要同时出现在室内游戏区。在幼儿园中，通常的活动区有角色区、建构区、表演区、运动区、阅读区、益智区、美工区等。如图 3-32、图 3-33 所示。

图 3-32 活动区

图 3-33 建构区

一般游戏区域要把功能、性质相同的主题放在一起，才能有利于促进游戏情节的发展，减少幼儿在经验方面的冲突。同时，游戏区域可以分为相对安静的区域（如阅读区、美工区等）和相对喧闹的区域（如角色区、表演区等）。安静的区域应放在一起，为幼儿提供单独游戏或与一两个小朋友一起游戏的独处空间；而喧闹的区域因为幼儿的流动性比较大，所以应把它们放在一起，并留出空间，以供幼儿相互交往。

#### 3. 墙面设计

墙面是引导幼儿主动学习的潜在的教育因素，对幼儿的学习和成长起着"润物细无声"的作用，体现游戏性和教育性的特点。墙面可以作为区角活动的辅助教育形式，要注重墙饰的互动性，提供给幼儿更多的动手、动脑的学习机会，让幼儿萌发游戏的愿望，调动参与游戏的自主性和创造性。如在建构区的墙上可以张贴幼儿平时的作品图片或绘画作品；在通道两旁，可以用不同质地的材料制作可触摸的图案，幼儿通过走廊时可以通过触摸感受、分辨不同的材料；也可以做成"扣子树"或"鞋带园"等，让幼儿在与墙面的有效接触中玩扣扣子或系鞋带的游戏，练习手部精细动作，锻炼手指的灵活性，提高自理能力。在创设墙面游戏环境时，要注意美观活泼，但也不能纯粹为了装饰而装饰。如图3-34、图3-35 所示。

图 3-34　礼物互赠主题

图 3-35　数字计算主题

#### 4. 地面的设计

利用地面也能开展许多有价值的游戏活动，在创设游戏环境时要充分规划。如，可以在地面上画好迷宫，让幼儿自己动脑、动脚走出迷宫，体验成就感；或在地上画好棋盘，每个幼儿都是一颗会动的棋子，以自身的运动来下棋，这样不仅能让幼儿通过下棋提高观察力、发展智力，也能提高规则意识。现在还有利用多媒体投影的会和人互动的运动影像，调动幼儿参与游戏的趣味性，让幼儿在运动中提高反应能力。如图3-36、图3-37 所示。

图 3-36　地面摆图

图 3-37　地面跳房子

### （二）室内游戏环境创设的要点

#### 1. 要考虑幼儿的年龄、需要，做到因地制宜，设置合理的室内游戏环境

游戏环境的合理性表现为游戏环境是开放的、自由的，是符合幼儿年龄特征和兴趣需

要的。在规划室内游戏环境创设时要考虑幼儿的年龄和兴趣需要,只有当环境适应幼儿的特点和需要,幼儿可以自由支配游戏时间和空间,随意取放和共享游戏玩具材料,幼儿才会积极主动地去适应环境,才能在与环境的交互作用中获得发展。

小、中、大班不同年龄段的幼儿思维发展水平不一样,喜欢的游戏也不一样。如小班为尽快适应幼儿园生活可以设置娃娃家,让他们感到亲切熟悉并进行模仿角色游戏。同时,每个幼儿园和班级都有自己的场地条件和特色,有可利用的无限的游戏资源。在创设室内游戏环境时,要根据幼儿的个性发展需要和各种游戏活动的需要,充分利用原有环境的特点和功能,创设、拓展相应的游戏环境,提供游戏材料,最终使室内环境的创设更加符合本园、本班幼儿的发展目标和年龄特征,体现本园或本班游戏区域特色,最大限度地发挥环境的教育功能。

2. 要考虑环境的互动参与性,做到可变、可操作性,设置丰富的室内游戏环境资源

丰富的游戏环境一方面是指有足够的游戏空间和场地,有多样性的可变化的游戏材料,有充足的游戏时间以及多样性的游戏同伴等,这是开展游戏所必需的条件;另一方面是指游戏环境要具有刺激性,不仅在数量上能满足幼儿的需求,在质量上也要满足幼儿不断变化的需求。

在环境创设的过程中,要充分调动家长和幼儿的积极性,教师、幼儿、家长一起动脑、动手会使游戏环境资源更为丰富;同时,游戏环境要具有可变性和可操作性。如果一个游戏环境拥有宽敞的区域、足够数量的玩具材料,但这些环境是静态的、没有变化的,幼儿对此可能缺乏兴趣,因为这样的环境对幼儿来说缺乏刺激性,不能激发幼儿的好奇心和求知欲。同样,如果只提供现成玩具材料或投放的材料过于追求外形的逼真,不允许幼儿拆开、弄坏,幼儿就会失去动手操作探索的机会而不愿游戏。因此,创设游戏环境时要为幼儿提供未成型的半成品玩具及自然材料,并且根据需要经常变换材料,这样才能提高幼儿游戏的积极性、主动性和创造性。如,一盒面团,可以做"汤圆""油条""鸡腿"等。如图3-38、图3-39所示。

图3-38 满足幼儿探索愿望的小阁楼

图3-39 可变化、品种多样、数量充足的材料

### 案例 3-4

## "游乐场"式室内体育区角环境的创设

体育区角的开发在于游戏内容的选择、环境的创设、材料的提供、场地的合理利用和规划等，因室内活动场地面积有限，并要考虑安全、适宜幼儿运动、方便教师组织指导等，所以需"以巧取胜"。除了幼儿活动室和午睡室空间可在体育活动时间现场摆放体育器械外，其他体育区角均保持固定。

1. 合理布局、巧用三维

分析园内现有的适合运动的室内空间，合理安排不同空间中适合的运动，筛选有助于幼儿动作发展的体育游戏内容，并因地制宜，充分挖掘三维空间，努力实现室内空间利用价值的最大化。

（1）空中有惊喜。采用各种彩色绳索、渔网从天花板上悬挂下来，形成让幼儿欣喜的空中游戏区。例如，跳一跳能摘到果子，顶一顶能让球从天而降，吸引并激发幼儿兴趣的同时锻炼幼儿纵向跳跃、身体平衡、手眼协调能力及四肢力量。

（2）墙面乐无穷。如小班组楼道空地中的"打倒灰太狼"。创设羊村场景，"灰太狼"（饼干罐+动物形象）贴于低矮的墙面上，幼儿可自由地选择远近站位，向灰太狼投掷"飞镖"（磁铁+丝带），在感受惩治灰太狼的兴奋中发展手臂力量。又如，墙面创设"果树林"，各种"果树"（不织布）高低不同，孩子可以根据身高、跳跃能力的不同，跳起来摘"果子"（不织布+雌雄贴）。大班组可将室内篮球筐固定在墙面上，发展幼儿的投掷能力。

（3）栏杆也出力。走廊空间较为狭小，不利于开展跳跃、投掷等活动，利用走廊两边的栏杆和墙面挂钩，可布置幼儿喜爱的钻爬游乐场所。如，用渔网创设钻爬游戏的场景，用各种交叉弹力绳开展穿越红外线游戏，发展幼儿机体的钻爬、平衡和控制能力。

（4）地面也精彩。在楼道地面设计各种几何图形、数字、线条、标志等，开展走、跳、平衡游戏。如，幼儿沿地面曲线赶小猪（按路线控球前进）、跳房子（根据数字大小单脚踢沙包前进）、数字连连看（根据数字不同摆放位置形成折线的路径开展跳跃活动）等活动，发展走、跳的能力及机体协调能力。

2. 因地制宜，巧妙收纳

"游乐场"式的室内体育区角需提供随手可得的运动器材，方便幼儿选取并使用。在确保安全的前提下，合理选用体积小或易折叠的体育器材，并根据材料特点巧妙收纳，便于幼儿独立取放及整理，减少教师的管理压力。

（1）吸附式。利用磁铁特性，在墙面上设置磁性底板，将金属的游戏器械直接吸附于墙上，或用金属盒子固定在墙面上，用磁铁辅助制作游戏器材。如前文提到的小班"打到灰太狼"，不论是游戏中还是结束后，投掷物（磁铁）都直接吸附于"灰太狼"（饼干罐）身上，非常便于游戏及收纳，轻质的器材利用不织布和雌雄扣也能达到吸附收纳效果。

(2) 悬挂式。将S形挂钩固定于走廊栏杆或网片上，利用粘钩固定于瓷砖墙面上，将幼儿体育器材根据材质特点钻洞或加挂金属环扣，直接悬挂于S形挂钩上。如，用于双脚运果子游戏的迷你塑料篮用S形挂钩收纳在走廊栏杆上。

(3) 夹取式。用绳子穿上塑料夹固定在走廊栏杆上，一些轻薄的器材，如用于手脚着地爬行的泡沫掌心板，可用夹子固定，容易幼儿取放。

(4) 自制收纳盒式。将废旧物品，如木质红酒盒、布制挂袋、饼干盒、硬形纸筒等外形较扁、不影响过道的容器固定于走廊上，将适合的游戏材料收纳起来，既整洁有序，又便于游戏及整理。

3. 增进互动，巧现自主

(1) 尊重差异的游戏材料。根据幼儿身高、运动能力等个体差异，使同样的游戏内容呈现不同的难易程度，使幼儿有机会并自主选择内容与环境互动。如小班组的"空中摘果子"，利用圆形天花板的网格垂挂绳子，并呈现高低不同的螺旋形，幼儿可自由选择适合自己能力的高度摘取"果子"，"果树林"的"果树"也高低不同，方便幼儿自主选择并挑战不同的难度。在"穿越红外线"游戏中，墙面的钩子高低、方位各不相同，幼儿可自行设置弹力绳的位置，调整不同的游戏难度。

(2) 图文并茂的游戏介绍牌。包含体育游戏名称、适合人数、玩法、整理要求等内容，以幼儿容易理解的图文方式呈现，一目了然，活动时间一到，孩子们便可自主开展游戏。

(3) 体育器材的一物多玩。通过照片呈现一种体育器械的多种玩法，发展幼儿的多种基本动作。如，大班组提供的竹竿，既可以玩"竹竿夹夹乐"，利用双臂操控长竹竿夹住牛奶盒，能发展幼儿的手眼协调、方位控制能力，又可以尝试"跳竹竿"，发展幼儿根据节奏跨越或跳跃的能力。

(4) 运动故事中的玩法创新。在墙面上创设"运动中的我们"故事展板，幼儿可自由记录室内体育游戏中的故事，重点呈现体育器械的新玩法，与同伴、老师一起合作运动的故事等，激发幼儿探索体育材料、自主创新的兴趣。

（案例源自宁波市江北区天成幼儿园）

## 二、户外游戏环境的创设

### （一）户外游戏环境设置的内容和一般要求

对幼儿来说，户外总是充满着刺激和诱惑，在广阔的场地上，他们可以尽情地拥抱大自然，积极地与同伴、教师互动交往，在户外他们更加自由和放松。幼儿园户外游戏场地一般包括大型组合运动玩具区、沙水区、养殖种植区、自然休闲区及涂鸦墙（地）等。

#### 1. 大型组合运动玩具区

这是幼儿园主要放置户外大型玩具的地方，它的地面一般是由柔软的材料铺设而成的，如草、沙、塑胶、土等。大型玩具主要是指攀登架、秋千、跷跷板、转椅等组合玩具，由幼儿练习基本动作的功能组成，幼儿在这种大型组合玩具上玩耍，不断练习着攀登、平衡、走、跑、跳、爬等动作。通常包括根据走、跑、跳、钻爬、攀登、投掷和平衡等基本体能动作，利用专门的体育器械或自制材料设计的，可供幼儿自主游戏的跑步区、球类区、平衡区、投掷区、攀爬区和跳跃区，也包括幼儿体操运动或其他运动的操场等。

如果户外空间较大，大型组合运动玩具区可以设置在任意空间，但组合玩具之间要有距离。

户外组合玩具和户外活动区分别如图3-40、图3-41所示。

图3-40　户外组合玩具

图3-41　户外活动区

## 2. 沙水区

沙水是幼儿百玩不厌的游戏材料。沙水区是指玩沙区和玩水区。沙能对幼儿进行感官刺激，幼儿用铲子、筛子、小桶等工具玩沙的过程就是练习铲、舀、挖、装、堆等各种动作技能的过程。同时，在玩沙过程中，幼儿对沙的特性（如沙粒大小、质地、重量等）的基本认识，为幼儿提供了感知觉发展和充分进行创造性表达的机会。幼儿园的玩沙区一般设在墙边或树荫下，处于幼儿园活动场地的边缘地带。幼儿园可以根据在园人数设置几个不同规格的沙池，边缘可以用轮胎进行软化处理，高度一般在幼儿的腰部或膝盖部位，幼儿可以直接站着或蹲在旁边玩。如图3-42、图3-43所示。

图3-42　玩沙区1

图3-43　玩沙区2

玩水区可以和玩沙区相邻。玩水区可以设置适合不同年龄段幼儿的涉水区和戏水槽，便于幼儿平时玩水。考虑到安全和健康等因素，幼儿一般只能用手或脚去玩水，在玩的过程中，通过脚和手感知、学习水的特性（如水的流动、水的浮力等）。如图3-44、图3-45所示。

第三章 玩具与游戏环境

图 3-44 玩水区 1

图 3-45 玩水区 2

### 3. 养殖种植区

有条件的幼儿园可以为每个班的幼儿开辟一块种植区和养殖区，并写上班级的标牌，由幼儿自己管理，教师协助。幼儿在种植和养殖过程中对照顾的动植物进行观察、记录，了解动植物的生长过程，这既是幼儿探索发现的过程，也是坚持性、责任心和爱心的培养过程。幼儿园通常可以种植不同季节的蔬菜和水果，如西红柿、南瓜等，养殖小鸭、小鸡、鸽子、乌龟、金鱼等动物。如图 3-46、图 3-47 所示。

图 3-46 种植区

图 3-47 饲养区

### 4. 自然休闲区

幼儿园户外游戏场地有许多闲置的空间，它们虽然没有特定的功能，却是必不可少的。如，有一个包括树木和各种植物的绿地或自然区，幼儿在户外游玩时，能体验到自然的美丽和四季更替时花草树木的变化，观察蚂蚁、蟋蟀等小动物的活动，感悟自然界的神奇魅力，亲近自然；或有一个简易的小屋或蘑菇亭，幼儿可以独处思考、聊天、捉迷藏等，满足幼儿独处的需要，增加幼儿社会性交往的机会。如图 3-48、图 3-49 所示。

图 3-48 户外沟渠

图 3-49 爬树

#### 5. 涂鸦墙（地）

在户外画画对幼儿的吸引和刺激远远大于在室内桌面上画画。幼儿可以自由地用水彩笔、粉笔、刷子，甚至直接用手涂上颜料画画或喷画。这既是对幼儿色彩、创作等美术能力的训练，也是情绪宣泄的好机会。幼儿园可以利用户外墙面或地面为幼儿设计一个自由涂鸦墙（地），其可以任意涂鸦、可以擦掉、可以重复使用。如图 3-50、图 3-51 所示。

图 3-50　户外画画

图 3-51　户外涂鸦区

### （二）户外游戏环境创设的要点

#### 1. 要挖掘户外资源特点，尊重自然，设置安全的户外游戏环境

户外游戏环境是幼儿与自然、幼儿与自我、幼儿与幼儿等相互融通的主要生态场。户外空间设计要以尊重自然为主，保存原有自然风貌，如树、小溪流等，重视户外本身的自然生态环境并加以利用，如，让幼儿在草坪上打滚，在小树间穿梭，观察小鸟和昆虫，利用户外的树木设置秋千、攀爬绳等和利用自然的坡、沟等设置满足幼儿户外游戏和挑战需要的具有幼儿特色的游戏场地。在设置过程中要保证安全，对任何可能造成意外伤害的因素全部予以考虑，尽可能地降低活动场地、游戏设施的危险性，如重视定期或不定期的户外设施设备安全检查，并做好检查记录；对游戏设施设备等要保证无毒、坚固牢实，无安全隐患。如尽量以木制品代替铁制品，对尖锐凸出物进行安全处理；地面材料使用塑胶地垫、硬沙土、草地等，以减少摔倒后的损伤。

#### 2. 户外游戏环境的创设要考虑周到、设计合理，设置具有整体性和挑战性的游戏环境

户外环境一旦设计完成便不能轻易更改，如大型组合运动玩具区、沙水区、养殖种植区的方位、面积等。户外游戏环境创设是为了促进幼儿全面和谐发展，因而在规划中必须保持整体性，要符合全面发展的目标，要根据促进幼儿身体发展、认知能力发展、社会性发展等目标的游戏内容创设相应的环境。如既有大型组合运动玩具区，也有沙水区、养殖种植区，还有涂鸦墙（地）和自然休闲区等，并且这些区域要有相对明显的游戏区域范围，有幼儿可以充分活动的合适空间。在每个区域，在安全的前提下，幼儿可以爬上爬下、跑来跑去、发展动作、体验自信，享受户外活动的刺激和乐趣。科学规划户外游戏环境能把空间最大限度地用于探索和游戏，能够有效地激发幼儿的好奇心，创造性地进行游戏活动。

## 案例 3-5

### 日本幼儿园户外环境的六要素

日本幼儿园的户外环境大多有沙土操场、沙土堆、泥沙池、游泳池以及攀爬架、滑梯、土坡、秋千、单杠等设施。

**1. 户外场地**

户外场地一般多为沙土地或草地，有的是一半是草地一半是沙土地。如图3-52~图3-54所示。

（a）

（b）

图3-52 沙土地

图3-53 草地

图3-54 沙土地和草地

**2. 泥沙池、沙土堆**

泥沙变化多、可塑性强，是孩子最喜欢的。特别是"玩泥"，在日本幼儿园是很普遍的户外活动。相应的铲、桶等也是每个日本幼儿园必备的。如图3-55所示。

（a）

（b）

图3-55 玩沙

### 3. 戏水区

根据幼儿园户外场地面积，戏水区可大可小。有的日本幼儿园有很大的户外泳池，一般每周都安排游泳活动，主要也是为了让孩子接触水、戏水玩耍。如图3-56所示。

（a）

（b）

图3-56 玩水

### 4. 单体户外设施

日本幼儿园有的场地较大，有的并不宽敞，但利用很充分。幼儿可四处跑动，选择场地上的各种运动设施。如图3-57～图3-66所示。

图3-57 秋千

图3-58 单杠

图3-59 爬高的绳或杆

图3-60 脚踏车

图 3-61　推车

图 3-62　滑梯

图 3-63　平衡木

图 3-64　爬梯

图 3-65　爬坡

图 3-66　钻洞

5. 复合运动器械

日本幼儿园户外通常都有一种复合运动器械，用原木制作，包括攀爬架、悬桥、滑梯、平衡木、爬网等。如图 3-67 所示。

（a）

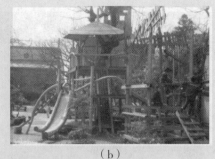
（b）

图 3-67　复合运动器械

6. 制作材料

制作材料多为接近原生态的木材和再利用的废旧材料。日本幼儿园的设施材料、器械并非全都是买来现成的，很多是巧妙地利用了废旧材料。如图 3-68、图 3-69 所示。

图 3-68　原生态树的利用

图 3-69　废旧轮胎的利用

（案例源自布莱特幼教）

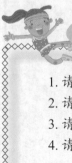

### 思考与练习

1. 请写出你所知道的幼儿玩具及其教育功能并按照两种分类法进行分类。
2. 请你结合一所幼儿园具体案例分析说明幼儿园游戏环境的特点。
3. 请结合一所幼儿园具体案例分析说明幼儿园室内游戏环境设计包括的内容。
4. 请结合一所幼儿园具体案例分析说明幼儿园户外游戏环境设计的要点。

# 第三章 玩具与游戏环境

5. 实践与训练：

### 项目一 调查商场中的玩具

实训目标：

提升对幼儿玩具的熟悉度，了解市场中常见的玩具种类并知道其玩法。

内容与要求：

1. 任选一个商场，对其玩具种类进行记录并统计。
2. 写出三种以上玩具的玩法。

### 项目二 观察记录幼儿园室内游戏活动区设计

实训目标：

提高观察记录、分析评价幼儿园室内游戏环境的能力。

内容与要求：

1. 任选一个幼儿园，实地观察并用图示的方法记录室内游戏活动区。
2. 简要分析观察到的室内游戏活动区的布置特点。

## 延伸阅读

### 幼儿园玩教具的投放现状、问题及对策

**张妮妮　赵慧君　王丹平**

玩教具是幼儿主动建构知识的支持物。皮亚杰说过，"学前儿童的智慧源于材料"。玩教具已经成为支持、帮助发展幼儿能力的重要载体，玩教具的投放也成为教师的一个重要专业技能。在《幼儿园教师专业标准》"专业技能"中提出，教师要"合理利用资源，为幼儿提供和制作适宜的玩教具和学习材料，引发和支持幼儿的主动活动"。但在现实中，很多幼儿教师都有"如何投放玩教具"的困惑，都以方便为主，马虎地投放玩教具，不能发挥其应有的教育价值。

一、幼儿园玩教具投放的现状及存在的问题

玩教具的投放要适合幼儿的年龄特点和个体特点。从玩教具的"发展适宜性"角度来说，玩教具的大小、结构、外观、复杂性和幼儿的年龄、经验、能力之间有着相互制约的关系，玩教具投放的设计与结构的复杂度都会影响幼儿游戏和探索的兴趣。

（一）投放缺乏动态性

玩教具要与幼儿能力协调一致，投放时要根据幼儿能力的变化做相应调整。然而，教师投放玩教具的数量和更换频率受到烦琐工作的影响，很多玩教具十分陈旧，甚至已经损坏或失去教育价值，却仍给幼儿使用。

（二）投放缺乏探究性和引导性

投放动作技能类的玩教具要有探索性，很多教师将探索等同于一般意义上的动手

操作,这就造成幼儿在使用玩教具时只是机械地重复训练,投放的玩具不能积极挑战幼儿的心智,不能最大限度地引发和支持幼儿学习。

(三)投放缺乏目的性和层次性

玩教具的投放不以幼儿年龄特点、兴趣、教育目标为依据,而是从教师自己的角度出发,单纯追求方便统一。教师忽略幼儿个体差异,提供难度相同、缺乏层次的玩教具,无法满足幼儿的不同需要。

二、幼儿园玩教具合理投放的策略

玩教具的投放会影响幼儿活动的动机、态度、坚持性、交往和创造的水平,也是教师专业能力的具体体现。为了更好地利用玩教具,其投放需要与教育目标、幼儿的发展水平相匹配,这样才能促进幼儿的全面发展。玩教具的投放要发挥应有的教育价值,就要以丰富、动态、有层次、有结构和合理化为原则。

(一)玩教具的投放要丰富

增加自然玩教具的投放。用自然中的玩教具进行活动,深受幼儿喜爱。幼儿喜欢自然环境,因为自然物没有固定的使用方法,可被用于多种活动,且能按照个人意图进行灵活变通。

投放自然中的玩教具有以下几点要求:首先,最大限度地利用生活中的真实物品作为玩教具,避免"假生活"状态,尤其是托小班;其次,要利用水、泥、沙、石、木等自然玩教具开展活动,满足幼儿的"随心所欲",使幼儿进行自由想象和创造;最后,充分利用废旧材料进行活动,让幼儿感受材料的多种质感和多样性,并萌发环保意识,如不同大小的纸箱、不同材质与造型的瓶子,都可以被幼儿用来表达想法。

投放的数量要充足,内容要丰富。提供充足的玩教具是幼儿开展活动的保证,特别是提供让幼儿操作的玩教具,更应该保证数量足够。玩教具的充足与否,直接影响幼儿的探索行为和经验的获得。玩教具投放数量和内容不足会引发幼儿的等待、闲逛和攻击性行为,因此教师应提供足够数量和内容丰富的玩教具。首先,玩教具的数量要能满足幼儿自主选择的需要,使幼儿拥有足够可操作的玩教具进行活动。如在"娃娃家"需要投放大量的形象模拟物和家具,以支持幼儿进入角色,避免幼儿因玩教具不够而引发争吵。需要注意的是,投放的玩教具也不是越多越好,过杂的玩教具虽然能吸引幼儿参与活动,但也容易扰乱和分散幼儿的注意力。因此,在投放时,应做到有的放矢,观察幼儿使用状况,适当增加玩教具的投放数量。

提供内容丰富的玩教具。内容丰富有两层含义:第一,针对不同活动内容投放不同的玩教具,不同的教育活动题材需要不同的玩教具进行支撑,因此,教师需要有针对性地投放符合活动内容的玩教具(如在生活区中提供生活模拟物,在操作区中提供动作技能类的玩教具等);第二,针对同一活动内容投放多种玩教具,在"卷羊毛"的活动中,提供不同的玩教具(如投放各种不同粗细、不同材质的可卷材料,或是不同质地的纸张),供幼儿选择不同的"羊毛",从而获得不同的"卷"的经验。

(二)玩教具的投放应是动态的

随着幼儿年龄的增长,幼儿的学习和接受水平是不同的,玩教具更换频率也要进行相应调整,这种调整要注意小、中、大班的区别。

小班要根据入园适应性逐渐增加玩教具。刚入园的小班孩子,无法很好地使用玩教具,起初只会摔打玩具,故大多是投放硬质材料的玩教具。随着入园时间的增加,孩子逐渐有了动手操作的欲望,这时再适当增加一些操作性强的材料。随着孩子观念及情绪的转变,后期教室里玩教具的投放比例就可以固定了。

中班要按固定时间更换玩教具。每半个学期就要对班级的玩教具进行一次大的调整,每次都要投放新的玩教具。更换的主要原因是玩教具的破损、活动目标已经达到和活动难度需要提升。

大班要根据学习主题的变化更换玩教具。大班孩子接受性更强,所以这个阶段教师对玩教具投放的改动更加频繁,差不多一个月一次,每次都需要增加或更换一些新的玩教具。例如在中国字的主题活动中设立了"识字黑板",这是用来帮助孩子认读古诗和生字的,投放两个月后孩子就对其不感兴趣了,开始减少参加次数。这时教师可以改变装饰的材料,将"识字黑板"与足球认知结合到一起,改成"体育知识竞技台",在体育知识的展示板上对体育器材进行配对。

(三)玩教具的投放要有层次

每个幼儿都是一个独立的个体,这些个体之间难免会存在差异,教师投放的玩教具要允许和支持幼儿以适合自己的方式、速度去学习和探索。教师应根据不同发展水平的需要提供不同层次的玩教具,让幼儿在自己原有的水平上有所提高。

1. 经验积累的递进层次

在幼儿学习新的内容之前,要了解他已有的经验,这对投放玩教具来说非常重要。教师在引导幼儿学习新的内容时,必须为幼儿学习提供一个教学情境,在这个教学情境中观察幼儿的已有经验,帮助幼儿用已有经验解决问题、获取知识。针对这种情况,可以在相同内容、不同年龄的前提下,将玩教具进行不同层次的投放,即相同的玩教具在教学时要根据幼儿的已有经验进行投放。如"玩磁铁"的教学活动,在小班以"小动物逛公园"的形式进行:在小动物底座上插入回形针,置于有背景的桌面上,幼儿用小磁铁在腾空处动动玩玩,看哪些小动物会走路。中班幼儿以"走迷宫"的形式进行:小磁铁牵引着"自己",沿所示路线走,避免掉入路旁陷阱。大班幼儿则以"取别针"的形式进行:思考用磁铁怎样又快又多地将可乐中的回形针取出。所以,玩教具的投放需要根据教学内容、幼儿年龄特点和经验的积累程度进行调整,内容由易变难,操作由摆弄变为探索。

2. 操作方法的难度层次

在投放动作技能类的玩教具时,要让幼儿进行充分的操作练习,获得直接的体验和感受。幼儿是在动手操作、动脑思考的活动中学习和发展的。教师在投放玩教具时,要特别考虑所投玩教具能否让幼儿动手操作。有些玩教具的操作对一些发展较慢的幼儿来说是不容易的,对发展较快的幼儿来说又过于简单,因此教师要针对不同水平的幼儿挑选难度适宜的玩教具。针对这个问题,可以在相同年龄的前提下,把同一玩教具分为不同层次的操作难度进行投放。如多米诺骨牌,教师在泡沫板上分别粘上三种

线条：直线条、Y字线条、螺旋状线条。很明显，排直线易；排Y型较难，要思考如何排列才能让两边一起倒；排螺旋状最难，不仅积木的排量大，更重要的是空间紧密，排时需要精神高度集中、小心，这是对幼儿细致程度与坚持性的考验。操作难度呈小步递进状，是为了迎合和支持不同能力、不同认知风格的幼儿进行操作。

（四）玩教具的投放方式结构化

玩教具的投放方式分为低结构化投放和高结构化投放，低结构化投放是不限制玩教具的玩法，高结构化投放则是限定玩教具的使用方法。投放方式结构化就是在投放玩教具时，既要投放一些有使用方法的玩教具，又要投放一些开放式、不限定玩法的玩教具。

不限制玩教具的玩法，即一种玩教具有多种玩法，这种多样性既包括相同年龄对同一玩教具的不同玩法，也包括不同年龄对同一玩教具的不同玩法。例如将棋子低结构化投放，玩法自由、没有限制，幼儿可以在玩棋子的过程充分发挥其创造性。虽然玩的都是棋子，但是在幼儿的不同阶段，他们会创造不同玩法，难度也符合自己的发展水平。从低年龄段的简单摆弄，到高年龄段加入的比赛性质玩法，这都是幼儿根据自己的成长变化做的调整，而这种调整恰恰实现了多种发展的目标。

限定玩教具的使用方法可用来引导幼儿学习，即有目的地投放玩教具，从而完成预设教学目标。高结构化投放必须符合幼儿的年龄特点，让幼儿在其已有经验的基础上获取新的经验。以围棋子为例，在大班阶段，教师可以将棋盘制作成20×20的格子，让幼儿进行有规律的排列，即让幼儿在一张白纸上按照排列规律写算式。例如几个黑子、几个白子可以进行加法运算的练习，相同的黑子、白子相间排列可以进行隐含的乘法启蒙，练习可以根据幼儿的经验水平进行调整，水平低的可以进行数数练习，水平高的可以进行加法练习和乘法启蒙。

投放方式结构化不仅能充分展现低结构化投放和高结构化投放特有的价值，而且能进行互补。低结构化投放玩法多样，适合幼儿不同的发展水平，能实现多种发展，高结构化投放更适合有目的的教学。虽然在幼儿园中玩教具更多承载的是"教育"功能，但一味地凸显其教育功能，幼儿会有太多压力。增加低结构化投放能调和幼儿的学习压力，让玩教具在开发智力的同时，促进幼儿情感的发展，符合幼儿的发展水平。

（五）合理搭配，重复使用

幼儿容易对能够熟悉操作的玩教具失去兴趣，这时如果对幼儿已失去兴趣的材料进行适当的搭配重组，幼儿的兴趣就会重新被唤起。对各活动区的玩教具进行跨区搭配再次投放，会让玩教具出现新的价值。两个不同的玩教具分别进行投放，经过一段时间的使用，幼儿已经完成预设目标，此时这两个玩教具都已失去价值，但通过合理搭配，还可以重复使用。例如玩教具"搭配衣服"和"天气预报"投放后完成了预设目标，幼儿也对投放的玩教具失去了兴趣。这时可以将两种玩教具搭配成"气象屋"，即根据不同的天气搭配相适宜的衣服、鞋子及佩戴品。这个由两个玩教具组成的新的玩教具更具有综合操作性，既要考虑天气状况也要根据天气搭配好服装用品，通过搭配产生了新的价值，并延长了玩教具的使用期。

（本文源自《长春教育学院学报》，2015年第20期）

## 以自然为导向的幼儿园游戏环境
### ——浅析外国幼儿园室外活动场地

#### 胡 蕾

放眼身边的幼儿园，无一例外的都是由钢筋混凝土的房子加大型塑料玩具、塑料草皮、橡胶地板组成的。幼儿园的建筑、环境毫无生气、童真可言。传统游戏场地上的滑梯、跷跷板、秋千等对幼儿来说就是不断重复消耗精力。这类游戏没有想象、没有创意，只能发展幼儿的运动能力，却不能锻炼幼儿的想象力与智力。有学者说这样的游戏环境不是给幼儿设计的，是给好动的小猴子设计的。城市里的幼儿从小就生活在钢筋混凝土中，远离自然，对自然感到陌生甚至厌恶。幼儿远离自然对其自身成长以及对其社会性发展都是百害而无一利的。幼儿园是幼儿白天待得最久的地方，因此成为幼儿接触自然的最佳地点。城市的整体发展趋势我们无从改变，但幼儿园的环境是可以通过建筑师之手改变的。

下面通过对日本富士幼儿园的建筑、游戏环境以及丹麦哥本哈根学校操场进行分析，探讨今后中国幼儿园设计的方向。

1. 日本富士幼儿园

日本富士幼儿园是日本建筑师手冢贵晴与手冢由比于2007年在日本立川设计的，其建筑设计理念是：人、自然、建筑和谐相处。幼儿园的建筑主体平面是一个椭圆环形，大型集中活动场地布置在椭圆环之中。建设师利用建筑及植物为幼儿创造天然的游戏场所，让幼儿回归自然。

1）内外一体化

内外融合是日本富士幼儿园教室设计的亮点之一。建筑外围护墙均为通透的玻璃以及拖拉门。室内外高差很小，根据需要，教室的门可以完全敞开，把室外引入室内，成为一个整体。同一年级的幼儿放在一个大教室内，每个班之间用家具隔开，班与班之间可以根据需要合并或分开。

2）与自然融合

在幼儿园建设用地上，有4棵树刚好处在了建筑的中间。建筑师选择了建筑与树木共处的方式来解决这一问题。树木从教室里、从走道里拔地而起，建筑为其主干留出足够大的空间生长，建筑和树木宛若一体。

3）玩具式建筑

幼儿园室外的游戏器具不多，因为建筑自身就是一个大的游戏器具。屋顶是单坡内斜屋顶，建筑内屋檐高2.1米，外屋檐高3.6米。向内倾斜的屋面，给在屋顶上奔跑的幼儿带来重型倾斜的奇妙感觉。时而冒出屋面的树冠为屋顶这个游戏场所带来生趣。同时，幼儿可以借助屋顶的高度毫不费力地爬上树丫，从屋顶天窗上面偷窥其他幼儿上课的情况，这是一件很刺激的事情。设计者巧妙地利用了采光天窗，为幼儿打造了一次奇妙的探险之旅。

4）优点总结

（1）内外一体的建筑设计最大限度地把室外空间引入室内。用家具隔断划分教室，有利于年级室内活动的开展以及将来生源增加或减少时教室的划分。

（2）完美地把建筑与自然衔接。从建筑的角度出发，给幼儿一幕建筑与自然和谐相处的景象，让在其中学习的幼儿感受到自己身处在大自然中。

（3）室外杜绝工业塑料玩具及塑料、橡胶铺地，还给幼儿一个自然的游戏环境。

（4）在设计建筑主体时，把建筑主体设计为一个大的游戏场，重新发掘及定义了建筑的价值。

（5）合理利用竖向空间，扩大游戏场地面积，并为游戏提供"制高点"与"晕眩点"，丰富游戏环境，给游戏者提供更多的游戏乐趣。

（6）大面积的半室外空间可弥补由于天气原因而不能到游戏场地游戏的遗憾。

2.丹麦哥本哈根学校

哥本哈根学校是一所包括幼儿园与小学的学校，在校的学生年龄在1~14岁。学生们的所有活动都集中在学校操场上。操场是存在着2米高差的台地。游戏场地被分为托儿所学步区、游戏区与集会区三部分。游戏区包含了有台地的高差部分，设计者放置了大台阶及一部滑梯来连接两块场地。游戏区域里除了滑梯便无其他常规游戏设施。该游戏场地精心地组织着场地中的每一种自然材料，力求创造出一个生态游乐园。

1）丰富的场地表情

游戏场地对竖向高差的处理包含：树木碎屑堆成的坡、圆木梯段、用木板做踢脚的素土大梯段以及滑梯。在对地面材料的处理上，设计者根据所处地点及游戏区域的不同分别采用了圆木截面、红砖、石面以及砂等。这些材料或单个存在，或两三组合拼花，使整个地面看起来色彩斑斓、丰富多样。

2）生态游戏环境

在设计游戏场地时，设计者不忘利用现有的材料为幼儿们提供复合型生态游戏场地。例如，在沙坑里横放两个枯木，利用枯木的树枝及树干的曲度，给幼儿提供一个冒险之地；利用地势高差，将一条爬行网放置在了沙坑上空；放置在沙坑外边缘抽象的景观小品，可以激发幼儿的想象力及兴趣。

一条浅溪从操场边的喷泉顺势蜿蜒而下，溪床由碎石及卵石铺设而成。小溪的两边栽种了各种植物，在夏天时，水流顺着溪道欢腾而来。幼儿既可以在这里玩水，又可以捕虫、看花。在冬天或是初春无水时，小溪的卵石河床又可以成为孩子们的另一玩耍圣地。

3）自然多样的游戏边界场

在游戏场地的边界处理上，一种是采用圆木桩、低矮木栅栏、高木栅栏、灌木丛、大石块等对场地进行围合及分隔，另一种空间限制是利用下沉式的处理方法来限定游戏区域。绿化区主要在每种游戏区域的分隔地带，在路的交汇处也会出现矮小的灌木丛来丰富空间。

4）优点总结

（1）游戏场全部采用天然材料制作而成，无任何现代工业材料。游戏材料虽然天然粗糙，但经过精心设计，无一处不显示出精致与亲切。

（2）多功能复合的游戏空间。同一空间内有多种玩法，增加了游戏的多样性与选择性。

（3）在设计场地时，界面分隔采用多种材料，且同一种分隔材料以多种样式出现，丰富了空间内容及色彩。尤其是在边界处理时多采用木质材料作柔性分隔，使幼儿感受到爱与安全。

（4）场地高差处理方法的多样性。模仿多种自然界的景象，灵活利用场地的高差，丰富了游戏场地的竖向设计，并为游戏增添了情趣。

（5）模糊抽象的景观小品。在景观小品的选择上采用天然的、模糊抽象的物件，这样可以开发幼儿的想象力，增加游戏的趣味性、持久性与新鲜感。

（6）每一处都精心设计、精心处理，让游戏其中的幼儿感受到爱与安全。

（7）绿化区随处可见，绿化形式、种类多种多样，还给幼儿一片自然之境。

3．总结

从上面两个国外幼儿园的设计中，我们可以看出在幼儿园设计中，建筑可以成为玩具，环境与建筑能和谐相处。只要设计者用心，美好有趣的自然游戏环境就会重现在我们身边。为幼儿创建一片自然和谐的学习、生活环境，是建筑师的职责，应多为幼儿的游戏环境花心思，努力为他们寻回美好的自然空间。

（本文源自《四川建筑》，2013年第1期）

# 第四章 幼儿游戏指导概述

## 引例

中班区域游戏活动前,教师将自愿玩角色游戏"步步高超市"的8名幼儿集中在区角旁并提问:"你们去过步步高超市吗?和谁去的?超市里有什么商品?"接着引导幼儿讨论:超市里有谁?他们是如何工作的?讨论结束后,教师引导幼儿自由选择角色,并带上相应的标志牌有序进入"步步高超市"开始游戏。

游戏进行5分钟后,教师发现扮演"导购员"的一名幼儿一个人走来走去,四处张望,不知道接下来该做什么,教师走过去,微笑着问幼儿:"你好!我要买沐浴露,你能帮我推荐一个吗?"幼儿立马找到一瓶沐浴露推销起来:"这个沐浴露很好用,气味也好闻,你闻一下。"于是,教师在"导购员"的推荐下愉快地买下了一瓶沐浴露。成功售出商品的幼儿又去找别的顾客推销去了,教师则退出游戏在一旁继续关注幼儿的游戏情况并在必要时加以指导。

游戏进行到45分钟时,教师播放下班轻音乐,组织幼儿收拾整理游戏区角的物品。整理结束后,教师召集幼儿分享游戏经验与感受,引导幼儿讨论游戏过程中发现的问题与解决办法,如需增加哪些角色、增添哪些部门或商品等。

在以上案例的游戏活动中,教师在幼儿游戏过程中的哪些阶段进行了指导?具体运用了什么样的游戏指导策略?游戏指导的时机、方式和方法是否恰当?为什么?

本章将围绕这些问题阐述幼儿游戏指导的一般过程,讨论幼儿游戏指导的基本策略。

## 背景知识

"爱玩"是幼儿的天性,游戏是幼儿最喜爱的活动,也是幼儿园教育的基本活动,幼儿在游戏活动中能够获得身体、认知、语言、情感及社会性等多方面的发展。

第四章　幼儿游戏指导概述

> 　　幼儿园教师应当具备"游戏活动支持与引导"的专业能力。这项专业能力的基本要求是：提供符合幼儿兴趣需要、年龄特点和发展目标的游戏条件；充分利用与合理设计游戏活动空间，提供丰富、适宜的游戏材料，支持、引发和促进幼儿游戏；鼓励幼儿自主选择游戏内容、伙伴和游戏材料，支持幼儿主动地、创造性地开展游戏，充分体验游戏的快乐；引导幼儿在游戏活动中获得身体、认知、语言和社会性等多方面的发展。因此，为促进幼儿在游戏活动中的全面发展，幼儿教师必须具备一定的游戏指导能力，合理设计游戏活动，创设游戏环境，引导和支持幼儿主动地、创造性地开展各类游戏活动。

## 第一节　幼儿游戏指导的一般过程

　　游戏指导是指教师运用一系列指导策略有目的、有计划、有组织地指导幼儿开展游戏活动的过程，教师指导幼儿游戏不是对幼儿游戏自主性、娱乐性的否定，而是将"幼儿园教育应以游戏为基本活动"付诸实践的重要保障，是将幼儿游戏活动的组织与开展纳入幼儿园整体课程范畴的重要举措，是充分发挥游戏促进幼儿身心发展教育价值的必要条件。

　　教师指导幼儿游戏的一般过程可从游戏前的准备工作、游戏过程中的观察与指导以及游戏后的总结与评价三个阶段来阐述。

### 一、游戏前的指导

#### （一）制订游戏计划

　　幼儿游戏计划是幼儿园教育工作计划中的重要组成部分，是幼儿园管理者和教师根据不同年龄幼儿的兴趣特点、发展水平和幼儿园整体的教育计划而制订的活动计划，具体包括游戏活动目标的确立、游戏内容的选择、游戏活动进程的安排和组织实施的形式、方法、手段等。制订游戏计划是教师指导幼儿游戏的第一步，科学合理的游戏计划是实现幼儿园整体教育目标的需要，是有效开展幼儿园游戏活动的基本保障。幼儿游戏计划的内容从横向角度来分，包括学年（学期）计划、月计划、周计划、日计划；从纵向角度来分，主要包括园所计划、年级计划、班级计划和某个具体的游戏计划。

#### （二）丰富生活经验

　　幼儿的游戏经验主要来自生活经验，具体包括幼儿在家庭、幼儿园和周边环境中的所见所闻。幼儿积累的生活经验越丰富，在游戏中的语言和行为就越丰富，解决问题的能力和水平就越高，相应获得的发展也就越全面深入。教师可从组织幼儿生活活动、教育教学活动和指导家长丰富幼儿家庭生活经验等方面着手丰富幼儿相关的游戏经验。

### （三）创设游戏环境

游戏环境是幼儿开展游戏活动必不可少的物质前提。教师制订好游戏计划后，最为重要的指导任务就是创设适宜的幼儿游戏环境，具体包括设置游戏场地、保证游戏时间、提供玩具和游戏材料、营造良好的游戏氛围等。

## 二、游戏中的指导

### （一）观察游戏

观察是教师有效指导游戏的前提，游戏是幼儿发展的一面镜子，幼儿在游戏过程中的行为表现能反映出幼儿身心各方面发展的状况。因此，教师想在了解幼儿发展水平的基础上有效指导幼儿的游戏活动，就必须仔细观察幼儿的游戏行为与过程。教师在幼儿游戏过程中可以围绕幼儿游戏时间长短是否合适，幼儿游戏过程中的坚持性、语言的运用如何，材料的数量和种类是否符合需要等方面进行观察。

#### 1. 观察的方法

观察幼儿游戏的方法主要有扫描法、定点法、定人法。扫描法主要用于对某个班级全体幼儿的游戏状况进行观察。定点法主要用于对某个游戏区域的游戏情况进行观察。定人法主要用于对某一幼儿的游戏行为进行观察。

#### 2. 观察的记录

为提高观察的有效性，教师需要对游戏观察的情况进行记录。教师常用的游戏观察记录方式有表格记录、文字描述记录、图示记录和多媒体记录。

#### 3. 观察记录的分析

观察并记录幼儿游戏不仅有利于教师现场指导游戏，更有助于教师充分了解幼儿身心发展水平，同时为下一次的游戏计划制订和游戏组织与指导提供重要的参考依据。因此，要充分发挥游戏对幼儿的发展价值，教师必须对游戏的观察记录进行分析。教师可结合幼儿自身、幼儿所处的家庭和教育环境及游戏现场环境、材料等方面来分析影响幼儿游戏的因素，并有针对性地改善条件，以促进幼儿游戏水平的提升。

### （二）介入和指导游戏

教师在适当时机介入和指导幼儿游戏，有利于扩展幼儿的游戏范围，提升幼儿的游戏能力与水平，反之，时机不当则可能打击幼儿的游戏兴趣，抑制幼儿游戏行为的开展。教师介入和指导幼儿的游戏应建立在观察幼儿游戏行为的基础上，把握好介入的时机、方式及指导方法。无论是介入的时机、方式还是指导方法，都需要教师在观察幼儿游戏行为和表现的基础上，结合教师对幼儿的了解，加以必要的思考后进行理性判断。

## 三、游戏后的指导

### （一）结束游戏

根据幼儿一日活动管理的需要，游戏开展到一定的时间和阶段时，教师需要引导幼儿结束游戏活动。为使幼儿保持下次继续游戏的积极性，教师应当把握结束游戏的时机，在游戏情节发展告一段落或幼儿游戏情绪尚未低落时运用恰当自然的方式提醒幼儿结束游戏。同时，为养成幼儿良好的行为习惯，教师还应注意提醒幼儿主动收拾整理好游戏玩具和材料。

### （二）评价游戏

评价游戏活动有利于提高教师对游戏活动的重视，促进教师对游戏指导工作的反思以及下一次游戏计划的调整与深入。同时，教师有效组织游戏评价环节，也有利于幼儿积累更多的游戏经验，提高游戏水平。教师组织评价游戏应采用教师与幼儿互动的方式展开，围绕幼儿游戏的环境、游戏的过程及游戏的发展水平等进行总结与评价。

## 第二节　幼儿游戏指导的基本策略

根据幼儿游戏的需要，结合教师游戏指导的工作任务，幼儿游戏指导的基本策略主要包括：制订合理可行的游戏计划、丰富幼儿相关的生活经验、创设适宜的游戏环境、深入观察幼儿的游戏行为、科学地介入与指导幼儿游戏和引导幼儿主动参与游戏评价。

## 一、制订合理可行的游戏计划

制订游戏计划是将幼儿游戏纳入幼儿园教育实施过程的关键，也是教师有计划、有目的、有组织地开展游戏活动的最好手段。游戏计划不是对幼儿游戏自主性的否定，而是将"幼儿园教育应以游戏为基本活动"付诸实践的重要保障，确保游戏真正成为幼儿在园的主要活动。因此，幼儿园管理者和教师应当从幼儿园的整体教育计划出发，根据幼儿年龄特点、发展水平、兴趣需要和幼儿园的游戏场地、材料等实际情况，积极开展游戏计划的园本教研活动，从园所到各年龄班制订合理可行的不同层次（学年、学期、月、周、日）和不同级别（园所、年级、各班、具体游戏计划）的游戏计划。幼儿园游戏计划的层次与内容见表4-1。

表 4-1　幼儿园游戏计划的层次与内容

| 层次 | 具体内容 |
| --- | --- |
| 学期计划 | 1. 指导思想<br>2. 学况分析<br>3. 学期发展目标或总要求<br>4. 各领域或阶段游戏安排的初步计划 |
| 月计划（以领域或主题划分） | 1. 目标<br>2. 游戏的准备<br>3. 游戏的主题或内容<br>4. 指导要点：①游戏规则；②材料的使用；③游戏前的指导；④游戏的观察重点；⑤游戏内容的安排；⑥游戏的评价 |
| 周计划 | 1. 目标<br>2. 游戏的准备<br>3. 具体内容和安排（以天为单位）<br>4. 指导要点 |
| 日计划 | 根据周计划及前一天幼儿的游戏情况制订计划<br>1. 目标<br>2. 游戏的准备<br>3. 具体内容和安排（以天为单位）<br>4. 指导要点 |
| 具体游戏计划 | 1. 游戏名称及类型<br>2. 游戏目标<br>3. 游戏准备<br>4. 游戏玩法<br>5. 游戏过程<br>6. 游戏延伸<br>7. 游戏的说明 |

### （一）学期游戏计划的制订

幼儿园各班级的学期游戏计划集中反映某个班级整个学期所有游戏活动的目标和内容，是在幼儿园学期教育计划的指导下制订的游戏计划。下面以班级为单位对学期游戏计划的制订进行较为详细的阐述。

#### 1. 指导思想

学期游戏计划的指导思想通常以当下相关的重要政策文件为依据，并与幼儿园学期教育目标和计划的指导思想保持一致性，内容表述比较宏观、简洁、笼统。

#### 2. 班级情况分析

班级情况分析应当包括三方面的内容：教师对上学期幼儿游戏活动实施效果的分析与评价；对本学期幼儿身心发展水平、特点及需要的分析；对本学期游戏活动实施效果的期望与分析。

## 3. 学期游戏目标

学期游戏目标可以分多层次来进行定位。从整体的角度来定位，可以提出本学期幼儿通过游戏活动在身体、认知、语言、情感及社会性等方面的发展目标；从各领域的角度来定位，可以提出幼儿通过游戏活动在创造性游戏（角色游戏、建构游戏、表演游戏等）和规则游戏（益智游戏、体育游戏、音乐游戏等）方面的发展目标；从时间阶段来定位，可以分月提出幼儿在游戏活动中的具体发展目标。

## 4. 各领域或阶段游戏安排的计划

学期游戏计划可以分解到各个领域或各个时间段（一般以月为单位）的游戏计划。表4-2是分解到各个领域或者各游戏类型的学期游戏计划的格式。

表4-2 学期游戏计划的层次与内容（以游戏类型，即各领域为单位）

| 班级： | | 教师： | 日期： |
|---|---|---|---|
| | 指导思想 | | |
| | 班级情况分析 | | |
| | 学期游戏目标 | | |
| 具体计划 | 角色游戏 | | 按月、周、日及具体游戏内容具体化 |
| | 表演游戏 | | 按月、周、日及具体游戏内容具体化 |
| | 建构游戏 | | 按月、周、日及具体游戏内容具体化 |
| | 美工游戏 | | 按月、周、日及具体游戏内容具体化 |
| | 益智游戏 | | 按月、周、日及具体游戏内容具体化 |
| | 语言游戏 | | 按月、周、日及具体游戏内容具体化 |
| | 体育游戏 | | 按月、周、日及具体游戏内容具体化 |
| | 音乐游戏 | | 按月、周、日及具体游戏内容具体化 |

注：幼儿园各班级应根据幼儿游戏发展水平、学期游戏目标及活动室内外空间面积等班级实际情况在同一段时间内设置4~6个游戏区角。

### （二）周游戏计划的制订

与幼儿园家园联系栏中最常见的周活动计划一样，幼儿园周游戏计划是各层次幼儿游戏计划中最具实践价值和意义的，游戏计划的具体实施通常是以周为单位的。教师应在学期游戏计划的内容基础上制订周游戏计划，并充分考虑各年龄阶段幼儿的身心发展特点及各类型游戏的发展价值。如今，很多重视幼儿游戏计划制订与实施的园所，不仅将周游戏计划的内容反映在周活动计划中，而且将周游戏计划单列表格，充分反映班级一周的游戏计划内容与安排。具体参考项目有：

#### 1. 游戏的周目标

游戏的周目标应当根据本班幼儿的年龄特点、游戏水平和各类型游戏活动的发展价值，结合班级教育教学的目标与重点来确定。

#### 2. 游戏环境的创设

游戏环境的创设除了考虑幼儿园和各班级固定的物质场所与空间条件外，教师应根据游戏目标来灵活投放游戏活动材料，并处理好每日和每周之间材料投放的层次关系。

### 3. 游戏指导方式

根据各类型游戏活动的特点和发展价值，教师应结合幼儿的游戏水平和年龄特点选择适宜的指导方式，以促进幼儿游戏目标的达成，同时可与幼儿一日生活活动相结合，促进班级一日活动常规的有效管理。

### 4. 注意事项

计划中应单列需要特别提出和注意的内容，如游戏活动前需要家长有意识地丰富幼儿相关的生活经验，游戏环境创设前需要家长自带废旧材料，针对个别幼儿的特殊性需要家长加强个别教育与指导等；又如教师在游戏组织过程中需要特别注意与提醒的安全问题等。

### 5. 游戏效果

教师通过观察与记录幼儿在游戏过程中的神态、语言以及行为等表现，通过指导幼儿游戏，通过游戏观察记录的分析与游戏过程的评价，得知本周游戏计划的实施效果情况，并以此作为下一周游戏计划制订与调整的依据。表4-3为幼儿园周游戏计划表的格式，以供参考。

表4-3　××园第×周区域游戏计划表

班级：　　　　　教师：　　　　　日期：
周工作重点：

| 活动区名称 | 角色区 | 建构区 | 表演区 | 益智区 | 美工区 | 运动区 |
| --- | --- | --- | --- | --- | --- | --- |
| 幼儿发展的目标 | | | | | | |
| 材料投入和场地安排 | | | | | | |
| 活动建议与指导方式 | | | | | | |
| 游戏注意事项 | | | | | | |
| 游戏活动效果 | | | | | | |

## （三）具体游戏计划的制订

幼儿园管理者和教师应当充分利用园本教研活动时间来制订不同层次的幼儿园游戏计划，而每一个具体的幼儿游戏活动计划需要幼儿教师在上一层次游戏计划的基础上充分发挥主观能动性，结合班级各方面的实际条件及幼儿的游戏发展水平与需要来制订。具体游戏计划的内容主要包括：游戏类型和名称、游戏目标、游戏准备、指导重点、指导流程、游戏延伸等。

### 1. 游戏类型和名称

为有针对性地制订游戏计划，教师应明确游戏的类型，如：是创造性游戏还是规则游戏，是幼儿区域自选游戏还是集体教学性游戏，是角色游戏还是表演游戏等。教师还要为幼儿游戏设计一个简单、贴切、有趣且方便幼儿记忆的名称，如：温暖的家（角色游戏）、我们的城市（建构游戏）、小动物捉迷藏（益智游戏）、蚂蚁搬豆（体育游戏），等等。

### 2. 游戏目标

游戏目标是教师指导游戏的出发点和归宿，确立游戏目标时应注意：考虑不同年龄段幼儿的发展特点和不同阶段的游戏水平；游戏目标的内容维度与教学活动的内容维度是基本一致的，通常包括情感态度与价值观、过程与方法和知识与技能三个维度。目标内容的表述应保持主体统一，建议从幼儿发展的角度出发，有所侧重且具体而不笼统。例如，大班建构游戏"有趣的沙洞"的目标：①情感态度与价值观：体验与同伴合作玩挖沙游戏的乐趣；②过程与方法：能选择合适的工具与同伴合作，想办法将沙洞连通；③知识与技能：尝试运用挖空的技巧，在半湿的沙坑中挖出相连通的沙洞。

3. 游戏准备

游戏准备主要包括幼儿游戏经验的准备和游戏环境、材料的准备。游戏经验准备，即幼儿积累的与游戏相关的知识经验或操作体验方面的准备。游戏环境和材料的准备则是教师根据游戏目标和内容，结合幼儿园实际条件进行游戏空间布局、场地设置和提供玩具、材料等。

4. 指导重点

教师应根据游戏的类型、特点和目标确定幼儿游戏过程中的指导重点，如中班角色游戏"步步高超市"的指导重点可以是幼儿角色意识的培养和角色语言（如礼貌用语）的运用。

5. 指导流程

指导幼儿游戏的流程主要包括教师组织幼儿开展游戏（包括游戏导入、交代相关注意事项或游戏的玩法与规则、保证游戏的时间与空间等）、观察游戏、介入游戏、结束游戏和评价游戏等。教师只有事先计划好指导重点和流程，在幼儿游戏时才能从容不迫地展开游戏介入与指导工作。

6. 游戏延伸

游戏延伸是教师设计的与游戏相关的辅助活动，是游戏的进一步深入和拓展部分。游戏延伸的内容可包括在原游戏基础上提高游戏水平和难度的游戏、与主题相关的游戏、游戏区域或类型的转移、玩具和材料投放的变换等。延伸内容既可以是下一次游戏的主要内容，也可以渗透到幼儿一日生活的各环节中，还可以结合家长资源开展游戏。

以上所提到的各层次计划主要是以班级或年龄段为单位来制订的游戏计划，目前，一部分幼儿园为促进幼儿社会性发展，加强幼儿安全意识教育等，积极开展园本教研，探索幼儿园混龄游戏活动。如有的幼儿园充分利用家长资源，每个班级着重创设1~2个特色游戏环境，投放相应材料，有计划、有层次地探索全园混龄科学游戏活动；有的结合园所运动场地资源丰富的实际条件，开展全园混龄体育游戏；还有的充分利用幼儿园室内走廊和户外场地，打破班级和楼层界限，开展全园混龄区域游戏。这些游戏活动的频次一般以周为单位，每周1~2次。

### 案例 4-1

## 大班建构游戏：多变的汽车

一、游戏目标

（1）乐意与同伴一起体验建构不同汽车的快乐。

（2）尝试利用拼插、错位连接、粘贴等技能建构不同类型的汽车。

（3）能发现建构过程中的问题并商讨出解决方案。

二、游戏准备

（1）经验准备：已经搭建过各种不同的汽车，具有一定的建构技巧。

（2）物质准备：大小不同的积木、积塑，各种各样的纸盒、小圆片、塑料地垫若干，上次建构的几辆比较典型的汽车，照相机等。

三、指导重点

会与同伴讨论、发现搭建过程中的问题，提出解决问题的办法。

四、指导流程

1. 游戏导入

带汽车模型进入活动场地，引起兴趣。

2. 讨论游戏玩法

（1）出示上次幼儿建构的汽车。

师：这些汽车好在哪里？哪些地方要改进？怎么改进呢？

（可选择公共汽车、小汽车、卡车各一辆，让幼儿巩固汽车的基本结构知识及建构方法）

（2）分组商量建各类汽车的停车场。

师：汽车有哪些种类？

幼儿选择自己喜欢的种类，并按种类分成几个小组，用不同颜色的地垫划分各自的停车位置。（幼儿分别在各自停车场待命）

3. 幼儿尝试游戏

（1）分组游戏，听轻柔的音乐开始搭建。

（2）幼儿分工合作搭建所选种类的汽车。

（3）教师观察幼儿搭建情况，根据需要及时指导。

（教师可记录幼儿搭建情况，并将幼儿搭建时出现的有典型意义的情况用相机录或拍下来，以便分享与评价）

4. 经验分享

（1）交流自己的收获。

（2）呈现幼儿现场游戏的照片，说说如何改进。

（教师运用投影仪回放游戏过程或片段，有针对性地讨论并解决问题。）

五、游戏延伸

设立汽车城，将幼儿搭建的汽车展示出来，也可引导幼儿交换搭建不同种类的汽车。

## 二、丰富幼儿相关的生活经验

生活经验是幼儿开展游戏活动的源泉。尽管幼儿在游戏过程中是充满想象与创造力的，但想象是来源于幼儿一切生活经验基础之上的，因此，一般来说，幼儿与游戏相关的生活经验越丰富，其在游戏中发现、分析与解决问题的能力就越强，游戏的水平就越高。比如，在角色游戏过程中，幼儿在生活中积累的经验越多，其在游戏中的角色行为、语言表达等方面就越丰富；在表演游戏过程中，幼儿阅读和理解的文学作品越多、越深入，其在表演游戏过程中的语言语调、表情动作和角色表演就越生动形象或更富有创造与想象力。又如，在建构游戏过程中，幼儿在日常生活中观察物体越全面、越细致，其建构某一物体的能力和水平就越高。因此，在组织开展游戏活动之前，教师有意识地丰富幼儿相关的生活经验有助于幼儿游戏活动的顺利开展。

幼儿的生活经验主要来自家庭、幼儿园及周边环境中的所见所闻，教师应从丰富幼儿的幼儿园生活经验和丰富幼儿的家庭生活经验两个方面展开工作。

在丰富幼儿园生活经验方面，教师应在保障幼儿休息与运动量足够的前提下，尽力使幼儿在园的一日生活内容安排得充实、新颖，将幼儿的生活活动和教育教学活动内容与游戏活动内容相互联系。同时，教师还可采取外出郊游、劳动、参观、讨论、观察、阅读图画书、欣赏照片和视频等多种途径和方法丰富幼儿的生活经验，在条件允许的情况下，带领幼儿直接接触和体验真实的社会与生活环境。例如：开展小班角色游戏"娃娃家"之前，教师可提前几天或一周提醒幼儿在家仔细观察家里每个成员的活动来加深幼儿的生活印象，也可提醒幼儿和家人一起去亲戚或朋友家做客以丰富相关经验。开展表演游戏"狼和小羊"前，教师可以带幼儿提前欣赏该故事的动画表演视频，也可以组织一次"狼和小羊"的语言领域活动，还可以戏剧表演、手偶剧表演的形式向幼儿做示范性表演。开展建构游戏"我们的城市"之前，教师可以有意识地引导幼儿在一段时间内细心观察幼儿园到家途中的道路、建筑物的特点和结构，也可以利用郊游或者外出散步的机会，引导幼儿观察各种不同造型的房子、道路的方向以及周围的绿化、配套设施等。

在丰富幼儿家庭生活经验方面，教师主要是依靠指导和协助家长来展开工作。一方面，教师可以协助和建议家长合理安排好幼儿的家庭生活，丰富幼儿的生活见闻、感受和体验。另一方面，由于每个幼儿的家庭环境不同，所形成的认识和经验就不同，因此，教师要善于挖掘幼儿的生活经验，引导幼儿相互交流与共享经验。例如，每周周一进行一次周末家庭生活的谈话活动、利用每日晨间或离园时间引导幼儿分享家庭生活小故事，还可以定期展示家庭生活的照片和分享假期旅游见闻、趣事与感受等。

### 案例 4-2

#### 好又多超市

某中班教师在开展角色游戏"好又多超市"的前一周周五，要求幼儿自主和家长协商，利用周末时间去超市体验并观察"超市里有哪些工作人员，他们是怎么工作的；超市里有哪些商品，它们是如何摆放的"等。同时，请家长和幼儿一起收集各类超市常见的商品包装物。

周一上午，教师开展了一次集体谈话活动"说说我去超市的故事"，幼儿积极性很高，纷纷主动说出自己在超市购物的体验和在超市的所见所闻。教师结合幼儿的实际经验，对超市的购物规则、超市的工作人员及其工作任务、超市商品的价签与分类摆放等问题进行了总结，并引导幼儿讨论"除了收集的商品包装物，我们还需要制作哪些材料来玩超市游戏呢？"于是，下午的美工区活动时间，教师引导幼儿一起制作了区角牌、角色牌、钱包、钱币、价签、促销海报、购物篮等游戏材料，并请部分幼儿参与摆放商品和游戏材料。

周二下午自选区域活动时间，角色区"好又多超市"开张了，参与超市游戏的10名幼儿玩得十分投入。

 **三、创设适宜的游戏环境**

环境是幼儿教育活动中的重要资源，是幼儿除父母、老师之外的第三任教师。游戏环境则是幼儿开展游戏活动的一切外部条件，通过游戏环境的有效利用，幼儿游戏可以最大限度地发挥教育价值，促进幼儿身心发展。因此，创设适宜的游戏环境是幼儿园教师游戏指导的重要策略之一。创设适宜的游戏环境应当注意以下几点：

**（一）创设适宜的游戏空间**

适宜的游戏空间是指为幼儿开展各类游戏活动而专门设置的游戏场地，幼儿园通常称之为游戏区域。教师应结合幼儿园面积、人数、玩具材料等实际条件，科学合理地创设室内和室外的游戏空间。

1. 室内游戏空间的创设

要求教师结合班级活动室面积、幼儿人数、现有及能搜集到的玩具和游戏材料等实际情况，充分利用活动室、阳台、走廊、楼梯转角等场地，科学合理、因地制宜地带领幼儿共同创设游戏区域、布置游戏空间。教师布置游戏空间时应当根据游戏的特点、类型和性质等合理安排设置，全面考虑以下几个方面的要求：一是场地安全，空间宽敞明亮；二是注意区域间的间隔，做到动静分开，便于幼儿游戏；三是考虑区域的游戏功能，以促进幼儿动作、认知、语言、社会性和情绪情感等各方面的全面发展；四是联系紧密的区域可邻近设置或整合在一个游戏空间；五是区域设置数量适当，一般来说，每个班级创设4~6个游戏空间。例如，角色区比较热闹，益智或科学区则需要安静，因此，角色区和益智区应当分隔一段距离；角色区和表演区都涉及角色扮演，则可以相邻或者整合为一个游戏区域。

2. 室外游戏空间的创设

幼儿园室外空间更为开放，户外游戏活动深受幼儿的喜爱，教师在创设室外游戏空间时应考虑如下情况：一是尊重自然，充分挖掘户外资源，利用户外本身的绿化和景观，如利用牢固的树干和树枝设计攀爬吊绳或秋千，利用坡、坎、梯等创设特色游戏场地，满足幼儿游戏的兴趣和挑战欲望；二是合理规划区域，包括运动专区、大型玩具区、玩沙玩水区、养殖种植区等；三是根据不同年龄段幼儿的游戏需要来设置室外游戏空间，满足小、中、大班不同年龄班幼儿的游戏需要。

## （二）提供适当的玩具和游戏材料

玩具和材料的提供直接影响幼儿游戏的兴趣以及游戏过程中幼儿想象力和创造力的发挥，进而直接影响幼儿游戏的效果。因此，提供适当的玩具和游戏材料是游戏环境创设的关键。

教师在为幼儿提供玩具和游戏材料时应注意几点：

一是材料的数量、种类适当，要满足幼儿游戏的兴趣需要和操作欲望。如材料应多样化，具备较强的趣味性和教育价值，能够激发幼儿的操作兴趣，满足幼儿在游戏过程中认知、探索、想象、交往合作以及审美的需要。

二是材料应当符合幼儿的年龄特点。小班幼儿对物品的象征性想象水平较低，选择玩具的目的性不强，喜欢和同伴玩一样的玩具。因此，建议为小班幼儿提供逼真程度较高且密切联系其生活经验的玩具、材料，且同类型玩具的数量要多，操作比较简单。中班幼儿对物品的象征性想象水平有所提高，对材料逼真性的要求降低。因此，可以为中班幼儿提供逼真程度较低并能一物多玩的材料，且类型更丰富，操作有一定难度。大班幼儿对物品的象征性想象水平发展达到学前期高峰阶段，可摆脱实物外形的限制，以物代物，甚至用语言、动作代替实物。因此，可以为大班幼儿提供低结构化、多样化、复杂化、操作难度较大的游戏材料，同时准备棋类、拼图类等具有一定难度的智力玩具。

三是根据游戏主题和内容的需要及时更换或者重新组合玩具和游戏材料，保持幼儿游戏的兴趣和欲望。

四是教师应引导幼儿参与环境布置和玩具及游戏材料的准备、制作过程，可以充分利用家长资源，搜集经久耐用的废旧物品制作游戏材料。

五是保障玩具和游戏材料的安全性，保证无毒、坚固耐用，定期消毒，并对尖锐突出物进行安全处理等。

六是玩具和游戏材料要便于幼儿取放，同时便于教师引导幼儿收拾整理。

## （三）保证充足的游戏时间

为了让幼儿充分体验游戏的乐趣并有所发展，教师必须学会耐心等待和观察，保证幼儿充足的游戏时间。比如，角色游戏时，只有保证有较长一段游戏时间，幼儿才能顺利准备和选择材料、寻找游戏伙伴、商量游戏主题、分配角色、开展情节并解决游戏中的角色冲突问题等；建构游戏时，幼儿才能商讨搭建主题，构思搭建的空间布局，充分发挥想象与创造力运用建构技能展开搭建等。

在保证游戏时间上应注意：一是保证每次开展创造性游戏的时间不少于30分钟，教学性的规则游戏也应保证游戏的次数不少于3次，具体次数、时间根据幼儿对规则的熟悉程度来定；二是保证经常开展某类游戏活动，且每周或者每两周应兼顾各类游戏活动的开展，某一类游戏每天或每两天1次或者每周2~3次。

## （四）营造良好的游戏心理环境

心理环境，即幼儿游戏过程中的心理氛围，它看不见、摸不着，但实实在在地影响幼儿的游戏行为和效果。因此，教师不能忽略心理环境的作用，应当有意识地通过建立和谐的师幼关系，与幼儿平等交流、协商和互动，引导、支持和鼓励幼儿大胆探索、表达并积极发现、分析、解决问题，注重幼儿的情绪情感体验，帮助幼儿之间建立友好互助的同伴关系等途径来营造安全、温馨的心理环境。

## 四、深入观察幼儿的游戏行为

蒙台梭利曾说："唯有通过观察和分析才能真正了解幼儿的内在需要和个别差异，以决定如何协调环境，并采取应有的态度来配合幼儿成长的需要。"因此，观察幼儿在游戏过程中的行为是教师指导幼儿游戏的根本出发点。

在自主性较强的区域游戏活动中，幼儿处于最为放松和自然的状态，其情绪情感、发展水平和个体差异等方面的表现也最为真实，因此，区域活动时间是教师深入观察幼儿的最佳时机。

教师需要掌握的观察幼儿游戏方面的知识主要有观察的内容、方法、记录与结果分析等，这些知识内容在本章第一节有简要阐述，且本书第十章也将进行详细阐述，在此不再赘述。

## 五、科学地介入与指导幼儿游戏

教师在幼儿游戏过程中的介入是一个开放性的与幼儿互动的过程，是教师游戏指导策略中最为关键的内容，也是最考验教师教育工作智慧的指导环节，它充分体现了幼儿园教师教育工作的科学性、艺术性和创造性。教师应科学地介入与指导幼儿游戏。

### （一）把握介入的时机和方式，运用恰当的指导方法

1. 介入时机

教师介入幼儿游戏应当以观察幼儿游戏为基础，一般来说，当观察到幼儿游戏过程中出现以下几种情形时，教师应当介入：

（1）当幼儿游戏处于低潮、遇到困难或想要放弃时。

（2）当幼儿缺少游戏材料，使游戏难以进行时。

（3）当游戏中出现不安全因素时。

（4）当游戏中出现过激行为或消极负面内容时。

（5）当游戏获得成功想要与教师分享时。

**拓展知识 4—1**

### 萨顿·史密斯的游戏介入观点

美国学者萨顿·史密斯（Sutton Smith, 1974）认为，教师在自身状态不佳的情况下，最好不要介入幼儿的游戏。状态不佳的具体情况主要有：

（1）教师主观上不想与幼儿玩游戏，觉得介入会干扰幼儿游戏时。
（2）教师认为介入幼儿游戏仅仅是出于一种责任，而不能从中享受乐趣时。
（3）教师感到自己身心疲惫时。

因此，教师介入幼儿游戏想要达到预期的积极效果应当同时具备两个条件：一方面，幼儿游戏需要教师的介入和帮助；另一方面，教师具备介入和指导幼儿游戏的热情与精力。

### 2. 介入方式

根据教育行为不同，教师介入幼儿游戏的方式可分为直接介入和间接介入。

（1）直接介入是指教师在指导游戏时，不直接参与游戏，而是以一个外在的角色指导幼儿的游戏行为。这种方法可用于幼儿在游戏过程中主动寻求帮助时，如提供幼儿所需材料，回答幼儿提问等。也可用于幼儿出现安全隐患时，教师直接打断幼儿的游戏进程，但会破坏游戏氛围，影响幼儿的游戏兴趣，所以教师应慎用，且在游戏活动前尽可能地消除可避免的安全隐患。

**案例 4-3**

#### 快把你们的房子装饰一下

中班自主游戏时间，三名幼儿用积木合作即将完成一栋两层楼的房子，教师走到房子旁边说道："嗯，不错，很棒！快把你们的房子装饰一下，不然太空了。"于是递给幼儿两个娃娃和几块彩色积木，幼儿分别从教师手中接过去把装饰品放在了房顶上。接着教师又来到旁边搭建大马路的幼儿旁边，指着一处地方说："××，你看看这里搭稳了没有？"……

案例中的教师以一个教师的身份直接介入幼儿的游戏，介入的时机不恰当，教师发现了"自以为的问题"，从而介入其中加以指导，直接打断了幼儿的游戏进程，影响了幼儿的游戏兴趣，因此，这样的介入指导是无效的。

（2）间接介入是指教师以游戏中的角色身份，根据游戏情节的需要和变化参与幼儿的游戏过程。这种方法使用得当有利于建立良好的师幼关系，增添游戏的乐趣，丰富幼儿的游戏内容，提升幼儿的游戏水平。

**案例 4-4**

#### 医院

大班自主游戏时间，教师发现"医院"的一位"医生"正忙着用听诊器给一位"病人"听心率，两位"护士"在帮一位"病人"打针，"护士站"有一位工作人员很悠闲，还有两位"病人"站在一旁等候。

教师发现两位"护士"在为同一位"病人"打针,另外两位"病人"无人照看,"护士站"的工作人员无事可做,于是说:"哎呀,今天来看病的人挺多的呀!"幼儿A:"嗯!我们忙不过来。"教师:"那我们在这里站着等会更不舒服啊。"护士站的幼儿B:"哦,你们到这边来坐着等吧!"教师一脸难受地说:"你们谁来帮我量下体温呢?我有点发烧了。"幼儿C:"我来给你量吧。"于是拿来温度计给教师量了体温,然后又陆续给另外两位"病人"量了体温,并跑去和"医生"汇报情况,"医生"也开始关注其他"病人"的病情。

案例中的教师通过扮演"病人"这一角色间接介入幼儿的游戏活动中,丰富了幼儿的游戏内容,促进了游戏情节的发展,因此,教师的介入与指导是积极有效的。

其实,三种游戏介入的方式并无好坏之分,教师在运用过程中需遵循"幼儿是游戏活动的主体"这一原则,根据幼儿游戏开展过程的具体需要选择介入的方式。

3. 指导方法

教师介入指导幼儿游戏主要包括言语和非言语两类方法,言语是教师介入的主要手段,非言语的运用则更能体现教师介入的艺术性。

(1) 言语方法。教师指导游戏的言语方法主要有指示、讲解、建议、询问、描述、提问、评论和重述等。当教师采用直接介入的方式指导游戏时,具体表现为对幼儿的明确指示、讲解、建议等。当教师采用间接介入的方式指导游戏时,重在启发、引导和暗示幼儿如何做,或者根据游戏情节发展的需要,以角色的语气和语调来指导幼儿的游戏行为,具体表现为建议、询问、描述、提问、评论和重述等。

### 案例 4-5

#### 泡茶

自主游戏时间,某小班幼儿佳佳提着一个装满酸奶杯的塑料箱问老师:"我可以玩杯子吗?"老师答:"当然可以。"于是佳佳开始了游戏。

佳佳打开三个胶水瓶,并给三个酸奶杯一一对应地用力挤出胶水,老师走近问:"佳佳,你在忙什么呢?"佳佳答:"我在泡茶呀!"然后又拿了一根胶棒尝试往杯子里继续倒,发现胶棒无法像胶水那样挤出液体来,于是跑过去问老师:"怎么这个倒不出水呢?"老师说:"佳佳,这是固体胶棒,是不能倒出水来的。你可以去找找教室里还有什么东西可以挤出水。"佳佳仔细地在教室里找着,找到了一个装满皱纹纸条的矿泉水瓶,开心地拿过来打开瓶盖,捏出皱纹纸条,然后一边把皱纹纸条撕断放入杯子里,一边说:"放点茶叶。"接着,佳佳又好像想起了什么事,于是边在教室里寻找边说:"我要去找一根筷子。"很快,佳佳找到了一根红色的塑料小棒,并在杯子里搅拌了几下后,端起杯子递给老师:"老师,我的茶泡好了,请你喝茶吧!"老师边接起茶杯边说:"谢谢佳佳,你泡的茶可真香,我喜欢喝。"(案例源自长沙市教育局幼儿园)

第四章 幼儿游戏指导概述

案例中的教师在仔细观察幼儿游戏行为的基础上，运用言语方法中的建议、询问和评论等方法在幼儿寻求帮助和获得成就感时进行适时适当的介入和指导，促进了幼儿游戏的顺利开展，提升了幼儿游戏的效果。

**拓展知识 4–2**

### 自主游戏中教师指导的语言策略

教师在幼儿自主游戏中运用不同类型的语言，有助于提高幼儿游戏的水平，促进幼儿在游戏中的学习与发展。根据教师对幼儿提出问题的目的和方式的不同，可以把游戏中的指导语言分为如下七类：

（1）询问式语言：一般以疑问句形式出现，主要目的是帮助幼儿将游戏继续开展下去，及时反馈幼儿的游戏行为，启发幼儿的思维。如"你跑来跑去在干什么呀？"（用于了解游戏情节），"家里除了爸爸妈妈外，还有谁？"（用于帮助幼儿解决争抢角色的纠纷），"拿不下了怎么办？"（用于引导幼儿思考解决问题的办法）等。

（2）建议式语言：对幼儿游戏过程中遇到的问题给予具体的暗示或指导建议。如"你这样试试看。""我觉得这样放在旁边会更好！""超市的货物堆在地上了，我们设置一个储物间吧！"等。

（3）鼓励式语言：教师用鼓励式的表扬指导幼儿游戏，如"某某自己想办法解决了问题，真能干。""你刚刚扮演的收银员很尽责，老师觉得你干得特别好！"对于幼儿游戏中的常规行为，教师不一定指出来，而是用一种激励式的正面语言，把希望幼儿表现的行为提出来，引导幼儿逐渐遵守游戏常规。如"某某今天愿意分享玩具了""某某把散乱的玩具收好了"等。

（4）澄清式语言：幼儿的游戏是对现实社会生活的反映，他们自己并不知道筛选，对于游戏中幼儿不明白的事情，或幼儿模仿了一些不良现象，教师不能随便评价，而应引导幼儿加以讨论、澄清，帮助幼儿形成正确的价值观。

（5）邀请式语言：对于游戏中的弱者或无人问津的区域，教师可以运用邀请的方式指导。如"我们一起去吧！""你可以帮我理发吗？""请问加油站在哪里？"等。

（6）角色式语言：当发现游戏情节总是处于停滞状态时，教师可以角色身份参与幼儿的游戏，如"我是超市送货的，需要帮助吗？"

（7）指令性语言：当幼儿在游戏中严重违反规则或出现攻击性行为时，教师的指导方式一般为两种：一是转移注意，如果这样做效果仍不佳，则只能用第二种方法，即立即用行为和语言加以制止。

（知识内容源自：雷湘竹，冯季林，蒋慧. 学前儿童游戏［M］. 上海：华东师范大学出版社，2012.）

（2）非言语方法。除语言方法外，教师还可以利用自己的表情、眼神、肢体动作和示范等非语言的手段介入指导幼儿游戏。其中，示范通常运用于新游戏技能的掌握，多半结合语言一同进行，可以是伴有讲解的直接示范，也可以是在幼儿旁边展开平行游戏。

幼儿的游戏活动过程具有不可预见性和随机性，教师只有把握游戏介入的契机，选择符合幼儿游戏需要的方式，恰当运用指导的方法，才能发挥游戏指导的最大价值，有效促进幼儿在游戏中的积极发展。如果教师贸然、随性地介入幼儿游戏，则很有可能会抑制幼儿的游戏兴趣，打断幼儿的游戏过程，影响幼儿的游戏效果。

（二）鼓励幼儿充分发挥想象，支持其创造性表现

游戏是幼儿自主、自愿的活动过程，游戏现场幼儿的创造性表现集中反映了幼儿的主体意识和创新意识，也体现了幼儿的游戏水平。作为教师，应当重视培养幼儿的主体意识和创新意识，鼓励幼儿充分发挥主观能动性和想象力，通过提问、建议和参与游戏等指导方法支持幼儿在游戏过程中的创造性表现，同时，教师在介入幼儿游戏时应营造平等与尊重的氛围，如此，幼儿的游戏会更加自由、快乐和富有创造性，也会更具有游戏精神。

### 案例4-6

#### 大桥周围是什么样子？

在建构游戏中，某大班幼儿在搭建好一座大桥后不知道该接着搭什么好，教师走到旁边，一边表扬一边启发他："你真能干，搭建的大桥这么结实，这是搭的哪座大桥呢？"幼儿说："橘子洲大桥呀。""那你想一想，橘子洲大桥周围是什么样子？"教师平静地说。该幼儿的小眼睛一亮，兴奋地接话："有橘子洲，有湘江，有路，还有好多好高的房子……"于是，该幼儿和同伴们一起陆续搭建了湘江、橘子洲、沿江大道和一排排的高楼大厦等。

建构一段时间后，一名幼儿突然说："我要在橘子洲上建一个美味饭店，以后去那里就可以吃到美味又便宜的饭菜了。"另一名幼儿则说："我要在这边搭座岳麓山，然后建个好高的塔，我就可以爬上去看风景啦！"

案例中的教师在仔细观察幼儿游戏现场的基础上，通过肯定的言语评价了幼儿的搭建作品，运用提问的方式鼓励幼儿充分发挥想象，为幼儿在游戏中的创造性行为表现提供了有效支持，进而增强了幼儿的游戏兴趣，拓宽了幼儿的游戏范围，促进了幼儿建构游戏技能和水平的提升。

（三）引导幼儿遵守游戏规则，培养良好的规则意识

幼儿区域游戏的规则主要包括内在和外部规则两个方面。其中，对于角色区、表演区、建构区等，一般有其内在的游戏规则。比如，角色游戏有其内在的扮演角色和物品使用规则；表演游戏倾向于对文艺作品的情节和人物语言、行为的遵守和执行；建构游戏需要幼儿掌握、运用艺术造型的简单知识和技能（平衡、对称、架空、围合、封顶、色彩搭

配、大小比例，等等）。外部规则具体包括游戏过程中友好相处、不干涉和打扰他人游戏、注意游戏安全和环境卫生、爱惜游戏材料、主动收拾整理玩具等。如按指示标志进入游戏区、不乱踩乱扔游戏材料、礼貌与他人沟通、不故意破坏他人游戏作品、整理材料时归类收放，等等。

教师在指导区域游戏的过程中，要注重幼儿良好行为习惯的养成，明确区域的外部规则，运用语言提示、行为示范、环境布置和教育渗透等方式引导幼儿遵守必要的游戏规则，培养幼儿良好的行为规则意识。

### 案例 4-7

#### 收玩具

小班建构游戏中，若干名幼儿在玩雪花片，他们拼出了花朵、手枪、飞机、机器人等非常形象有趣的游戏作品，玩得十分开心。

游戏快结束时，教师在一操作台中间放好了收纳箱，然后用摇铃提醒幼儿要收玩具了，一部分幼儿赶紧将雪花片收集整理放入收纳箱，但有几名幼儿将雪花片丢过收纳箱相互打闹。教师没有当场加以指责，而是引导幼儿一同收好玩具后将幼儿集中在一起，总结了本次游戏活动中幼儿的积极表现，然后提问："刚才我们在收玩具时，大家发现了有什么不对的地方吗？"幼儿 A 说："我们收得太慢了。"幼儿 B 说："有些人没有认真收。"教师问："那我们收玩具的时候要注意什么呢？"幼儿 C 说："收玩具时要轻轻地放。"幼儿 D 说："要离收纳箱近一点，摆整齐。"幼儿 E 说："不能挤在一起，不安全。"教师肯定了幼儿的回答，并请三名幼儿一起上台示范了收玩具的正确做法，让幼儿更加明确了收玩具的注意事项。（案例源自湖南省文化厅艺术幼儿园）

#### （四）重视游戏安全，合理解决幼儿间的冲突

幼儿游戏现场，幼儿自主自由地选择自己喜欢的区域开展游戏，这有利于满足不同幼儿的游戏需求，同时，幼儿在自由的区域游戏中常会处于比较兴奋的状态，因此，容易出现争抢区域、角色和玩具材料，不遵守游戏规则，破坏他人游戏作品以及推人、打人、骂人甚至咬人的冲突情况。因此，教师必须重视幼儿游戏过程中的安全，并合理解决幼儿间的冲突问题。

### 案例 4-8

#### 捏制毛毛虫

小班美工区，教师投放了超轻彩泥，幼儿自主捏制毛毛虫，这时朵朵和果果都需要浅绿色，但彩泥盒中只有这一种颜色，于是她们用力拉扯，这一幕被教师看到了。教师："咦，你们在玩什么游戏呀？扯大锯吗？"（教师俏皮可爱地说）幼儿 A："不是，我

们都要浅绿色，但这是我先拿到的。"（A已经没有那么生气了，神情轻松）教师："哦，那怎么办呢？你们这样扯着，两个人都用不了啊！"幼儿A对B说："你可以让我先用吗？我用完就给你。"幼儿B答："不行，我现在也要用了。"幼儿A："那我们石头、剪刀、布吧，谁赢了就谁先用。"幼儿B："好！"（案例源自湖南省文化厅艺术幼儿园）

案例中的教师发现幼儿游戏中的同伴冲突后，并没有直接制止或批评，而是在充分尊重幼儿游戏主体的基础上，先倾听幼儿叙述冲突的原因，然后心平气和地引导幼儿自己解决游戏中的同伴冲突问题，这既避免了幼儿间矛盾的扩大，又合理解决了同伴冲突。

### 拓展知识 4-3

#### 教师指导幼儿游戏现场的全过程（图4-1）

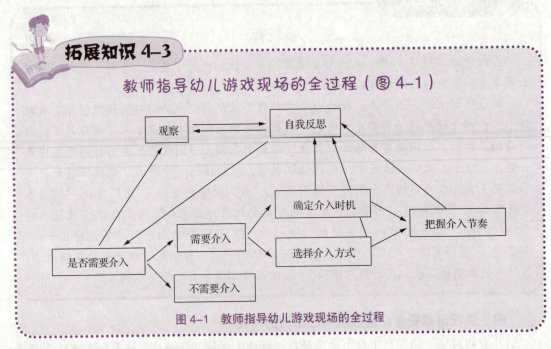

图 4-1 教师指导幼儿游戏现场的全过程

## 六、引导幼儿主动参与游戏评价

幼儿游戏活动开展到一定时间和阶段后，教师除把握游戏结束的时机，保持幼儿游戏的兴致外，应当及时组织幼儿主动参与游戏评价，这不仅有利于幼儿积累游戏经验，提高游戏水平，也有利于幼儿重温游戏中获得的良好情绪体验，更有利于教师重视游戏指导和评价工作，促进下次游戏指导相关工作的调整和改进。

教师要有效开展游戏评价工作，应当了解评价游戏的内容，恰当运用评价的方式，引导幼儿主动和教师一同参与到游戏评价中来。游戏评价的内容主要有：

一是引导幼儿分享游戏过程中的经验和感受，包括愉快的情绪体验、有趣的游戏情节、遇到的困难和解决办法；二是玩具和游戏材料的适宜性，幼儿对玩具和游戏材料的兴趣和利用程度等；三是幼儿游戏过程中的表情、语言、动作、坚持力、创造性表现等；四是幼儿游戏中的安全和规则意识的行为表现。

## 第四章 幼儿游戏指导概述

游戏评价的方式有现场评议（如游戏作品点评）、讨论（教师提问引发讨论）、汇报（讲述游戏过程）等。教师组织游戏评价时，应避免以教师讲评为主，要通过开放式提问、讨论、汇报交流等方式引导幼儿主动参与游戏评价，赋予幼儿游戏主人翁地位，给予幼儿充分发表意见和表述想法的机会。同时，教师的评价用语要具体准确、简单易懂，发现幼儿游戏中的闪光点，使幼儿保持继续游戏或下一次游戏的积极性，为往后游戏活动的开展奠定良好基础。

目前，我国浙江安吉县幼儿园的安吉游戏活动中，教师通过视频、图片、表格以及文字记录等方式评价幼儿的游戏行为或过程，通过对话、讨论、协商等方式引导幼儿充分参与游戏评价，回顾游戏过程中的感受、体验与收获，分享自己与同伴的游戏故事，取得了良好的游戏评价效果。此外，国内还有部分幼儿园借鉴新西兰幼儿教育课程的改革内容，用叙事的形式对幼儿的学习和发展进行评价，即用"学习故事"来评价幼儿的游戏活动。教师在幼儿游戏过程中通过注意（指导始于观察幼儿的游戏行为）、识别（尽力去分析和理解幼儿游戏行为）、回应（教师为支持幼儿游戏水平进一步提高制订的计划）三个环节的游戏指导来呈现幼儿在游戏过程中的"学习故事"，并通过"学习故事"的内容来分析评价幼儿在游戏过程中的学习与发展。

### 思考与练习

1. 请选择一所幼儿园的某个班级，通过访谈和观察，了解教师运用了哪些游戏指导策略，并分析教师游戏指导工作的优点和不足。

2. 讨论：请根据本章第二节的"××园第×周区域自选游戏计划表"格式，与同学相互讨论并尝试制作一份具体幼儿园游戏活动周计划表。

3. 运用所学的游戏指导策略知识，完成下列表格。

| 幼儿表现 | 是否需要教师介入 | 判断理由 | 介入方式 | 指导方法 |
| --- | --- | --- | --- | --- |
| 豆豆仔细地观察墙上的飞机图片。接着，他转身去取材料开始构建 | | | | |
| 他给同伴看他的飞机，当他发现周围同伴对此没什么兴趣时，便在原地反复摆弄自己的飞机，脸上的笑容随之消失 | | | | |
| 他手持飞机自顾自地在活动室里"飞来飞去"，其他的同学没有关注他，他飞了三圈后回到原位 | | | | |
| 经过老师的点拨，他又构建了一盏灯、一门大炮，并把它们放在飞机上，他高兴地请老师来看 | | | | |

4.案例分析。

混龄区域游戏活动中,美工区的孩子们正用一次性纸盘子和超轻黏土捏造型,大班幼儿A很快就捏出了一棵大树和一只小鸟贴在了纸盘上,并且说:"太好了,我打算变出一座美丽的公园!"旁边隔着一名幼儿距离的某中班幼儿B跑到老师跟前说:"老师,我想和姐姐(幼儿A)一起变出一座公园来,可以吗?"老师答:"可以啊,你自己跟姐姐说吧。"幼儿B走近幼儿A想要开口但退了回来,再次跟老师说:"老师,你可以帮我跟姐姐说吗?我怕她不愿意。"老师看了看情况,用肯定的眼神看着幼儿B鼓励她:"宝贝,你可以试一试自己跟她说,勇敢一点,我相信你!"幼儿B于是鼓起勇气走近幼儿A并轻声地说:"姐姐,我想和你一起玩,好吗?"幼儿A看了看幼儿B,犹豫了一下,然后果真如大姐姐般慷慨地说道:"好吧,你在旁边来帮我先捏一条小路吧。"幼儿B的小脸上瞬间露出了满足的笑容,立马拿起一块黏土捏起了公园小路。

请问:案例中教师对幼儿游戏的指导是合理的吗?结合案例的具体内容分析教师运用了什么样的介入方式和指导方法。

## 延伸阅读

### 幼儿教师游戏指导策略探究

#### 张天军

游戏是学前儿童的基本活动,是幼儿园对幼儿进行全面发展教育的重要形式,对幼儿的身体、认知、社会性、情感发展具有不可替代的重要价值。基于此,国内外出台了一系列的相关文件和法规对幼儿的游戏权利加以保障。幼儿的游戏离不开教师的指导,那么,教师应该怎样指导幼儿游戏才能更好地发挥游戏的作用呢?研究尝试把游戏放在幼儿教育的大背景中,结合调查研究,从幼儿园游戏组织指导存在的问题、幼儿园游戏指导策略等方面进行探究,希望能够帮助幼儿教师提升指导幼儿游戏的素质,以丰富幼儿园游戏内容、创新游戏形式,科学地组织指导幼儿的游戏活动,让幼儿在轻松快乐的游戏中学习和发展,发挥游戏应有的价值。

一、调查设计及结果

针对幼儿教师指导游戏策略这个主题,研究设计了调查问卷。问卷主要包括以下几个维度的问题:怎样安排幼儿游戏的时间;设计游戏空间与提供游戏材料方面的情况;幼儿游戏的主要类型;教师介入幼儿游戏的方式等。调查的对象是河南省郑州、新乡、周口三市15所幼儿园的136位幼儿园教师,其中以农村幼儿园居多,并随机访谈了20位教师,结合笔者多次带学生到幼儿园见习和实习的经验,研究结果如下:

(一)教师认可游戏的重要性,但游戏保证方面差别很大

在涉及游戏对幼儿发展的重要性方面问题时,100%的教师都认为游戏是幼儿的

基本活动，游戏对幼儿的发展具有不可替代的作用，幼儿园应创造条件保证幼儿各类游戏的开展，幼儿游戏的重要性已被教师认可。然而，在实际游戏实施中却不尽如人意，城市公办幼儿园能基本保证幼儿游戏的开展，而在众多的农村幼儿园，幼儿在幼儿园中的游戏仍不能保证，主要有两方面表现：一是时间上不能保证，真正属于幼儿自主游戏的时间很少，有65%的教师认为不让幼儿学习真正的知识，如识字、计算、拼音，家长就会有意见，而游戏活动时间少很少有家长反对；二是很多被教师认为是游戏的活动，实际上是要求幼儿按照教师设计好的玩法去操作，从而机械地实现一定的教育目标，与真正意义上的幼儿游戏相距甚远。

（二）游戏环境不利于幼儿开展各类游戏

游戏空间、材料和玩具是幼儿游戏的物质支柱，构成幼儿园游戏的主要物理环境。幼儿园应因地制宜地为幼儿创设适宜的游戏条件，提供可操作的、多功能的游戏材料。然而，在具体实施中，农村幼儿园游戏环境创设存在许多不和谐的音符。

第一，幼儿园游戏活动场地设计不够合理，一些幼儿园场地面积很小，对游戏开展不利，还有一些幼儿园直接利用小学教室改做的活动室，结构布局不符合幼儿游戏的实际需要。大多数农村幼儿园没有创设游戏区角，即使设置了游戏活动区也是有名无实，写了几个"角色区""建构区""表演区"的牌子就算完事了，游戏玩具和材料的数量严重不足。结果是"幼儿没有玩具玩，没有时间玩，不会玩，不愿玩"，幼儿园的区域游戏变成了一种摆设。

第二，游戏环境不够开放。开放性包括两方面的含义：一是开放的物理环境，即游戏的空间、时间及玩具材料对幼儿来说是开放的，幼儿可以自由选择、取放玩具材料，游戏的场地按幼儿的需要和愿望布置，随时可以变化，游戏的时间由幼儿自由支配，游戏的空间及玩具材料可以共享；二是开放性的心理环境，即游戏的同伴关系、师幼关系是平等的、互动的、和谐的，人际关系是开放的。在调查中发现，大部分幼儿园的游戏环境在时间上、空间上与材料上都不够开放，甚至少量的幼儿自主操作游戏材料也常常处于封闭状态，不能满足幼儿自选游戏的需要，未发挥实际效用。

第三，幼儿参与游戏环境创设机会少。《幼儿园教育指导纲要（试行）》要求教师鼓励幼儿制作玩具参与游戏环境创设。而幼儿园的实际情况是存在着教师动手动脑多、幼儿动手动脑少，教师设想计划多、幼儿设想计划少，固定的多、变化的少等问题。由于这类环境创设是从教师的设想和愿望角度出发的，没有考虑到幼儿的兴趣、需要和现有发展水平，因而环境失去了影响和促进幼儿发展的教育价值。

（三）选择与介入幼儿游戏的策略欠缺

教师在组织开展幼儿游戏时要根据幼儿的年龄特点选择与指导游戏，大部分教师能够认识到教师适当的指导对幼儿游戏价值的作用，但在游戏指导上缺乏必要的技术策略和方法手段，不知道究竟如何指导游戏。在整个游戏过程中，教师一般承担着维持游戏秩序、保障幼儿安全的责任；有相当多的教师仅仅作为旁观者，对活动不加干预；能够参与游戏，随时指导的只占15.2%。幼儿园之间游戏开展的实际状况差别很大，多数农村幼儿园教师的游戏指导策略存在欠缺之处。

（四）幼儿游戏的类型欠丰富

通过对幼儿园开展的游戏类型方面问题反馈的统计，结果表明：不同级别的幼儿园经常开展的游戏活动类型有明显差异。比如农村幼儿园创造性游戏开展时间的平均百分比为21.6%，规则游戏占78.4%，两者之比大概为1：3，而城市幼儿园创造性游戏的比例高于农村幼儿园的比例。创造性游戏则以桌面积塑拼插游戏为主，有些幼儿园的创造性游戏几乎为空白；在规则游戏中，体育游戏的比重偏大。游戏类型单一，游戏活动的开展未能达到多样化，满足不了幼儿的发展需求。

二、幼儿教师提升游戏指导技能的主要策略

从幼儿园游戏指导过程中存在的问题来看，引导幼儿教育回归本位，丰富幼儿园游戏内容，创造新的游戏形式，让幼儿真正成为游戏的主人，提高幼儿园教师游戏指导技能，是幼儿教师素质提升值得探讨的课题。

（一）科学认识幼儿园游戏，提升理论修养

幼儿园组织游戏活动过程中存在的一些问题，其主要原因在于教师对幼儿游戏的认识模糊。游戏是幼儿的天性，游戏是幼儿的主体性活动。在幼儿园开展的游戏可以分为两种类型：一类是幼儿自发生成的游戏，是幼儿以自己的知识经验为基础进行的力所能及的探索和创造，一般称为本体性游戏。在这种游戏中幼儿没有外在的压力，是非功利性的，也是幼儿最喜爱的活动，真正体现幼儿自发自主、自由自在、自娱自乐、自觉自愿、自信自豪的游戏性质。这里虽然没有发展的特定指向，但蕴含着发展的全部趋势。幼儿经常参加这类游戏，有利于幼儿身心和谐发展。因此，幼儿园应为幼儿创造开展这类游戏的机会。还有一类是教师为了完成一定教学目标而设计的游戏，将幼儿游戏与教学活动有机结合在一起，以游戏为手段使幼儿体验到快乐的学习过程，一般称为游戏化教学。为了适应幼儿身心发展的特点，减轻压力和紧张给幼儿造成的心理伤害，幼儿园以游戏的方式组织教学活动，让幼儿在教学中体验游戏一般的快乐极其重要。

要做到幼儿园教育"以游戏为基本活动"，在幼儿一日活动组织过程中，教师要将直接指导和间接指导的活动结合起来。一方面要保证幼儿每天有适当的自主选择和自由活动时间，有了时间的保证，就有了幼儿游戏的自主性，教师此时应以间接指导为主，放手让幼儿自主游戏。另一方面教师直接指导的集体活动也应是游戏化的，应根据幼儿的知识经验和兴趣选择活动，注重活动过程体验而不过于追求结果，尽可能多地给幼儿自由选择的机会，使活动符合游戏的特点，更好地调动幼儿的参与积极性。通过两方面结合，淡化幼儿自主游戏和教师组织的教学活动的界限，保证幼儿游戏的机会和游戏权利的实现。

（二）把握幼儿游戏的指导环节

不同游戏类型对幼儿发展的价值不同，应创造条件保证各类游戏的开展。在幼儿园教师组织幼儿游戏过程中，各类游戏具有相似的指导环节。通过对幼儿游戏活动指导实践的归纳与总结，可以将教师组织幼儿游戏概括为游戏准备、现场指导和结束提升三个大的环节。教师在游戏的每个环节中进行的指导工作具有一定的共性。游戏准备环节，教师和幼儿合作准备场地、制作玩具、丰富相关经验等是主要的工作；现场指导环节要注意观察幼儿游戏、合理介入幼儿游戏、保证幼儿的独立自主性等方面；结束提升应注意引导幼儿收拾玩具、整理场地，以养成良好的行为习惯，还要进行游戏评议，以提升游戏的教育价值并激发幼儿继续参加游戏的愿望。教师要把握幼儿游戏指导的基本环节，结合幼儿的年龄特点，使游戏指导思路清晰、井井有条，以利于幼儿游戏的顺利开展。

（三）创设适宜的游戏环境，提供游戏的条件

《幼儿园教育指导纲要（试行）》提出："环境是重要的教育资源，应通过环境的创设和利用，有效地促进幼儿的发展""因地制宜地为幼儿创设游戏条件（时间、空间、材料）"。这里的关键之处是适宜的游戏环境问题，事实上幼儿园之间的环境差距非常明显，作为幼儿园教师，必须注重结合自己幼儿园所具备的条件进行游戏环境的创设。特别是欠发达地区的幼儿园在组织与开展游戏活动的过程中，应充分利用本地区的优势条件，挖掘现有的资源，拓展游戏内容，扩大游戏领域，形成多种游戏活动方式。比如某个北方农村幼儿园的教师看到拥有竹子资源的南方幼儿园里用竹子材料制作玩具、布置环境效果很不错，也试着模仿照搬那里的做法，结果因为材料缺乏及加工工具、技术不熟练而半途而废，而一些北方农村幼儿园利用当地的玉米芯、玉米皮等丰富的素材，积累乡土资源和废旧物品，就地取材，丰富幼儿园游戏内容，创造新的游戏形式，提高幼儿园教师游戏指导的技能。实践中，一些教师常以幼儿园空间小、人数多、缺玩具等客观方面的原因作为幼儿园不能正常开展游戏的理由，而改变这些不利因素的重要方法就是能够创设适应自己幼儿园的游戏环境。还有教师对游戏材料的认识不够，对游戏材料的提供还停留在"买"的阶段，幼儿园里如果没有那些用钱买来的玩具和材料，教师就不知道该怎么组织游戏活动，为此教师要积极鼓励幼儿去制作玩具，在制作玩具的过程中综合性地学习发展，并制作出自己喜欢的玩具材料。游戏环境创设还应该注意每天留有2次时长超过30分钟的幼儿自由游戏时间，空间、玩具等对幼儿都是开放的，建立教师和幼儿、幼儿和幼儿之间平等、和谐的关系等。

（四）认真观察并合理介入幼儿游戏

教师介入幼儿游戏以观察游戏为前提，以发挥幼儿游戏的自主性，让幼儿成为真正的主人为关键。只有在真实自然的情境中认真观察幼儿游戏，才能了解、把握幼儿在活动中的行为表现，发现游戏中出现的问题，为指导游戏提供可靠翔实的依据。教师介入幼儿游戏是重要的指导方法，但很多教师这方面的能力较弱，把更多的精力放在预防游戏中的纠纷发生，比如在游戏之前给了幼儿很多的规则限制，在游戏中却不知怎样介入游戏，以至于教师的介入干扰了游戏的开展。在幼儿游戏中，教师的介入要选择合适的时机，顺应幼儿游戏的意愿和情节，帮助幼儿解决游戏开展中的问题，推动游戏情节的进一步展开，使游戏更好地进行下去。否则可能出现教师的介入不合时宜，或者造成无效介入而被幼儿冷落，或者造成负效介入阻碍游戏的正常开展。比如幼儿正在开展小医院游戏，教师介入后，幼儿觉得不需要而不理睬，照样开展游戏；或者原来玩得好好的，教师一介入，突然幼儿都不玩游戏了，这就需要教师反思

介入游戏的时机及方式方法是否适宜了。

（五）通过园本教研提高教师的游戏组织能力

当前幼儿教师提高幼儿游戏组织能力的主要方式是园本教研与园本培训。结合所在幼儿园游戏开展的实际情况，围绕游戏指导中的困惑及问题展开教研与培训，以问题为导向展开研讨都是有效的方式。比如幼儿园室内游戏区域的创设、幼儿游戏玩具材料的制作与提供、幼儿游戏中的纠纷处理等技能都可以通过园本教研得以提升。

幼儿园游戏创新是一个值得永远探索的命题。要加强对幼儿园游戏指导的研究，树立正确的幼儿游戏观念，总结和积累幼儿园游戏指导的经验，注重增加幼儿一日生活中各环节的游戏性，创设适合幼儿游戏的环境，淡化幼儿自主游戏与教师组织的教学游戏活动之间的界限，将教师的间接指导与直接指导有机结合，提升教师指导幼儿游戏的能力，真正实现幼儿园以游戏为基本活动，发挥游戏的应有价值。

（本文源自《内蒙古师范大学学报（教育科学版）》，2014年第5期）

# 第五章 幼儿角色游戏及其指导

> 新来的幼儿园老师抱怨说:"指导幼儿玩角色游戏好累呀!"因为幼儿玩角色游戏时物品非常散乱。于是,老师就充当了"管理员":看到娃娃家的椅子没有围着桌子放,连忙去排好;发现围栏有点歪,连忙去扶正;小吃店厨师桌上东西太多,便立刻整理好;走过超市,一个薯片罐倒在柜台上,随手把它竖起来……老师的"贤惠能干"让自己倍感疲惫。

本该让幼儿自己解决的问题,教师却包办了,无形中影响了幼儿在游戏区内的活动,阻碍了幼儿自主整理行为的养成,导致幼儿处于游戏中的"被动状态"。长此以往,教师将无法判断幼儿的游戏能力与游戏水平,更谈不上根据幼儿的游戏需要适时调整游戏材料,也根本无法采用适当的方法指导幼儿游戏。

幼儿游戏实际上是一个包含了大量的行为、动机、机遇、实践、技能和理解的过程,教师对幼儿游戏的指导需要建立在观察的基础上。角色游戏活动是幼儿全身心投入的过程,是获得动作、语言、情感、认知社会性等各方面发展的综合性实践活动,全面推动着幼儿各方面的发展。角色游戏的训练研究表明,幼儿游戏需要成人的指导,成人的指导与参与不仅可以提高幼儿角色游戏水平,也可以更好地促进幼儿角色游戏发展价值的实现。

那么,幼儿园教师应如何指导幼儿的角色游戏活动呢?针对不同年龄段的幼儿,角色游戏的指导又有何不同呢?

本章围绕这些问题阐述幼儿角色游戏的概念、特点,讨论不同年龄班幼儿角色游戏的发展水平,以及教师指导幼儿角色游戏的策略。

### 背景知识

游戏是最具生命力的活动，游戏的根本使命是促进生命的完整，凸显生命的灵动，唤醒生命的自觉，张扬生命的个性。

游戏是生命保持快乐的一种积极方式。游戏能够满足幼儿强烈的身体活动的需要，使其可以自由地变换活动方式，重复感兴趣的运动，保持身体最佳的舒服状态；游戏中不可预计的偶然性，让幼儿体验着意想不到的最大的乐趣。游戏自发行为是趋乐的，幼儿在游戏中因为需要的满足而获得快乐；游戏以不断重复有趣的情节，将快乐一遍一遍重复、持续；游戏是无任何心理负担、轻松快乐的；游戏是幼儿专注、积极的生命投入，是充实、愉快的；游戏是幼儿主宰地位的表现，是成功、愉快的；游戏让幼儿体验与人交往的快乐和成就。所以，当游戏创造的快乐成为一种必需时，对游戏的需要也就变得急切了。

在角色游戏中，幼儿相互交往，逐渐体会到与同伴交往的快乐，学会站在他人立场上看自己，意识到自己和他人的关系，逐渐学会服从人们之间关系的准则，从而克服自我中心。角色游戏的开展有助于进一步丰富幼儿的社会知识经验，给幼儿创造良好的语言交往环境，让幼儿在宽松愉快的心境下选择游戏自主活动，充分发展幼儿的创造力，增强竞争意识，促进身心全面发展。

## 第一节　角色游戏及其特点

"游戏是幼儿的天性"，它既是幼儿园的基本活动，也是教师对幼儿进行全面发展教育的重要形式，是促进幼儿学习与发展的手段。《3~6岁儿童学习与发展指南》强调珍视游戏在生活中的教育价值，最大限度地支持和满足幼儿通过直接感知、实际操作和亲身体验获取经验的需要。不管以什么形式出现，创造性游戏蕴含的独特教育价值都是其他活动所不能替代的。

### 一、角色游戏的概念

角色游戏是指幼儿以模仿和想象，通过扮演角色创造性地反映其生活经验的游戏，它是创造性游戏的一种。换句话说，角色游戏是幼儿进行角色扮演的游戏。幼儿在角色游戏中通过使用"假装的"物品或工具，模仿自己想扮演的某种社会角色的动作、神态和语言等，来反映一定的社会生活内容。角色游戏是2~6岁幼儿典型的游戏形式。

相对于规则游戏的预构性特点，角色游戏的特点是幼儿的创造性以及反映社会生活的社会性。角色游戏的主题和内容来源于幼儿的实际生活，幼儿根据自己的意愿决定扮演的角色，自由地发展游戏内容和情节。

苏联心理学家艾利康宁对角色游戏的解释：角色游戏是一种发展了的活动形式，幼儿在这种活动中充当成年人的角色（职能），并在专门设置的游戏条件下概括地再现成人的活动和幼儿之间的关系。

黄人颂认为，角色游戏是学前幼儿以模仿和想象，通过扮演角色，创造性反映现实生活的一种游戏。

**拓展知识 5-1**

### 角色游戏必备的六要素

史密兰斯基和思凡亚特提出了角色游戏必备的六要素：
（1）角色模仿游戏：儿童扮演假装的角色，而且用模仿的行为和语言表达。
（2）和玩具有关的假装：肢体动作、语言声明以及用来替代真实物体的材料和玩具。
（3）与行为和情境有关的语言假装：语言的描述或陈述与行为或情境相一致。
（4）角色游戏中的坚持性：儿童的表演至少持续10分钟。
（5）互动：至少两个玩伴在游戏片段中互动。
（6）语言交流：与游戏情节有关的言语互动。

## 二、角色游戏的特点

### （一）角色游戏是幼儿自主、自愿的游戏

角色游戏是幼儿按自己的兴趣，自主、自愿开展的游戏活动。在游戏活动过程中，幼儿可根据自己的生活经验和兴趣需要，确定游戏主题，设想游戏情节，分配游戏角色，选择游戏材料，布置游戏环境，甚至设计游戏规则等。在这些活动环节中，幼儿的自主意识和自主能力得到充分发挥与体现。同时，在角色游戏中，幼儿往往不追求游戏的结果，而是充分体验游戏过程中的快乐。

### （二）角色游戏是一种创造性想象活动

角色游戏过程是创造性想象的过程。在角色游戏中，幼儿为顺利完成角色任务，创造性想象主要表现在三个方面：一是对游戏角色的假想（以人代人），如扮演妈妈、老师、司机、经理等幼儿生活中熟悉的人物。幼儿运用各种材料，通过语言、表情、动作等表现自己对这些角色的认识与体验。二是对游戏材料的假想（以物代物）。在角色游戏中，幼儿常常以一种物品代替另一种，还能一物多用。如用纸条当"面条"，用小积塑片当"饭"，用冰棒棍当"筷子"等。同样一种物品在不同游戏中可以充当不同的东西，如积

塑条可以是老爷爷的"拐杖",可以是火车的"铁轨",可以是护士的"注射器",还可以是警察叔叔的"警棍"等。三是对游戏情景的假想(情景转换)。幼儿常常通过一个或几个动作和想象,将游戏情景进行浓缩或转换,如玩娃娃家,"妈妈"一摸幼儿额头,说:"呀!小孩发烧了,送医院吧。"结果抱着幼儿在院子里走一圈就回来了,说打针了,幼儿病好了。

### (三)游戏的内容主要反映幼儿对周围生活的印象

角色游戏是幼儿对现实生活的一种积极主动的再现活动,游戏主题、角色、情节、材料的使用均与幼儿的社会生活经验有关,游戏情节具有模仿性,如在"医院"的角色游戏中,幼儿扮演医生,用听诊器给"病人"看病、打针,会出现"病人"说头痛则听头,说肚子痛则听肚子,说脚痛则听脚的现象,或者"病人"哪里痛就给哪里"打针";也有的幼儿会一边"打针"一边说:"小朋友,别害怕,阿姨轻轻地打。""小朋友,真勇敢!"等。在玩"公共汽车"的游戏时,幼儿会吆喝"9路9路,到火车站,1元1人,请快上车"等。又如当幼儿了解交通规则后则会玩"交通警察"的游戏,坐公交车遇到售票员态度不好,在游戏中幼儿也会对乘客很凶。还有,老师的孩子喜欢"当老师",医生的孩子喜欢"当医生"等。这些都证明了幼儿在角色游戏中反映的是自身的社会生活经验。幼儿生活经验越丰富,角色游戏的水平就越高。

#### 幼儿角色扮演的类型

幼儿在角色游戏中扮演的角色类型主要有三种:

(1)机能性角色:幼儿仅仅通过模仿对象的一两个典型动作来标志他所模仿的对象或角色,如模仿厨师炒菜的动作,模仿司机转动方向盘的动作。

(2)互补性角色:幼儿扮演的角色与另一角色存在密切关联与互补性,如医生与病人、教师与学生、销售员与顾客等。

(3)想象性角色:幼儿扮演从动画片、儿童故事或童话作品中看到的部分角色,以及幼儿生活中常见的小动物等,如孙悟空、小猪佩琪、小狗、小猫咪等。

### (四)角色游戏灵活,无固定的程序和模式

角色游戏要求幼儿假想一个情况并按照一定的规则把这些情况表演出来。角色游戏中没有固定的故事情节,也没有固定的台词,游戏中的角色可以跟随游戏的发展有所增减,是形式多变、灵活多样的。对于同样一个角色,每个幼儿的理解不同,演绎诠释的方式与形式就不同,或者同样一个角色,由同一个幼儿来扮演,每一次的演绎与诠释也会不一样。

## 第五章 幼儿角色游戏及其指导

拓展知识 5-3

### 角色游戏的教育价值

埃里克森认为,角色游戏和社会存在紧密联系。想象使得幼儿能够了解社会,并尝试新的社会技能,而且有助于幼儿理解文化角色,把已接受的社会准则整合到自己的个性特征中,从而发展幼儿的社交能力。维果茨基认为角色游戏能促进幼儿社交能力和认知能力的发展,同时也帮助幼儿控制他们的冲动,服从游戏规则,从而促进对社会准则的理解,并且开始尝试去确认那些社会期待。

总的来说,可以把角色游戏的教育价值总结为以下几点:

1. 角色游戏加速幼儿自我意识的发展

自我意识是人对自己看法的总和,它是人社会化的关键。通过游戏,幼儿首先学会发现自我,了解自己是什么样的,知道自己的行动会带来什么样的后果。然后再扩展到发现他人,能了解别人对自己会有什么样的反应,以及自己对别人会有什么反应。一个人只有意识到自己的存在时,才具备接受社会化教育的基础。幼儿是游戏的主人,在游戏中可以摆脱成年人的控制和干涉,依据自己的意愿进行自由的想象和创造性活动。在自主选择角色时,幼儿既要考虑自己的爱好和能力,也要考虑其他参与者。我们常常看到幼儿在游戏中的角色分配有约定俗成的标准。"老师""医生"等角色大多是能力比较强的幼儿扮演,而"学生""病人"等角色大多是能力较弱的幼儿来扮演,这就在无形中表现出幼儿一种可贵的自我认识和自我评价。

幼儿在角色扮演与体验中学会自我观察、自我监督、自我评价、自我控制,并初步进行自我调节,摆脱以自我为中心的心理,从而潜移默化地发展自我意识。

2. 角色游戏能促进幼儿认知的发展

幼儿在角色扮演中,对物体相似特点的选择——以物代物以及将自己假扮成某个角色,再回到现实,都表明幼儿开始理解思维的可逆性。各罗伯(Golob, 1981)认为假想游戏中出现的连续性转换是皮亚杰理论中守恒形式的基础,正如角色游戏要求懂得扮演一定角色时一个人的身份就要保持一致,守恒要求幼儿能够理解物体不会随位置和形状的变化而增多或减少。

幼儿在被许可的、自由的游戏环境中,按照自己的意图、计划来决定自己的行为,选择玩具材料,等等,这实际上是幼儿自发的学习与练习,是对自己已有经验的积极主动的尝试和重新探索建构的过程。幼儿正是通过具体的活动发展各种感觉器官和观察力,认识各种物体的特征和用途,在摆弄操作游戏材料的过程中,发现动作与物体间存在的相互作用和因果关系,从而促进智力的发展。

3. 角色游戏能为幼儿建立良好的社会人际关系打下基础

游戏中如果幼儿童不遵守规则或有破坏行为的产生,就会遭到同伴的斥责或孤立,为了能更好地玩游戏,他必须做出符合同伴要求的行为。

**4. 角色游戏能促进幼儿良好情绪的发展**

幼儿游戏，特别是角色游戏和表演游戏，正是幼儿模仿、练习成人生活技能的良好方式。他们在游戏中扮演角色，以角色的身份来游戏，在游戏中体验角色的喜怒哀乐，在与同伴的交往中逐渐懂得分享、学会合作，在照顾幼小的"娃娃"及"病人"的过程中，学会安慰和帮助他人，当同伴遇到困难时，会露出对他人的移情和关心的表情。

## 第二节　幼儿角色游戏的指导

### （一）游戏开始前的指导

**1. 游戏材料的投放**

角色游戏是应幼儿角色模仿、扮演需求而生的游戏，丰富、适宜的游戏材料能够更好地支撑幼儿的游戏，引导幼儿创造性地反映个人的生活经验。好的游戏材料承载着教育者的期望和智慧，是吸引幼儿注意、帮助幼儿学习、引导幼儿互动、延续幼儿兴趣的媒介。虽然现在的成品玩具应有尽有，但是这样的玩具为幼儿留下的自由想象和创造空间相对较小。

教师应从幼儿的生活经验出发，倾听幼儿的想法和建议，了解幼儿游戏所需要的具体材料。因此，游戏开展前，教师应多为幼儿准备废旧材料制成的成品以及具有开放性的半成品游戏材料，或者让幼儿参与进来，引导幼儿自制完成游戏中所需要的物品。

只有材料适宜幼儿的特点和需要时，他们才会积极主动地去使用材料，在与材料的交互作用中获得发展。如果教师提供的材料幼儿并不喜欢，幼儿就只能被动地去适应它，结果往往会事倍功半，得不到幼儿对游戏的共鸣。随着幼儿经验的丰富，材料也要相应地变化，游戏材料根据游戏的目标随时补充或更换，也可以随着游戏的进行而不断丰富、调整和更新材料，以激发幼儿的探索欲望，为幼儿游戏发展提供支持。例如：第一次开展"医院"游戏时，教师只提供了白大褂、听诊器、注射器；随着游戏的不断发展，根据"病人"的需求，"医院"逐步提供挂号簿、病床、支架板、绷带、纱布、开药单等。教师应当将幼儿看作一个有能力、有自信的学习者和沟通者，而不是不假思索地为幼儿包办一切，最终在剥夺幼儿环境创设主动权的同时牺牲幼儿在游戏中的愉悦感和归属感。

**2. 丰富幼儿的生活经验**

角色游戏来自幼儿的生活经验，幼儿积累的生活经验越丰富，幼儿在游戏中的语言和行为就越丰富，解决问题的能力和水平就越高，其获得的发展也就越全面深入。

幼儿的生活经验主要包括幼儿在幼儿园、家庭和周边环境中的所见所闻。在丰富幼儿园生活经验方面，教师可从组织幼儿生活活动、教育教学活动和指导家长丰富家庭生活经验等方面入手。教师可采取外出郊游、劳动、参观、讨论、观察、阅读图画书、欣赏照片和视频等多种途径和方法拓宽幼儿的生活经验，也可带领幼儿直接接触和体验真实的社会与生活环境。如开展"超市"游戏前，教师可带领幼儿去园所附近的超市进行一次体验活动，仔细观察超市的工作人员及其职责，了解超市物品的分类与摆放等。在丰富幼儿家庭生活经验方面，教师可以协助和建议家长合理安排好幼儿的家庭生活，丰富幼儿的生活见闻、感受和体验，同时要善于挖掘幼儿的生活经验，引导幼儿相互交流与共享经验。如每周一上午进行一次周末生活的谈话活动，寒、暑假收假后引导幼儿分享假期生活经历及旅游见闻等。

### （二）游戏过程中的指导

**1. 确定游戏主题，分配游戏角色**

角色游戏是幼儿通过模仿成人活动、反映其熟悉的生活经验的过程，通常都有一定的主题，如娃娃家、商场、医院、银行等。《幼儿园教育指导纲要（试行）》指出，"幼儿是游戏的主人"，因此，在确定角色游戏主题的过程中，教师应充分尊重幼儿，根据幼儿的愿望来确定游戏主题。

游戏的主题、内容是幼儿生活经验的再现，是幼儿喜欢、感兴趣的，因此，教师平时要多收集幼儿感兴趣的主题，并把与各主题有关的材料一一展出，在主题确定上给幼儿选择的余地，例如：很多幼儿都跟随爸爸妈妈逛过超市，在自由谈话时间，小朋友们都在聊自己的购物经历，教师通过家园合作搜集了很多与"超市"主题相关的材料，在娃娃家旁边新增了一个"超市"。在角色游戏中幼儿能依据自己的意愿选择游戏主题，这大大满足了幼儿主体选择的需求，使幼儿享受到个性自由的快乐，同时培养了幼儿的自我意识。

在确定游戏主题的同时，就已确定了角色，角色要按幼儿的愿望进行分配。如果出现几个幼儿都想当一个角色的矛盾，教师可以引导幼儿自己解决。教师指导幼儿讨论协商如何解决矛盾时，可以引导幼儿通过猜拳、轮流的方式解决，也可以引导争执的幼儿谈谈"自己为什么想当这个角色，要怎样把这个角色当好"，还可以多创设几个岗位，或以招聘的形式解决等，尽可能充分发挥幼儿的积极性，做到合理公平地解决问题。

**2. 观察幼儿游戏，把握介入时机**

《幼儿园教育指导纲要（试行）》明确指出，"教师是游戏的支持者、引导者"，这种支持、引导是基于观察之上的。有计划的观察是教师指导幼儿角色的前提，它不仅能帮助教师制订教育教学计划，也能使教师更加深入地了解幼儿角色游戏的兴趣和需要，有的放矢地指导角色游戏。

幼儿的游戏行为是幼儿发展水平的反映，因此幼儿的任何游戏行为都能做出发展意义的解释。教师在游戏中随机观察，根据对幼儿发展方面的知识经验，去关注幼儿的每一个寻常时刻，作为了解幼儿、引导幼儿的依据。

在角色游戏过程中，教师应关注幼儿在活动中的表现和反应，敏锐地察觉幼儿的游戏需要，及时以适当的方式回应幼儿，形成合作探索式的师生互动。幼儿游戏的行为有时是无声的，但从无声的动作中可以看到幼儿的内在思想、情感的流露，所以更需要教师的耐心观察。教师在观察幼儿游戏时,应注意:尊重幼儿的情感特点,用宽容的心态去理解幼儿;明确在游戏中的角色,不能过多地支配、干涉幼儿,更不能教幼儿如何做或代替幼儿做,而应积极地合作和支持,鼓励和引导幼儿构思,协助幼儿创作。

在幼儿角色游戏过程中,教师的介入是其指导幼儿游戏的关键因素,但是并不是教师每一次的指导和介入都是有效、可行的。教师在幼儿角色游戏时盲目地介入会打断幼儿正在进行的游戏,会影响幼儿独立地思考和解决问题,会让幼儿对教师产生依赖,甚至反感。因此,教师应当避免自上而下的指导,而应在深入观察幼儿游戏行为的基础上,把握介入时机,适时、恰当地指导幼儿游戏,否则,贸然介入就是对幼儿游戏过程的干扰。

### 案例 5-1

#### 男孩适合做摄影师

在中班"明星坊"的游戏中,奇奇在一旁无所事事,愣愣地看着女孩子们漂漂亮亮地在台上走秀。佩佩招呼他一起来走秀,奇奇摇摇头说:"女孩子才喜欢走秀。"教师在一旁观察了一段时间后说:"哇,女孩子们打扮得这么漂亮,为什么没有摄影师给她们拍照呢?"奇奇一听,两眼放光地说:"我来,我来,男孩子最适合做'摄影师'啦!"

案例中,教师在观察幼儿游戏行为的基础上,适时引导幼儿主动参与游戏,这充分调动了幼儿的游戏积极性,满足了幼儿的游戏需求。

### 案例 5-2

#### "妇产科"

在"妇产科"(大班),星星扮演怀孕的妈妈,肚子里塞着小枕头;阿涛扮演爸爸;敏敏扮演妇产科医生。星星躺在床上,偶尔羞涩地笑着,不说话。阿涛坐在椅子上,小手放在星星的胳膊上,眼睛时而看看星星,时而瞧瞧敏敏,敏敏问话时他会简单应答。敏敏忙前忙后地准备材料,嘴里说着:"要生了,要生了。"然后阿涛和敏敏一起安慰、鼓励星星。这时,在一旁观察的教师似乎察觉到星星肚子里塞的是枕头,游戏很难进行下去。她赶紧跑到娃娃家拿起布娃娃,又连奔带跑地来到"妇产科"。她叫着敏敏的名字,将布娃娃扔给了敏敏。敏敏将奶瓶拿给星星,让星星"给新生儿喂奶",随后转身和新进来的同伴交谈。阿涛和星星"喂"了几秒钟,便抱着"娃娃"出了"妇产科",去做别的事情了。

案例中,教师虽然认真观察了幼儿的游戏,但未能准确把握游戏的介入时机。塞在"妈妈"肚子里的小枕头是幼儿们想象世界中的宝宝,然而,在一旁观察的教师似乎觉得枕头并不能充当新生儿,于是急忙去寻找布娃娃,想支持幼儿的游戏。虽然幼儿看似得到了支持，但是接下来的游戏开展得并不顺利，幼儿没有因为"宝宝"生出来了而继续游戏。试想，如果教师没有突兀地介入，或许在"新生儿"出生后，游戏的情节会越来越丰富，比如"爸爸""妈妈"继续带着"新生儿"去别的科室做各种检查等。

### 3. 当好游戏伙伴，发挥隐性指导作用

教师是幼儿的游戏伙伴，随着游戏内容的丰富与游戏情节的发展，教师应仔细观察幼儿说话的口吻、处事的态度及交往的方法。在游戏过程中，教师可以游戏中的角色身份、用游戏的语言或提供游戏材料来暗示幼儿的游戏行为，促进游戏水平的提高。这样既可以观察幼儿的游戏情况，也有助于进行有效的指导。如：小班"超市"游戏中，几个"营业员"都在玩新投放的游戏材料，并未意识到自己的角色行为，于是，教师以"顾客"的身份加入，说："有营业员吗？都下班了吗？我想买几盒月饼，不知道哪种好吃，谁能介绍一下？"这时，"营业员"开始意识到自己的角色任务，迎向顾客。

在隐性指导过程中，教师以幼儿游戏伙伴的身份指导游戏，引导幼儿意识到自己的角色行为，促使游戏情节不断发展，游戏内容更加丰富。

**案例 5-3**

### 我是一名小义工

大班角色游戏区"小吃店"新增了蛋糕、寿司等，成为幼儿游戏的热门区域，人流量居高不下，不时造成拥堵和喧嚣现象。这不，娃娃家的"妈妈"又带着"宝宝"来"用餐"了，还跟来了自由人轩轩和朵朵，"厨师"和"服务员"忙得应接不暇，于是，"出错"成了必然。听，朵朵看着"服务员"端给轩轩的茶点，一脸不高兴地说："这是我点的！"顺手就要抢过去。轩轩似乎有点搞不清自己点的东西了，看见朵朵来抢，马上护着不给。一时，"小吃店"里乱成一团。

这时，"义工"徐老师来了。"我是心连心服务义工，"徐老师顺手递给"服务员"一张点菜单，"把客人要吃的东西在单子上打个钩（塑封的，可擦去反复使用），"又顺手递给正在材料箱乱翻的"厨师"一个打包盒，"喏，打包盒给你。"

自由人朵朵马上申请加入"义工"队伍："你们还需要义工吗？我会制作寿司，还会配制果冻酸奶，我来帮忙！"一个新的游戏情节展开了。

案例游戏中，教师观察到幼儿出现了人际纠纷，存在一定的不安全因素，于是，教师以幼儿的游戏伙伴——"义工"的身份参与到游戏当中，引导幼儿有序开展游戏，丰富了游戏的内容，促进了游戏情节的发展。

角色游戏的开展离不开教师的科学指导，教师采取适当的指导策略不仅能让幼儿获得强烈的游戏性体验，情感上得到极大的满足，还能增强幼儿的社会性意识，提高语言表达、合作、创新、解决问题等多种能力。因此，教师应不断探索角色游戏的指导策略，充分发挥指导作用，促进幼儿在游戏中的全面发展。

### （三）游戏结束时的指导

#### 1. 保证游戏时间，把握游戏结束的时机

角色游戏是幼儿自主、自愿开展的游戏活动，幼儿在开展游戏的过程中不仅需要寻找游戏伙伴、商量游戏主题、讨论角色分配、准备游戏材料，而且需要较长一段时间来充分利用游戏材料，运用想象与创造力开展游戏情节，解决游戏中遇到的困难或人际冲突等。如果幼儿游戏时间太短，游戏情节将难以充分展开，幼儿的游戏兴致也难以达到高潮，这不利于幼儿在游戏中充分发挥自主能动性，无法实现游戏对幼儿的发展价值。因此，幼儿开展角色游戏需要有充足的时间保障。具体应做到：一是经常开展角色游戏活动；二是每次开展角色游戏的时间不少于 30 分钟。

教师除保障幼儿角色游戏时间充足外，还应把握游戏结束的时机。一般来说，教师应当在愉快自然的状态下引导幼儿结束游戏。为保障幼儿下次游戏的积极性，建议教师在如下两种情况时结束游戏：一是游戏开展顺利，幼儿情绪尚未低落时；二是游戏高潮已过，情节往后发展有困难时，为避免幼儿的倦怠感，教师可提醒幼儿结束游戏。结束游戏的方式有多种，可以是特定的音乐、歌曲或铃声，也可以是教师利用游戏的口吻进行语言提醒，如"超市要关门了，请顾客做好准备，欢迎下次再来！"

#### 2. 合理评价幼儿的游戏

评价幼儿的游戏对提高游戏质量、巩固游戏获得的情绪体验等都有着积极的导向作用。教师常常会被自己创设的游戏环境、幼儿忙碌的表面所迷惑，或者因没有细致观察幼儿的游戏行为而对幼儿简单重复、缺乏创造性的游戏缺乏甄别。回顾幼儿园的游戏，不难发现有不少幼儿重复着简单、刻板的行为，幼儿被动交流，缺乏互动，极少发现问题和解决问题，停滞在较低的游戏水平上。

在实际工作中，教师进行游戏评价的时间有限，不可能面面俱到，因此，教师应具备敏锐的洞察力与价值判断能力，这样才能有重点地引导幼儿整理与分享经验，解决游戏中存在的问题。游戏评价的内容一般基于教师对游戏的观察，具体包括：游戏过程中的经验和感受；游戏材料的适宜性；幼儿在游戏过程中的行为表现；游戏中的安全问题和常规情况等。

**案例 5-4**

#### 摔跤的佳佳和司机朵朵

中班角色游戏时，佳佳小朋友故意摔跤坐在地上，教师走过去说："哟，疼吗？有位小弟弟摔倒了。"听到这话的朵朵赶紧跑过去看了看，说："看，你的脚都流血了，快！我送你去医院，我是司机呐。"佳佳听了这话，便假装爬不起来，于是，朵朵又去请来其他人帮忙扶起佳佳，同时找来两把小椅子当作"救护车"。游戏结束后的讲评环节，教师充分肯定了朵朵和佳佳在游戏中的角色意识和行为，使其他幼儿也深受感染。

案例中，教师在认真观察了幼儿在游戏过程中的行为表现的基础上，及时发现幼儿在游戏中创造与想象的闪光点，并在游戏结束后的讲评环节对幼儿在游戏中的行为表现给予

充分肯定,有利于增强幼儿在游戏中的角色意识,促进幼儿的社会性发展,引导幼儿创造性地开展角色游戏。评价还可以明确游戏过程中出现的问题,解决争议,并提出改进措施,促进下一次游戏的顺利开展。

教师对角色游戏进行评价时应以幼儿为主,帮助幼儿将外在经验内化为自身经验,多问几个"为什么""怎么办",而不要急于替幼儿回答或直接将答案及解决问题的方法告诉幼儿。让幼儿自主参与、互动学习,把游戏还给幼儿,帮助幼儿在游戏评价中积累游戏经验,提升游戏水平。

## 二、幼儿角色游戏的发展水平

### (一)小班幼儿角色游戏的发展水平

**1. 缺乏角色意识,游戏中的兴趣和注意力不稳定,易受外界因素的影响**

小班的幼儿受具体形象思维的限制,角色意识还不够强,只是热衷于模仿某一角色的动作或活动,扮演角色的时间也比较短暂,凭对动作的兴趣不断变换角色。如一会儿抱起娃娃当"妈妈",一会儿拿刀切菜当"厨师",一会儿拿注射器打针当"医生"等。

**2. 游戏中的动作交往多于语言交往,更多地依赖玩具进行游戏**

小班幼儿年龄小,以自我为中心,幼儿的游戏很多时候是平行游戏,所以玩角色游戏时动作交往多于语言交往,更多地依赖外界材料,幼儿往往满足于操作材料的乐趣,没有更多角色行为的深入,如见到方向盘就玩开汽车的游戏,见到注射器就给娃娃打针等;又如"烧烤店"的"师傅"只是埋头苦干做各种"烧烤",对前来光顾的"顾客"置之不理,即使嘴里答应做一份"烤肉串"卖给"顾客",但过一会儿就忘了,忙着做别的事了。

**3. 游戏中反映的内容比较简单,情节比较单一**

由于小班幼儿的能力有限,即使有一些经验也不能在游戏中全面反映出来。如扮演司机就一直拿着方向盘,嘴里发出"嘟嘟"的声音并做开车的动作;扮演妈妈就模仿妈妈的行为"给宝宝喂饭、烧菜"等。小班幼儿通常想到什么做什么,其内部想象还比较分散,不具有较强的连贯性。

### 案例 5-5

#### 这是我先拿到的

小班刚刚开学时,幼儿对一些游戏材料不太熟悉,还不知道如何去玩。开学第二天,皓皓、佳佳去娃娃家玩了,皓皓把饭锅拿在手里敲敲打打。佳佳也想拿皓皓手里的饭锅玩一玩,皓皓说:"这是我先拿到的!"于是,两人为那个饭锅争抢起来。

案例中,幼儿刚接触新环境和新的游戏材料,觉得很好奇,对这些材料爱不释手,不愿意与同伴一起分享,从而会为了自己喜欢的玩具争抢起来。教师应引导幼儿懂得分享游戏材料,并让幼儿学说一些简单的礼貌用语,如,"谢谢""再见""对不起"等。

### (二)中班幼儿角色游戏的发展水平

**1. 逐渐有意识地选择角色,确定游戏主题**

这一阶段的幼儿首先会给自己找到一个角色,然后带着这个角色去做想做的事。但选择的角色仍有限,往往局限于幼儿生活中常见的妈妈、医生、司机等;或是对幼儿熟悉的故事中的人物扮演有浓厚兴趣,如孙悟空、小红帽、三只小猪等。幼儿在选择角色后,能简单设计游戏情节,会从自己的生活经验出发衍生各种新的游戏情节,把某个角色的几种不同活动或动作排列起来,使之具有一定的连贯性。如:叫"娃娃起床、穿衣、吃饭、上幼儿园""开车去上海、深圳"等。

**2. 游戏活动情节丰富多变,思维活跃**

中班幼儿已经比较清楚角色游戏的展开步骤,角色意识有所增强,有角色归属感,角色行为逼真,遇到问题能有意识地使用替代物,能围绕情节一物多用,主动寻求低结构材料。能边游戏边想象,使角色行为发展走向深入。

**案例 5-6**

#### 买香蕉

区域游戏时间,中一班幼儿小贝抱着娃娃走进"小超市",认真选择着要买的水果,边选边说:"宝贝,爱吃苹果吗?火龙果呢?哦,这里有香蕉,那我们买香蕉吧。来,闻闻,看香蕉香不香。"说着,把娃娃脸按在香蕉上。小贝拿着香蕉对盈盈(服务员)说:"我要买香蕉,多少钱一斤?"盈盈说:"八块。"小贝空手假装拿着钱递给盈盈,说:"给你。"盈盈做接钱状,假假地揣进口袋里。

**3. 语言交往和互动增加,易发生冲突**

中班幼儿在游戏的角色互动中流露真情实感,与同伴协商、谦让的语言增多。能主动询问、关心他人,能用简单的语言、动作表现自己所扮演角色的基本特征。这一阶段幼儿热衷于区域间的走动,喜欢频繁换场,有一定的交往意识,可以和多个区域发生关系,可以远距离互动;幼儿初步懂得与同伴协调关系,具有从联合游戏走向合作游戏发展的趋向。但这一阶段的幼儿缺乏一定的交往技能,在使用物品、彼此交往、遵守规则等过程中仍易发生冲突。

**案例 5-7**

#### 我也要当收银员

中班角色游戏区"超市"里,盈盈、小林、名涵、飞儿四个孩子在玩,盈盈一边摆弄花盒子一边说:"我来当收银员吧,小林,你当推车的,把水果推过去。"飞儿说:"那我当卫生员擦柜子吧。"名涵盯着盈盈手里漂亮的花盒子,说:"我也要当收银员。"盈盈说:"不行,我已经当收银员了,你不能当。"两个人争执起来,把花盒子抢坏了。

案例游戏中,幼儿出现了商讨计划、分配角色、商定游戏情节的行为,但在游戏进行的过程中发生了争抢角色的冲突。在游戏过程中,当幼儿之间发生人际冲突时,教师应当引导幼儿通过协商的方式解决问题,如幼儿之间言语商量、轮流、猜拳、民主推荐等。

### (三)大班幼儿角色游戏的发展水平

#### 1. 游戏主题明确,综合性强,内容充实

大班幼儿随着生活经验的不断丰富,游戏主题越来越广泛,游戏情节多变,游戏内容丰富,游戏角色多样,表现出复杂的社会活动。对某一角色有自己的偏好,但不抗拒尝试其他的角色。在与人和物的互动中,经常有新创意,不断拓展游戏内容。乐于通过自制玩具,或用想象中的物品或动作替代所需物品来开展游戏。

**案例 5-8**

#### 小邮局

大班角色游戏"小邮局"中,铭铭非常喜欢自己"送报纸"这一角色,她按照预先设定的大班办公室、保健室、厨房、门卫室、大三班等几个投递点,穿梭在一楼的走廊上,兴奋得小脸通红。她每到一处,都会很有礼貌地说:"您好!我是小邮局投递员,这是您订的报纸。"然后很小心地双手将报纸送到对方的手中,接着开心又满足地奔向下一个投递点。

**案例 5-9**

#### 制作比萨

在"比萨店"里,浩浩正在专心制作"比萨",他用彩色的橡皮泥,制作出一张"五彩披比饼",端到"客人"的桌前,当听到"客人"说:"哇,你做的比萨好看又美味!"他很开心地说:"我还会做'鸡肉比萨',等会儿就做给你吃。"于是,浩浩马上用黄色橡皮泥捏出一只小鸡的形状,然后,又将小鸡切成一块块的"鸡肉"粘在"比萨饼"上,一盘像模像样的"鸡肉比萨"就做好了。

#### 2. 角色意识清晰,兴趣集中在角色游戏的行为

大班幼儿能按照自己的意愿主动选择角色,设计游戏情节,并能即时融入所扮演的角色和主题情境中。能根据对角色社会职责的理解,逼真地再现角色行为。重视并享受角色进行

服饰装扮的过程,能自觉遵守并不断完善游戏规则。如幼儿认为游戏"幼儿园"中的"老师"是不能打"小朋友"的,"医生"应拿"手术刀"而不是"菜刀"等等。一旦某个幼儿在游戏中的活动违反了这些"规则",就会得到游戏同伴的纠正。如在"餐厅"游戏中,"服务员"要"客人"点菜,"客人"点了"羊肉串",当没有"羊肉串"时,"客人"和"服务员"就找出橡皮泥做出"羊肉串"。幼儿甚至想出了用彩色泡沫纸条串在竹签上,做成"海带串"。

### 案例 5-10

#### 撞人事故

大班角色游戏开始了,傅雷鸣今天做出租车司机,只见他非常开心地开着小车,来来往往。突然,张儒屹飞快地冲了过来,把傅雷鸣狠狠地撞了一下。傅雷鸣摔倒在地上,大声地哭了起来。

看到了刚才发生的一幕,李老师正要像平时一样教育张儒屹不应该在教室里跑那么快时,突然看见张儒屹一副闯祸后非常紧张而后悔的表情,李老师一下子转变了想法,为什么不换一种方法帮助孩子真正认识自己的行为带来的严重后果并在以后的活动中避免出现同样的行为呢?于是,老师装作不知道刚才发生的事情,并问他们:"怎么了?"傅雷鸣边哭边说:"张儒屹刚才把车开得很快,把我撞倒了。""什么,是出车祸了?快,快让我们送你到'医院'去检查一下。"老师表现出了一副非常紧张的样子。说完,旁边的张儒屹主动和老师一起扶着傅雷鸣慢慢地来到了"娃娃医院","医生,快给他检查一下,他刚才出车祸了,张儒屹把车开得太快把傅雷鸣撞倒了。"于是,王一帆"医生"就让傅雷鸣躺在床上给他像模像样地检查了起来,并不停地责怪张儒屹:"你呀,一点也不懂事,为什么把车开得那么快?傅雷鸣的腿都断了,"说着用手抬了抬腿,"不行,要住院开刀。以后你开车可要慢一点,记住了吗?"张儒屹在旁边不住地点头,说:"我下次一定注意,慢一点开。"

案例中大班幼儿的角色和任务意识很强,不管是受伤的傅雷鸣,撞人的张儒屹,还是看病的王一帆,都全情投入游戏情节之中,逼真地反映社会生活经验,再现角色语言和行为。

#### 3. 游戏中语言交往能力明显提高

大班的幼儿喜欢和同伴一起游戏,乐于分工合作,角色语言丰富、形象,并能用完整语言来表达自己的想法。他们喜欢提醒并纠正同伴不适宜的行为,乐于分享自己的游戏体验,会评价自己与别人的游戏行为,发生冲突时能和同伴协商解决。比如"爱婴房"游戏,商量分工:接待顾客、为宝宝洗澡、喂奶、收款、管理员,一旦有人"脱岗"跑掉,马上就会有人去追回,并告知不能随便脱岗;又如"小剧场"游戏,从开始的自导自演,到如何邀请观众,到设立售票窗口,再到排座位、挂海报。在游戏逐步深入的过程中,幼儿的语言发展得到充分展示。

#### 4. 游戏能够持续 45 分钟左右

这一阶段,大班幼儿在玩角色游戏时持久性增加,因为幼儿的自主行为增多,能按自己的意愿选择游戏，自主控制游戏的过程，兴趣浓厚，从而更加投入，能持续扮演自己的角色，不易受环境的影响而随意变更。遇到困难能够自己想办法克服，不轻易放弃和求助。一般大班小朋友的角色游戏能够持续45分钟左右。幼儿在游戏中会受到同伴启发，使得游戏不断连续、拓展。如"小邮局"，从制作报纸、贺卡、小礼物，到送报纸、贺卡小礼物。

## 三、幼儿角色游戏的指导策略

### 1. 提供适宜的游戏材料，创设良好的游戏环境

玩具和游戏材料是幼儿开展游戏的最基础的物质条件。我国幼教专家陈鹤琴曾说："我们要重视选择各种适宜的玩具，并把玩具作为促进幼儿认识、发展想象、锻炼身体、培养高尚道德行为的一种手段。"

小班的幼儿主要依赖于形象逼真的玩具和材料诱导游戏行为，幼儿一般是见到什么玩具就玩什么游戏。因此，在提供材料方面，教师为小班幼儿提供的玩具应以形象玩具为主，提供种类少、数量多且形状与实物较为相似的玩具。另外，教师应为幼儿提供较为安静的游戏场地，以便于幼儿大胆模仿、操作与想象。

中班幼儿对富有新意的环境总是表现得特别敏感而有兴趣，但幼儿依然会受环境和材料的左右而生成相关的游戏情节，例如："司机"开着"车子"去"北京"、去"上海"，但是很快就改变主意，用积木搭火车轨道，用凳子做列车走在路上。虽然会从自己的生活经验出发衍生各种新的游戏情节，但仍沉浸于自己的价值判断。所以在为幼儿提供一些开放的半成品及废旧材料的同时，部分较为逼真的玩具的提供还是有必要的，但数量一定要控制好，因为过多的逼真玩具会使幼儿沉浸在摆弄中，会抑制幼儿想象力、创造力的发展。

大班幼儿生活经验已经非常丰富，半成品和低结构的游戏材料更能激发幼儿的游戏兴趣，促进幼儿的思维发展。同样的游戏材料，幼儿把它想成什么，它就是什么，这对于幼儿来说是件快乐的事情，对于游戏的进展来说也是有意义的。

### 2. 丰富幼儿的生活经验，激发幼儿开展角色游戏的欲望

角色游戏是一种现实生活经验的创造性再现，现实生活经验是幼儿角色游戏的基础和源泉。脱离了幼儿的生活实际经验，幼儿游戏就无法开展。例如：幼儿没去过糕点工厂，就不知道电烤箱是何物；没有去机场坐过飞机，就不能很好地玩"机场"游戏。

玩"超市"游戏前，为丰富幼儿的生活经验，教师可以带领幼儿或引导家长带幼儿参观了解超市的环境，观察工作人员的言行举止，激发幼儿开展游戏的欲望。针对大班幼儿的发展需求，教师可以指导幼儿通过已有购物经验进一步讨论设施、材料及商品的分类摆放情况，收集废旧材料或自制商品并贴上标签。幼儿可以自主选择游戏角色进行模仿并制定游戏规则，例如要从入口进、出口出，买了东西要付款等。教师还可引导幼儿将数学知识运用到游戏中，知道找零或凑整，练习简单的加减运算；鼓励幼儿学习促销自己的商品，用绘画、广播等形式为商品做广告。

### 3. 适时指导幼儿游戏现场，促进游戏的顺利开展

小班幼儿受具体形象思维的限制，角色意识还不够强，为明确幼儿角色职责与任务意

识，促进其游戏情节的开展，在角色游戏开始之前，可以为幼儿提供一些标识性的材料，帮助幼儿明确自己的角色，使材料体现间接指导的作用，促进幼儿游戏的顺利开展。例如：为小班幼儿准备相应的角色标识牌，进入娃娃家游戏区域之前先挂上他（她）今天想做的角色的标识牌，然后再开展游戏情节。这不但有助于引导幼儿明确自己的角色身份和职责，围绕游戏的主题开展游戏，也有利于教师在幼儿游戏过程中有的放矢地展开指导。

教师也可以借助游戏角色，融入幼儿角色游戏中，通过扮演游戏中的角色间接指导幼儿的游戏。例如："爸爸""妈妈"在娃娃家里闲逛，无所事事，教师借助"客人"的身份敲门进入娃娃家，"爸爸""妈妈"也没有给予招待，这时候教师以客人的身份说："'妈妈'能不能帮我泡杯茶、切点水果？""'爸爸'，过来这边看看电视聊聊天吧。""你们的宝宝最近怎么样了？"通过教师"客人"角色的介入指导，"妈妈"的角色扮演者意识到自己的职责是给客人沏茶、准备水果，"爸爸"的角色扮演者应该与客人聊聊天，等等。

幼儿游戏过程是一个犹如"打乒乓球"的师生互动过程，在这个过程中必须发挥"双主体"作用。教师要从成人的感官世界转向幼儿的意义世界，就不应居高临下地去指导或"支持"游戏者，而应当以玩伴的身份认真观察，融入游戏者的想象世界，敏锐地捕捉其意图和想法，尊重其游戏兴趣，不破坏、不干扰其游戏心理，不突兀地加入其游戏，而是在幼儿愿意接纳或主动邀请时才加入游戏，这样教师对幼儿游戏的支持才能水到渠成。

### 4. 合理有效地评价幼儿的角色游戏行为

游戏后的评价对提高游戏质量、巩固游戏获得的情绪体验等都有着直接的导向作用。教师在指导幼儿游戏时，要及时将幼儿良好的行为及习惯作为榜样并给予肯定，当幼儿发现他的行为可以得到同伴及教师的认可时，其行为可以在互惠中得以培养。以往的游戏活动评价通常是在游戏结束时由教师进行游戏小结，其结果往往是幼儿游戏经验不深刻，游戏体验也得不到回顾。因此，有效的游戏评价应注意：转变评价主体，以幼儿评价为主，给予幼儿充分发表意见和看法的机会；教师可向幼儿提出一些开放性问题，引导幼儿积极思考与讨论；教师的评价用语应具体，便于幼儿理解与接受；教师应善于发现幼儿在游戏过程中的闪光点，充分鼓励幼儿参与游戏的积极性；教师应争取让每一次评价都为幼儿再次游戏指明方向，也促使教师调整游戏计划，改进游戏指导策略。

**案例 5-11**

### 飞机开到餐厅里

教师："今天在游戏中有什么问题需要解决？"

幼儿1："今天嘟嘟没付钱就带着'游客'进'游乐场'了。"

教师："嘟嘟，你在游戏中扮演的是谁？"

嘟嘟："飞行员。"

教师："带游客进游乐场玩是导游的事情还是飞行员的事情？"（幼儿争论起来，有的说是导游，有的说是飞行员。）

教师："飞行员、司机的任务是什么？"

幼儿："开飞机、开汽车。"

教师："飞行员是负责开飞机的，带游客去玩是不是他该做的事？"

幼儿2："不是。"

幼儿3："我今天坐'飞机'，好害怕哦！'飞机'太快了。"

幼儿4："'飞机'开得太快了，我说慢一点，'飞行员'说飞机怎么能慢呢。"（幼儿又兴奋地讨论起来，在幼儿的心目中飞机是很快的。）

教师："今天我没有坐'飞机'，我在旁边看，'导游'说去'小吃店'吧。'飞行员'就把'飞机'开到'小吃店'里去了。哪些小朋友坐过飞机？你们坐飞机去过哪里？"

幼儿5："我坐飞机从南京到昆明，从昆明到西双版纳。"

教师："哦，那么远！你们从昆明到西双版纳去玩，飞机跟着你们进餐厅吗？"

幼儿5："先到一个地方的飞机场，然后坐出租车或公交车到餐厅。"

教师："你们听到了吗？刚才他说得很清楚了，飞机能直接开到小吃店吗？"

幼儿："不能。"

教师："好，坐过飞机的小朋友仔细想一想飞机是停在哪儿的，没有坐过飞机的小朋友也可以回家去问问爸爸妈妈。"

案例中的教师在游戏结束后通过提问引导幼儿主动参与讨论和评价，帮助幼儿解决游戏中遇到的困难，让幼儿真正成为游戏的小主人。"幼儿参与式"的游戏评价不仅让幼儿获得了知识和经验，还培养了幼儿的合作能力以及互相分享、交流与学习的良好品质。

合理有效的游戏评价对幼儿自身在游戏中的行为是一种总结和反思，是幼儿一种自我意识增强及其自我能动性的表现，引导幼儿自主评价更能表现出幼儿对周围事物的态度与认识，使幼儿对游戏不仅停留于感性认识，同时上升到到理性认识，发挥游戏促进自我成长的作用。

## 思考与练习

1. 针对不同年龄段的幼儿，教师投放游戏材料时应该注意什么？

2. 案例分析：

（1）在娃娃家游戏中，月月基本每次都是一边拿着玩具勺子，抱着娃娃，一边嘀咕着"妈妈喂饭给你吃哦"之类的话。

（2）在娃娃家里，婷婷扮演游戏中的妈妈，她一会儿给娃娃喂饭，一会儿给娃娃讲故事，一会儿又拿起奶瓶给娃娃喂奶，还帮娃娃洗头洗澡，嘴里还说："哎呀，宝宝，你吃得脏死了，妈妈给你洗澡澡吧。"洗完之后又对娃娃说："今天天气真好，妈妈带你去散步吧。"接着就抱着娃娃出去了。

这两个案例中，你认为月月与婷婷分别是哪个年龄段的幼儿？这一阶段的幼儿角色游戏有什么特点?

3. 案例分析:

区域游戏时间,几名幼儿在玩"旅行团"游戏,"大巴车"上出现了拥挤和争抢座位的安全问题,于是,教师向幼儿追问了几个问题:"你们早上是几点集合的?""导游是什么时候带乘客去吃中饭的?""下午还会去哪里游玩?""车上一共有几个人?"促使幼儿调动已有经验,推进游戏情节的发展。教师还从"大巴车"可搭乘多少人这个问题入手引导幼儿讨论。

教师:我看见你们都很喜欢"旅行团"的游戏,只是"游客"太多了,"大巴车"上全是人。"司机"来说一说"大巴车"上一共有几个"乘客"?

"司机":6个,还有一个"导游"。

教师:大家玩得开不开心啊?(幼儿都说开心,只有天天表示反对。)

天天:我站在"大巴车"的最后,很难受。

教师:为什么难受啊?

天天:因为太挤了,人太多了,我都快要摔倒了。

教师:那怎么办呢?

天天:下次少带几个人。

教师:那我们带几个人比较合适呢?其他想当"游客"的怎么办呢?

天天:4个,还有1个"导游"、1个"司机"。

明明:可以再增加一辆"大巴车",两辆"大巴车"就能乘坐很多人了。(这实际上已关涉游戏中安全的问题,幼儿只有亲身体验到人多拥挤容易出危险,才会接受减少人数的建议。)

根据这个案例,请你谈谈教师应该如何指导幼儿角色游戏。

## 延伸阅读

### 幼儿园角色游戏的现实困境与精神回归
#### ——以"娃娃家"游戏为例

**侯佳　赵微**

游戏的本体价值在于游戏精神的体现,幼儿游戏精神具有自由与愉悦、对话与开放、创生与体验的特质。然而现今幼儿园的角色游戏存在异化现象,捕捉不到"角色"内涵,其精神内核,如无目的、自由、对话、创生、情景体验已荡然无存。高翔(2013)通过对近十年幼儿园游戏研究现状做内容分析后发现,游戏本体论的研究论文不到总体的9%。因此,对幼儿游戏精神的研究是极其必要的。本研究基于对中外游戏精神的分析,结合"娃娃家"游戏的一些案例,具体阐述角色游戏的精神实质及其面临的现实困境,并提出针对性的突破策略,以期幼儿园角色游戏精神的回归。

一、游戏精神的内涵

国内外学术界对游戏精神并未明确界定。席勒将古典游戏精神的研究推到顶峰,认为游戏使人成为完整意义上的人,赋予游戏精神以自由的内涵。近现代游戏精神的研究者,如霍尔、弗洛伊德、尼采等认为,游戏精神凸显了游戏的非理性本能的生命价值。胡伊青加赋予了游戏以人存在的本体论地位。迦达默尔肯定游戏无主体及游戏是自组织的、历史的、开放的、实现的存在。后现代哲学的"游戏观"主张通过用游戏的规则来替代普遍的、绝对的真理,赋予游戏一种彻底的怀疑、超越、开发和重建的精神。国内学者认为幼儿游戏精神是一种原发性的生命精神,蕴含着成长、自由、创造、完整与和谐,是幼儿生命发展的价值向度,是人性不断谋求自由、解放,最终获得生命能量最大释放,人生意义完满实现的精神坐标。由此来看,游戏精神是在游戏中蕴含着自由、对话、创造、情境体验的精神实质。

角色游戏是幼儿按照自己的意愿,通过模仿、想象和扮演,借助语言、动作、表情,创造性地反映周围现实社会生活的一种游戏。角色游戏精神也蕴含着游戏精神的自由、对话、创造、情境体验的精神实质,但从幼儿的角色游戏活动中提炼出相对抽象却更细化的精神特质:角色游戏的精神是无目的的——正如杜威的教育无目的论,幼儿的角色游戏更关注的是角色扮演本身内在的乐趣,而非成人的生活逻辑灌输。角色游戏的精神是自由自主的——是幼儿选择、理解和表达角色的自由,幼儿可以自由自主地选择角色主题,设计游戏规则,创设游戏环境,调整游戏过程。角色游戏的精神是对话开放的,幼儿可以与游戏互为主体,不受外界束缚,同时游戏的伙伴亦体现着平等、自愿、沟通、理解与合作。角色游戏的精神是创生的,可以模仿现实,亦可以超越现实,是幼儿创造力和想象力萌发的源泉。角色游戏的精神是情境体验的——无论虚假与真实,幼儿都有权利体验真正好奇与喜欢的角色,有权利体验不同的情绪色彩及生活秩序。总之,角色游戏的本体价值就是让幼儿享受其中,直至游戏真正成为幼儿的存在方式之时,幼儿才是真正的"幼儿"角色。

二、幼儿园角色游戏的现实困境

(一)角色游戏外在目的性过强,导致幼儿从"扮演角色"变成"表演角色"

角色游戏本应是幼儿带着好奇、兴趣及愉悦精神享受其中的,然而由于外力的干涉与阻碍,幼儿最初对游戏角色的渴望不再热切,一次体验生命与生活的游戏反而成了幼儿沉重的负担。例如:母亲节之际,教师为了让幼儿体验妈妈的辛苦,请每位幼儿充当"娃娃家"的"妈妈"轮流照顾"宝宝",开始的时候幼儿都很感兴趣,也会学着教师教的"妈妈的口吻"说话,可时间一长,排到后面的幼儿就开始不耐烦,甚至只是模仿三言两语,得到"宝宝"认可后就像解脱了一般高高兴兴地去进行其他游戏了。"生活即教育"逐渐变成了"游戏即教育",角色游戏的外在目的已凌驾于内在目的之上。

(二)角色游戏自由性缺乏,导致幼儿无法进入"角色"

自由的角色游戏环境和内容有助于幼儿自我概念及角色意识的积极发展,使幼儿清醒地意识到自己的身份和其他玩伴的身份,以及游戏所用的物体及活动在真实生活

中的真实意义。然而现实中游戏材料投放种类和数量较少、活动空间及规划不合理，致使幼儿缺乏真实的情景感知，缺乏游戏化思维及角色意识。例如，"妈妈"因为找不到奶瓶，便将哭泣的"宝宝"置之不理，反而要去当理发师。教师的游戏主导权和分配权使得幼儿无法自主选择喜欢的角色。又如，由于人数过多加之涛涛平时过于"好动"，教师便给他安排了"自由人"的角色——穿梭在每个区域中扮演"病人""顾客""宝宝"。然而这种"自由"不仅剥夺了幼儿的自主选择权，也剥夺了幼儿角色认知和体验的机会。

（三）角色游戏对话性、创生性的流失，导致幼儿"角色"体验和想象的缺失

对话就是把人与人之间的关系还原为一种存在交往的关系，人将自己与他人的命运相连，身心敞开，完全平等，是一种"我和你"的关系。角色游戏本身也应是这样一种充满着幼儿与游戏本身、与教师以及同伴之间的真实、平等而创生的对话过程。然而现实中的幼儿以一种"独白"的方式游戏或"被游戏"着。幼儿的话语权、创生权在教师的"事必躬亲"中被剥夺。例如，在"娃娃家"，教师会"善意"地"直接"告诉幼儿，"宝宝"哭是要喝奶粉，"妈妈"才应该去"厨房"做饭；因为"妈妈"不小心把"娃娃家"的窗帘碰掉了，所以"宝宝"跑过去向老师告状，等等。这样一来，幼儿本应在游戏中萌发平等合作的交往意识和美好丰富的想象，权威中心主义却成了幼儿游戏生活的独裁者，对话创生已沦为单向的信息传递。

（四）游戏活动体验性的缺失，导致幼儿"角色"交往的缺失

角色游戏最根本的价值就是让幼儿真实、全面地体验和感知不同角色的特征和意义，通过与自我及现实世界的交往，深刻地认识到现实世界的本真以及自我的需求和价值。然而在现实的角色游戏中，幼儿没有体验角色的机会，而是教师"导演"下的没有灵魂体验的"主角"，甚至是"配角"。例如：老师非常喜欢琳琳，作为奖励每次都让她扮演"娃娃家"的"妈妈"，其他小朋友只能扮演别的角色，"妈妈"和"宝宝"在整个游戏过程中只是各自玩着，始终没有说过一句话；"爸爸"和"妈妈"因为"做什么饭"一直争吵到游戏结束，教师自始至终也未能引导幼儿进行体验和交往。

三、幼儿园角色游戏的精神回归

（一）自由精神的回归：确立幼儿为"游戏人"的角色定位

破除追逐知识的幼儿游戏观，还原角色游戏活动的内在目的，才能让幼儿成为真正的"游戏人"。幼儿教师应当摒弃唯知识论或者未来准备学说，关注角色游戏本身给予幼儿的身心滋养，在理解幼儿特点及意愿的基础上，给予幼儿选择和表达角色的机会。如，在体验"妈妈"辛苦时，幼儿可以自主选择体验"妈妈"的游戏形式，可以利用宠物玩具扮演"孕妇妈妈"参与一日生活，在真实的情境中体验怀孕妈妈的艰辛。也可以通过同伴或师幼搭档互换扮演妈妈与孩子，深化角色意识，并结合其他活动区延伸出更丰富的角色游戏。面对幼儿争着扮演"妈妈"的情况，教师可以开展短暂的竞选会，让争抢的幼儿各抒己见，谈谈自己当"妈妈"的原因和方法，让幼儿们自己做最后的决定，从而保证游戏角色选择的公平性，避免幼儿自身的内心冲突及同伴之间的冲突。同时要避免角色游戏中"自由人"的出现，应在了解每位幼儿特质的基础

上，尊重幼儿表达角色特征的差异性和自主性，适时引导幼儿深入游戏，勿使幼儿成为成人"导演"下的"伪游戏"的傀儡。

（二）对话、创生精神的回归：为幼儿构建"游戏场"的活动情境

1. 显性游戏场的构建——开放的、丰富的、留白的物质环境

角色游戏物质环境的创设首先应该区域分布合理且具开放性，可根据幼儿的游戏水平及游戏需要随时做出调整，例如尊重幼儿的建议，适时注意游戏主题范围的扩展和主题内容的递进；其次，游戏材料的投放应丰富多样、可操作性及创生性强，例如"娃娃家"不是简单的一张床、一个娃娃构成的模拟版的小型家庭，其投放的应当是教师与幼儿通过观察生活、体验生活、发挥想象后共同商讨制作出的具有个性化和趣味性的材料；最后，游戏时间的安排也要根据幼儿个体的特性以及游戏的不同种类来合理灵活地安排，给予幼儿自由选择的空间。

2. 隐性游戏场的构建——主体间性的师幼及幼幼关系

角色游戏活动中的师幼关系应当是平等交往、主动对话、相互理解的主体间性的关系。幼儿角色扮演时是模仿和加工成人的生活，而非简单复制成人生活，教师应该在游戏中敏锐观察幼儿角色扮演的兴趣点，了解幼儿的最近发展区，以问题回应取代直接给予答案，以开放性、挑战性的问题引导幼儿独立思考，鼓励幼儿自己解决角色认知冲突。例如，让幼儿自己表达"宝宝"哭闹的原因，结合自身经验回想"妈妈"在家里的工作。以平等、对话的方式引导幼儿进行创造性的扮演，允许幼儿扮演的角色不同于现实生活逻辑，同时教师通过"是什么""为什么""怎么办"的辅助性问题，引导幼儿注重角色体验的趣味性，而非只关注游戏规则的维护。

（三）体验精神的回归：有效引导幼儿"做游戏"的过程

幼儿"做游戏"的过程是内在经验习得的过程，教师除了尊重幼儿自主体验和选择游戏的权利以外，还需掌握正确的指导时机和方法，有效地介入和引导幼儿，避免过度行使权力或无效指导造成的幼儿游戏与学习内在连接的阻断。例如，教师发现幼儿游离于游戏情境之外不能顺利地进行角色交往时，应及时引导幼儿感知"妈妈"和"宝宝"的角色特征并了解彼此的需求，然后让幼儿发挥想象，自由发展游戏情节。面对幼儿游戏过程中的争执和争议，如"爸爸"和"妈妈"因为"做什么饭"争吵，教师首先应耐心询问"爸爸"和"妈妈"各自的想法，可通过扮演"宝宝"让幼儿的争执转化为关注"宝宝"的需求。在游戏过程中，教师应以方向性问题帮助幼儿丰富游戏情节，以开放式问题引导幼儿独立思考，以挑战性的问题激发幼儿创造，深化幼儿的游戏体验。

总之，游戏精神作为一种深层的精神根基贯穿幼儿的生命始终，还原幼儿游戏精神本身便是还原幼儿精神、还原幼儿的生命价值与生命活力。呼唤自由、对话、创生、体验等游戏精神的回归，不仅仅是批判现今存在的"伪游戏"现象，或是否定和忽视教师的指导价值，而是力求从文化学的角度来倡导人文的自由取向在现代教育实践体系中的复归，从而促进游戏与教育和谐共生，携手并进，还幼儿游戏以应有之义。

（本文源自《早期教育（教科研版）》，2015年第4期）

# 第六章 幼儿建构游戏及其指导

大班建构区，幼儿设定的主题是圣安寺，除了建构已学过的东西塔、大雄宝殿外，幼儿还联想到在圣安寺里看过古船，于是一伙人都兴致勃勃地参与古船建构，家鑫与学钊都选择了小星星积塑，相互配合拼起了船底，而较晚入区的许斌看到小星星玩具已经有很多小朋友在玩，就和家鑫商量："能不能和我一起玩？"学钊忙说："我们人数已经够了，快没玩具了，你到其他地方去吧！""但我已经在最后一格的入区表填上号数了。"许斌不愿意去其他区。江海在一旁拿出雪花片约许斌："那我们拼一些小船好了。"但许斌还是不愿意。王老师看到了这一幕，轻轻地在一旁提醒幼儿想想："船上可以用什么样的摆设装饰一下？"他们回答了好多种，如亭子、椅子、船桨、大炮、旗子等。"这些小装饰可以用雪花片模拟建构，再与大船组合起来。"这时，许斌像是获得某种灵感，兴奋地拉着江海一起用雪花片装饰古船。最后，这群小伙伴还一起用各种围墙装饰性划分了圣安寺的古船展、东西塔、假山等不同景物，看着自己建设起来的圣安寺，孩子们高兴极了。离园时间到了，家鑫爸爸过来接他回家，家鑫兴奋地向爸爸介绍："爸爸，看，这是我做的圣安寺！"爸爸随意地点了点头："嗯，挺好的。"家鑫有一些郁闷。在一旁的王老师看到了，不由得皱起了眉头，该如何与家鑫爸爸介绍这一建构游戏过程中家鑫累积的经验呢？

要回答这个问题，就要弄清楚幼儿在进行建构游戏的过程中积累了哪些经验、具体有哪些价值、教师应当如何观察与指导。

本章将阐述建构游戏的概念、特点及建构游戏材料的分类等，并针对各年龄阶段幼儿游戏发展情况来讨论教师对建构游戏的指导策略。

## 背景知识

建构游戏有着悠久的历史，它是幼儿通过动手操作进行模拟、再现和塑造的活动，体现着幼儿的想象力和创造力，是幼儿最喜爱的一类游戏。一般来说，幼儿对建构游戏感兴趣始于2岁左右，这个时期的建构游戏主要是一种随意建构，缺乏目的性与计划性。

3岁左右，幼儿的建构游戏开始显现一定的目的性与计划性，幼儿从简单的积木游戏开始，例如盖房子、搭桥、造小汽车等。随着幼儿年龄的增长以及认知水平与动作技能的发展，建构游戏的目的与计划性逐渐增强，建构的主题和内容也更加复杂和多元化，并常常与角色游戏相结合。

尽管大量研究表明，建构游戏对幼儿的发展具有独特的教育价值，但在日常生活中，建构游戏容易被简化为单纯的娱乐活动，从而制约了建构游戏价值的挖掘与实现。在建构游戏中，幼儿不仅能够获得建构物体的丰富经验，更有利于发展幼儿感知觉、操作能力、创造与想象能力等。

## 第一节 建构游戏及其特点

### 一、建构游戏的概念及分类

#### （一）建构游戏的概念

建构游戏材料具有规则性、操作性和灵活性。以常见的积木为例，它有着固定的规格，且便于进行堆积、排列、组合等操作，可以构建出各式各样的作品，而不像玩具车、洋娃娃这类材料用途固定。建构游戏中的"建构"分别蕴含在物品建构、认知建构、社会建构这三个过程中。

基于建构游戏的材料和活动过程的特点，可以将建构游戏定义为：建构游戏是幼儿运用一定的建构技能对结构材料进行建构的游戏。

### 拓展知识 6-1

#### 最早的建构玩具积木及其来源

最早的建构玩具——积木，在古罗马时期就出现了。在那时，人们通过在木块上刻字母帮助幼儿认识字母。如今，幼儿园常见的单元积木（Unit Blocks）大多来自19

世纪德国教育家福禄贝尔发明的"恩物"。福禄贝尔认为,"恩物"是没有文字的课本,它可以引导幼儿的心灵与思想,帮助幼儿理解和体验"恩物"中复杂抽象的概念。

## (二)建构游戏材料的分类

建构游戏的材料是建构游戏顺利开展的保障和物质基础,根据结构性,幼儿园常见的建构游戏材料可分为低结构材料和无结构材料。

**1. 低结构材料**

建构游戏的材料大多为低结构的材料。低结构的材料是指结构简单、功能多元、可变性强、操作性强,可以让建构者按照自己的想法任意操作、改变、组合的材料。幼儿园的低结构材料有许多种类。

1) 积木

积木是一种最为常见的建构材料。积木的式样很多,有大、中、小型积木,空心或实心型积木,动物拼图积木等,如图6-1~图6-3所示。

图 6-1 清水积木

图 6-2 彩色积木

图 6-3 乐高积木作品

2）积塑

用塑料制作的各种形状的片、块、粒、棒等部件，通过接插、镶嵌等可组成各种物体或建筑物模型，如图 6-4~图 6-6 所示，积塑轻便耐用、便于清洁。

图 6-4　雪花片

图 6-5　齿轮积塑

图 6-6　方块积塑

3）积竹

将竹子制成各种大小、长短的竹片、竹筒等，是很好的建构游戏材料。积竹可构造"坦克""火车""飞机"，还可建"桥梁""公园"，构造出的物体同样栩栩如生、富有情趣，如图 6-7 所示。

图 6-7　创意积竹

4）拼棒

用火柴杆、塑料管、冰棒棍或用糖纸搓成纸棍等作为游戏材料，可建构出各种图形或物体，如图6-8~图6-10所示。

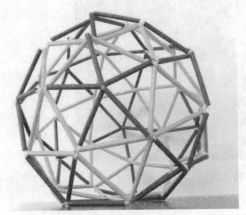

图6-8 吸管建构作品

图6-9 雪糕棍建构

图6-10 卷纸筒建构作品

5）拼图

用木板、纸板、塑料或其他材料制成不同形状的薄片并按规定方法进行拼摆，可建构各种物体，如可拼摆动物的房屋、故事情节等画面。传统的七巧板就属于拼图游戏。如图6-11、图6-12所示。

第六章　幼儿建构游戏及其指导

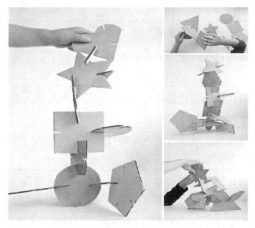

图 6-11　硬纸板建构作品

图 6-12　七巧板建构作品

2. 无结构材料

无结构材料是指不容易定型的建构材料，常见的无结构材料有泥、水、沙、雪等。沙土是一种不定型的结构材料，可以随意操作，也可利用水、雪玩划船、堆雪人、打雪仗等游戏。

二、建构游戏的特点

（一）自主性

自主性贯穿幼儿建构游戏的整个过程。在建构游戏开始时，幼儿按照自己的意愿选择感兴趣的建构材料和建构空间，并对建构形象进行构思和规划；在建构游戏过程中，幼儿通过不断的思考，对建构过程进行调整，从而解决游戏过程中出现的问题；在建构游戏结束时，幼儿能对自我的建构结果进行评价。

（二）建构性

在建构游戏中，幼儿利用建构材料以一定的结构或者序列进行搭建，便组合成了可以反映幼儿思维和想象的各种物体形象。建构材料具有一定的大小、形状、体积、面积、质地等特性，通过建构游戏，幼儿建构关于周围世界的认识，发展关于健康、科学、艺术，甚至语言、社会交往等领域的能力，具体见表6-1。

表 6-1　建构游戏对幼儿能力发展的影响

| 发展领域 | 项目 | 举例说明 |
| --- | --- | --- |
| 健康 | 大肌肉动作 | 幼儿搬运若干奶粉罐到室外进行堆叠 |
| | 精细肌肉动作 | 幼儿使用清水积木、雪花积塑等建构材料，通过接插、镶嵌等组成城堡造型 |

续表

| 发展领域 | 项目 | 举例说明 |
| --- | --- | --- |
| 语言 | 倾听与表达 | 幼儿在和同伴共同建构城堡时使用语言相互沟通,并对自己和他人的桥梁作品进行评价 |
| | 阅读与书写准备 | 在建构前运用设计图将城堡建构思路写下来,并学会理解他人的房屋设计图 |
| 社会 | 人际交往 | 和同伴一起沟通如何完成"城堡"这一建构目标,并在建构过程中尊重他人的意见并保护建构作品 |
| | 社会适应 | 在老师的引导下,幼儿知道爱惜建构材料,在使用他人的建构材料时用语言和动作等进行沟通 |
| 科学 | 科学探究 | 在建构房屋的目标达成后,幼儿对房屋的上下楼层、前后左右墙壁、空间的大小有了新认识 |
| | 数学认知 | 幼儿园剩下的积木数量不够,幼儿需要想办法思考如何搭建才能减少积木的使用数量,并对需要的积木数量进行估算 |
| 艺术 | 感受与欣赏 | 幼儿完成"城堡"后,互相欣赏彼此的"城堡"作品 |
| | 表现与创造 | 为了体现"城堡"里的"公主"与"王子",幼儿将娃娃家的粉红色积木和蓝色积木放到"城堡"中 |

### (三)象征性

建构游戏是幼儿以建构材料为物质基础开展的象征性游戏活动。幼儿运用建构材料表达自己对周围世界的认识和理解。在幼儿年龄较小时,会结合建构材料表达对具体事物的想象和愿望。

**案例 6-1**

#### 梦想生态乐园

在梦想生态乐园里,每天都会发生许多新鲜有趣的事情。随处可见的石子、落叶、树枝,这些不起眼的东西却是孩子们最喜爱的宝贝。这一天,孩子们在乐园里发现了一些散落在地上的石头,和这些石头来了场美丽的邂逅……

小、中班的孩子们喜欢用石头来摆图案。虽然是很随意地摆放,但是孩子们都能够全身心地投入,并感受到摆放石头的满足和愉快,具有极强的积极主动性。在边摆边讨论的过程中,孩子们主动和同伴表达自己的想法和意见。

游戏初期,教师不需要演示,更不必让幼儿做出石头造型的成品,只需要为他们创设环境,适时地给予支持、鼓励,激发他们玩石头的兴趣,引导幼儿在自然中大胆地去发现、去探索、去创造,从而尊重幼儿的选择。教师要把更多创造的空间与时间留给幼儿。

游戏继续发展,孩子们三三两两都在各自摆弄自己挑选的石头。可是,只见小班的园园小朋友东看看西瞧瞧,无从下手,两手一摊嘴里念叨着:"我不会摆。"这时,旁边中班的小朋友思琪发现了园园需要帮忙,便拉着她一起去拿石头。有了姐姐的带领,园园兴高采烈地跟着她一起挑选石头。园园捡来了石头,可还是在旁边看着姐姐玩。园园主动提出:"我帮你们拿石头吧!"拿来石头,园园看思琪摆了一朵花,就把手中的小石头放到花的中间,高兴得笑了。旁边的孩子也自由结伴,大的带着小的,一起拼搭着,用石头搭成了花、仙鹤、鸭子、乌龟、兔子、鸵鸟、孔雀。

随着幼儿认知的发展,幼儿的积木建构逐渐接近于象征之物的细节。如一个幼儿在建构高架桥时,一开始可能只有两个桥梁和一块横木作为桥面。逐渐地,他开始意识到,桥梁应当有斜坡、双行道和弯道等。于是,他使用了更多的积木,来搭建斜坡、双行道和弯道等。接着,幼儿来回地"驾驶"塑料小车,发现斜坡还不够顺滑,双行道还不够稳固,弯道衔接还不够紧密。在高架桥终于搭建完成后,幼儿甚至还发现缺乏高架桥的指示牌,因此,他又开始了搭建指示牌的探索。

(四)创造性

通过幼儿的想象与创造,通过动手造型,来源于幼儿现实生活的内容被幼儿创造成了有特点的物体或者建筑物,来实现对周围生活的反映。在建构的整个过程中,建构物可能随着幼儿的创造与想象不断被推倒重来;建构结束后,留给成人的可能是混乱,但活动过程中体现了幼儿的创造力。

**案例 6-2**

### 好玩的"跷跷板"

这天,太阳驱散了雾霾,赶走了阴雨,终于露出了难得一见的灿烂"笑脸"。在户外建构游戏区里,孩子们也因为阳光的到来而兴致勃勃地玩耍。突然,正在一旁玩耍的浩浩大声喊叫起来:"哇,老师快看,我们飞起来了!"李老师循声望去,只见浩浩和另一个小伙伴坐在小木板上,上下摆动,他们玩起了跷跷板,上下翻飞着,不时发出"咯咯"的笑声。老师好奇地问:"你们是怎么玩的呢?"浩浩介绍说:"老师,这个简单,先找一块半圆形的木块积木,再去搬一条长长的或短短的条形木板,半圆形木块摆在地面上,木板架在半圆形的上面,这样就是跷跷板啦,你看我们起飞啦。"过了一会儿,一起玩跷跷板的同伴对浩浩说:"一直上上下下,不好玩,我要去玩别的了。"说完他便站了起来,留下跷跷板和浩浩一个人。被同伴"抛弃"的浩浩显得有些丧气,他把木板拉平,就在这时他忽然发现,跷跷板居然平衡住了。浩浩又大叫起来:"老师你快看,我的跷跷板现在不是一高一低了,我的跷跷板是平的啦!"原来,他发现了跷跷板的另一个秘密——平衡。老师赶紧给他竖了一个大拇指。浩浩拿起旁边两块长

147

方体的小木块，各自放在木板的两边，跷跷板摇摇晃晃，他兴奋地随着跷跷板一起摆动着自己的身体，随着跷跷板一起摇晃，这一次，跷跷板再一次平衡住了。

于是，在班级建构游戏时，浩浩总是想办法让建构区域里的各种材料"玩跷跷板"，在他的"跷跷板王国里"，几乎所有的玩具都"玩过平衡"，甚至连餐前餐后和小伙伴们谈论的话题，也都围绕着"跷跷板"。

## 第二节 建构游戏指导

### 一、建构游戏的组织

#### （一）游戏开始前的组织

**1. 激发幼儿参与建构游戏的兴趣**

幼儿参与建构游戏，往往是从对建构物和建构活动感兴趣开始的。教师应注意利用多种方法激发幼儿的好奇心，激发幼儿对建构游戏的浓厚兴趣和创作的欲望。

1）用建构作品吸引幼儿的兴趣

教师可事先构建出各种各样的结构造型展示给幼儿，让他们感受和欣赏这些作品，了解结构材料和建构技能的丰富多样性，体验造型的艺术美。当幼儿对作品的羡慕之情溢于言表的时候，尝试之心便会油然而生。对于小班幼儿，教师还可以带他们参观中、大班的建构游戏，哥哥姐姐们的作品往往能更有效地激发他们参与建构游戏的兴趣。

2）关注与把握幼儿的兴趣点

观察是实施有效指导的前提。教师应通过一日生活中的观察，了解幼儿一定时期内的兴趣点，及时把握幼儿随机生成的兴趣和需要，从幼儿的生活经验和兴趣点出发，进行有效的指导，有意识地调动幼儿的兴趣，引导幼儿不断关注新鲜事物，从而拓宽知识经验，提高建构游戏的水平。

3）帮助幼儿维持建构兴趣

幼儿对建构游戏的兴趣主要在于游戏过程。幼儿参加建构游戏一般没有什么既定的目标，往往是受玩具的吸引或者看到别人在玩建构游戏而开始参与建构。如果幼儿能够摆弄玩具建构出某种有意义的造型并得到肯定，他的兴趣便会得到加强和深入；而如果幼儿在建构中摆弄不出什么有意义的造型来，也没有得到及时的鼓励和帮助，就会对建构游戏失去兴趣。对此，教师可以采取以下几种方法给予指导：

一是教师可以根据幼儿手中半成品的形象，引导幼儿为建构物命名，同时发现建构物和实物形象的差距，以帮助幼儿确定建构的方向，使幼儿将兴趣维持在建构活动上；二是当幼儿手中的建构物无法与现实物体加以联系时，教师可以启发幼儿多做几个同样的建构物，相互连接起来，组成一个连续的图案，也可以让他们另做一个不同的建构物组合在一起，再根据新的建构造型确定建构主题，继续开展游戏；三是保留幼儿建构游戏中的一些半成品，在下次游戏时提供给幼儿，使幼儿通过后续的建构活动完成和完善作品。

2．提供必要的物质条件

（1）提供时间、场地。首先教师必须保证在幼儿的一日生活中合理安排建构游戏的时间，如自主游戏时间；其次是提供场地，除了桌面、教室区域的地面，还要尽力提供较为固定、宽敞的大型建构游戏搭建场地。

（2）提供建构游戏材料。建构游戏的材料多种多样，除了常见的积木、积塑材料以外，还可以使用多种自然物、废旧物品等特色材料，如玩沙区、石头、废纸箱、冰棒棍、牛奶罐等。建构游戏材料多，收拾和整理必然也有一定难度，教师应当准备一些合适的分类收纳箱或收纳盘等，并在箱子或盘子外部贴上此类建构材料的图片，以供幼儿分类收拾和整理。

3．建立建构游戏规则

建构游戏开始前，教师必须帮助幼儿建立起建构游戏的规则。具体规则包括：

（1）积木取放：需要多少块积木拿多少块，玩完积木后要收拾好积木放回原处。

（2）方便他人：在离积木柜有一定距离的地方搭积木，以方便他人拿积木，积木不能搭建得过高，以免倒塌下来压着人。

（3）保护积木：任何时候都不能乱扔积木，不能互相丢掷积木或用积木来打人，不要在积木上行走。

（4）与其他幼儿的游戏过程：拿人家的积木要经过别人的允许，注意保护他人的建构物。

### 案例 6-3

#### 扔雪花片游戏

小班的李老师在建构区观察幼儿搭雪花片，玩耍中牛牛小朋友把几片雪花片抛到地上，边抛边说："下雨咯！下雨咯！"紧接着小朋友们一阵哄笑，竞相模仿。这一切发生在短短的几秒钟里，活动区域里已经到处是雪花片。李老师在惊愕之余问道："扔玩具好玩吗？"孩子们偷瞄着不作声，"那你们想扔吗？""想。"一个大胆的孩子回答。李老师点点头，说："那好吧，请你们尽情地扔吧。"区域里顿时炸开了锅，孩子们的叫声和玩具的碰撞声淹没了一切，十几分钟后，满屋一片狼藉，孩子们红扑扑的脸上透着意犹未尽的喜悦。李老师镇定而舒缓地说："好了，我们该捡玩具了。"孩子们看着满地的玩具不知所措。李老师笑了笑，说："没关系，老师和你们一起捡。"时间一分一秒地过去，玩具一个个地进了篓子，汗珠也一滴滴地从孩子们的头上冒出来，当把最后一个雪花片放进篓子的时候，大家都往地上一躺，"好累呀，终于捡完了。""那你们喜欢扔玩具还是捡玩具呢？""当然是扔玩具。""为什么？""因为扔玩具很开心，捡玩具太累了。""那谁来捡呢？""谁扔的谁捡。""最好大家都别扔。""对，那就没有人累了。"

在案例中，李老师既考虑到了小班幼儿的年龄特点，注意引导幼儿和雪花片产生新的互动方式，又进一步强调了游戏的规则，让幼儿在游戏中得到了快乐和教育。（案例源自上海学前教育网）

### （二）游戏进入时的组织

#### 1. 确定建构游戏的主题

从建构游戏的主题有无可将建构游戏分为自由建构和主题建构两种类型。主题建构是指幼儿围绕较为明确的主题而进行的建构活动。

建构主题的来源是多种多样的，可以来源于幼儿的实际生活经验和想法，也可以来源于教师的建议。

**案例6-4**

#### 和长颈鹿比高低（一）

小班主题活动"动物的花花衣"开展得热火朝天，孩子们天生就对动物特别感兴趣。一天，在聊到长颈鹿的花纹时，突然宝贝们又对长颈鹿产生了很多奇怪的想法，他们觉得长颈鹿的脖子非常神奇。黄老师于是想到：既然孩子们那么喜欢长颈鹿，而长颈鹿又是世界上最高的动物，那么为何不创设一个这样的垒高情境——和长颈鹿比高低！

黄老师把所需要的材料都准备好，考虑到幼儿的个体差异，黄老师将小、中、大三只长颈鹿按高低贴在了"小工地"，让每个发展阶段的孩子都能够体验到成功垒高的乐趣和成就感。（案例源自上海学前教育网）

#### 2. 建构游戏的计划与讨论

确定建构主题后，教师可以组织幼儿进行相关的讨论。讨论的内容包括：

（1）需要什么建构材料？
（2）需要多大的空间搭建？
（3）需要哪些与建构主题相关的材料（辅助材料）？
（4）需要几位小朋友分工合作？
（5）需要小朋友如何分工合作？

**案例6-5**

#### 合作搭旋转木马

姚诸悦、唐佳琪、丁星或三人自主结成合作小组，姚诸悦为组长。通过商量，三人决定搭游乐场中的旋转木马。

游戏开始，姚诸悦、唐佳琪、丁星或三人通过简短的商量决定继续搭上次没完成的旋转木马。具体分工为：姚诸悦搭旋转木马的第二层，丁星或负责拿积木，唐佳琪负责搭夜间照明的灯。

姚：丁星或，你去拿绿色和黄色的百变积木，等会儿我们要用。

丁星或将积木拿来后就无事可做，直到教师介入。唐佳琪不一会儿就把灯搭好了，东张西望了一会儿就开始用蓝色百变积木搭另外一样东西。

师：姚诸悦，唐佳琪在搭什么呀？

姚：他说他要搭机器人，但这不是我让他搭的。

师：唐佳琪，你搭的机器人是放在哪里的？有什么作用呢？

唐佳琪低头不语。

丁：我们也不知道有什么用，是他自己搭着好玩的吧！

协商是合作的前提，充分的协商能使接下来的合作变得更加顺畅和有效。在建构游戏前，应给予幼儿一定的商量时间。在这段时间中，幼儿可以就搭建内容、搭建方式（包括使用何种建构材料、选用的颜色）、合作成员的分工等进行充分的商量。

在游戏中，幼儿往往急于开始游戏，对于商量这个环节做得不够充分。在案例中，三个孩子商量完毕，游戏开始了，姚诸悦第一句话就是对丁星或说：你去拿绿色和黄色的百变积木，等会儿我们要用。用何种积木、选什么颜色，本来应该是在商量阶段由合作成员共同商议决定的。但是，由于他们没有进行充分的商量，就开始了游戏，最后导致了这样的局面——搭建材料的选择成了姚诸悦一个人的决策。

### （三）游戏进行时的组织

游戏进行时，教师应当注意观察，一方面注意鼓励幼儿，培养良好的游戏品质；另一方面，在适当的时机对幼儿的游戏过程进行介入。

#### 1. 培养幼儿的坚持性与合作性

在建构区，常常有这样的现象：有的幼儿仅仅开始搭建了一个框架，在碰到问题后就放弃了游戏，转而进行其他的游戏，或者看别人建构。这种时候教师可以进行询问，对幼儿建构技能较弱的点进行指导，引导幼儿提升建构技能。还有一些幼儿完成了一件作品后就觉得建构游戏没有什么意思了，这种时刻需要教师及时鼓励引导，让幼儿坚持下去。

### 案例 6-6

## 和长颈鹿比高低（二）

小班区角活动时间，在"小工地"的孩子们看到这三只可爱的长颈鹿，总要去摸一摸，和它们说说话，看得出对长颈鹿是喜爱至极，但是没有人想过搭的积木和长颈鹿有什么联系。

原本只是抱着试一试的心态，结果却是出乎黄老师的意料，因为喜欢长颈鹿，所以孩子们开始尝试用易拉罐垒高，每次孩子们垒高完成，黄老师都会帮他们和长颈鹿拍下照片，每每在讲评的时候，黄老师都会把照片与孩子们共同分享，这样不仅满足了照片中"小主角"的成就感，增强了他们垒高的自信心，同时也起到了"宣传"的作用，其他的孩子看到照片也开始心动起来，想和长颈鹿一比高低的孩子一天比一天多。

当一些能力非常强的孩子开始不满足于"长颈鹿"这个高度时，黄老师又将垒得特别棒的孩子照片贴在"小工地"，称他们为"垒主"，一场"挑战垒主"的PK大赛正式诞生。能力弱的孩子想要超越，便不停地去尝试垒高；能力强的孩子怕被超越，也是不停地练习，以保住自己的"垒主"身份。（案例源自上海学前教育网）

### 2. 对幼儿建构游戏行为进行观察和分析

建构游戏更重要的价值在于过程性而非结果性，因此，教师在建构游戏的指导中应及时转换自身的角色定位，减少对游戏的直接性指导，多给予幼儿引导性的支持。教师的评价应是过程性评价而非结果性评价，将关注点更多地放在幼儿的建构过程当中。

行为观察是游戏指导的前提和基础。在建构游戏中，教师的观察重点主要有以下三个方面：

（1）幼儿对建构材料的使用情况，如何使用的，用它做了什么以及对新材料的使用情况。

（2）幼儿是否能使用熟练的技能或新技能搭建物体，使用情况处于哪个发展水平。

（3）观察幼儿与同伴的合作情况，是否有合作？目前处于哪种行为水平的合作？合作的内容深度如何？

## 案例 6-7

### 数学经验推进幼儿建构游戏发展的观察与解读

第一次探索：区域游戏时间，大一班的尧尧和茜茜在建构区搭了一个三角形（图6-13）。游戏过程中，长积木不够了，尧尧只能拿来两块小积木代替，她开始比对，寻找合适长度的积木（图6-14）。突然，尧尧发现建筑物的一个侧面会摇晃，于是她就开心地摇啊摇（图6-15），终于一个侧面倒了，接着其他两面也倒了。

图 6-13　主题定位

图 6-14　构思

图 6-15　尝试

第二次探索：牛牛也加入了尧尧和茜茜的建构游戏，他们在原来的三角形底座上继续摆好旺仔罐，开始搭建倒三角形（图6-16）。搭好两个倒三角形之后，尧尧接着摆旺仔罐搭了第三个三角形，然后她提出第四个三角形和第三个三角形交错，和第一个三角形平行（图6-17）。最后他们完成的建筑物是：一个正三角形两个倒三角形，一个正三角形两个倒三角形这样排列的ABBABB模式（图6-18）。

图6-16　再构思

图6-17　再尝试

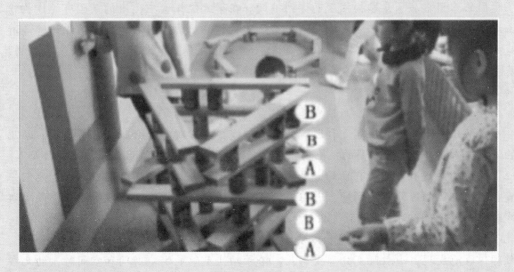

图6-18　作品定型

第三次探索：他们开始造围墙、装饰每一楼层。他们在之前的小积木上用瓶盖进行装饰，有孩子提出要运用"紫黄红紫黄红……"的颜色规则排列小积木。可是全部摆好小积木后，发现规律并不对，于是他们开始寻找原因，不停地调换积木或位置，总共调整了四次，最后终于成功了（图6-19）。

图 6-19 建构成功

上述案例中，幼儿在第一次尝试中初步形成了建构主题——三角形房子，但是因为建构物的不稳定而倒塌。在第二次探索中，借助已有的数学经验和建构技能，搭建了稳固的三角形房子，建构主题也得到持续。在第三次探索中，他们在已有的建构物上继续搭建周边设施，并运用辅助材料美化建构作品。历经三次建构，幼儿始终是游戏的主体，他们不放弃，具有很强的建构兴趣和探究愿望。教师可站在幼儿的立场，基于幼儿的经验去理解和解读其游戏行为。

分析解读：

1. 围绕一个中心：尊重幼儿

以幼儿为中心，就应尊重和理解幼儿的游戏，用心观察和分析。在游戏中，幼儿的游戏热情和兴趣是非常高的，他们积极参与游戏，非常专注，且经常有新同伴加入。他们的建构主题有计划、有目的，且主题非常稳定，虽然中间遇到困难，但是他们一直在运用自己的经验解决问题，并推进游戏的发展。三次探索，游戏时间长，每次游戏时间都近一个小时，但中途都没有人放弃或离开。他们的游戏过程丰富且非常有趣，既有困难，也有各种解决措施和方法，他们会为开展自己的游戏而不断努力。于是，教师惊喜地发现，当教师充分尊重幼儿，给予幼儿足够的游戏时间和空间时，幼儿在游戏过程中的学习品质是非常稳定的。

2. 聚焦两种能力：数学能力和建构能力

游戏中幼儿不断运用已有数学经验和建构技能完成建构作品，所以教师应在以幼儿为中心的基础上，聚焦数学能力和建构能力并以此为支点来解读幼儿的游戏。游戏中幼儿表现出的数学能力包括：形状及其关系、数量关系、模式排列、空间感知、部分与整体等。建构能力包括：加高、架空、围合、模式、表征等。那么，幼儿的数学能力、建构能力与游戏发展之前存在什么关系呢?

游戏中,幼儿对三角形的边、角、顶点特征的感知,发展了架空、围合的建构能力,从而产生了建构主题,即搭建一个三角形的房子。他们已有的空间、排列、数量、部分与整体的数学核心经验,帮助他们在建构中实现更高难度的架空、围合,并运用模式建构,这样的数学经验和建构技能稳定了建构主题,趣化了建构过程。在继续建构过程中,他们不断地运用排列、对称、排序等数学方法丰富建构主题,美化建构作品。于是,整个游戏中幼儿不断地运用数学的思维方法进行建构活动,在让建构活动变得有过程、有趣味的同时,又大大提高了幼儿的建构技能,推进了游戏的进程和发展。数学、建构能力与游戏发展的关系如图6-20所示。

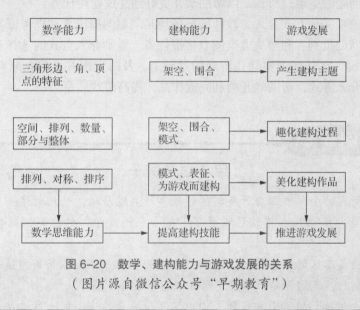

图6-20 数学、建构能力与游戏发展的关系
(图片源自微信公众号"早期教育")

### 3.适时适度地介入幼儿游戏

教师不仅要观察幼儿游戏,还应指导幼儿游戏。这既能保证幼儿游戏的安全性,又能增强幼儿的社会行为规范意识,提高幼儿的游戏水平。那么,教师何时介入建构游戏才适当呢?一般来说,教师可以介入幼儿建构游戏的情况有以下几种:

(1)幼儿玩弄材料,无计划搭建或者重复搭建时。

(2)幼儿在操作中遇到困难,要放弃游戏时。

(3)游戏中出现了危险因素,或幼儿严重违反游戏规则时。

(4)幼儿之间产生冲突,出现过激行为时。

(5)幼儿在建构过程中遇到困难,主动向教师求助时。

当上述情况出现时,教师应当介入幼儿游戏,下面列举三种方法:

(1)以平行游戏者的身份介入。当幼儿的基础常规或基础技能出现问题的时候,教师可考虑以平行游戏者的方式介入,使用相关或相似的材料在旁独自进行操作,但并不与幼

儿进行直接交流。此种介入的意图并不在于对幼儿进行直接的示范与指导，而在于通过间接范例的提供，给幼儿建立可观察、可思考的建构空间。

（2）以合作者的身份介入。当幼儿的建构活动遇到了提升性的困难时，教师可以合作者的方式介入，为幼儿提供新的目标任务和更高难度的挑战，以合作者的身份引导幼儿寻找新思路，解决新问题。此种介入的意图在于思路的引导与问题解决能力的培养，而非搭建步骤的直接指导。

（3）以情境中的角色身份介入。当幼儿的操作活动遇到新问题，且这种新问题需要幼儿具备一定的观点选择能力，能够对问题情境中的人物角色需求进行换位思考才能更好地完成目标任务时，教师可考虑以情境中的角色身份介入，向幼儿提出角色的需求，并引导幼儿聚焦解决问题的重难点所在，以帮助幼儿更好地完成建构任务。

总之，无论以哪种方式介入，教师的角色均是问题的提出者和思考框架的提供者，而绝非对操作现状的批判者和解决方案的直接提供者。教师介入方式的选择和运用要结合实践中的具体情况，在仔细观察幼儿游戏的基础上，及时发现并准确判断介入的时机，然后，灵活选择介入方式，帮助幼儿顺利完成作品，提高游戏质量。

### 案例 6-8

#### 给小熊造房子

马老师所在的小三班正在开展"熊的故事"主题活动，幼儿对这一主题十分感兴趣，于是马老师给幼儿在建构区设置了"给小熊造房子"的主题，结合废旧材料来垒高。

马老师将美工区的熊爸爸搬了过来，告诉孩子们："今天熊爸爸想造一座房子，它搬来了很多材料，我们一起来帮它想想可以怎么造房子呢？"

进入"小工地"的"小建筑师"们迫不及待地开始为小熊一家造房子，他们将熊放在中间，在熊的周围四个角各放一个易拉罐开始垒高，垒到和熊一样高时，他们将屋顶盖上。整个过程幼儿表现得很开心。

但是，好景不长，这份新鲜感才过了两天，部分幼儿便对"给小熊造房子"失去了兴趣，原来是这一内容对垒高能力强的幼儿已经没有难度了。

为了加强幼儿的兴趣，马老师提升了"造房子"的难度。第三天游戏时，她在活动前向孩子们抛出新任务：小熊一家觉得他们的房子太小了，想把房子多造几层，你们有没有办法？几名能力强的幼儿一下子就来劲了，接受了这一新任务的挑战。

由于马老师并没有介绍如何造多层楼的房子，所以在接下来几天的"给小熊造房子"中，很多幼儿开始自己探索和思考，大胆尝试给小熊造了一幢幢"小高层"，虫虫首先想出来，在原先房子的基础上，将易拉罐继续在屋顶上垒高，可是由于房子总是倒塌，孩子们似乎很失落，对"小高层"采取了回避态度。

孩子们的表现马老师都看在眼里，在他们一次次的尝试与失败之后，马老师开始在讲评中重点介绍"小高层"的垒高方法。

首先，马老师给幼儿示范了"危楼"的造法，请孩子们先观察为什么会出现这样的情况，马老师造好之后，幼儿发现："老师，你的屋顶歪掉了！"马老师故意很惊讶地说："对呀，我的屋顶怎么会歪了呢？我们一起来研究一下是怎么回事吧！"马老师将屋顶拿掉之后，眼尖的孩子很快便发现了："哇，这个易拉罐是不一样的嘛！三个都是大的，一个那么小！"马老师总结道："噢！你们发现了，原来我的地基不一样，所以我的屋顶会斜过来，这样的楼房造上去肯定很危险，会倒下来，那我们应该怎么造楼房才安全呢？"瑶瑶首先想到："用一样的易拉罐！"建宇也应和："对，要用一样的旺仔牛奶易拉罐，而且要一样大的！"于是马老师用了四个一样的易拉罐，盖上了屋顶，孩子们开心地说："老师，你的屋顶平了！"

马老师高兴地说："真的，你们帮助我解决了这个问题，谢谢你们，那你们觉得我还能往上造吗？""能！"孩子们异口同声地说。马老师请了虫虫来帮忙，虫虫在马老师建的屋顶的基础上选用了四个一样的椰奶罐子，然后盖了一层屋顶，其他幼儿为虫虫拍手，接着又请了几个孩子继续往上垒，当孩子们垒到第五层的时候，他们欢呼了。

经过给"小熊造高层"之后，孩子们又自发研究出"小高层停车场"，他们在造好的楼层里放了一些小汽车，玩起了停车场的游戏。（案例源自上海学前教育网）

### （四）游戏结束时的组织

#### 1. 提供充分的游戏机会

因为游戏本来就具有促进幼儿发展的功能，所以，对于幼儿来说，拥有充分的游戏机会非常重要。即使没有教师的介入，幼儿也会在游戏中小步递进地实现自我发展。

所谓充分的游戏机会，一是游戏的频率，是一周一次还是一周多次，还是每天进行；二是每次游戏持续的时间，是几分钟还是几十分钟，还是1小时以上。在游戏过程中，幼儿构思作品、选择材料、不断调整和完善作品，这些都需要时间的保证。

一般情况下，复杂的作品需要较长时间加以构思和不断改造，在完善作品的思考中，幼儿的认知水平也在不断发展。随着幼儿建构能力和认知发展水平的提高，其作品会越来越复杂，所需时间也会越来越长。如果每次给幼儿的游戏时间总是不能满足幼儿实际所需，那么，幼儿的建构水平就很难提高。一般来说，小、中、大班的幼儿分别至少需要10分钟、20分钟、30分钟的建构游戏时间，这样更有利于幼儿运用丰富的建构技能，表现有目的、有计划的建构行为，建构复杂多样的游戏作品。

#### 2. 用巧妙的方式提醒幼儿结束游戏

建构游戏结束前，大部分幼儿可能处于专注于游戏的状态。此时突然要求幼儿立即停止游戏，是不够尊重幼儿的心理互动需要的。

## 案例 6-9

### 金老师的结束口令

区角游戏的时间到了,金老师发出了结束的口令,这时孩子们的嘴里发出"糟糕"的叹息,他们还在搭建的兴头上,却已经没有机会再去完善作品了,所以直到游戏结束,其作品也没能达到大班幼儿的理想水平。孩子们只得陆陆续续地整理好自己手头的玩具,离开了各自的区角。金老师注意到,华华一直在建构区搭"火车",似乎对游戏结束的口令置若罔闻。金老师走到华华身边,大声地问道:"华华,大家都收拾整理玩具啦,你怎么还没有动?"华华像刚从自己的世界中醒过来一样,呆呆地看着金老师。

教师可以采用"递进式"的信号通过多次告知的方式结束游戏,这有利于专注的幼儿做好游戏结束的准备。

(1)游戏结束 10 分钟时:教师口头通知"小朋友们,我们还有 10 分钟就要结束活动了"。

(2)游戏结束 5 分钟时:可以采用沙漏、计时器、时钟等帮助幼儿了解和掌握时间,如"小朋友们,还有 5 分钟就要结束活动了,当老师的计时器响起来的时候,我们的活动就结束了"。

(3)游戏结束时:放一段音乐或弹奏一段钢琴曲,再宣布"小朋友们,我们的游戏结束了,请大家把积木送回家"。

## 拓展知识 6-2

### 建构游戏中的深度学习

在一个实现了深度学习的建构游戏活动中,教师应充分实现体验学习、探究学习、合作学习三者的意义和价值。

首先,教师应为幼儿创设一个与其生活经验相关联且具备适宜难度与挑战性的问题情境。联系并激活生活经验,既能降低幼儿的任务理解难度,同时又能为幼儿后续的探究提供可借鉴的问题解决框架;难度适宜的问题挑战情境,能够激发幼儿自发的内在动机,能够积极地适应问题情境,自动地完成任务,实现体验学习的先决条件。

其次,作为深度学习最为核心的探究学习过程,应保证幼儿主动参与、主动思考、主动探究的意愿与空间,发展其探究能力,获得理解客观世界的基础。要实现这一目标,教师应保证活动过程的三种特性得以实现:

（1）问题性。在既定的问题情境下，允许幼儿根据自己的计划去建构，在建构过程中通过生活经验支架、他人经验支架以及个人反思结果支架进行探索与调整，逐渐趋于该问题情境下目标的达成。

（2）过程性。关注幼儿在建构过程中的元认知式的反思，这些过程不仅指外在行为层面的操作过程，更多地指向内在思维层面的运作，包括质疑、判断、比较、选择、分析、综合、概括等一系列的思维过程。

（3）开放性。既包括幼儿在操作过程中的个性化选择的尊重与接纳所带来的心理自由感与心理安全感，也包括幼儿将本次活动中获得的能力延伸应用于其他情境中的拓展思考。

最后，也应关注不同年龄段幼儿的合作学习，给予符合该发展阶段的合作交流与团队合作的引导。建构主义知识观认为交流和协作是有效学习环境的两大要素之一，同时，这也是幼儿解决未来生活问题的核心素养能力之一。

从生活经验的联系（Connect）、开放式的探究建构（Construct）过程、反思（Contemplate）直到最终的延伸（Continue）应用，只有这样的完整4C过程的实现，才能保证建构游戏的探究空间和幼儿能力发展空间，使建构游戏真正实现其作为问题情境下的深度学习的核心价值所在。

（知识内容源自：王溪. 问题情境下的深度学习与幼儿建构游戏核心价值研究［J］. 奕阳幼教评论，2017.）

 **二、幼儿建构游戏的技能发展水平及指导策略**

### （一）小班幼儿建构技能发展水平及指导策略

**1. 小班幼儿建构技能的发展水平**

小班幼儿经历了从"非建构活动"到"建构活动"的时期。最初，幼儿只是初步摆弄或取放积木，如把积木等建构材料没有规则性地随意堆放，或者将积木扔进盒子，或者被当作"点心"用于角色游戏中。

随着认知发展水平的提高，以及对建构材料的熟悉，幼儿开始利用积木垒高，即"盖高楼"，将一块又一块的积木重叠堆砌在同一个底座。此时，幼儿未能考虑到积木的大小和形状，每添加一块积木都会增加所建构"高楼"的不稳定性，甚至最终会倒塌。但是，幼儿往往会坚持反复地堆砌高楼，从中体会垒高的快乐。如图6-21所示。

除垒高外，平铺也是小班幼儿常见的建构方式，幼儿把积木一块一块前后或者左右水平平放在地板上，变成马路或者火车等，如图6-22所示。逐渐地，幼儿尝试将每块积木之间保持距离，将"紧密平铺"变成"有间隔的平铺"，这说明幼儿对空间距离的理解在不断进步。

图 6-21 垒高

图 6-22 平铺

**案例 6-10**

## 搭桥游戏

小一班张老师在组织晨间谈话时,讲到了幼儿园前面的桥,孩子们都兴致勃勃。思思说:"桥是长长的。"天易说:"桥有上去下来的地方。"乐乐说:"桥上可以开汽车。"看到幼儿如此感兴趣,张老师找了一些关于桥的图片贴在主题墙上。幼儿时不时看着这些图片交流,这种状况持续了一周的时间。随后,在一次自主建构游戏中,张老师发现有两名幼儿在造桥,建构游戏主题由此产生。某天下午的建构游戏区里,思思和天易用罐子和纸板造起了桥。思思在材料箱里选择了牛奶罐和长方形纸板,在她的带动下,天易也选择了同样的材料。思思一开始是将两个牛奶罐随意地一放,然后盖上一块纸板,结果只重复了两次就遇到了困难,原来两个罐子之间的距离过远,纸板盖不住了。于是,思思把其中一个罐子往里挪了挪,然后,盖上了纸板。等到盖第七块纸板的时候,同样的问题又发生了:纸板盖不住。于是,思思又将其中一个罐子往里挪,完成盖板。

同一时间,天易在思思的对面模仿着思思的动作。不久,两座直直的桥出现了。思思高声地说:"看我们的桥!"

思思和天易的游戏引来了其他孩子的围观。诺诺来到思思身边,好奇地问:"这是一条路吗?""不,不是,是桥,是我搭的。"思思急忙说道,并且拿起了其中两块纸板,让诺诺向下看:"你看,路是平平的,我这个是桥。"

艺哲看了一会儿,也去取了材料,在离思思和天易不远处,搭建了横向、纵向两座桥。

因为前一周关于桥的话题讨论,以及教师提供的图片信息,案例中的思思和天易主动搭起了桥。思思在整个建构活动中起主导作用,而天易是追随者。建构中主要运用了架空的技能,看得出两个女孩儿的精细动作发展得比较好。思思对桥有自己的认识,当诺诺质疑是一条路的时候，思思首先用语言回应是桥，接着又拿起盖板示意诺诺看下面的罐子——桥是有桥墩的。但是思思的语言表达能力有限，只是一再强调"路是平平的"，即路是没有墩子的，用了反证的手法来说明自己的建构物。在搭建的过程中，思思两次遇到同样的问题，再现了小班幼儿的思维是直觉行动思维，当她第一次因为两个罐子距离过远而无法盖板时，采取了将其中一个挪动的方法，但这次的意外并没有让她意识到，只有两个罐子之间的距离合适，才能顺利盖板，所以到了后续的建构中，同样的问题又出现了。

**案例6-11**

### 插火车游戏

小班建构区，一名幼儿只是在一边静静地坐着，手里拿着几块多功能玩具却不动手操作，这时教师看到了就走过去问他："多多，你怎么不动呢？插个小火车吧。"幼儿抬头看了教师一眼便低声说："我不会插小火车。"于是，教师拿过他手中的玩具，又从筐里挑了一些，一边插小火车一边说："你看，先把车轮固定住，然后你就可以继续往上做啦，老师帮你固定几个轮子，你自己再做几个，试试吧，很简单。"紧接着幼儿开始拼插火车的车轮。

案例中教师观察幼儿的游戏时，看到幼儿不动手操作而及时介入，是值得肯定的。但是教师直接要求幼儿插小火车，并告诉了幼儿应该怎样做，控制了幼儿的游戏，剥夺了幼儿进行创造活动的机会，幼儿只是简单机械地重复教师教给他的做法。教师指导幼儿的游戏，是支持、鼓励和引导幼儿进行游戏，而不是操控幼儿的游戏，也不能代替幼儿去做决定。在指导游戏的过程中，教师要多接纳、多肯定、多关注、多信任、多给幼儿自由和自主，这样才能使幼儿在游戏中玩得轻松、愉快，且让游戏更有价值。

**2. 小班幼儿建构游戏指导策略**

（1）教师要有意识地引导幼儿认识各种建构材料，如各种质地的积木、雪花片等，激发幼儿参与建构游戏的兴趣，如带幼儿参观和欣赏中、大班幼儿的建构游戏活动；学习基本的建构技能，教师可以边示范边讲解建构的方法，鼓励幼儿在简单的模仿建构的基础上搭建自己喜欢的物体。

（2）教师要创设较大的、相对稳定的、不受打搅的空间供幼儿开展建构游戏，建构游戏材料应至少满足3~4名幼儿游戏的需要。可以考虑将建构区安排在与角色游戏区相邻的地方，促进幼儿象征性游戏水平的发展。

（3）教师可引导幼儿给建构作品命名，帮助小班幼儿逐渐形成主题建构意识。

（4）教师应帮助幼儿建立建构游戏的规则，如爱护材料，玩具轻拿轻放，玩好后要把玩具或材料送回指定地方等，教给幼儿整理和保管玩具的简单方法，引导幼儿主动整理游戏材料，培养幼儿爱护玩具的习惯。

### (二)中班幼儿建构技能发展水平及指导策略

**1. 中班幼儿建构技能的发展水平**

随着建构技能的发展,中班幼儿大多开始掌握架空、围合、模式等建构技能,并能将多种建构技能组合使用,搭建出复杂的建构物体。

架空是指用一块建构材料盖在相互之间有一定距离的两块建构材料之上,从而把两块建构材料连接起来,比如给房子加房顶,为城市立交桥搭建桥梁等。成功地架空需要幼儿不断试错,目测两块材料之间的距离和第三块材料的长度。如图 6-23 所示。

围合是指幼儿用积木等建构材料围合空间,使里外不通,将一块空间完全地包围在材料里面,如图 6-24 所示。幼儿经常会想象这样的围合空间是"宝宝的家"等。

图 6-23 架空

图 6-24 围合

当幼儿对建构材料的形状、大小和颜色足够熟悉,并认识到可以按照一定的方式排放在一起时,幼儿就开始探索多种建构方式,从而形成一定的建构模式。如按颜色的模式排列,"红色—黄色—绿色"积木的摆放;按大小的模式排列,"大积木—小积木—小积木";按形状的模式排列,"三角形—正方形—三角形"。复杂模式的建构作品如图 6-25 所示。

图 6-25 复杂模式的建构作品
(图片源自幼师口袋 App)

### 案例 6-12

#### 纸杯建构游戏

区域活动开始了，幼儿进入了各自喜欢的区域。"哇！这里有好多杯子啊！"进入"泡泡实验室"的帆帆大声地叫了起来。这些杯子是昨天开家长会时倒进了开水却没用坏的一次性塑料杯，因为觉得扔掉很可惜，所以黄老师和搭班陈老师决定清洗后投放在区域中。帆帆发现杯子后吸引了四五位小朋友，于是，孩子们关于杯子的自主游戏就这样拉开了序幕……

刚开始，大家决定选择纸杯来搭一座桥，于是很迅速地拿来了纸杯，开始造起桥来。帆帆在地面上造了两个三角形结构的桥墩，这时，他拿起白色卡纸放上去，貌似这样不行：桥面凹陷导致放不住，他看了看旁边骏骏快要完成的作品。"哦！那就低一点吧！"说着他边搭边比对着与骏骏的桥之间的高度是否一致，"太高了，再拿掉一个，哈哈，这样就正好了！""咦？怎么桥面放上去还是凹陷的？"帆帆又仔细看了看骏骏的桥墩，终于发现了桥墩可以制作三个，这样中间的桥墩就可以支撑凹陷的桥面啦！最后，帆帆不仅搭好了桥，还完成了桥廊的搭建。而旁边的骏骏更是早早搭好了桥梁，不仅能承受许多小木条的重量，而且是一条多功能桥梁，还有一条通往桥梁的上坡通道。看来，只要将桥面力的分布这个问题解决了，搭建桥梁的工程就事半功倍了。

"摆平"了桥梁的问题，接下来应该会十分顺利了。这时，嘉轶来了，他看了看大伙儿造的桥的上坡通道并提出了质疑："这里不牢固啊！"接着，孩子们就开始摆弄桥的上坡通道，可是原本倾斜的通道越摆弄越不行了，通道失败了。孩子们辛辛苦苦搭建的桥梁会不会就毁在这里了呢？这时，万皓高兴地拿来了"水泥"（橡皮泥）："看，水泥，用水泥把这里粘住！"哦，原来之前我们有过一次美工活动——用泥来塑桥。在那次活动中，教师就是把橡皮泥比喻成水泥的。看来，孩子们是将自己学习到的知识运用到桥梁的搭建活动中了，那么"水泥"的效果如何呢？孩子们拿来自己的橡皮泥进行揉捏、按压，大家还在讨论应该把"水泥"放在哪个部位。这时，传来了骏骏的声音："糟糕！"原来，万皓想拉一下桥面，但是一不小心，整座桥梁都塌了。看来，现在要解决的并不是桥梁通道的牢固性问题，而是整座桥梁的牢固性问题。看到孩子们沮丧的表情，为了激发孩子们再次探索的欲望，于是，老师问孩子们："塌了之后该怎么样呢？"原本丧气的万皓转了转眼睛后想了想说："我还在想办法呢，哦，想到了，开动了。"

孩子们的探索之旅又开始了，万皓开始将橡皮泥（水泥）依次放在纸杯的低端，一个一个与桥面黏合在一起，可是效果并不好，轻轻拿一下纸杯就和橡皮泥分离了。不知什么时候，万皓居然拿来了一个神秘的材料将纸杯与硬卡纸黏合在一起。这时骏骏惊奇地大叫："看，这个杯子。"万皓走过来开心地说："应该是玉米粒起效了吧！真的是玉米粒起效了！"原来万皓请来的神秘材料是玉米粒，大家你一言我一语地讨论

163

起来,并决定把所有的玉米粒都用上。果然如孩子们所想,大家把玉米粒放在纸杯底端,然后一个个放到桥面下。泫烨拉拉自己造的桥,桥墩与桥面牢牢地粘在了一起,哇!终于找到了能让纸杯牢牢粘住的好办法了。最后,在大家的一起努力合作下,一座漂亮的两层式立交桥完美诞生了。

第二天,孩子们将收集的建筑图片都带了过来,教师引导幼儿一起讨论各种建筑的外形特征、色彩搭配等。帆帆说:"我带的照片是一鸣奶吧,它是长方形的店面。"骏骏又接着说:"我的是迪悦华尔兹蛋糕店,门口是半圆形的,旁边还有很多窗户与阳台呢。""这是我家楼下温州大包的早餐店,窗户上有个小门,我妈妈都站在这里买馒头给我。"孩子们高兴地交流着自己带来的图片。交流、讨论之后,为了不打断孩子们对搭建店铺的兴趣,教师马上追问大家:"那我们可以把这些店铺开在哪里呢?"孩子们看了看教室,万皓叫了起来:"老师,我们把桌椅移到墙壁那里吧,这样就有空位置让我们开店铺啦!""好啊好啊。"孩子们不约而同地鼓掌。于是,大家就开始合作搬桌椅了。

桌椅搬好后,造店铺的工程也启动了。因为人手足,分工明确,同时还有店铺图片的辅助,孩子们很快就造好了自己的店铺,更有孩子借助卡纸以及玉米粒加固了自己的店铺。浩浩与阳阳建了一个半圆形的书店;帆帆和骏骏造了有购物窗口的百货屋;冬羽、恋恋造了糕点房,还用椅子拦了起来,说这样就不容易让小朋友碰到了……造型各异的店铺摆满了活动室。接着很快大家又忙开了,有的去购买店里用的材料,有的去书店看书……于是,热热闹闹的花花纸杯角色屋游戏开始了!

案例中,教师的成功介入推动了游戏的进展,当教师发现幼儿情绪变化的时候,从静静的幕后观察者转变成了激发幼儿思考的引领者。"塌了之后该怎么样呢?"这种对于幼儿的建构过程进行回应的问题更加能激发幼儿的兴趣,鼓励并引导幼儿直视问题,让幼儿参与问题的解决过程,收获建构成功的喜悦。因此,教师应该把幼儿看作平等的个体,在适当的时机使用适当的语言与幼儿交流,让幼儿获得新的经验。

**2. 中班幼儿建构游戏指导策略**

(1)教师可丰富幼儿的生活经验,激发幼儿的建构兴趣,加深幼儿对造型方面的感知和认识。教师可以尽量选择外观鲜艳动人的物体给幼儿看,增强幼儿对物体的直观感受;带领幼儿到户外湖边、沙池边进行参观和游戏活动,加强幼儿对事物结构造型方面的了解;在建构区的展示墙上粘贴不同风格、不同造型的建筑图片、照片等,注意观察它们的外观特点。

(2)在小班平铺、延伸、垒高的基础上,采用示范、讲解相结合的方法,引导幼儿学习架空、覆盖、堆积等建构技能,并学会运用这些技能把平面的物体变换成立体的事物。例如,可建架空式的高楼、架大桥、造马路等。

(3)教师可以提供一些笔和纸,引导幼儿学习设计建构方案,有目的地选材和看图进行构造;引导幼儿学习看平面结构图、建筑作品的造型图等,进行看图纸搭建的活动,例如看图搭建花园、汽车车库等。

(4)教师可以引导幼儿进行小型集体合作建构游戏活动,培养幼儿的合作性,学习与同伴一起合作搭建公园、马路等，让建构能力水平高的幼儿带动建构能力水平低的幼儿，科学分组，引导幼儿自主分工与合作完成建构任务。

### 拓展知识6-3

#### 幼儿建构水平的发展规律

（1）都是从单一维度开始，向两维、三维建构发展。
（2）先出现实心平面结构，后出现架空和围合的结构。
（3）先出现单层结构，后出现多层结构。
（4）先出现没有封顶的结构，后出现封顶的结构。
（5）新结构都是在已掌握结构的基础上演变或组合而来的。

### （三）大班幼儿建构技能发展水平及指导策略

#### 1. 大班幼儿建构技能的发展水平

大班幼儿的建构技巧日趋成熟，他们能合作选取丰富多样的材料进行主题建构，并且注意建构作品中的平衡和对称。中班幼儿在建构前往往会宣布建构物的名字，表明建构的目的性、计划性，而大班幼儿往往利用建构物开展象征性游戏，建构物成为象征性游戏的场景，成为幼儿表达世界、表达自我的一种独特语言。值得注意的是，在社会交往方面，大班幼儿的合作游戏大大增加，幼儿会主动商量搭建什么、搭建哪个部分、用什么样的建构材料，而且这种协商和分工行为能够在整个过程中延续，直到搭建活动完成。

### 案例6-13

#### 好玩的扑克牌

某天，大二班叶子琪将扑克牌带到幼儿园，与好朋友玩打牌的游戏。过后，班里其他孩子纷纷效仿，渐渐扑克牌开始在班级里风靡了。

叶子琪说："我想搭高楼！可是太难了。"可可说："是啊，搭不上去，扑克牌太平了。"叶子琪紧接着说："我可以搭汽车。"之后拿着一叠扑克牌，将上下两张扑克牌竖起来，汽车就搭好了，于是又开始用扑克牌拼道路、搭飞机。旁边的可可也开始搭马路，搭了一会儿，说："我们是不是没有做自行车道？难道自行车在马路上骑，人也在马路上走吗？"可可搭着搭着，与叶子琪的道路越来越接近。在二人扑克牌的交界处，叶子琪将可可的扑克牌移动了一下，二人的马路就连在了一起。她们一边摆弄，一边介绍路线……

小海和烨博将扑克牌对折了一下，平放在地上，扑克牌一张一张连起来，小海说："这是我们的汽车轨道。"小宇坐在他们的对面，偶尔给小海递扑克牌，有时自己也拿扑克牌折一折,沿着线路搭上去。小海认真地搭着自己的轨道。一旁的诚诚正在搭建金字塔,眼看轨道要与金字塔连在一起了,他拆掉正在搭的金字塔,朝着轨道的方向重新建。移动的过程中,扑克牌并不稳,诚诚又重新摆弄了一番,解释道:"这个很难摆的。"

这时,本来一个人在搭高楼的博烨走了过来,问:"我可以加入你们一起玩吗?""可以,你一起来吧。""我能往旁边搭吗?我可以给你们搭房子。""可以,你想怎么搭就怎么搭。"他们三人边交流边摆弄扑克牌,介绍每一段轨道和建筑物,女孩子们被吸引过来了,他们非常开心地向女孩子们介绍自己的"成果"。

另一边,浩浩趴在地上看着自己搭的金字塔,叶子琪说:"金字塔很高很高的。"浩浩说:"对呀,越高越容易塌。"叶子琪接过话说:"对呀对呀,越高越容易塌,材料也会不够的。"由于孩子们之前都没有接触过纸牌搭建,因此对立体建筑物的造型缺乏感知。教师在游戏后引导幼儿讨论"为什么房子搭不高?为什么会不稳呢?"这两个关键的问题,启发幼儿从认知层面来提升建构水平,结合幼儿最高水平的表征游戏记录方式来有针对性、有目的性地制订游戏计划,用绘画的方式来描绘图纸再建构,以丰富幼儿的游戏经验,提升幼儿的建构技能。

区域活动又开始了,孩子们开始了搭建。博烨在那里搭飞机,将两张纸牌分别对折拼成一条条立体的长方形并依次隔开距离摆在底部,上面平放一张张纸牌,之后再一层层往上搭。而小海开始用两张纸牌对折,拼在一起,上面平放一张纸牌,再将两张纸牌对折拼成长方形,依此规律往上搭,他看着浩浩说:"这是城堡,跟我们的城堡连在一起吧。"浩浩同意了,开始去拿扑克牌对折,将小海的城堡与自己的隧道围合。不一会儿,小海不小心碰倒了自己搭的城堡,他赶紧重新搭建,手上的动作一直没停过。博烨又在搭火车了,他说:"去动物园,我要搭个火车轨道。"叶子琪问他:"那你要不要山呢?"博烨接话:"从前有座山,山里有座庙。"叶子琪听了哈哈大笑。场地上的扑克牌越摆越多,内容也丰富起来:有房子、山、轨道、动物园。不知谁先叫起来:"哇,幼儿游乐城!"博烨接话:"哇,这么大,一个世界了!""是啊,一个地球!"

(案例源自温州学前教研公众号)

从案例中的建构作品来看,大班幼儿的建构技能已有很大程度的提升,他们综合运用了垒高、架空、围合、排列与组合等,搭出了有场景、有情节的水平较高的建筑群,架构作品大多呈立体结构。在教师有效的回应策略之后,幼儿的建构水平更是大大提高,游戏中,幼儿的合作与交往能力也增强了,他们一边搭建,一边不断交流,不断介绍,不断分析,有分工与合作,也有交流和思考,这让整个建构游戏更富有创意,凸显合作的力量。

2.大班幼儿建构游戏指导策略

(1)提供丰富的建构材料,发展幼儿的创造性思维。例如,可以提供形状多变、不规则、数量足够的建筑材料来启发幼儿的思维,锻炼幼儿的手部精细动作,进行想象创造和尝试探究。

(2)通过恰当的提问,引导和鼓励幼儿创造新的建构形象。如"你的城堡和别人的有什么不一样？"在比较和观察后，幼儿的创造性思维会得到激发。在创造性建构的过程中，幼儿会遇到一些问题，如忽略想象创造的合理性，用月牙形的材料来建构楼梯，这时教师可及时引导，比如："楼梯有什么用处？这样建造的楼梯方便上下楼吗？"既要保护幼儿大胆想象的积极性，又要引导幼儿想得合情合理。

（3）引导幼儿在围绕主题进行建构时，学习表现作品的细节特点和特征，并学会灵活选择和运用丰富的建构材料和辅助材料。如搭建幼儿园的花园、户外操场等。

（4）引导幼儿在进行主题建构活动时，学会与游戏伙伴商量制订建构计划，确定各自的分工内容，促使幼儿能够理解分工合作带来的成果和意义。例如，在搭建城堡时，引导幼儿互相商量，明确分工，有的搭建楼台，有的搭建河流，有的搭建花园等。

（5）引导幼儿学会欣赏自己及同伴的游戏作品。在作品完成后，教师应当及时记录下幼儿的建构作品（拍摄照片、视频等），要提供一些场地来展览，可请建构作品的幼儿上台介绍或与周围的其他同伴交流自己的创作想法。

（6）结合其他区角，保证建构游戏主题和内容的不断发展。教师可以在阅读区投放古今中外各种不同类型的建筑图片，丰富幼儿对建筑的感性经验；还可在美工区投放白纸、蜡笔、油画棒等材料，让幼儿能结合自己的生活经验自主设计各类建筑图，并最终在建构区实现自己的图纸设计。

## 案例6-14

### "建筑工地"的故事

暑假时幼儿园重新装修了。开学后，刚升大班的幼儿面对全新的环境甚感新鲜，纷纷提议，在建构区也搭建一个幼儿园。教师觉得孩子们的想法很好，就鼓励他们自己分工搭建。讨论时，孩子们互相商量，设想着要搭建一个多层的教学楼，一个美丽的花园，以及一个大型游泳池。游戏中，男孩睿睿和晨晨专注于搭建教学楼，乐乐在旁边好像插不上手，这时，他看到一旁的女孩朵朵和瑜瑜在讨论建个什么样的游泳池，就跑过去对她们说："我们一起建游泳池吧。"一会儿，朵朵拿来几块半圆环状的积木围建了一个花瓣状的游泳池。她在这个花瓣状的游泳池里跳了几步，自言自语道："这个游泳池太小了，只适合我的芭比娃娃。"于是，又去找了几块半圆环状的积木来，把游泳池变大。瑜瑜则搬来许多长条形积木在游泳池外围搭建起围墙来。乐乐在一旁建议道："你可以在这里加个门。"但瑜瑜没有理睬他，又去找来一块枪形积木往朵朵搭建的游泳池中央一竖，说："我要加个喷泉。"乐乐见状，也去找了一块枪形积木拿在手上，对着已经围合起来的游泳池以及围墙的积木接合处一一耐心地敲过去，说："我来钉钉子！钉钉钉……"过了一会儿，还主动跑去向教师汇报："我今天是负责钉钉子的！"其他孩子可能也觉得乐乐的"钉钉子"游戏很好玩，都学着乐乐敲起了钉子。这时，睿睿和晨晨的楼建好了，他们说："我们来搭一条路通到游泳池那里去吧。"旁边的孩子都说好，他们一起愉快地搭了起来。游戏结束了，负责游泳池工程的朵朵和瑜瑜事实上只是做了些简单的游泳池和围墙的围合工作，乐乐则一直忙着扮演钉钉子的建筑工人，什么作品也没做出来,只有睿睿和晨晨用架空的办法搭起了设想中的两层教学楼。

看着孩子们的游戏表现,教师陷入了矛盾中:有的孩子没有像之前讨论的那样完成计划中的建构任务,有的孩子虽已完成了某个建构作品,但这样的建构作品并没有体现出这个年龄的孩子应有的建构水平,有的则一直沉浸在与建构游戏无关的其他游戏中。可是,从另一个角度看,幼儿显然在这样的游戏中感受到了快乐。如果教师当时介入引导了,会不会影响他们快乐的游戏体验呢?换句话说,在建构游戏中,教师是更应该注重孩子游戏体验的获得呢,还是更应强调孩子建构能力的发展呢?

(案例源自微信公众号"幼儿教育杂志")

在这一案例中,如果教师介入的目的是提高游泳池作品的复杂度,那么可以建议性地提问:"如果要进行游泳比赛、高台跳水,游泳池应该是怎样的?"从而引导幼儿思考是否要增加池内的赛道、跳台,甚至改变游泳池的形状等;如果要提高围墙的复杂度,则可以提问:"游泳池的围栏怎么会跟外面的围墙一样高?"以引发幼儿对围墙高度的思考,从而考虑修改墙面;如果想让幼儿明白长方形的对边应该等长,正方形的四条边要一样长,就可以问:"你们搭好的围墙是什么形状的呀?"至于这样的指导性介入是否会使幼儿变得被动,从而影响幼儿的情绪,就需要教师注意把握好介入的方式了。

总体而言,教师介入的方式是"引"而不是"教"。这里的"引"是指教师通过提示和建议启发幼儿思考,让幼儿自己决定怎么做;这里的"教"是指教师直接告诉幼儿怎么做,让幼儿按照教师的具体要求去做。要考虑幼儿的游戏意愿和积极的情绪体验,教师就要多"引"而少"教"。

首先,教师的提示和建议必须是顺应幼儿游戏意愿的,是为了帮助幼儿实现自己的意愿而提出的。若幼儿能感受到教师的支持,认识到教师所提示的与他们的需要相一致,所建议的也是在他们力所能及的水平上的,那么一般来说,幼儿都乐意接受。其次,教师的提示和建议难免带有一定的主观性,所以这种"引"还是教师对幼儿实际需要和接受可能性的一种试探。

如果幼儿的实际水平达不到教师的要求,或者幼儿为了改善建构行为要付出太大努力而影响游戏意愿,那么幼儿对教师的提示或建议会不予理会,这时教师也该适时退出了。所以,教师的介入只要是站在顺应幼儿游戏意愿的立场上,就没有必要担心是否会影响幼儿积极的情绪体验。

## 思考与练习

1. 案例分析:

区角游戏时间,宝宝和贝贝在建构区搭着他们想要搭建的高架桥。李老师走了过来,询问道:"你们搭的是什么呀?"宝宝和贝贝自豪地说:"高架桥!"李老师却皱起了眉头，心想：明明给的建构主题是钟楼，孩子们却搭了高架桥！那到底应该让他们停止搭建高架桥，转而搭建钟楼，还是应该认可他们的努力，鼓励他们继续，或者有什么更好的办法呢？

请问：李老师应该如何处理这样的情况？

2. 案例分析：

大班的一些小朋友在走廊里玩搭积木，其中晨晨和星星在一起搭坦克，婷婷和月月在一块搭宫殿。婷婷发现，搭着搭着，"宫殿"马上就要缺"砖块"了。于是，她赶紧将建构区剩下的大积木都抱了过来。可是，星星和晨晨也在找积木，这不，就地取材，直接从"宫殿"里取了好几块"砖头"搭坦克。月月发现了之后，生气地将"坦克"推倒了；而晨晨也不甘示弱，把"宫殿"推倒了！这下四个人找来了张老师评评理。张老师不由分说地瞪了四个人一眼，大声地说："把积木都收起来！游戏时间到啦！"

请问：张老师的做法有什么问题？为什么会产生这样的现象？应如何处理？

3. 请按照如下范例格式设计一份建构游戏方案。

### 大班建构游戏方案"五一广场"

一、游戏目标

（1）能迁移已有经验，大胆选择多种建构材料，运用延长、垒高、围合等技能来表征五一广场内的标志性建筑。

（2）会按照正确的方位，合理摆放五一广场内的升旗台、喷水池、三山一水雕塑等标志性建筑。

（3）能和同伴分工合作，共同搭建五一广场内的建筑群。

二、游戏准备

（1）经验准备：前期主题活动的开展，幼儿对五一广场内标志性建筑群的名称、外形特点有了一定的了解，对五一广场内升旗台、喷水池、三山一水雕塑等标志性建筑之间的方位关系有了一定的感性认识。

（2）材料准备：升旗台、喷水池、三山一水雕塑等标志性建筑的图片；小天使胶粒、宝石花胶粒等；将用白色药瓶、扁纸盒等废旧材料加工的半成品作为建构的辅助材料。

三、游戏过程

（一）观察

幼儿逐一观察升旗台、喷水池、三山一水雕塑等标志性建筑的图片，引发搭建兴趣。

教师可以结合观察图片，引导幼儿回忆三个标志性建筑物的外形特点和方位关系。如喷水池的外形像花瓣，在中间；升旗台的外形是方方正正的，三山一水雕塑是高高的，它们都在喷水池的两边。

（二）教师介绍材料并示范搭建

（1）教师介绍材料，提出要求。

师：老师今天为小朋友们准备了小天使胶粒和我们在美工区用白色药瓶和红色扁纸盒加工的汉白玉栏杆、红地毯楼梯的半成品，用来建构这三个标志性建筑。请小朋友们边看图片，边自己动脑筋用过去学过的延长、垒高的方法搭建。

教师要强调对称和牢固性，以及合理使用辅助材料；建议小朋友们可以三四个人合作完成。

（2）幼儿分组建构，教师巡回指导。教师重点观察、指导幼儿搭建过程中的形状、牢固和合理使用辅助材料等情况，观察幼儿的合作情况。

（三）师幼共同欣赏建构作品并评价

（1）幼儿相互欣赏、介绍自己的作品。

（2）分享建构中的经验。

教师引导："你用什么胶粒建构了升旗台、喷水池、三山一水雕塑？有和小伙伴合作吗？""你最喜欢哪个建筑？为什么？""你觉得用哪种材料搭升旗台、喷水池会更像？为什么？"（引导幼儿从色彩、牢固、使用辅助材料等方面进行评价。）

四、游戏延伸

将幼儿的游戏作品记录下来，存入幼儿成长档案；在建构的基础上，开展相关的角色游戏。

## 延伸阅读

### 安吉特色户外建构游戏及其案例分析

户外建构游戏，即幼儿主动发起的在户外自然运动场地进行的，使用低结构材料，通过一定的建构技能独立、自主进行建构的游戏。户外建构游戏具有双重属性，建构游戏最早源于桌面建构，然后到地面建构，再到户外建构，它是一种创造性游戏和规则游戏有机结合的游戏形式，从运动的角度看，它是一种规则游戏；从建构的角度看，它仍然具有创造性。建构游戏一般被认为是创造性游戏，当它从室内走向室外，从桌面走向地面时，它的规则性由内隐走向外显，属于一种有规则的建构，并且规则在建构游戏中起重大的作用，如果违背规则可能会引发安全问题。

户外建构游戏相比于室内建构来说空间更为开放，更强调建构的过程，没有主题的限制，幼儿更加自由、自主。

安吉游戏被视为中国幼教事业发展的新品牌，其核心价值是自主、自由、独立、平等和拥有，在西方学者看来，安吉游戏是一种真游戏。安吉游戏户外活动场地宽阔且贴近自然,除了操场,其余区域皆为自然土地、树木,竹林茂密,草木繁荣。游戏活动区域大致有欢乐运动场、野战区、建构区、冒险区、沙水区、迷宫区、攀爬区,各活动区域设置较为分散,且功能齐全,不同区域之间并不是独立开来而是相联系的,每个区域开放式的设置没有规定具体范围,幼儿进行游戏时可以根据自身喜好随时变换游戏区域,也可交叉游戏。

安吉游戏充分利用本土资源和废旧资源,制作各类游戏材料,如利用本地的竹子园制造各类竹梯、竹棍、竹筒;利用废旧油桶、轮胎、锅铲、木块、麻绳等生活材料改造成游戏材料供幼儿自由选择。同时,安吉所有的建构材料都是低结构材料,各区域材料分类摆放,每天放置在固定的位置。整个活动区域材料的使用不受限制,没有规定材料的单一功能以及对年龄段幼儿使用的限制,幼儿可根据自身需要选取不同材料,使用后归还至原处。户外建构游戏是安吉游戏的创新——将运动和建构有机结合起来,形成一种集建构、结构和运动于一体的游戏模式。

安吉户外建构游戏案例:

时间:4月。

地点:幼儿园户外建构区。

年龄段:中班。

晨间活动时,几个女孩子搬来了很多软垫,将软垫打开平铺在草坪上,一个连接一个,变得长长的。老师走过去问:"你们搭的是什么啊?"诺诺笑着说:"我们这个是地下通道,要爬过去,不能直接在上面走。"离她们不远处放着两块分开的软垫,只见陈琦纵身一跃,从这块软垫跳到另一块软垫上,嘴里说着:"太好玩了!现在我要过地下通道了,你们都走开!"边上几个男孩子正在玩滚动轮胎的游戏,听到陈琦的话就开始提议:"我们把轮胎也一个一个接起来吧!"大家一致同意,开始拼接起轮胎,随后在轮胎上面来回走动。

城城和仔仔正在摆弄木条,有些横着摆,有些竖着摆,但每一块木条都是连着的,老师问:"这是什么呢?"城城说:"我们在玩独木桥,有不同方向的。"说完他低头继续游戏……游戏结束之后,老师和孩子们一起讨论,如果把这些材料组合在一起可以怎么玩呢?这个关键性的问题一下子打开了孩子们的思维,有的说:"可以在两个轮胎中间放一块木条,变成长长的轮胎桥。"有的说:"可以把很多木条摆在地上变成迷宫,轮胎当作陷阱,跨栏当作水沟,玩迷宫游戏。"甚至有的孩子说:"我们可以在软垫上学军人匍匐前进。"

第二天,孩子们再次来到户外建构区。涵涵先用两个轮胎垒高,再搬来一块木条倾斜地架在轮胎的一端,兴奋地说:"滑滑梯做好啦!"说完,就坐上去滑了下来,结果木条也跟着掉下来了,只见他重新将木条摆好,又滑了一次,结果还是掉了,老师一直在旁边默默地观察着。这样的过程涵涵重复了好几次之后,搬来了几块木条摆在斜坡木条下面,这次的尝试他成功了,吸引了好多小朋友排队来玩。

一转身又看见天天和几个男孩子把软垫立起来,变成了三角形,里面还藏着两个跨栏架,又拿了一块软垫叠了上去,两边各放着两块软垫,有几个男孩子就躺在软垫

上玩,老师问:"你们在玩什么游戏?"天天说:"这是我们的双层帐篷,我可以爬上去,在这里度假。这个是躺椅,我们在沙滩上晒太阳呢!"听完老师恍然大悟。

城城和几个孩子在平铺的软垫上匍匐前进,贝贝的动作不太标准,总是把屁股翘起来爬,城城看见了边说边示范:"不是你这样爬的,要像我这样匍匐前进,肚子贴着垫子爬就可以了。"城城在示范的时候,小弛从旁边搬来了跨栏架,把跨栏架放在软垫上说:"爬的时候不要碰到跨栏架,就可以通过了。"之后,他们把手当作手枪开始游戏了。

从幼儿的第二次游戏行为中我们可以看到,多种材料的组合可以使玩法变得多样化。涵涵用轮胎和木条组合搭建了滑滑梯,起初的尝试总是不尽人意,在一次次的失败后他并没有放弃,而是反复地尝试,最终在不断探索的过程中获得了物体支撑的经验。天天搭的双层帐篷也是利用了材料之间的整合获得支撑的经验,同时,幼儿对多元材料进行整合互动,较好地运用了生活经验,初显生活化的游戏情境,提升了游戏水平。

第三天的晨间游戏时,幼儿自发地讨论起了今天要玩的游戏——打仗游戏。他们开始分配角色来准备材料。小弛和翔翔把软垫立起来当遮挡物,几个男孩子躲在后面打仗,没一会儿,软垫就倒了,他们迅速扶住软垫,继续立起来用来遮挡,这次小弛的手几乎没有离开垫子了,紧紧地扶着。

媛子和赫赫将许多轮胎垒高放在一起变成金字塔状,然后两人就躲在里面喊道:"这是我们的'碉堡',快进来,快进来!"在整个游戏中,赫赫一直躲在"碉堡"里打仗,媛子偶尔会离开这个范围,但很快就重新回到"碉堡"内继续作战。齐齐看到场地中间有个三角形的房子,就爬进去了,也一直躲在里面打仗。

图图和一部分孩子带着"枪"和"手榴弹"在草地上匍匐前进,走独木桥,钻山洞,躲过"敌人"扔来的"手榴弹",有几个女孩子喜欢躲在油桶后面窃窃私语,不离开油桶的方位,就在原地作战;月月一直在场地内来回地跑,原来他去收集"战场"上的"手榴弹"了,并把它们都运回自己的阵营;石头蹲在油桶后面,手里拿着沙包,跟旁边的"队友"说:"嘘!轻一点,我在埋地雷呢!"伊旋说:"我来帮你看着,有敌人来了,我就告诉你。"

随着游戏剧情的发展,幼儿还自发建立了"医疗站","医生"和"护士"也齐齐上阵。战争越来越激烈,"伤员"也越来越多。"战场上"最忙的要属"医疗队"了,"医生"和"护士"不停地给"伤员"包扎伤口。这时,图图扶着小弛来找"医生",小弛一瘸一拐地护着脚叫:"医生,救命啊!我的脚好痛。"涵涵"医生"说:"赶快躺下来,我看看是哪里受伤了。"诺诺"护士"直接拿起针筒说:"不要害怕,我现在给你打一针,马上就好了!"小弛"伤员"乖乖躺着让"医生"和"护士"治疗……

游戏形式的转变让我们看到了孩子们游戏水平的提升,从先前的小组游戏逐步发展成全班集体性游戏。游戏中,孩子们忙碌地奔跑在草坪上,每个人都全情投入"打仗游戏"中;而且他们分工默契,场地上有小组设计行军路线,有小组搭建"碉堡"和"安全小屋",还有的自由结对进行作战准备。特别是游戏中幼儿对材料的创意性使用,如孩子们把软垫立起来当盾牌、战壕、遮挡物,还有的孩子把它变成安全小屋,危险的时候可以躲在里面。他们会将许多个轮胎垒高成塔状,变成他们眼中的"碉堡"。从孩子们那得知他们喜欢躲在里面打仗的原因,其一是比较安全,其二是可以保护好自己的"碉堡"。

幼儿非常巧妙地利用场地上的一些辅助材料,比如大油桶、小的攀登架、钻圈等,作为他们行军的路径。随着游戏的进行,孩子们玩得越来越投入,已不能满足于原来简单的游戏情境,游戏越发展就越兴奋,又不断地给游戏增加"道具"——枪、炸药包、手榴弹、地雷、盾牌、医疗用品、队服、军旗;不断地给人物增加"角色"——医生、护士、伤员、敌我双方,使游戏变得更生动有趣了。幼儿的游戏水平在与材料的创意互动中获得了提升,他们也真正体验到了游戏中的快乐与刺激。

在案例中,教师基于中班幼儿动作发展的需要,在晨间活动区域适宜地投放了一些低结构材料,引导幼儿与轮胎、软垫等材料进行单一到多元的互动,从而使幼儿自发地创设了主题式的游戏情境,一场"真人CS"①的野战之旅闪亮登场。可见,户外建构区的材料投放尤为关键。

(一)材料的多元整合可以丰富游戏的内容

材料是游戏进展的助推剂,只有合理化利用游戏材料,引导幼儿通过多种方式使用材料,才会让游戏的内容更加生动。在游戏中,幼儿与单一材料互动时思维是狭隘的,动作发展空间是局限的。当幼儿将材料叠加时,他们就会从小组合作延伸到大组合作,同时,游戏内容也在材料的使用中丰富起来,从单一的走路到滑滑梯的出现,再到"真人CS"的战场首秀,不正是最好的证明吗?因此,我们认为,教师可以通过语言、动作的支持与引导,帮助幼儿合理地使用多元材料,通过材料的整合创设游戏情境,从而丰富游戏内容。

(二)材料的多元使用可以满足幼儿发展的需求

中班幼儿在游戏中喜欢模仿、喜欢变化,他们对某一事物的关注度不强,持续性较差。在单一使用游戏材料中,教师发现,孩子们玩了一会儿就说自己不要玩了,不好玩。如果将多种材料整合在一起,让孩子们根据游戏情节的需要来自主选择材料,并能够用想象的方法来创造材料,就会得到心理与生理上的满足,使他们更深层次地投入游戏之中,获得游戏带来的快感。在打仗游戏中,孩子们对材料进行了大胆的假想与巧妙的使用,不仅让游戏情节更加生动,同时也增强了角色意识,这对于中班的孩子来说,实属不易。因此,材料的多元利用可以适度满足幼儿的游戏需求,促进幼儿游戏水平的全面提升。

(本文源自安吉学前教育网)

---

① 真人CS:即真人CS游戏,英文全称Cosplay of Counter Strike,译为生存游戏、野战游戏。

# 第七章 幼儿表演游戏及其指导

  某教师在语言活动"小乌龟开店"的基础上，组织了一次表演游戏。教师一一出示早已准备好的道具，介绍完道具，配班教师带领全班幼儿"开火车"离开活动室去"剧场"看表演。教师忙着在活动室里布置场景：一家花店、一家书店、一家气球店。场地布置好了，幼儿由配班老师带领进"剧场"。主班教师提问："谁愿意上来表演？""哗！"几十只小手举了起来。教师挑了五个没有举手且上次语言活动表现不好的幼儿上来表演。表演时，教师不停地提示幼儿对话，做动作。第二轮，教师请了五个"做得好"的孩子上来表演，五个幼儿表演同一个角色。教师还是不时地按照故事情节规范语言，纠正幼儿的动作。好多幼儿忙着摆弄有趣的道具，忘了表演，教师又不停地提醒……

  请问这是表演游戏吗？为什么？如果你是教师，你会怎样指导"小乌龟开店"的表演游戏？

  本章围绕以上问题阐述表演游戏的概念、本质、特点和类型，讨论幼儿园表演游戏的指导策略。

  表演游戏作为自主游戏的一种，最早出现在清末的《奏定蒙养院章程及家庭教育法章程》中。表演游戏有利于拓展幼儿园课程的各个领域，也能促进幼儿主体性的发展，带动幼儿身心各方面和谐发展。随着对游戏研究的深入，学者们渐渐意识到表演游戏对幼儿个体发展的重要性，可供幼儿展现自我天性、自我表达的独特优势让表演游戏深受幼儿喜爱，因此，表演游戏在幼儿园教育活动中的地

第七章 幼儿表演游戏及其指导

位也逐渐上升。在实践中,教师组织表演游戏总会出现许多的误区,最典型的便是重表演轻游戏和控制表演进程,这让表演游戏失去了它的本真。出现这些现象既有观念层面的原因,即没有真正理解幼儿园表演游戏的内涵、表演游戏中的师幼关系,没有抓住表演游戏的本质特点;也有行为层面的原因,即在作品的选择、过程的组织和活动的评价等方面存在不足。为此,本章将帮助大家从观念层面和行为层面两个维度拨开表演游戏的神秘面纱,帮助教师在组织实施表演游戏时,能不失偏颇地发挥表演游戏的教育价值。

## 第一节 表演游戏的概念及特点

### 一、表演游戏的概念

自 20 世纪 90 年代以后,游戏在我国逐渐引起重视,游戏研究成果逐年增多,作为游戏之一的表演游戏的相关研究也有所增多,但对其概念的界定一直含糊不清,直到今天,我们对表演游戏也没有一个统一的界定。

**拓展知识 7-1**

### 西方学者对表演游戏的概念界定

1. 苏联学者的观点

苏联学前教育领域把游戏分为两类:规则游戏和创造性游戏。规则游戏具有较强的规则性和约束性,主要以教师组织和创编为主,游戏有明确的规则要求幼儿去遵守,以保证游戏目的的达成。这类游戏服务于教学,包括体育游戏、音乐游戏和智力游戏。而创造性游戏主要指以幼儿自由创造为主的游戏,游戏中幼儿可以按自己的意愿、需要和兴趣进行活动,这类游戏包括表演游戏、角色游戏和建构游戏等。也就是说,表演游戏属于创造性游戏。

2. 美国学者的观点

在西方,有几个词和表演游戏相关:Dramatic Play、Socio-dramatic Play、Thematic-fantasy Play 等。

Dramatic Play 按字面译成"戏剧性游戏",它的特点是"假装"和"象征",其中包含角色游戏和表演游戏。

Socio-dramatic Play 这个词由斯米兰斯基(1968)首创,可以译为"社会性戏剧游戏"，它是指幼儿围绕共同的目标或主题进行的集体假装游戏，通常包括幼儿对过去经验的重新塑造、角色扮演、社会互动、表征思想、象征性替代等成分。

Thematic-fantasy Play 可翻译成"主题想象性游戏"，不难看出，想象是其最重要的特点。表演游戏是象征性游戏（Symbolic Play）或想象游戏（Imaginative Play），其中含有大量想象的元素，从这一点来说，Thematic-fantasy Play 最接近于"表演游戏"的概念。在这类游戏中，教师鼓励幼儿运用肢体和语言来扮演故事的情节，将文学作品中的言辞变为幼儿自己的动作和语言。

西方学者对表演游戏的认识强调两个方面：相对于自由游戏而言，表演游戏强调一定的结构性；在表演游戏中，幼儿对作品进行积极阐释与创造性表达。

我国学者与西方学者对表演游戏的理解存在一定的差异，我国学者深受苏联游戏理论的影响，在表演游戏的概念上，多采用苏联对表演游戏的界定。我国学者对表演游戏概念的界定如下：

"表演游戏、建构游戏和角色游戏都是创造性游戏，这些游戏是幼儿自己玩的游戏，能充分发挥幼儿的主动性和创造性。表演游戏是按照童话、故事中的角色、情节和语言，进行创造性表演的游戏。"（黄人颂，1989）

"表演游戏是指幼儿通过扮演某一文学作品中的角色，再现该文学作品内容或作品中某一片段的一种游戏形式。"（林矛，1992）

"表演游戏是指幼儿通过扮演某一文学作品的角色，运用一定的表演技能（言语、动作、手势），再现文学作品内容（或某一片段）的一种游戏形式，以表演角色的活动为满足，它不以演给别人看为目的，而是为了追求表演的满足和快乐。"（陈淑琴，宋旭辉，1997）

"表演游戏是自发的、有创造性的，幼儿凭借自己对生活的认识和理解，可以增减童话故事的情节、角色以及对话和动作，创造性地再现原有文学作品。"（张金梅，2005）

我国学者和苏联学者对表演游戏的认识有以下两点认同：

第一，表演游戏是游戏的一种类型，受一定文学作品的规范，具有一定的结构性。

第二，在表演游戏中，幼儿根据自己的理解，运用语言和肢体性语言对作品进行创造性表现。

综合国内外学者的研究，可以给表演游戏的概念做出一个初步的界定：表演游戏是幼儿根据故事、童话等文学作品内容进行表演的游戏，即幼儿扮演和模仿作品中的角色，用对话、动作、表情等富有创造性的表演再现文学作品。它属于一种创造性游戏。

## 二、表演游戏的本质

本质是指事物本身固有的根本属性，表演游戏作为创造性游戏的一种，具有创造性游戏的共性，也具有自身的特性，其特殊性决定了表演游戏的特点和教育价值，下面将从表演游戏、角色游戏和戏剧表演的区别与联系中剖析表演游戏的本质。

### （一）表演游戏与角色游戏的联系与区别

表演游戏与角色游戏之间有着密切联系。表演游戏和角色游戏同属于象征性游戏，二者在角色扮演、象征手段等方面有相似之处，均需要通过扮演角色，发挥自己的想象力和创造力，用物体进行表征来完成游戏情节。

表演游戏与角色游戏之间的区别在于：两者的主题来源不同。在角色游戏中，幼儿在他们自己创设的特殊的游戏环境里独立再现着成人的社会和劳动职务。角色游戏是幼儿以想象和模仿，借助真实或替代的材料，通过扮演角色，创造性地再现周围社会生活的游戏，因此，角色游戏与幼儿的社会生活密切联系，是一种富有创造性的想象活动。而表演游戏是指那些"间接通过教养员的词（故事、朗读、谈话及看插图）获得的观念为源泉的游戏"，它是幼儿根据接触到的文学作品，比如童话故事或图画书故事，对其中的角色、情节和人物语言进行再现的游戏，因此表演游戏以幼儿文学作品或者是幼儿在原有幼儿文学作品基础上创编的故事为依据而展开游戏活动，具有一定的艺术性。例如角色游戏"超市"来源于幼儿真实的生活经验，表演游戏"三只小猪"则来源于文学作品。

### （二）表演游戏与戏剧表演的联系与区别

表演游戏与戏剧表演之间的联系：表演游戏与戏剧表演都是依据一定的作品内容，对作品进行创造性表演的活动，表演时都要运用口头语言和肢体语言。

表演游戏与戏剧表演之间的区别：构成戏剧表演的基本要素是导演、演员、剧本、剧场和观众，戏剧表演是演员（幼儿）在导演的指导下，根据事先编写好的剧本，运用口头语言和肢体语言以及化妆、服饰、灯光、音响、道具等比较严格地再现剧本内容和情节的教育活动。戏剧表演要求幼儿创作出活生生、有血有肉的人物形象，使之具有一定的审美价值，具有舞台表演美，其对幼儿语言和动作的要求更规范，强调幼儿艺术的表达。表演游戏则是幼儿以故事为线索展开的游戏活动，他们按自己的理解来表现故事。因此，在表演游戏中，幼儿对故事的表现较戏剧表演是相对宽松自由的，可以不受条条框框约束，在本质上是幼儿的"自由游戏"与玩耍，而不是戏剧性较强的"戏剧表演"。

### （三）表演游戏的本质

通过上述分析比较，可对表演游戏的本质从不同的角度加以理解：第一，从幼儿认知发展角度看，表演游戏属于象征性游戏，幼儿通过自己的想象将文学作品中的故事情节用自己的语言、肢体动作和表情表达出来，进行象征性表演；第二，从游戏者活动形式看，表演游戏属于装扮性游戏，幼儿可根据角色需要，充分发挥想象力，按照自己的意向自由、自主地进行装扮，以此来展示角色的特点；第三，从游戏者活动内容角度看，表演游戏属于主题想象性游戏，根据一定的文学故事主题，自主地设定人物情境，想象故事情节如何展开，并将其表演出来。因此表演游戏属于具有一定艺术成分的象征性的创造性游戏，幼儿根据自身需求对文学故事进行改编和创造，丰富故事情节，增加游戏内容，使故事以一种崭新的面貌呈现出来，是一种已经规定了"主题"的赋有表演性的"游戏"。

## 三、表演游戏的特点

### （一）艺术性和创造性

《幼儿园教育指导纲要（试行）》中明确指出："提供自由表现的机会，鼓励幼儿用不同艺术形式大胆地表达自己的情感、理解和想象，尊重每个幼儿的想法和创造，肯定和接纳他们独特的审美感受和表现方式，分享他们创造的快乐。"表演游戏依据的作品绝大多数是幼儿文学作品，通过表演游戏，幼儿会加深对幼儿文学作品的理解，培养对幼儿文学作品的兴趣；通过表演游戏，幼儿会在激情张扬的表演过程中得到美的启迪，培养美感；表演游戏还有助于发展幼儿的表演才能，使他们从感受语言美、艺术美逐步扩展到通过语言、动作去表现美、创造美，从而让幼儿潜移默化地受到艺术熏陶，发展审美能力，陶冶艺术气质。

### （二）结构性和规则性

表演游戏要以文学故事为线索，以故事的情节发展顺序为基本框架进行创造性表演，幼儿在表演过程中要尽量将自己的语言和行为与故事中的情节、角色的特点联系起来，幼儿天马行空的创造在一定程度上受"故事"框架的规范，不能随意而为。

### （三）游戏性和表演性

表演游戏作为象征性游戏的一种，是幼儿自发的、自愿进行的活动，它本身具有游戏性的特点；此外，从幼儿选择和确定所表演的故事或作品开始，幼儿在头脑中就对即将表演的故事有了一个大概的了解和掌握，在游戏过程中，幼儿要将自己的语言和动作与故事情节相联系，要经过自己的表现将头脑中的故事再现出来，这种故事再现的过程构成了表演游戏的"表演性"，也正是这种"表演性"构成了表演游戏区别于其他类型游戏的根本特征。

## 四、表演游戏的类型

根据幼儿在游戏中扮演形式及游戏材料的不同，表演游戏可分为自身表演、桌面表演、木偶表演和皮影戏表演。

### （一）自身表演

自身表演即幼儿自己以故事、儿歌和童话等文学作品为蓝本，扮演其中的角色，用对话、动作和表情等进行创造性表演的游戏活动。在游戏中，他们按照自己对作品的理解，自编自演、自娱自乐，每一遍表演效果可能都不一样，在幼儿园最为常见。

### （二）桌面表演

桌面表演是指在桌面上运用各种成型玩具来扮演作品中的角色，幼儿以口头独白、对话和操纵玩具角色的动作等形式再现作品情节和内容的一种表演游戏形式。

桌面表演对幼儿的口头语言表达能力有相应的要求，需要他们在理解文学作品的角色、情节和体会角色情感等内容的基础上，能用不同的有趣的音调、音色、节奏和语气等来表现角色的性格特征和情节的发展变化。这种表现形式一般适合中班以上的幼儿。

### （三）木偶表演

古代人把木偶戏称为傀儡戏，现代人把用各种材料制成的偶人都称为木偶。常见的木偶有手指木偶、提线木偶、布袋木偶和棍杖木偶等几种，还有一种重要的表演形式就是人偶同演。

木偶形象生动有趣，幼儿不仅喜欢看木偶表演，更喜欢自己动手操纵木偶进行表演。适合幼儿游戏的木偶一般以手指木偶和布袋木偶为主，可以由教师和幼儿一起动手制作，也可以直接从市面上购买，演出的舞台通常只需要拉一块幕布挡住木偶操纵者就可以了，非常简便易行，深受幼儿喜爱。

### （四）皮影戏表演

皮影戏，发源于我国西汉时期的陕西华县（古华州），距今已有两千多年的历史，是世界上最早由人配音的活动影画艺术，有人认为皮影戏是"电影始祖"。皮影戏又称"灯影戏""土影戏"，有的地区叫"皮猴戏""纸影戏"等，是用灯光照射兽皮或纸版雕刻成的人物剪影以表演故事的戏剧。剧目、唱腔多同地方戏曲相互影响，由艺人一边操纵一边演唱，并配以音乐。幼儿表演的皮影戏通常有头影、手影、纸影和皮影等，其中以手影游戏居多。

手影是一种古老的传统游戏，它以手为笔，以影为墨，只需一点光，就可以展开巧思，通过手势的变化，创造出各种不同的影像。手影游戏是幼儿钟爱的游戏，幼儿喜爱动物，于是兔子、猫、狗等动物就成了手影的主要表现对象。手影不需要任何修饰，模仿的各种动物惟妙惟肖、栩栩如生：一会儿是活泼可爱的小白兔，一会儿是展翅高飞的老鹰，一会儿是凶恶狡猾的大灰狼，一会儿又是憨态可掬的小肥猪……可以说，想象力有多丰富，手影的变幻就有多神奇。神奇的手影世界，其实就是一个充满童真的世界，一个充满想象的世界。神奇的手影游戏可以启发幼儿的联想思维，培养幼儿的想象力和创造力。

幼儿皮影戏可以就地取材，选用硬纸片、透明胶片、黄板纸等，用剪纸和刻花的方法制作影人、布景和道具即可。演出的影窗可用一块白纱布绷在倒置的桌腿上，再把灯光调整到适当的位置，然后一边操纵影人，一边配词拟声，就可以表演了。因为皮影戏表演对幼儿的动手操作能力、手眼协调能力、语言表达能力、分工协作能力都有较高要求，所以通常在大班幼儿中进行，并且需要教师的组织与指导。

**拓展知识 7-2**

### 表演游戏的教育价值

表演游戏是幼儿通过理解领会作品的内容，然后经过加工，并用积极、欢快、富有创造性的表演形式，再现文学作品的游戏活动，对幼儿认知、个性、社会性、语言等多方面的发展十分有益。

## 一、表演游戏能促进幼儿肢体动作的发展

幼儿动作的发展先于语言和认知的发展，他们与人交流的方式更多依赖于身体和动作的表现。在表演游戏中幼儿需要运用肢体诠释"脚本"相关情节，有利于幼儿的肢体协调。对于小班幼儿来说，表演的过程中相对于语言表达，他们的动作、手势、表情等发挥了主要作用，因此表演游戏能够帮助幼儿发展动作技能，通过大小肌肉的配合协调，促进幼儿大动作、精细动作和运动能力的发展；同时，它能够丰富幼儿的运动经验，包括合作性运动、控制性运动、重复性运动等多种不同性质的经验。

## 二、表演游戏能促进幼儿认知的发展

幼儿的认知能力由低级向高级逐渐发展，具体表现为心理机能的提高，比如感知能力和记忆能力的提高。表演游戏是幼儿对文学作品的一种感知和学习的过程，借助于表演游戏，幼儿能更好地把握作品的角色、情节和主题思想等，从而促进幼儿理解力的发展；在表演游戏中，由于扮演角色的需要，幼儿必须主动地、积极地记忆作品中的情节，包括角色的出场顺序、动作、表情及对话等，从而促进幼儿记忆力的发展。

## 三、表演游戏能促进幼儿良好个性和社会交往能力的发展

语言丰富生动、情节跌宕起伏的童话故事，对幼儿具有很大的吸引力和感染力。幼儿在游戏过程中反复体验作品的内容、情节和人物的思想感情，受到作品中善良角色品质、性格的熏陶，学会分清是非、区别善恶，明白什么是正确的行为和优良的品德，这些有利于幼儿良好品德的形成，有助于培养幼儿良好的个性心理。

表演游戏作为一种合作游戏，在剧本的编排、道具的选择以及表演上，需要幼儿一起完成，分工协作。在幼儿因选择角色发生冲突时，更需要彼此沟通、相互理解并平衡不同意见；在情节安排中，幼儿与同伴之间需要交流意见，需要提出自己的见解，采纳他人的建议，幼儿逐渐学习站在对方的角度考虑问题，尽量去理解他人的想法，并且将他人的见解融入自己原有经验当中，不断地丰富自己的经验。这样的同伴合作有助于幼儿社会情感的发展，能够有效培养幼儿的社会性，是幼儿社会化的有效途径。

## 四、表演游戏能促进幼儿语言能力的发展

语言是幼儿的沟通工具，幼儿语言的发展象征着思维的发展，语言能力的提升可以促进幼儿思维能力的发展，而思维能力的提高可以促进幼儿语言能力的发展，思维和语言二者相辅相成。因此，幼儿语言的发展至关重要。《3~6岁儿童学习与发展指南》中指出：语言是交流和思维的工具。幼儿期是语言发展，特别是口语发展的重要时期。"倾听与表达"是促进幼儿语言发展的目标之一，表演游戏是促进幼儿语言发展的有效途径之一。

文学作品中的语言优美生动、句式丰富多变，对幼儿学习和掌握多种语言形式具有特别的意义；幼儿在表演游戏过程中要熟记作品中的语言、掌握正确的语音、学说各种不同的词汇和句式、富有创造性地表现符合角色性格特征的语调和表情、运用作品中的文学语言，这都有利于提高幼儿的口语表达能力；幼儿通过表演游戏，能够获取广泛的知识内容，使语言内容方面的经验越来越丰富，谈论的话题越来越多；幼儿在表演游戏中需要和同伴交流沟通，会用语言向同伴提问、提出建议，甚至产生语言冲突，这能提高幼儿的语言运用能力。

同时，表演游戏中生动、多样化的情景也能使幼儿在不同语境中运用适当语言的能力得到锻炼和发展。

## 五、表演游戏能促进幼儿审美能力的发展

游戏是幼儿感知世界的方式，是他们生命情态的真实写照。弗洛伊德说："诗人所做的事情与儿童在游戏中所做的事情是一样的。""每一个做游戏的儿童的行为，看上去都像一个正在展开想象的诗人。你看，他们不是在重新安排自己周围的世界，使它以一种自己更喜欢的新的面貌呈现出来吗？"从这个意义上说，幼儿的象征性游戏本身就是一种审美活动，一种艺术活动。

感性的具体化或理性的形象化是文学审美的重要标志之一，而表演游戏具有将意象客观化、情景化的特征。比如幼儿玩"骑马"游戏，先是他的脑海中有一个"马"的意象和骑马的情境，他会想象在辽阔的大草原，自己骑在马背上。于是他会寻找实物来作为"马"的替代品，比如扫帚，然后骑在上面，表现出在马背上驰骋的感觉。在这一游戏过程中，游戏本身就是目的，它是内容和形式的高度和谐一致。幼儿在表演游戏中，是直接行动者，同时也是游戏的体验者；幼儿既能够观赏游戏，又能够享受游戏的快乐。他们在自己想象的游戏情境中尽情地感受美、创造美，这样幼儿感受美、理解美、创造美的能力也在表演游戏中潜移默化地得以提升。

## 六、表演游戏能够充分开发幼儿的表演天赋

幼儿生来就有扮演的冲动，有爱幻想的天性。在他们身上有着与生俱来的戏剧天性，他们是天生的演员和剧作家。

从心理起源和社会文化起源上来看，表演游戏是人类天赋的想象、象征能力和创作表现欲望在儿童世界与成人世界中各自的实现形式；表演游戏是幼儿主动进行的游戏活动，能够通过促进幼儿的主体性发展，有力地带动幼儿身心各方面生动活泼、主动的发展。幼儿在表演的过程中，逐渐培养自己对表演及戏剧的兴趣爱好，在表演游戏的过程中能够揣摩作品中角色的语言与动作并通过语言和动作体会角色的情感，有利于开发幼儿的表演天赋。

## 第二节 幼儿表演游戏的指导

表演游戏是幼儿根据故事、童话的内容或生活中感兴趣的事情，运用动作、表情、语言扮演角色而进行的游戏。它以故事、童话和幼儿自己的生活内容为依据，借助于想象，创造性地运用语言、动作、表情表达出作品中人物的性格和情节，并恰当地增减情节或替换词语，以便更好地领会作品的主题和人物的思想感情，有利于加深幼儿对文学作品的理解和记忆，促进幼儿想象力、语言、自信心和独立性的发展。

表演游戏既可以是幼儿自主生成的，也可以是在教师引导下生成的，但幼儿自主生成的表演游戏只具有一般性的表现力，无法完成从目的性角色行为到嬉戏性角色行为、再到更高水平的目的性角色行为的回归，从而实现表演游戏对个体发展的价值。因此，教师对幼儿的表演游戏进行指导具有必要性和重要性。

### 一、表演游戏过程的指导

#### （一）表演游戏开始前的准备

**1. 表演游戏作品的选择**

（1）表演游戏作品的选择应符合以下基本特征：一是健康的文学作品；二是适合幼儿的身心发展水平和兴趣，便于幼儿理解的作品；三是具有一定的表演性，也就是说，故事情节要具有一定的变化，但不要过于复杂，便于幼儿理解和记忆的作品，否则超出幼儿理解水平之上的作品即使再有教育意义，对幼儿来讲也只能是水中月、镜中花，没有任何的价值；四是作品人物个性鲜明，情节简单，拥有趣味，动作性强，对话多次重复，语言朗朗上口，要易于幼儿掌握和表演，有集中的场景，布置道具要简单，幼儿可以通过口头语言、动作、表情进行表演来展现作品的主题和情节。

**案例 7-1**

#### 小鹿历险记

《小鹿历险记》中有幼儿熟悉并使人们憎恶的"大灰狼"，还有性格特征明显的"黄鼠狼""花狐狸""小青蛙"等动物，故事情节简单，角色对话多次重复，如"小壁虎！救救我！大灰狼在追我！""不行，不行，太疼了，我还是继续跑吧！"等，特别符合幼儿的语言特点，如"别急，别急，我来帮你，你可以学我把尾巴拉断，大灰狼就抓不到你了！""别急，别急，我来帮你，你可以学我放个臭屁，大灰狼就抓不到你了！"等，各种动物的动作性强，适合幼儿爱动的天性，又易于表演，故深受幼儿喜

## 第七章 幼儿表演游戏及其指导

爱。在表演游戏过程中，孩子们不论是自己表演还是观看他人表演，气氛都很活跃，情绪高涨。通过游戏，幼儿了解了动物是怎么保护自己的，同时得到了合作表演的快乐体验。

（2）幼儿园表演游戏的主题和内容的来源：在遵循上述内容选择特征的基础上，可从经典文学作品、教学活动延伸、教师用书语言活动和幼儿喜爱的动画片等四个渠道选择表演游戏的主题和内容。

（3）各年龄段幼儿作品选择的要求：

小班：故事线索单一、篇幅短小、场景和结构简单、重复性情节较多的脚本。如《拔萝卜》《小兔乖乖》《小熊醒来了》。

中班：故事情节比较简单、篇幅中等、易于延伸的游戏脚本。如《咕咚来了》《奇奇的耳朵》。

大班：故事情节相对复杂、篇幅稍长、易于改编和扩展的游戏脚本。如《喜羊羊与灰太狼》《猪八戒吃西瓜》《龟兔赛跑》。

2. 表演游戏作品的改编

表演游戏作品大多来自图书、影视方面的童话故事，还有成人教给幼儿的儿歌、故事等，虽然数量较大，但并非所有的文学作品都适合表演游戏，适合表演游戏的作品也并非均符合本班幼儿的实际情况。因此，为了便于幼儿的表演、增加游戏趣味、突出游戏主题，教师常常需要对作品进行改编，鼓励、指导幼儿在原作品的基础上进行合理的创新。改编的具体方法如下：

1）增加对话

《咕咚来了》原文：早晨，湖边寂静无声。一只小兔快活地扑蝴蝶。忽然湖中传来"咕咚"一声，这奇怪的声音把小兔子吓了一大跳。刚想去看个究竟，又听到"咕咚"一声，这可把小兔子吓坏了，"快跑，咕咚来了，快逃呀！"它们转身就跑。狐狸正在同小鸟跳舞，与跑来的小兔子撞了个满怀。狐狸一听"咕咚来了！"也紧张起来，跟着就跑。

改编：湖边的小白兔正在休息，突然听见"咕咚"一声。

小白兔：啊！这是什么声音？一定是个可怕的大妖怪！快跑呀！

（小白兔跑啊跑，碰见了狐狸）

狐狸：你跑什么呀？出了什么事？

小白兔：咕咚……咕咚来了！快跑！（小白兔和狐狸一起跑啊跑）

2）增加儿歌

《奇奇的耳朵》：原作品是说有一只兔子虽然有两只长长的耳朵，但是它和别的兔子不一样，别的兔子两只耳朵都是直直地竖着，它的耳朵是一只直一只弯，兔子们都觉得它的样子太奇怪了，每次见到都笑它，它也觉得自己和别的兔子不一样，心里感到非常难过。

改为儿歌，由扮演奇奇的小朋友念独白："小白兔，白又白，两只耳朵竖起来，我的名字叫奇奇，奇怪奇怪真奇怪，我也有着两只耳，一只直来一只弯，要是大家看见我，准会叫我耷拉耳。哎……"通过通俗易懂的儿歌，进行形象表演，让大家很快就明白了奇奇遭到其他兔子的嘲笑是因为奇奇耳朵的不同。

《没有牙齿的大老虎》：小狐狸真聪明，拿个糖给老虎尝，大老虎不刷牙，牙齿烂了全拔光，小动物们拍手笑，再也不怕被虎咬。哈哈哈哈！

3）增加动作

表演游戏时，还没轮到的角色，为避免无所事事，可自行设计一些与角色相符的动作，如小壁虎的妈妈没有上场前，可在家做做饭、浇浇花等。也可为了增强游戏效果而设计一些动作，如庆祝的方式：唱歌、跳舞、拍手等。

4）增加情节

故事中的情节：如《奇奇的耳朵》，小朋友们为小兔奇奇设计了其他的使耳朵立起来的方法。

续编故事结尾：如《喜羊羊与灰太狼》，通过前面几次的表演，喜羊羊战胜了灰太狼，灰太狼会善罢甘休吗？孩子们于是设计了灰太狼克敌制胜的方法，喜羊羊也设计出新的对付灰太狼的办法，于是游戏不断继续下去……

### 3. 表演游戏环境的创设

环境作为教育中的隐形课程，潜移默化地对幼儿产生影响，为幼儿创设必要的游戏环境，是幼儿顺利开展表演游戏的先决条件。总的来说，是在简单实用的原则下尽可能给予幼儿发挥想象力和创造力参与表演游戏环境创设的机会，让幼儿成为表演游戏环境创设的主人，以激发幼儿游戏的兴趣，增强游戏的趣味性、象征性和戏剧性，具体要求如下：

（1）场地：教师可在活动室或其他相对宽敞的地方创设一个相对固定的表演区，有条件的可以在专用的游戏室里创设表演区；场地有限的，也可以根据需要用桌椅、积木临时搭建小舞台。

（2）布景：简单大方、经济实用，能起到渲染气氛的作用，不要求过于复杂，否则会过多吸引幼儿的注意力，导致幼儿精力分散，影响幼儿表演的顺利进行。

（3）服饰和道具：既可以起到吸引幼儿注意力、激发幼儿进行表演游戏的兴趣，而且可以影响游戏的生动性、形象性和趣味性。根据各个年龄段幼儿的发展水平，鼓励小班幼儿用象征的方法"以物代物"地使用游戏材料，中班幼儿根据游戏需要自主地寻找和准备游戏材料，大班幼儿自主地设计、制作游戏材料。

在表演游戏环境创设过程中，指导教师应注意：

（1）舞台、服饰和道具都应当简单、方便、实用，实现废物利用。

（2）教师不要包办代替，应充分信任幼儿的能力。

（3）活动室内放置一个百宝箱收集半成品材料，供幼儿取用。

### （二）表演游戏过程中的指导

#### 1. 表演游戏导入环节的指导

导入是教师在正式游戏之前开展的环节，其目的是让幼儿知晓本次游戏的主题，清楚游戏的主要内容，唤起幼儿已有的游戏经验，激发幼儿游戏的兴趣。导入的方式主要有故事导入、问题导入、片段表演导入和材料导入。

1) 故事导入

故事导入是指教师向幼儿讲述本次游戏所要表演的故事内容。在实际操作中，教师可以口头讲述，或以多媒体播放等形式让幼儿熟悉故事内容。

**案例 7-2**

### 小班表演游戏"拔萝卜"（一）

师：今天老师要给小朋友们讲一个萝卜的故事，请你们竖起小耳朵认真听老师讲。春天，老公公买到一粒特殊的种子，他把种子种到了地里，几天以后，地里就长出了一个萝卜……

2) 问题导入

问题导入是指教师提出在上次游戏中捕捉到的问题或者幼儿反映出的问题，并引导幼儿改进的导入形式。

**案例 7-3**

### 中班表演游戏"三只蝴蝶"（一）

师：很多小朋友都很喜欢"三只蝴蝶"这个故事，玩得也很开心。可是，上次游戏结束以后，有一个表演"太阳"的小朋友不高兴了，这是怎么回事？我们请他来说一说。

幼：我不高兴是因为我最后才出来，只说了一句话，演得太少了。

师：整个故事太阳就表演了一次，就没有了，实在是太少了。那怎么办呢？上次游戏后我们大家想了一个办法，让"太阳"也来演"打雷"和"下雨"，这样就演得多了，是吗？

幼：是！

师：所以，待会儿游戏的时候，小太阳们要记得还要负责表演故事中的天气变化，好吗？那我们现在就开始表演吧。

3) 片段表演导入

片段表演导入是指教师当场请几名幼儿示范故事的片段或以播放上次游戏中现场录制的幼儿游戏视频的方式进行导入。这种导入方式直观形象，有利于教师对幼儿的指导和幼儿对游戏行为的改进。

**案例 7-4**

### 大班表演游戏"蚂蚁和蟋蟀"

师：上次看了你们的表演，我觉得我们班的小朋友们实在是太棒了，演得都那么好！我特别注意到第四组的小朋友们，他们演得有些不一样。"蚂蚁"没有嘲笑"蟋蟀"，而是很热情地给他吃了自己的食物，演得很有创意。现在，我们有请第四组的小朋友们上来给大家表演一段。

4）材料导入

材料导入是指教师以向幼儿介绍新增的游戏材料的方式进行导入。

**案例 7-5**

### 中班表演游戏"三只蝴蝶"（二）

师：上次游戏以后呢，"太阳"说自己演得很无聊，都没有人注意看他的表演。这次啊，老师带来了一些新道具给"太阳"。这是响鼓，打雷的时候呢，"太阳"就可以敲两下，表示雷声；这个是摇罐，小雨的时候，可以摇一摇它，那沙沙的声响就代表雨滴的声音。用这个道具来表演，其他的演员们就会注意到"太阳"了。今天，老师给每组的"太阳"都准备了这样的道具，待会儿表演的时候，请你们记得使用，我看哪一组表演得最像。

#### 2. 表演游戏过程的指导

幼儿的表演游戏要经历一个从一般性表现到生动性表现的发展过程。帮助幼儿完成从一般性表现到生动性表现的提升，从目的性角色行为到嬉戏性角色行为、再到更高水平的目的性角色行为的回归，正是教师指导表演游戏的目的和任务所在。因此，一个表演游戏活动的完成离不开教师的指导，而教师适宜的介入指导离不开前期对幼儿行为的观察与解读。

1）教师有意识地进行观察

表演游戏进行一段时间后，幼儿对情节的发展和对白已经熟悉，表演自如了许多，不再需要教师进行旁白。但由于幼儿受生活经验和表现能力等因素的限制，所以他们常常不能把握好角色特点，出现表演不适当的情况。

（1）教师应深入进行观察，包括幼儿的出场顺序、对话形式，幼儿在表演过程中的表情动作是否到位，以及表演道具的使用情况等。

（2）判断空间、材料是否满足表演游戏活动的需要，并给予及时的调整和更新。

2）教师适时地介入指导

（1）教师介入指导的方式。教师对幼儿游戏的介入，是为了引导幼儿游戏的行为，推进游戏向更高一级发展。幼儿园教师的表演游戏指导方式主要分为内部介入和外部介入两大类,内部介入又分为平行介入、合作介入和指导介入三种,其中,小班多采用指导介入和外部介入的方式,中班以平行介入的方式为主,大班教师以合作介入为主。

◎平行介入

平行介入是指教师以和幼儿在故事中所扮演的相同角色的身份介入进行指导,说该角色说的话或使用该角色使用的道具,从而给幼儿以暗示。

**案例 7-6**

**中班表演游戏"老爷爷的萝卜"**

背景:教师观察到扮演小白兔的幼儿在偷吃萝卜时缺少相应的表情和动作,教师就扮演小白兔与幼儿平行游戏,用自己的动作为幼儿示范。

教师戴上兔耳朵,叫道:"老爷爷,老爷爷。"(双手上举叫喊)发现老爷爷不在,自言自语地说:"老爷爷不在,我可不能吃。"(摇摇头)接着又说:"我真想尝一尝呀,怎么办啊?"(来回走表示为难的样子)

◎合作介入

合作介入是指教师以和幼儿在故事中所扮演的不同角色的身份介入进行指导,通过与幼儿的合作表演,给幼儿以启示。

**案例 7-7**

**大班表演游戏"蚂蚁和蟋蟀"**

背景:有一组的"蚂蚁"在"蟋蟀"来讨要食物时,不停地嘲笑他、讽刺他,于是教师以蚂蚁的身份介入了幼儿的游戏。

师:哎呀,蟋蟀很可怜,都快饿死了。我们这里有很多吃的,你就随便吃一点吧。等你身体好了给我们唱歌,好吗?

蚂蚁1:这里有吃的,你吃点吧。

蚂蚁2:别客气,坐下来吃吧。我们刚才不该那么对你的。

蟋蟀:没关系,我还要谢谢你们给我吃的呢。

◎指导介入

指导介入是指教师始终在游戏中扮演一个固定的角色,对幼儿的游戏进行点拨。

### 案例 7-8

#### 小班表演游戏"拔萝卜"(二)

背景：小班新学期第一次开展表演游戏，由于幼儿缺乏游戏经验，所以教师带领幼儿开展表演游戏。

师：我现在是老公公，我来和你们一起玩。拔萝卜，拔萝卜，哎哟哎哟，拔不动。老婆婆，快快来，快来帮我拔萝卜！

这时扮演老婆婆的幼儿听到老师的召唤，跑了过来，双手抓住老师的腰间。

师：拔萝卜，拔萝卜，哎哟哎哟，拔不动，小姑娘，快快来，快来帮我拔萝卜！

"小姑娘"听到了"老公公"的呼唤，也跑过来抓住了"老婆婆"的衣服，开始拔萝卜……

◎外部介入

外部介入是指教师以其真实身份介入，对幼儿的游戏进行指导。

### 案例 7-9

#### 大班表演游戏"月亮船"(一)

背景：教师在观察中发现，有一组的"蒲公英"蹲在地上，而前来安慰的"蟋蟀"很大声地笑着对蒲公英说："别哭别哭，让我给你唱首歌吧！"于是，教师走上前去，介入了幼儿的游戏。

师：你很伤心，哭得很难过的时候，别人是怎么安慰你的？想一想，他们是不是和你一样说话很吵？这样像在安慰别人吗？

"蟋蟀"停了一会儿后，又要求和"蒲公英"重新演一遍，这次，"蟋蟀"说话很温柔，表情也显得有些难过，很同情"蒲公英"。

（2）教师介入指导的内容。教师对幼儿园表演游戏的指导可以涵盖多方面的内容，大致包括幼儿所扮演角色的对话及出场顺序是否正确；幼儿所扮演角色的动作、表情是否到位；幼儿对所扮演角色的道具使用情况；幼儿对游戏情境的布置是否合理以及幼儿在游戏中是否有创新等内容。

◎引导幼儿合作、协商，有创意地进行表演

教师引导幼儿学会协商、互谦互让、自己分配角色，其中，分配角色可由表演能力和组织能力较强的幼儿负责，要使幼儿懂得照顾同伴，让胆小的幼儿也能扮演角色，但也要避免能力强的幼儿经常做主角的情况。

◎帮助幼儿提高表演技能

文学作品中的内容和情节需凭借幼儿一定的表现技能而得以再现和展示，因此培养和提高幼儿的表演技能是完成表演游戏的一个重要前提。

首先，要提高幼儿口头语言的表达技能。具体操作如下：第一，让幼儿能大胆地把角色的语言表达出来；第二，让幼儿较清晰、流畅地用普通话表演；第三，让幼儿知道运用自己的语调来表达思想感情。

其次，要提高幼儿的形体表演技能。表演游戏需要幼儿的步态、手势、动作比日常生活中的夸张一些，有表演的舞台效果；此外，各个角色因特点不同，需要幼儿在游戏中恰当而准确地把握。

◎启发幼儿讨论关注游戏的问题

表演游戏每个阶段都客观存在着各种各样的问题，包括幼儿自己的经验与游戏经验存在差距的问题，现有材料与游戏所需材料的矛盾问题等，这当中存在着许多很有价值的问题，但是这些问题缺乏具体可见性，幼儿常常无法主动发现。这时，教师就应善于营造有利于幼儿自发讨论的环境氛围，用启发性的语言，引导幼儿展开讨论，共同探讨游戏中的问题，提高幼儿的游戏水平。

教师通常可以采用"游戏中有什么困难问题需要讨论吗？""要解决这个问题，可以怎么做呢？""谁能帮助解决他的问题？""为了使下次游戏玩得更开心，还需要做什么？"等启发性语言，并通过个别、小组、集体等多种形式进行讨论。

3）教师采用多种形式组织表演活动

幼儿园开展表演游戏应采用多种组织形式，比如集体表演、分组表演、幼儿自主表演等。集体表演是指在教师的带领下幼儿集体参与的表演游戏活动，例如在故事教学活动中，教师可以组织全体幼儿对故事中的一个角色进行扮演，模仿角色的动作，感受角色的心理变化，这种集体表演游戏可以加深幼儿对故事的理解，更好地体验角色。分组表演游戏是指在教师的指导下，把全体幼儿分成若干小组，由教师或组内成员自己选定角色进行表演的形式。这种表演形式可以使幼儿体验分工合作的快乐，培养合作意识；同时跟其他小组进行比较，培养幼儿的竞争意识。幼儿自主表演游戏通常指幼儿在表演区进行自发性的表演游戏，这种形式下幼儿的自主性较强，表演的目的性较弱，游戏性更强，有利于幼儿更好地体验游戏的快乐，培养幼儿的创造性。

幼儿园教师在组织表演游戏时，应尽量将三种形式相结合，使幼儿获得不同的体验。例如，2014年山东省幼儿园优质课"狐假虎威"，教师在讲述故事的过程中，为了加深幼儿对故事人物的理解，教师首先找个别幼儿表演，然后将幼儿分成若干小组表演，最后是幼儿集体扮演老虎或者狐狸，通过三种组织形式的结合，避免了重复同一内容给幼儿带来的枯燥无趣，能帮助幼儿对故事情节有较好的理解。

4）教师采用多种方式对幼儿游戏进行评价

教师评价表演游戏的方式主要有是非评判型、解决问题型、片段再现型及分享经验型等。

（1）是非评判型。教师将自己在表演游戏中发现的问题呈现出来，并让幼儿进行是非评判，主要以对幼儿表演行为的评判为主。

### 案例 7-10

#### 中班表演游戏"三只蝴蝶"（三）

师：谁能说说你们小组里谁表演得好？好在哪里？

幼：我觉得刚才"红花"姐姐演得很好，她很高兴地叫"红蝴蝶"进来躲雨，很生气地让"白蝴蝶"和"黄蝴蝶"走开，语调有很大的变化。

师：那你们小组有谁的表演还不够好呢？哪些地方不到位呢？

幼：我们表演完的时候，"太阳"都不出来，只是玩他手里的玩具……

（2）解决问题型。即对是非评判的延伸，针对表演游戏中发现的问题，教师引导幼儿讨论解决问题的最佳办法，从而推进游戏的发展。

### 案例 7-11

#### 中班表演游戏"小熊请客"

师：我发现刚才小熊和它的伙伴们用积塑当砖头去追打狐狸，害狐狸疼得"嗷嗷叫"。我们能想个好办法，既打了狐狸，又不让它那么痛苦吗？

幼：我们可以用软一点的东西，纸球什么的。

师：那我们到哪里找材料制作这些"砖头"呢？

幼：我家里有好多报纸，可以揉成团当"砖头"。

幼：我有办法可以不用做！我们上午玩游戏时用的报纸球正好可以当"砖头"。

这种讲评方式既可以让幼儿形成辩证性思维来反思自己的游戏行为，又能够激发幼儿动脑思考问题，培养幼儿的创造性思维和解决问题的能力。

（3）片段再现型。教师让幼儿现场再现游戏的片段或运用摄像机、照相机拍下幼儿的游戏片段，回放并有目的地对幼儿游戏行为进行引导和指导。

### 案例 7-12

#### 大班表演游戏"月亮船"（二）

师：今天，老师发现第一组的小朋友玩得特别好，"蒲公英"迷路时哭得很伤心，找到家后又笑得很开心。"神仙姐姐"也很棒，说话很温柔，衣服穿得也好看。现在，我们请他们再上来给大家表演一次，好吗？

幼：好！

190

这种讲评方式利于教师捕捉幼儿游戏中凸显的问题，并进行针对性的指导。

（4）分享经验型。教师鼓励幼儿把自己在游戏中的真实情感和游戏经验表达出来，互相交流、分享。

**案例 7-13**

### 中班表演游戏"三只蝴蝶"（四）

师：谁能说说你们刚才游戏的时候有什么收获？

幼：我刚才演的是红蝴蝶，虽然我们被大雨淋湿了，但是只要和好朋友在一起就很开心。

师：那你当时是怎么演的？

幼：被"红花"拒绝之后，我就拉着"白蝴蝶"和"黄蝴蝶"的手，很坚决地告诉她，我们是好朋友，不能分开。在雨中，我们三个人抱在一起相互取暖，就不那么冷了。

师：对！她演得真棒，我们给她鼓鼓掌吧！

这种讲评方式既提供给幼儿表达的机会，也使教师了解游戏中幼儿的所思、所想、所为，便于教师对游戏的指导和对下次游戏的推进。

**3. 表演游戏后期的指导**

1）师幼共同讨论及评价

教师组织反思性谈话，通过不断激发幼儿思考，让幼儿自己发现存在的问题，提出解决问题的方法。幼儿是表演游戏的主体，应把评价的权利交还幼儿，教师可进行最后的梳理总结。

2）结束游戏

（1）游戏时间快到时，提前提醒幼儿，以便做好结束游戏的准备。

（2）选择好游戏结束的时机，最好是在幼儿兴致转低但还保留游戏兴趣的时候。

3）分享交流

（1）让幼儿分享、畅谈游戏中问题解决的成功经验，体验成功感，增强自信心。可呼应目标及经验回顾中的问题："问题解决了没有？用的什么方法？怎么解决的？"教师应帮助幼儿梳理、提炼游戏经验。

（2）留有游戏余兴。教师引导幼儿回忆、发现游戏中出现的新问题，并鼓励提出解决问题的办法，讨论下次游戏需要做的经验、材料方面的准备内容。如讨论需要到哪里参观，观察什么人物，需要增加哪些材料等。

（3）收拾游戏材料和场地。

## 二、幼儿表演游戏的年龄特点及指导要点

### （一）小班幼儿表演游戏的年龄特点及指导要点

**1. 小班幼儿表演游戏的年龄特点**

（1）对表演游戏有极大的兴趣。
（2）表演有一定的创造性。
（3）表演欲望强，角色意识弱。
（4）交往欲望较低，表演能力弱。

**2. 小班幼儿表演游戏的指导要点**

（1）故事内容的选择：幼儿感兴趣；对话简洁；重复多；动作表现性强；一个场景，如"拔萝卜"。
（2）角色扮演：从教师示范表演到逐步放手。
（3）材料准备：形象逼真的服装和道具。

### （二）中班幼儿表演游戏的年龄特点及指导要点

**1. 中班幼儿表演游戏的年龄特点**

（1）能独立进行角色分配但进入游戏过程较慢。
（2）有交往欲望，但缺少交往技能，角色更换意识不强。
（3）嬉戏性强，目的性弱，常忘记游戏的最终目的。
（4）以动作为主要表现手段，较少运用语言、表情等来表现角色。

**2. 中班幼儿表演游戏的指导要点**

（1）选择适合的主题：对话简洁，动作重复，场景少而集中，方便布置道具。
（2）提供物质条件：相对固定的表演区或小舞台，并保证30分钟以上的游戏时间；2~4种简单易操作的材料。
（3）指导分配角色：幼儿角色轮换意识尚未形成，教师需在尊重幼儿意愿的前提下做好分组工作；以开放的心态引导、等待幼儿解决问题。
（4）教师参与幼儿的游戏，为幼儿提供适当的示范。
（5）通过讨论等形式开展游戏评价。

教师应帮助幼儿提升游戏经验，丰富游戏内容并引导幼儿逐渐掌握规则和表演技能，学会独立解决问题。

### 案例 7-14

#### 小兔子乖乖

某中班的小朋友活泼开朗、思维敏捷，但有时候注意力不是很集中。一次在进行表演游戏"小兔子乖乖"时，欣欣扮演兔妈妈去拔萝卜。"大灰狼"偷听到"兔妈妈"回家了，却不见"兔妈妈"回来，后来老师发现"兔妈妈"跟其他小朋友玩起了剪"胡萝卜"的游戏。

## （三）大班幼儿表演游戏的年龄特点及指导要点

### 1. 大班幼儿表演游戏的年龄特点

（1）有较强的角色扮演意识，能独立分配角色并选择道具，形成角色认同。

（2）目的性、计划性较强，能在游戏开始前对规则、情节、顺序进行协商。

（3）具备一定的表演技巧，能灵活运用多种表现手段，并能根据自己的理解塑造角色，调整对白与动作。

### 2. 大班幼儿表演游戏的指导要点

（1）指导初期：提供时间、空间和多种基本游戏材料，少干预。

（2）指导中期：提供反馈，提高幼儿表现故事、塑造角色（重点）的能力。

（3）指导后期：反思性谈话和小组讨论，启发幼儿在理解现有情节的基础上，通过想象创造性地表现作品角色。

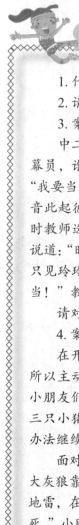

## 思考与练习

1. 什么是表演游戏？请结合案例说说表演游戏的教育价值。

2. 请结合案例谈谈表演游戏和角色游戏的异同。

3. 案例分析：

中二班正在进行表演游戏"爱心小舞台"。活动开始了，教师说："我要一个报幕员，谁来？"这时，孩子们都争着当报幕员，大家都把手举得高高的。玲玲说："我要当舞台总监！"丁丁说："我也要当舞台总监！"一时"我也要我也要"的声音此起彼伏，互不相让。玲玲和丁丁争得最激烈，谁也不让谁，可不高兴了。这时教师选择了等待，想看看孩子们能不能自己解决。时间一分一秒过去了，教师说道："时间都过去好一会儿了，角色再不定下来，今天的游戏可就玩不了了！"只见玲玲和丁丁你看看我、我看看你，丁丁先开口了："今天你来当吧，下次我再当！"教师赞许地看了看丁丁，大家开心地笑了！

请对游戏过程中教师的指导策略进行分析。

4. 案例分析：

在开展大班主题活动"三只小猪"时，小朋友们因为对这个故事非常感兴趣，所以主动提出要开展表演活动。面对小朋友们的兴趣和需求，教师准备借机鼓励小朋友们大胆创编或拓展故事情节。于是，教师先抛给小朋友们一个问题："虽然三只小猪赶走了大灰狼，但大灰狼以后可能还是会来，到时候三只小猪该想什么办法继续战胜它？你们来帮小猪想想办法吧。"

面对这个问题，小朋友们非常激烈地讨论开了，有的说："让老三在河边装死，等大灰狼靠近它想要吃它时，大家把它推到河里，淹死他。"有的说："挖一个坑，埋上地雷，在上面放一只假猪，大灰狼看到后会以为是真的，就会扑上去，结果会被炸死。"小朋友们乐此不疲地讨论。（案例源自《幼儿教育（教师版）》，2011年第2期）

> 请问：案例中幼儿的设想是否过于极端了？对于幼儿如此"战胜"大灰狼，教师是应该尊重和肯定他们的想法，还是给予他们正面的引导呢？教师又应该如何鼓励和引导幼儿进行表演游戏创编呢？

## 延伸阅读

### 如何以表演游戏为载体培养幼儿的口语表达能力

**王玲玲**

表演游戏是幼儿园的主要游戏形式之一，是以作品的内容、情节为依据，运用语言、动作、表情，通过扮演角色，借助想象对作品加以渲染、补充的游戏。表演游戏的来源是蓝本（游戏所根据的底本），幼儿借助"想象、渲染、补充"等创造性的方式再现蓝本。幼儿园表演游戏的蓝本有的来自幼儿根据生活中感兴趣的事物创编的作品，有的来自教师根据幼儿社会性发展需要创作的作品；另外，也可以将语言领域的优秀作品再现，使幼儿体验优秀作品的意境，在表演中增强表演意识和能力，体验表演的愉悦情绪。

把握好表演游戏的内容选择、区域设定、场景创设、材料投放、游戏展示、评价方式等方面的多维策略，为幼儿创设自主宽松的语言环境，使幼儿自主、积极地参与表演游戏，与同伴和教师交流，可以有效提高幼儿的口语表达能力。

#### 一、表演游戏内容选择的策略

**1. 以幼儿自主创编的故事为蓝本**

《3~6岁儿童学习与发展指南》指出，幼儿的思维特点是以具体形象思维为主，应注重引导幼儿通过直接感知、亲身体验和实际操作进行学习活动。因此，教师要鼓励幼儿走进自然，走向社会，发现大自然和社会生活中美的事物，将自己喜欢的事物创编成游戏蓝本。例如，结合季节进行的创编故事、续编故事，根据节日开展的创编故事，亲子共读绘本后的续编故事等都可以作为表演游戏的蓝本。

**2. 以教师根据幼儿的发展需要或生成主题创编的故事为蓝本**

例如，一天早上，幼儿看到刚发芽的向日葵苗苗不知道被谁偷吃了，只剩下短短的根茎，大家都很心疼。教师和幼儿仔细观察，发现根茎附近有细长的、亮晶晶的一条痕迹。教师鼓励幼儿回家查找资料，分享讨论后大家都知道了"罪魁祸首"是蜗牛。教师就将这件事编成了故事"谁偷吃了苗苗"，作为游戏的蓝本请幼儿表演。因为幼儿有相关的经历经验和情感体验，所以表演起来非常投入。

**3. 以传统、优秀的语言文学作品为蓝本**

《幼儿园教育指导纲要（试行）》在语言领域的相关要求中指出，应引导幼儿接触优秀的儿童文学作品，使之感受语言的丰富和优美。据此，教师要为幼儿多提供优秀的语言文学作品，以表演游戏为载体，创设语言环境和学习机会，帮助幼儿加深对作品的体验和理解。常见的文体有以下几类：

# 第七章 幼儿表演游戏及其指导

（1）传统故事。例如《小蝌蚪找妈妈》，这是多年来的经典故事，故事中的角色对话重复性强，利于幼儿复述；故事中的角色动作特征明显，利于幼儿表演。

（2）散文。例如《夏天的雷雨》，这篇散文意境优美，角色有柳树、小花、风、雨、雷、闪电、蜻蜓等，幼儿通过角色表演可以充分体验散文的意境变化。

（3）童话故事。例如《白雪公主》《丑小鸭》《灰姑娘》等，这些经典的世界童话故事都是幼儿喜欢的作品。

## 二、表演游戏过程中的支持策略

### 1. 注意区域的多样性，材料结构的层次性和幼儿的个体差异

要创设丰富多样的表演区域，投放不同复杂程度的结构游戏材料，鼓励幼儿自主选择角色，在满足幼儿个体差异需求的基础上，形成自主、宽松的语言交往环境

《3~6岁儿童学习与发展指南》指出，幼儿的发展是一个持续、渐进的过程，同时也表现出一定的阶段性特征。每个幼儿在沿着相似进程发展的过程中，各自的发展速度和到达某一水平的时间不完全相同。要充分理解和尊重幼儿发展进程中的个别差异。

（1）表演游戏的区域要注意多样性，既要考虑适合大部分幼儿的整体水平，又要注意个体的不同能力。例如：童话故事表演《灰姑娘》中设置的服装表演区、手偶表演区、磁力玩具表演区、提线木偶表演区等就适应了幼儿表演能力的差异性。服装表演区和手偶表演区需要幼儿有较强的表演意识和表演能力，而磁力玩具表演区和提线木偶表演区对幼儿的表演能力要求不太高，幼儿能用语言表达故事中的角色对话、简单操作就行。

（2）表演游戏各区域材料投放要注意材料结构的层次性。幼儿在服装表演区可以用多种材料制作服装；在提线木偶表演区可以绘画角色、剪贴角色或为角色穿戴服装、制作木偶；在磁力玩具表演区可以粘贴纸偶、安装磁铁等。这些材料满足了幼儿在动手操作能力、合作能力等方面的不同差异需求。

（3）表演中角色的分配要关注到幼儿的个体差异。有的角色对话、动作不多，有的角色是主要角色，需要表演能力较强的幼儿担任，所以在幼儿自主选择角色的时候，教师可以提出建议，但是不能硬性支配、强行安排。

### 2. 丰富幼儿在表演游戏中队形变化的经验，让幼儿想说、敢说

教师在表演游戏中引导的宗旨在于引导幼儿产生想说、想表演、敢于表演的心理状态。教师设计队形、安排位置，幼儿被动找自己的位置进行表演的方法容易使幼儿疲劳，对表演活动产生逆反，不利于幼儿积极情绪体验的激发和维持。实践证明，队形游戏是表演游戏中引导幼儿提高表演能力的一种创新方式。

（1）对于初级游戏水平的幼儿，教师要采用直观、可操作性强的图示法引导幼儿采用简单队形开展游戏，积累队形经验。下面以表演游戏"勤劳的小蜜蜂"为例加以说明。

环节一：教师出示队形图（花丛中有一群可爱的小蜜蜂），幼儿佩戴与队形图上对应的数字标志（带有数字的小蜜蜂）。之后幼儿观察队形图形状，找一找、试着站一站自己的位置。

接下来教师演示个别"小蜜蜂"飞的路线、位置，幼儿观察发现自己由第一个队形向下面队形变化的方法，再次找下一个队形中自己的位置。

环节二：在"变变变"游戏中，幼儿用最简便的方法连续变化已感知过的几个队形。

环节三：幼儿分析表演游戏中什么时候适合变换队形，队形变化的时候做什么动作。

环节四：幼儿观察图示，边表演边连贯变化队形。

需要说明的是，不同的队形游戏图标设计应与游戏的环节相结合，体现趣味性、直观性。

只有掌握了一定的表演技巧，幼儿的表演能力才能提高，更多地体会表演的乐趣。教师要遵循以幼儿为主体的原则，引导幼儿主动观察、发现位置，讨论队形变化方法，总结解决问题的办法，积累表演技巧。例如幼儿经观察讨论发现：小组表演中幼儿之间的站位要宽松，便于展示动作；前后站位遵循前矮后高的规律等。

（2）幼儿分组协商，合作创编队形。幼儿有了一定的队形基础，就可以分组根据蓝本讨论合适的队形了，用绘画形式或棋盘形式表现出需要的几个队形图，最后小组成员观察队形图变化队形进行游戏。

3. 多种形式展示游戏，自主设计表演游戏场景，让幼儿喜欢说并能得到积极回应

表演游戏的展示形式多种多样，可以在班级内小组展示，可以张贴"海报"为其他年龄段的小朋友表演，还可以邀请家长到园欣赏幼儿的表演。在所有的展示活动中，海报设计、舞台搭建、背景布置等都是场景创设的内容。幼儿自主合作设计表演场景，不但能锻炼幼儿的动手操作能力、空间设计能力，也能激发幼儿参与表演游戏的积极性。

4. 采用多维的评价方式，提升幼儿的口语表达能力

《3~6岁儿童学习与发展指南》指出：幼儿在运用语言进行交流的同时，也在发展着人际交往能力、理解他人和判断交往情境的能力、组织自己思想的能力。多维的评价方式，使得幼儿通过语言获取信息，幼儿的学习逐步超越个体的直接感知。

（1）同伴间的相互评价。幼儿自选区域、自发表演之后，教师可以请个别区域的幼儿展示游戏，其他幼儿当小观众。展示结束后，小观众根据自己的观察发现小演员在语言、动作、表情等方面的优点，将小礼物送给自己喜欢的小演员并说明理由。被别人发现和认可优点的小演员可以回赠礼物、表达心情。教师要适时引导幼儿具体、完整地描述别人的优点。

（2）幼儿的自我评价。表演游戏结束后，以组织幼儿以图示记录形式在记录表上记下自己参加的角色，创作场景的方法，对自己在表演中语言、动作、表情等方面的满意程度，遇到的问题及解决的办法，自己的心情，等等。之后教师引导幼儿在集体面前或小伙伴之间展示自己的评价结果。

（3）教师的评价和引导。教师在幼儿的表演过程中要善于观察，根据观察举出实例鼓励幼儿的表现，表扬幼儿互相合作、坚持完成自己的角色表演等良好的学习品质。最后也可以请幼儿讨论：下一次表演应该注意什么？

从实践中可以看出，教师对表演游戏内容选择策略和过程支持策略的理解、把握、运用，是一种为幼儿创设自由宽松的语言环境，对幼儿进行心理诱导，使其产生想表演、乐于表演的心理状态的教学谋略，使幼儿通过表演游戏获得有益于身心发展的经验，体现出以幼儿为活动主体的儿童教育观。

（本文源自《开封教育学院学报（教育科学版）》，2014年第6期）

# 第八章 幼儿规则游戏及其指导

## 引 例

体育活动时间到了，张老师把大一班幼儿分为四组，在起点与终点之间放置两个纸箱作为障碍物，边说边示范本次游戏的比赛玩法：游戏中四人边走边拍球，以S形绕过纸箱，最后直线回到起点。

游戏开始了，幼儿都很兴奋，可过了一会儿，个别幼儿就心不在焉地任球滚到别处也不捡，或者抱着球乱跑，有的则像局外人一样站在场地中间看别人，有的甚至放弃正在进行中的游戏自己玩起别的来，没有一个小朋友能够顺利地完成游戏任务，游戏就这样以失败告终。张老师认为是孩子们没有掌握拍球的方法与技巧，以及不明白比赛的玩法和比赛缺乏挑战性所致。接下来，她把拍球的方法与要领以示范的形式做给孩子们看，并让他们分组练习，以求掌握拍球的要领，还把游戏玩法改为：以两人合作的形式，一个孩子先从起点S形拍到终点，然后把球交给同伴直线拍回来，先到者赢，获胜者会获得可爱的小贴纸。游戏又开始了，幼儿的积极性很高，生怕自己与同伴会输，跑得很开心，可是新的问题又产生了，有的幼儿为了赢，规则也不管了，直接跑到终点；其他幼儿看到别组犯规了，争相效仿，最终导致游戏无法继续下去……

案例中的幼儿在游戏中出现了哪些问题？体育游戏是规则游戏的一种，作为教师，如何有效地指导幼儿的体育游戏？如何让体育游戏兼具挑战性、趣味性与安全性？

本章将围绕规则游戏的类型和特点，探讨体育游戏、智力游戏和音乐游戏的指导方法。

## 背景知识

在上述案例中，两次体育游戏均以失败告终的主要原因是游戏规则的问题。第一次游戏时，教师没有根据大班幼儿发展的特点制定游戏规则，幼儿并没有掌握拍球的方法与技巧，数次尝试后总是失败直至缺乏吸引力，幼儿没有感觉到游戏带来的快乐，变得心不在焉。第二次游戏时，教师以竞赛的形式，加上物质奖赏的方式，激励幼儿参与游戏。在游戏开始之初，幼儿的活动兴趣很强，但在游戏的过程中，教师没有进行有效的指导，使游戏规则形同虚设。

在规则游戏中，制定相应的游戏规则是必要的，但需要根据幼儿的经验、兴趣来制定游戏规则，使游戏规则内化于幼儿自身，让幼儿领悟到遵守游戏规则的重要性。在组织游戏活动的过程中，教师应根据规则游戏的类型和各年龄阶段幼儿的特点适时进行针对性的指导，既不能让幼儿放任自流，也不可对幼儿监管过严，需要把握游戏指导的"度"。

## 第一节 规则游戏及其特点

### 一、规则游戏的含义

规则游戏是指成人为促进幼儿各方面能力发展而设计的按一定规则进行的游戏。游戏的规则可以是成人事先编制的，也可以是按照故事情节要求的，还可以是幼儿按他们假设的情节协商规定的。规则游戏的基本要素一般包括游戏目的、游戏规则、游戏玩法和游戏结果四个方面。规则游戏对3~6岁的儿童发展具有独特的价值，因此常常被广泛运用于幼儿园教育实践中，成为幼儿园教育教学的有效手段和形式。

**拓展知识 8-1**

### 规则游戏的分类

我国学者以规则游戏达到的教育教学目的为依据，把规则游戏分为：

（1）智力游戏：根据一定的智育任务而设计，以智力活动为基础的一种规则游戏，也称"益智游戏"，如"摸箱""什么东西不见了"。

（2）体育游戏：根据一定的体育任务而设计，以发展基本动作和技能为基础的规则游戏，也称"运动性游戏""体能游戏"，如"老鹰捉小鸡"。

（3）音乐游戏：根据一定的音乐教育任务而设计，以唱歌、舞蹈、律动、音乐欣赏等音乐活动为基础的规则游戏，如"抢椅子""老猫睡觉醒不了"。

国外有学者以游戏动作为依据，把规则游戏分为：

（1）瞄准游戏：游戏者拿东西瞄准目标后击打或投掷，如"保龄球""套环"。

(2) 赛跑游戏：以奔跑为主的游戏，如"两人三足跑""端球跑"。

(3) 追逐游戏：角色互补的游戏，游戏中有追者和跑者，如"丢手帕""猫捉老鼠"。

(4) 躲藏游戏：包括藏人的游戏和藏东西的游戏，如"捉迷藏""东西藏在哪里"。

(5) 猜测游戏：以触觉、听觉、视觉、言语为线索去猜测是"什么东西"或"谁"的游戏，如"请你猜猜我是谁""谁丢了"。

(6) 口令游戏：跟着口令做适当的动作。一种是要求游戏者跟着口令做正确动作，另一种是要求游戏者做出与口令相反的动作，如"大皮球、小皮球"。

此外，还有纸牌游戏、盘面游戏等。

## 二、规则游戏的类型及其特点

规则游戏具有鲜明的游戏规则，规则是游戏的核心，是游戏顺利进行的前提，也是评价规则游戏是否有效的依据。参考我国学者对规则游戏的分类，规则游戏主要包括体育游戏、智力游戏和音乐游戏。

### （一）体育游戏

**1. 体育游戏的概念**

体育游戏又称为活动性游戏或运动性游戏。它是根据一定的体育任务设计的，由身体基本动作、情节、角色和规则组成的一种活动性游戏。体育游戏旨在发展幼儿走、跑、跳、攀登、钻爬、平衡、投掷等基本动作和技能，具有锻炼身体、促进生长发育、富于娱乐性和竞赛性的特点，还能发展智力、陶冶情操。体育游戏是体育活动的一种有趣的形式，为幼儿所喜爱。开展体育游戏的条件简单，不需要设备，也不需要复杂的技能，有场地便可进行。体育游戏不仅是锻炼身体的主要活动方式，使幼儿的感觉运动得到满足，还能发展幼儿的智力。它是以发展幼儿基本动作、增强幼儿体质、促进幼儿身体健康为主的规则游戏。

**2. 体育游戏的结构**

幼儿体育游戏不同于表演游戏、建构游戏和角色游戏，其具有独特的结构，主要由游戏动作、游戏情节、游戏规则、活动方式、活动条件等因素组成。

1) 游戏动作

体育游戏的游戏动作主要包括以下五大类：①发展基础运动能力的动作，如走、跑、跳、钻爬、投等；②简单的运动技术，如球类、绳类、体操等运动项目的基础技术；③体育游戏本身所特有的动作，如抛接球、踢毽子、跳皮筋等运动中的动作；④模拟动作和简单的舞蹈动作，如小鱼游、小鸟飞等动物模拟的动作；⑤生活动作，如穿衣、背物、系鞋带等动作。

2) 游戏情节

游戏情节是区别体育游戏与其他体育手段的一个重要结构成分，其实质是以虚构和模拟的形式表现某些生活事件。体育游戏并不是简单重复的动作练习，游戏情节的融入，可以增强游戏的趣味性，推进游戏的进程。体育游戏的游戏情节与角色游戏和表演游戏的游戏情节不同。在角色游戏和表演游戏中，情节是根据游戏主题构思的，是表现游戏主题不可缺少的成分；而体育游戏的情节是根据游戏动作和活动方式的特点而构思的，游戏情节是调动幼儿游戏积极性和坚持性的重要因素，具有激发幼儿游戏兴趣的作用及一定的教育。

以"走"为例，如果单纯让幼儿在平衡木上练习走，幼儿的兴趣可能不大，但如果教师在"走"平衡木的基础上加上故事情节，变成"小马过河"的体育游戏，处于象征性游戏阶段的幼儿的游戏积极性就会提高，坚持性也会提高。由此可见，体育游戏中的游戏情节是必不可少的。同一个游戏中可以采用多种情节，由某一动作或活动方式构成的游戏也可以采用多种情节。

3）游戏规则

体育游戏的规则是保障体育游戏顺利有效进行的前提条件，是对幼儿保持吸引力和挑战性的必要保证，也是评定幼儿游戏结果的根本标准。这就要求教师根据幼儿的身心发展特点制定科学合理的游戏规则，当然幼儿也能参与制定游戏规则，充分发挥幼儿游戏的主动性。游戏规则的制定要坚持科学性、趣味性、简易性和创新性相统一。

4）活动方式

活动方式是顺利完成体育游戏任务的途径，主要由组织活动和游戏方法两部分组成。体育游戏的组织活动主要包括游戏队形、分队和角色分配、启动和结束活动三部分。游戏队形是指幼儿在游戏活动中，根据时间、情境、人数、动作、玩法、指导等需要形成不同的队形；分队和角色分配由分配人的方法和分配的方式等因素组成；启动和结束活动由发出信号人、启动信号、接收信号、结束信号和游戏者结束活动等组成，其中信号可以是视觉信号、听觉信号、触觉信号、综合信号等。

游戏方法是决定游戏效果的重要因素，常见的游戏方法有模拟法、竞赛法、条件练习法、综合练习法等，也可依据幼儿实际情况选择同时练习或相继练习的顺序进行相应的练习。

5）活动条件

活动条件是指体育游戏开展必需的物质条件，包括游戏玩具、活动器械、游戏场地等。游戏玩具在体育游戏中具有双重性质，既是幼儿游戏的物质条件，又是幼儿在游戏中操作的对象；活动器械是指为幼儿准备的球类、车类、绳类等小型运动器械和滑滑梯、攀岩墙等大型运动器械；游戏场地是体育游戏的必要条件，既可以是户外的操场，也可以是室内的活动室，游戏场地的结构对幼儿的活动方式、活动效果和动作性质都有直接的影响。

案例 8-1

### 猫和麻雀

**游戏目的**：幼儿练习立定跳远，发展跳跃能力。

**游戏准备**：场地上画一个大圆圈为猫家，围绕大圆圈画许多小圆圈，大圆圈和小圆圈边线之间的距离为40厘米。

游戏玩法：选一名幼儿做猫，蹲在大圆圈内，其他幼儿做麻雀，待在各个小圆圈里。游戏开始，老师说："猫睡着了，麻雀出来找食吃吧！"这时，"麻雀"要双脚前跳，跳进大圆圈内做找食吃的样子。当听到老师说："猫醒了！""麻雀"要尽快跳到一个小圆圈里，"猫"这时要去追"麻雀"。凡是被"猫"追到的、没在小圆圈里的"麻雀"都要暂时停止游戏。最后数一数"猫"捉到几只"麻雀"。

游戏规则：

（1）"猫"和"麻雀"都要听教师的信号行动。

（2）"麻雀"必须双脚跳进跳出，不可单脚迈进迈出。

（3）"猫"不可去追捉跳回小圆圈中的"麻雀"。

## 拓展知识 8-2

### 体育游戏的类型

幼儿园体育游戏按照不同的分类标准，类型也不同。

按游戏组织形式分类，可将体育游戏分为自由活动游戏和体育教学游戏。自由活动游戏是指幼儿自定活动形式、自选运动器械、自由组合玩伴的自主性游戏活动；体育教学游戏则是以教师为主，为完成一定的教学目标而组织的教学性游戏活动。

按游戏有无情节分类，可将体育游戏分为主题游戏和无主题游戏。主题游戏是以假定的形式反映生活中的一个片段或童话故事中的情节；无主题游戏没有一定的情节和角色，有些包含了幼儿感兴趣的动作内容，有些则包含了竞赛性因素。

按游戏活动形式分类，可将体育游戏分为接力游戏、追拍游戏、争夺游戏、角力游戏、猜摸游戏等。接力游戏是指以接力的活动形式进行的分组竞赛游戏；追拍游戏是指游戏者追拍其他游戏者或球，训练幼儿奔跑及反应力的竞赛游戏；争夺游戏是指幼儿为争夺一定的物品而进行的一种比速游戏，如小青蛙跳荷叶游戏；角力游戏是指游戏者相互比较力量、斗智斗勇的对抗性游戏，如斗鸡游戏；猜摸游戏是指游戏组织者蒙住游戏者的眼睛，利用听觉和触觉、平衡觉来运动和猜物的游戏，如捉迷藏游戏。

按游戏活动内容分类，可将体育游戏分为走跑游戏、跳跃游戏、投掷游戏、平衡游戏等；按提高身体素质的作用分类，体育游戏可分为速度游戏、力量游戏、灵敏游戏、耐力游戏等；按器械不同分类，幼儿体育游戏有徒手游戏和轻器械游戏；按游戏人数分类，有单人体育游戏、双人体育游戏和集体体育游戏；按场地不同分类，可分为室内体育游戏和户外体育游戏。

### 3. 体育游戏的特点

1）趣味性

体育游戏是深受幼儿喜爱的趣味体育活动，体育游戏具有很强的娱乐性和趣味性。幼儿体育游戏的趣味性主要表现在情节性和竞赛性两方面。丰富的游戏情节增强了游戏的吸引力，幼儿的兴趣也会大大提高。游戏情节是保证体育游戏趣味性的重要因素。体育游戏中的游戏角色和一定的游戏情节符合幼儿爱模仿、好扮演的特点，幼儿在游戏中能获得欢快、满足的情感体验，感受游戏中的乐趣。游戏的竞赛性能充分满足幼儿天生争强好胜的心理，对中、大班的幼儿而言，体育游戏中的竞赛性能让游戏更加趣味横生。此外，一些模仿类型的动作形象生动，模仿情节或者角色能满足幼儿参与成人活动和幼儿社会性发展的需求，也有利于激发幼儿参与锻炼的兴趣。

2）健身性

体育游戏是以发展幼儿基本动作为主的体育活动。它主要由一些基本的身体动作内容构成，如走、跑、跳、投、爬；或者一些竞技运动项目的基础动作，如拍球、踢球、投球等，因此它有利于幼儿基本身体动作的发展。体育游戏将基本动作技能的锻炼与游戏结合起来，让幼儿在游戏中完成各种基本动作的练习。体育游戏能锻炼幼儿的体格，增强幼儿的身体素质，促进幼儿的体能发展。体育游戏还富含改变运动和动作信号的特征，在此过程中锻炼幼儿的神经系统，同时完善和平衡幼儿的兴奋和抑制过程。因而体育游戏对于幼儿的身心全面协调发展具有独特的价值和作用。

3）教育性

体育游戏是幼儿园健康教育的重要方式。《幼儿园教育指导纲要（试行）》指出，幼儿园必须把保护幼儿的生命和促进幼儿的健康放在教育工作的首要位置。幼儿园要开展丰富多彩的户外体育游戏活动，培养幼儿参加体育活动的兴趣和习惯，增强幼儿体质，提高幼儿对外界环境的适应能力。在体育游戏中，幼儿的运动、竞赛、模仿、娱乐、创造、表现、审美、社会交往等多种需要都可以得到满足。体育游戏对促进幼儿体能、基本动作、智力、品德、习惯等各方面的协调发展具有很大的潜力。因此，体育游戏是一种运动、游戏和教育有机结合的身体练习游戏活动。

### 4. 体育游戏的教育作用

1）体育游戏有利于幼儿体质的增强

体育游戏通过结合游戏的形式，以发展幼儿走、跑、跳、攀登、钻爬、平衡、投掷等基本动作和技能为主要内容。参与体育游戏，能帮助幼儿塑造健美的体型，培养具有美感的身体姿态，促进身体发育；幼儿参与体育游戏时，身体的血液循环系统、运动系统、呼吸系统、神经系统等都会积极参与其中，促进体内的新陈代谢，加强身体各系统、器官的工作效能；幼儿参与体育游戏不仅能发展基本动作，提高运动能力，还能提高力量、速度、耐力、灵敏性、柔韧性等身体性能；幼儿参与体育游戏的过程中，能培养自信、勇敢、坚强等意志品质，提高感知觉能力，体育游戏对幼儿的心理健康有重要意义；幼儿在体育游戏中与大自然亲密接触，呼吸新鲜空气，接受阳光的照射，增强对外界环境的适应能力和对疾病的抵抗能力，有助于预防呼吸道疾病、佝偻病等幼儿常见的疾病。幼儿身体素质得到发展，幼儿体质得到增强，反过来又可以促进幼儿基本动作的发展。

# 第八章 幼儿规则游戏及其指导

## 拓展知识 8-3

### 我国少儿体质现状

我国少儿体质问题已敲响警钟。调查显示，从1990年至今的20多年，少儿体质一直呈现持续下降趋势，最典型的就是肥胖和近视。与2010年相比，少儿肥胖率增长近50%，近视率从20%增长到31%。今天的儿童远比20多年前的儿童缺乏运动，我国少年儿童心理健康水平持续下降，心理和沟通障碍、网瘾和自杀问题逐年增多。因此，从幼儿阶段开始，通过体育游戏活动，增强幼儿的体质，陶冶他们的情操，培养他们良好的心理素质，实现他们身心协调发展，就显得尤为重要。

2）体育游戏有利于幼儿认知能力的发展

科学、适宜的体育游戏能促进幼儿认知能力的发展。体育游戏能促进幼儿神经系统反应灵敏，为接受智育提供良好条件。体育游戏能使幼儿获得丰富的知识和运动经验，并能使幼儿的感知觉更加敏锐，观察更加细致、准确，还能使幼儿的理解能力、记忆能力、想象力、注意力得到发展。

体育游戏一般以争夺胜利为目的，体育游戏的胜负不仅是体力的竞争，更是智力的比拼。幼儿在体育游戏中需要积极思考，选择有效的游戏策略和游戏方法。在体育游戏中，幼儿积极主动探索周围环境，接受环境带来的丰富感官刺激，不断存储相关的知识技能经验，同时完善自我的感知能力、记忆能力、思维能力、创新能力等，使幼儿在轻松、活跃、愉快的氛围中愿学、好学，这些都是幼儿认知能力提升的保证。此外，在游戏过程中动作技能的学习、游戏规则的遵守等本身就是对幼儿理解能力、记忆能力、观察能力的训练，如"数字对应赛"游戏，可以加强幼儿对数字概念的理解和运用。

3）体育游戏有利于幼儿社会性的发展和意志品质的形成

体育游戏对幼儿社会性的发展具有很强的促进作用。在体育游戏中，幼儿相互团结、配合、协商，共同克服困难完成任务，这能帮助幼儿建立同伴关系，培养幼儿的集体主义精神，促进幼儿相互关心、相互谦让、相互协作、自律自制等社会性品德的发展。体育游戏能培养幼儿主动积极的社会行为及自信心，消除其孤僻、畏缩行为。体育游戏的竞赛性还有助于幼儿持之以恒、坚韧不拔、不屈不挠、勇敢顽强等优良品质的形成，对于幼儿陶冶情操、锻炼意志、提高心理素质、促进个性发展等具有重要意义。

4）体育游戏有利于幼儿美感的培养

体育游戏大多是基于早期获得的动作技能，体现出动作的准确性、协同一致性和灵活性，不论是内容还是形式，都不失为一种展现美的活动。体育游戏能使幼儿通过活动过程本身获得满足，此为幼儿审美情感的满足；体育游戏要求幼儿动作准确、姿势优美、精神集中，此为精神面貌上的美感；体育游戏中还会配上富有节奏感、感情色彩鲜明、语言优美的儿歌和音乐，富有童趣的游戏玩具，摆放有序的器材标志，地面上色彩鲜艳的线条图案，这些也丰富了体育游戏的美学特征，在如此的游戏环节中，幼儿的审美情趣能得到"润物细无声"的熏陶和提升。在体育游戏中通过游戏的规则、角色、情节以及幼儿之间的相互关系，还可以培养幼儿的心灵美。

## （二）智力游戏

### 1. 智力游戏的概念

智力游戏是依据一定的智育任务而设计编定的一种规则游戏。它以生动、新颖、有趣的游戏形式，使幼儿在轻松愉快的活动中完成增进知识、发展智力的任务，是帮助幼儿认识事物、巩固知识、发展智力的一种十分有效的手段。

### 2. 智力游戏的类型

根据智力游戏的发展作用，可将智力游戏分为：①训练感官的智力游戏，如"听觉游戏""视觉游戏""嗅觉游戏"等；②发挥想象、锻炼思维的智力游戏，如"跳彩格""走迷宫""棋类"等；③发展语言的智力游戏，如"猜字谜""绕口令""词语接龙"等；④练习记忆的智力游戏，如"记数字""找不同""配对"等；⑤训练计算能力的智力游戏，如"看谁算得快""数字宝宝回家"等。

根据智力游戏使用的材料，可将智力游戏分为：①利用专门的玩具、教具、自然材料、日用品进行的智力游戏，如积木、套碗、积塑等；②利用图片进行的智力游戏，如棋类、纸牌、拼图等；③利用语言进行的智力游戏，游戏中不接触图片、实物，主要通过语言来完成游戏任务。

根据智力游戏学习知识的不同，可将智力游戏分为：①数学游戏，如大班"抽牌凑数""数字接龙"等；②语言游戏，如"小鹦鹉找朋友""你说我猜"等；③科学常识游戏，如"帮树叶找妈妈""谜语树"等。当然还可以根据其他标准对智力游戏进行分类。

### 3. 智力游戏的结构

智力游戏的结构包括游戏目的、游戏规则、游戏玩法及游戏结果四个部分。智力游戏的四部分是相互联系、不可或缺的，存在于每一个智力游戏之中。

1）游戏目的

游戏目的又称游戏任务，即在游戏中要求幼儿了解的内容和智力训练的任务。不同年龄阶段的幼儿，其智力游戏的任务是不同的。小班的智力游戏比较简单，游戏任务容易理解、易于完成，中、大班幼儿的游戏任务比小班复杂多样。如词汇游戏中，小班幼儿主要是学习并理解运用常用词（名词、动词），如游戏"谁来了"是训练幼儿正确运用动词"跳、游、跑、飞、爬"等，培养思维的敏捷性。中、大班幼儿要大量增加掌握的实词数量，并注重提高词汇的运用能力。

2）游戏规则

游戏规则是指在游戏的过程中，要求幼儿遵守的行为准则或方法，是确定和评定幼儿的游戏动作和活动是否合乎要求的标准。游戏规则是智力游戏任务完成的重要保证，如"看图猜物"的游戏中，看图片的幼儿只能通过自己的肢体动作向其他幼儿展示物品的特征，不能有任何的语言提示，否则即为犯规。游戏规则的制定要以幼儿的认知水平为依据，小班游戏的规则一般比较少，通常只有一个；中班游戏的规则带有更多的控制性，要求相对较高；大班游戏的规则可以改变，幼儿可以在活动中通过协商制定新的规则。

3）游戏玩法

游戏玩法是指游戏的具体操作方法，即在游戏中对幼儿动作和活动的要求，根据不同游戏明确游戏如何开始、怎样进行、何时结束。游戏玩法要有一定的趣味性，这样才能调动幼儿的积极性，如大班"跟我说的相反"的游戏活动中，教师说某一物品的特征时，幼儿要马上说出相反的话，并做出相反的动作：教师说"大眼睛"，幼儿就说"小眼睛"，并用动作表现出来；教师说"甜苹果"，幼儿就说"酸苹果"，并用动作表示吃到酸苹果的表情；教师说"短鼻子"，幼儿就说"长鼻子"，并用动作表现长鼻子……教师在提问时要尽量选择幼儿熟悉的、特征明显且容易比较的事物，提问遵循由易到难、由浅入深、由慢到快层层递进的原则。要根据幼儿的年龄特点制定游戏玩法，小班的游戏玩法具体、简单，中、大班的游戏玩法可以更具挑战性，可以加大游戏的难度。

4）游戏结果

游戏结果，即幼儿在游戏中努力达到的目的，是判断游戏任务完成与否的标志。游戏任务的完成使幼儿获得满足感和自信心，且意犹未尽，从而促使其更加积极地参与此类活动。幼儿教师在评价游戏的时候，要以积极、肯定的评价方式为主，鼓励幼儿参与到更多的智力游戏中。

### 案例 8-2

#### 小鹦鹉找朋友

游戏目的：幼儿练习使用形容词，学习完整地说一句话。

游戏玩法：教师拿出一只玩具鹦鹉或画有鹦鹉的卡片，对小朋友们说："这只美丽的小鹦鹉最爱学人说话了，它要找说话伶俐的孩子交朋友，好向他学说话。现在我们做个游戏，我说一个词以后，请你们用这个词说一句话，还要形容这个词。谁说得好，小鹦鹉就找他做朋友。"例如，教师说"雪花"，幼儿就说"雪花飘飘飞下来，盖满大地"或者"雪花给房子、大树披上白衣服"等等，照此可以联系一系列的词：

蛋糕——香喷喷的蛋糕。

松树——松树被雨水淋过以后，翠绿可爱。

菊花——美丽的菊花散发着清香。

照此说下去，哪位小朋友的形容词用得准确、生动，教师就立即予以表扬，并让小鹦鹉找他做朋友。

游戏规则：

（1）幼儿要针对教师提出的名词说一句完整的话。

（2）幼儿说的句子中必须有形容词。

### 3. 智力游戏的特点

1）益智性

智力游戏是将一定的学习内容和游戏形式紧密结合起来，以增强幼儿学习的兴趣，其目的是丰富幼儿的知识、发展幼儿的智力。智力游戏能促进幼儿逻辑思维能力的发展，培养幼儿动脑筋、爱思考的学习品质，鼓励幼儿主动探究。智力游戏能帮助幼儿在愉快的氛围中提高学习兴趣、学习能力，激发他们的探索热情。

2）趣味性

智力游戏是规则游戏的一种，必然具有游戏的特征。智力游戏要以幼儿的兴趣和认知特点为依据，发展幼儿的智力。只有新颖、生动、有趣的智力游戏才能吸引幼儿的注意力，使幼儿真正地投入游戏中，并遵守游戏规则。反之，如果智力游戏缺少趣味性，幼儿就不可能真正地专注游戏，就会出现无所事事的游戏行为，甚至出现违反游戏规则、破坏游戏和放弃游戏的行为。

3）挑战性

智力游戏要有一定的挑战性，激励幼儿在遵守游戏规则的前提下，尽可能地完成游戏任务。智力游戏的挑战性与游戏的难易程度有关。游戏的难度应适宜，要以幼儿的年龄特点和已有的发展水平为依据，确定智力游戏的游戏任务，保证游戏难度能够对幼儿具有一定的挑战，符合幼儿的"最近发展区"。因为任务如果太难会使幼儿望而却步，任务太容易会使幼儿失去兴趣。

### 4. 智力游戏的教育作用

有趣的智力游戏能使幼儿产生愉快的情绪，提高幼儿学习的主动性、积极性，提高他们努力完成任务的坚持性以及思维的灵活性、敏捷性，有助于幼儿形成乐于动手、动脑的好习惯，促进幼儿的智力发展。智力游戏一般要求幼儿善于和同伴合作，共同遵守游戏规则，完成游戏任务，这有助于幼儿形成控制自己行为的习惯，有利于他们良好品德的形成。智力游戏还能促进幼儿语言表达能力和身体协调能力的发展。

## （三）音乐游戏

### 1. 音乐游戏的概念

音乐游戏是在音乐伴奏或歌曲伴唱下进行的，由节律性的舞蹈动作组成的有情节的游戏，是将音乐与动作表现结合起来，有一定的规则，同时也是以发展学前幼儿的音乐能力为目标的一种游戏活动。音乐游戏中的动作要符合音乐的内容、性质、节奏和力度、速度的变化，能根据音乐的结构开始、变化、停止动作。音乐游戏对幼儿动作的发展、音乐的感受力及活泼乐观情绪的培养都有积极的作用。

### 2. 音乐游戏的类型

按照发起者和组织者划分，一般可分为自娱性音乐游戏和教学性音乐游戏两种形式。幼儿自娱性音乐游戏是指幼儿自发产生的没有目的、自编自演、自娱自乐的自然游戏，它的特点是自发性、趣味性和随机性；教学性音乐游戏是指教师有目的、有计划组织的专门性的音乐游戏，游戏目标、内容、玩法与规则基本由教师来确定。

按照游戏的发展作用，可以分为音乐听觉游戏、音乐节奏游戏、音乐韵律游戏和歌唱游戏。

1）音乐听觉游戏

音乐听觉游戏就是让幼儿用耳朵充分欣赏自然产生的和人创造的各种音响效果，从音响的旋律、音乐、节奏等方面"触摸"音乐语言，感受音乐之美。

2）音乐节奏游戏

音乐节奏游戏是指通过各种手段和各种方法来锻炼幼儿节奏感的游戏。节奏是构成音乐的三大要素之一，必须通过肌肉反应来感知，依靠身体高度协调的动作来感觉。节奏感的培养可以结合多种音乐形式进行，包括说、唱、律动、器乐等。把音乐、节奏和游戏三者结合，让幼儿在趣味性的游戏中感受多种节奏，培养幼儿的音乐节奏感。

3）音乐韵律游戏

音乐韵律游戏是指幼儿在音乐或歌曲的伴奏下，随着节奏做相应的简单肢体动作或舞蹈动作的游戏。在音乐韵律游戏中，幼儿通过身体有感情、有节奏的动作来表现音乐的内容。音乐韵律游戏可以调节幼儿的情绪，发展幼儿动作的协调性，培养幼儿的想象力和创造力。

4）歌唱游戏

歌唱游戏是指幼儿通过游戏享受唱歌的乐趣，培养音乐感受力，发展运用嗓音进行艺术表现的能力。这种形式的音乐游戏较为普遍，一般以唱歌为主，伴随角色游戏、律动等形式出现。在愉快的歌唱游戏中，幼儿不仅能提高自己的歌唱能力以及对音乐的感受、理解和表达能力，更能使身心得到陶冶。

### 案例8-3

#### 找朋友

游戏目的：幼儿感受音乐的节奏，发展音乐感受力和表现力。

游戏准备：《找朋友》的音乐。

游戏玩法：全班幼儿围成一个圆圈，面向圈心站立，边拍手边唱歌。游戏开始，老师请几个幼儿到圈里，做跑跳步。当唱到最后一句时，即站到圈上一幼儿面前。音乐奏第二遍时，两人交叉拉手，共同做跑步或其他舞步。奏第三遍音乐时，成双的幼儿松开手，仍在圈内独立做跑跳步，如此循环，直至唱到最后一句。邀请者可成倍增加，直至全体幼儿都跳起来。

3. 音乐游戏的特点

1）音乐性

音乐是幼儿音乐游戏的灵魂，音乐游戏必须伴随音乐才能达到目的。所以，幼儿音乐游戏最大的特点就是"音乐性"，让幼儿在游戏中学习音乐，感受音乐的流动、旋律的起伏、节奏的跳跃、音色的变化、速度的统一与变化，并随时根据音乐的变化做出反应。幼儿会在游戏中学会旋律、节奏、节拍、速度等音乐的基本要素，从而达到学习音乐的目的。

2）愉悦性

音乐是一种情感艺术，具有调节人的情绪、升华人的情感的功能。音乐游戏大多是活泼的、有趣的、幽默的、欢快的，能够引起幼儿的兴趣，幼儿会积极主动参与。在游戏过程中，幼儿受到音乐节奏和韵律的感染，会情不自禁地进入游戏情境，感受音乐节奏的美感，并引起情感上的共鸣，获得愉悦感。

3）游戏性

好玩、好动是幼儿的特点，因而音乐游戏必须具有游戏性。一方面，音乐游戏的材料要形象生动、幽默而夸张，能吊起幼儿的"胃口"；另一方面，音乐游戏的玩法要富有变化和新意，以确保幼儿的兴趣能够持久。音乐游戏除了具有音乐性、愉悦性、游戏性这些主要特点外，还应具有自然性、创造性以及趣味性等游戏的共同特点。

4）动作性

动作是音乐游戏的"血肉"或"色彩"。在音乐游戏中，教师往往要引导幼儿将抽象的音乐转化为具体形象、易于体验和理解的作品，形象地根据音乐节奏或歌曲内容做出各种动作，幼儿通过动作来表现音乐，从而使幼儿能够更好地感受音乐的情感和意境，这符合幼儿身心发展的特点。

4. 音乐游戏的教育作用

德国著名音乐教育家奥尔夫说过："每个孩子心里都有一颗音乐的种子。"教师的任务就是让每颗种子都发芽，而音乐游戏是促进每颗种子都发芽的有效手段。

1）有利于幼儿身体的发展

音乐游戏的实施开展与幼儿身体运动紧密联系在一起。幼儿在音乐游戏中伴随的动作表演，不仅可以锻炼幼儿身体各个部位的肌肉、骨骼和韧带，还可以提高幼儿的反应速度和身体协调能力，从而保证幼儿身体的健康发展。例如，在"非洲欢迎您"游戏中，教师敲非洲鼓让幼儿感知音乐节奏和旋律，带幼儿打鼓点，并让幼儿边唱边表演，这样可以促进幼儿形成健美的体格、端正的姿态。

2）有利于幼儿良好个性的发展

音乐游戏内在的自主、愉悦、体验的精神为幼儿提供了轻松愉悦的心理氛围，在这种没有紧张、没有焦虑的环境中，幼儿通过一定的活动方式和身体语言，把内心世界毫无保留地展现出来，将美好的情感付诸行动之中，能促进幼儿积极情感的发展，有利于幼儿形成活泼开朗、天真的性格。

3）有利于幼儿智力的发展

音乐游戏可促进幼儿想象力、感知力、记忆力、创造力等智力因素的发展。音乐游戏的开展是培养幼儿想象力的重要途径。带上小兔子的头饰，幼儿就会踏着节拍像小兔子一样蹦蹦跳跳；给幼儿一根木棍，幼儿就会将其想象成火车，伴着"咔嚓咔嚓咔嚓"的旋律在场地追逐。音乐游戏活动的开展有利于幼儿感知力的发展，在倾听各种乐器发出的声音后，幼儿能够根据声音寻找声源，辨别是何种乐器发出的，从而训练幼儿各种感官的敏感性。音乐游戏对幼儿的语言发展具有促进作用，能增强幼儿的语言表达能力。

# 第二节 幼儿规则游戏的指导

## 一、幼儿规则游戏指导的要求

规则游戏可由教师提供相应的材料和场地，让幼儿自选进行；也可以将其用于专门组织的教学活动中，以增强活动的趣味性，激发幼儿的主动性，使学习取得良好的效果。规则游戏要根据幼儿的身心发展水平来进行。

### （一）做好游戏的准备

#### 1. 选择和编制适宜的游戏

教师应根据教育要求及幼儿的实际水平选编游戏。一方面要根据教育任务、要求选编不同类型的规则游戏，如发展感知能力的游戏，训练注意力、记忆力、语言表达能力、运动能力、音乐能力的游戏等；另一方面应顺应幼儿的实际发展水平，选择和编制能促进幼儿思考和探索、给予幼儿成功体验、激发幼儿学习兴趣的游戏。否则，会使幼儿失去游戏积极性，造成消极后果。

#### 2. 教师要熟悉游戏的玩法及规则

教师在为幼儿选编游戏后，必须熟悉游戏的玩法和规则，了解游戏的重点，思考组织游戏的方法，并反复试玩几次，以验证游戏的玩法和规则是否合理，为指导幼儿游戏打下基础。

#### 3. 准备好游戏的场地和材料

教师要根据游戏的内容，确定游戏的场地，选择游戏的材料。游戏的场地应尽可能宽敞，材料应尽可能丰富，可以人手一份，也可以每小组一份。要让幼儿有足够的活动空间，有足够的操作材料，减少幼儿的等待时间，保持幼儿的游戏兴趣。

### （二）教会幼儿正确地玩游戏

每一个游戏都有一定的规则和内容，幼儿需要学会后才能玩，这就需要"教"。教师要用简单明了的语言和适当的动作示范，说明游戏的名称、玩法及规则，教会幼儿玩游戏。可事先教个别幼儿，然后再让幼儿之间相互学习，也可运用直观教具演示，讲解游戏的玩法和规则。在游戏过程中，教师应着重指导幼儿遵守游戏规则，保证游戏的顺利进行，对个别幼儿给予具体指导，掌握游戏时间，使每个幼儿都有游戏的机会。

### （三）组织幼儿积极参加各种游戏，有针对性地指导每个幼儿掌握正确的玩法

在"教"幼儿玩游戏的同时，要充分调动幼儿的积极性、主动性，提高幼儿参与游戏的兴趣。启发幼儿开动脑筋，寻找解决问题的方法，促进幼儿创造性思维的发展。同时要针对不同年龄幼儿的特点，具体地指导。

对于小班幼儿，游戏玩法和规则的讲解要力求生动、简单、形象，要注重讲解与示范相结合，注重在游戏中逐步提出游戏规则；对于中班幼儿，还是需要示范、讲解游戏的玩

法与规则,并在游戏中着重检查游戏玩法的掌握情况及游戏规则的执行情况,要鼓励幼儿关心并努力争取好的游戏结果,可开展规则简单的竞赛游戏;对于大班幼儿,可以用语言讲解游戏,要求幼儿独立地玩游戏,严格遵守游戏规则,争取最好的游戏结果,能对游戏的结果进行评价,并可开展较为复杂的竞赛游戏。

### (四)做好游戏结束工作

鼓励幼儿争取最好的游戏结果,对幼儿游戏做出评价,也可让幼儿自己分享游戏中的收获与感受,对胜利者予以口头表扬、鼓掌、颁发小红旗等奖励。

## 二、体育游戏的指导

### (一)各年龄班体育游戏的特点

#### 1. 小班体育游戏的特点

(1)游戏的内容和动作比较简单,活动量较小。

(2)游戏大多有具体情节和角色,情节较单一,角色少,通常是幼儿熟悉的角色,且主要角色一般由教师来担任,常常是全体幼儿同做一种动作或完成一两项任务,幼儿之间的配合和合作较少。

(3)游戏规则简单,一般不带限制性,且和内容联系在一起。

(4)幼儿对游戏的动作、角色、情节感兴趣,对结果不太注意,没有较强的胜负意识,一般不竞赛。

#### 2. 中班体育游戏的特点

(1)体育游戏的内容和动作有了发展,幼儿喜欢情节较复杂的游戏和活动量较大的追逐性游戏。

(2)游戏的角色有所增多,主要角色可以由幼儿自己来担任,同时增加了一些情节性游戏。

(3)游戏的规则较严格,比小班复杂,带有一定的限制性、惩罚性。

(4)开始出现两人或小组合作性游戏。

(5)幼儿对游戏的结果开始注意,喜欢自己或自己一方获胜,喜欢追逐、竞赛,有竞赛因素的游戏占较大的比例。

#### 3. 大班体育游戏的特点

(1)游戏动作增多,难度加大,游戏的活动量也增大。

(2)游戏角色和情节之间的关系更加复杂,角色更加固定,要求幼儿动作灵活、协调。

(3)游戏的规则更为复杂,限制性更强,幼儿对游戏规则的理解能力增强。

(4)合作性的游戏增多。

(5)幼儿对游戏结果很关注,喜欢有胜负结果的竞赛性游戏以及需要体力和智力相结合的游戏。

### （二）体育游戏指导的要点

#### 1. 游戏前设计游戏活动方案

1）确立具体、弹性化的目标

体育游戏目标的确立必须建立在本班幼儿具体发展水平的基础上，如，幼儿哪些动作发展得较好，哪些动作还需加强练习等。同时，在体育游戏实施过程中，还要根据幼儿身体机能的适应程度或对动作要领的掌握程度，以及幼儿自身创造性发挥的程度，及时调整预先设定的游戏目标，以使体育游戏更适合幼儿发展的需要与兴趣。

2）选择合适且富有趣味性的游戏内容和形式

体育游戏的选择和组织应从以下几个方面考虑：一是运动负荷量，运动负荷量过大容易产生伤害事故等负面影响，运动负荷量过小达不到锻炼的目的；二是趣味性，由于好奇、好动、好模仿是幼儿的天性，因此只有开展多样化的游戏，才能激发幼儿参与游戏的兴趣和热情；三是适宜性，在设计和组织体育游戏时，不仅要遵循幼儿的年龄和身心发展特点，还要保证场地和器材的适宜性；四是教育性，体育游戏的情节是保证趣味性的前提，游戏情节不仅要符合身体锻炼的要求，而且应符合幼儿的兴趣和认知背景，能够为幼儿留下想象和创造的空间，并具有教育意义。

对小班幼儿，宜选择内容简单、有趣和对身体动作技能要求低的游戏，如"蚂蚁运粮食""小兔种萝卜"，让幼儿模仿蚂蚁爬、小兔跳的动作，可以激发小班幼儿参与体育游戏的兴趣和积极性；对中、大班幼儿，可选择内容复杂且情节多、动作技能多的综合性游戏，使幼儿随游戏的故事内容、情节变化而创造性地开展游戏，如"炸碉堡"的游戏能为幼儿的创造性发挥留下想象的余地，在游戏中，幼儿扮演解放军爬过"铁丝网"，跳过"小沟"，攀过"围墙"，来到"碉堡"前，当教师扮演的"敌军"出现时，幼儿趴下不动，"敌军"走了，幼儿才能把"炸弹"投向"碉堡"，这就要求幼儿具有敏锐的观察力与快速的反应能力，并能与"敌军"巧妙周旋，引开"敌军"的视线，找到投"炸弹"的机会。

#### 2. 做好充分的游戏准备工作

充分的游戏准备是游戏顺利开展的前提保证，体育游戏的准备工作可以从幼儿经验准备、游戏玩具及场地器械等物质条件、游戏前的准备活动等方面进行。

（1）幼儿经验准备。幼儿园体育游戏中通常配有相应的儿歌、故事，在进行游戏前，教师可组织幼儿集体熟悉游戏中的儿歌、故事，对于年龄较大的幼儿，教师还可请幼儿参与到游戏玩具的制作过程中来，为将进行的体育游戏做好铺垫。

（2）游戏玩具及场地器械等物质条件准备。在体育游戏开始前，教师要准备好玩具及器械等，并检查器械是否干净、牢固，数量是否充足，以及游戏场地是否平整、干净，是否存在安全隐患。

（3）游戏前的准备活动。热身运动是一切体育活动之前必备的环节。热身运动可以活动肢体、促进血液循环、舒畅肌肉，使身体更好地适应接下来的活动。

#### 3. 游戏中的指导要点

游戏开始前，幼儿教师要将所有幼儿集合整队，讲解游戏的名称、规则、玩法、动作要领等。在新授的游戏中，教师要重点讲解游戏动作和规则，教师对动作和规则的讲解应简明扼要、生动形象，并结合动作示范，易于幼儿理解，以激发幼儿的想象和情感，让他们身临其境，从而能更逼真、有效地做好各种动作，完成游戏的任务。

在游戏过程中，注意强化幼儿遵守规则的意识。遵守规则是游戏活动得以持续开展的前提，在游戏练习中，要培养幼儿自觉遵守规则的良好习惯。当幼儿出现违规行为时，教师可用简单的语言引导幼儿发现问题并改正，也可进行事先规定的一些惩罚（如暂停、取消游戏资格、表演节目等）。除较多的幼儿犯规或做错外，一般小的缺点不宜终止游戏，待游戏结束后，再指出问题和缺点。当在游戏中大部分幼儿出现违规现象时，教师应考虑游戏规则是否合理，若不合理，则应停止游戏，修改规则。

在游戏过程中，注意保持幼儿身体姿势的正确。只有姿势正确，才会促进幼儿骨骼的生长发育，形成良好的体态，才能提高动作的质量，达到锻炼的目的。在游戏中，幼儿往往被情节所吸引，或一味追求速度，而易于忽视身体的正确姿势。

把握适当的活动量，调节好运动负荷。幼儿园体育运动的负荷特点是"强度较小，密度较大，时间较短，强调节奏"，若要在有限的时间内进行强度不大的练习，运动密度就成为控制运动负荷的关键因素。要使体育游戏达到一定的运动负荷，就需要足够的运动密度，主要应尽量减少等待时间，多采用集体练习的方法，如同时练习法、鱼贯练习法、流水练习法等，使练习同步、连贯、持续和循环，变单一练习为全方位的多元练习。

### 4. 适时结束游戏

游戏结束的最佳时机为：在幼儿情绪较为高涨，还未感到疲惫的时候。此时结束游戏，能让幼儿回味游戏的过程，期待下次游戏的来临。此外，游戏结束时，教师还应引导幼儿参与器材的收拾与整理，以让幼儿养成有始有终的好习惯。

## 拓展知识 8-4

### 不同年龄阶段幼儿的体育活动目标

小班：

（1）能上体正直、自然地走和跑；能向指定方向走和跑；能在指定范围内四散跑、追逐跑；能步行1千米，连续跑约半分钟；能一个跟着一个走，走成一个圆；能较轻松地双脚交替跳着走。

（2）能较轻松自然地双脚同时向前跳、向上跳；能从25厘米高处自然地跳下。

（3）能双手用力将球向前、上、后方抛；能单手自然地将沙包等轻物投向前方。

（4）能在平行线（或窄道）中间走；能在宽25厘米、高（或斜高）20厘米的平衡木（或斜坡）上走。

（5）能在65~70厘米高的障碍物（如绳子、皮筋、拱形门等）下钻来钻去；能手膝着地自然协调地向前爬；能倒退爬；能钻爬过低矮的障碍物；能在攀登架上爬上爬下，或从网的一侧爬越至另一侧（必要时教师可以帮助）。

（6）初步学会听各种口令和信号并做出相应动作；能边念儿歌或听音乐边做模仿

第八章 幼儿规则游戏及其指导

操或简单的徒手操。

（7）会玩滑梯、攀登架、转椅等大型体育活动器械并注意安全；会骑小三轮车；会推拉独轮车；会滚球、传球、抛接球和原地拍皮球；会利用球、绳、棒、圈等小型多样的体育器材进行身体锻炼。

（8）喜欢并愿意参加体育活动；初步掌握体育活动的有关知识和规则，团结合作，爱护公物；能合作收拾某些小型体育器材。

中班：

（1）能听信号按节奏上下肢协调地走和跑；能听信号变速走、变速跑；能听信号变化方向走；能前脚掌着地走、倒退走；能跨过低障碍物走；能绕过障碍物跑；能快跑20米，走跑交替（或慢跑）200米左右；能在一定范围内四散追逐；能步行1.5千米，连续跑约1分钟；能听信号切断分队走、一路纵队走。

（2）能自然摆臂连续纵跳触物（物体离幼儿举起手后的手指尖20厘米左右）；能双脚熟练地向前跳或双脚在直线两侧行进跳；能立定跳远，跳距不少于30厘米；能双脚站立由30厘米高处往下跳，落地轻；能助跑跨跳平行线，跳距不少于40厘米；能单、双脚轮换跳，单足连续向前跳。

（3）能肩上挥臂投掷轻物；能自抛自接低（高）球；能两人近距离互抛互接大球；能滚球击物；能左右手拍球。

（4）能在宽20厘米、高30厘米的平衡木（或斜坡）上走；能原地自转至少3圈不跌倒；能闭目向前走至少10米。

（5）能熟练协调地在60厘米高的障碍物（如圈、拱形门等）下较灵活地侧钻；能手脚着地协调地向前爬；能手脚熟练协调地在攀登架、攀登网或肋木上爬上爬下；能团身滚。

（6）能较熟练地听信号集合、分散、排成4路纵队（包括切断分队）；能随音乐节奏较准确地做徒手操和轻器械操。

（7）会玩跷跷板、秋千等各类大型体育活动器械；会骑小三轮车、带辅轮的小自行车；会用球、绳、棒、圈及其他废旧材料（如易拉罐、可乐瓶、报纸等）开展小型多样的体育活动。

（8）具有一定的抵御寒、暑、饥、渴的能力和抵抗疾病的能力。

（9）喜欢并能较积极地参加体育活动，初步养成参加体育活动的习惯；能较自觉地遵守体育活动的规则；互助合作、爱护公物，能及时收拾小型体育器材。

大班：

（1）能轻松自如地绕过障碍曲线走和跑；能快跑30米或接力跑；能走跑交替（或慢跑）300米左右；能步行2千米，连续跑约1分半钟；能听信号左右分队走。

（2）能原地蹬地跳起连续纵跳触物（物体离幼儿举起手后的手指尖25厘米左右）；能双脚熟练地改变方向（前、后、左、右、转身）跳；能从35~40厘米高处自然地跳下，落地轻稳；能立定跳远，跳距不少于40厘米；能助跑跨跳平行线，跳距不少于50厘米；能助跑跳远，跳距不少于40厘米；能助跑屈膝跑过高度约40厘米的垂直障碍，能连续向前跳跃多个高 40 厘米、宽 15 厘米的障碍。

（3）能半侧面单手投掷小沙包等轻物约 4 米远；能肩上挥臂投掷轻物并投准目标（如直径不少于 60 厘米的标靶，投掷距离约 3 米）；能抛接高球，或两人相距 2~4 米互抛互接大球。

（4）能在宽 15 厘米、高 40 厘米的平衡木上交换手臂动作（叉腰、平举、上举等）或持物走；能两臂侧平举闭目起踵自转至少 5 圈，不跌倒；能两臂侧平举单足站立不少于 5 秒钟。

（5）能熟练协调地侧身、缩身钻过 50 厘米高的障碍物（如拱形门等）；能手脚交替协调熟练地在攀登架或肋木上爬上爬下，能在单杠或其他器械上做短暂的悬垂动作；能熟练地在垫子上前滚翻、侧滚翻。

（6）能熟练地听各种口令和信号并做出相应的动作；能听信号迅速地集合、分散、整齐列队、变化队形；能随音乐节奏有精神地做徒手操和轻器械操，动作有力、到位。

（7）会玩低单杠、秋千、脚蹬车等其他大型体育活动器械，会踩高跷、跳皮筋、跳绳 50 次以上；会运球、传接球、用脚踢（带）球；会用球、绳、棒、圈、积木、报纸、轮胎或其他废旧材料开展各种身体锻炼活动。

（8）具有较强的抵御寒、暑、饥、渴的能力和抵抗疾病的能力。

（9）热爱体育活动，有积极参加各种身体锻炼的习惯；能自觉遵守体育活动的规则和要求，合作、负责、宽容、谦让、爱护公物；有较强的集体观念；敢于克服困难，能体验克服困难取得胜利后的愉悦；能独立或合作收拾各种小型体育器材。

（本文源自《幼儿游戏与指导》，由朱晓颖主编）

### 三、智力游戏的指导

#### （一）各年龄班智力游戏的特点

**1. 小班幼儿智力游戏的特点**

（1）游戏内容贴近小班幼儿的生活经验，适应幼儿的接受能力。
（2）游戏规则简单、要求低，玩法新奇、趣味性强。
（3）需要教师提供适当的指导。
（4）幼儿对结果不太注意，没有较强的胜负意识。

**2. 中班幼儿智力游戏的特点**

（1）游戏内容符合中班幼儿的生活经验和接受能力，难度由易到难，循序渐进。
（2）游戏规则比小班复杂，具有更多的控制性。
（3）开始出现配合性、合作性游戏。
（4）幼儿对游戏的结果开始注意，喜欢自己或自己一方获胜。

### 3. 大班幼儿智力游戏的特点

（1）游戏内容具有趣味性和挑战性。

（2）游戏任务具有一定的难度。

（3）游戏的规则更为复杂，幼儿对游戏规则的理解能力增强，可由幼儿参与制定游戏规则。

（4）合作性的游戏增多。

（5）幼儿对游戏结果很关注。

## （二）智力游戏指导的要点

### 1. 为幼儿进行智力游戏创造条件

幼儿进行智力游戏往往需要各种玩教具及其他材料。教师应根据教育要求和幼儿的实际需要，为幼儿选择、制作各种玩教具。玩教具在室内摆放的位置，要以便于幼儿自由取放为原则，同时要注意更换和增加新的玩教具。对于新的玩教具，教师要教会幼儿玩的方法，然后让幼儿自己玩。

### 2. 教会幼儿正确地游戏

每个智力游戏都有一定的教育任务，要通过游戏的玩法与规则来实现。因此，幼儿必须通过学习才能掌握游戏的玩法。教师可以用生动、简明的语言及适当的示范，向小组或者个别幼儿介绍游戏的目的、要求、玩法以及规则。

如果是有操作练习的游戏，还应事先教会幼儿必要的技能。幼儿之间也可以互教互学。在游戏进行中，教师要根据幼儿进展的情况，随时给予指导，督促幼儿遵守规则，要求他们按既定的玩法、步骤认真地完成游戏任务，逐步能独立地进行各种智力游戏。

由于年龄的差异，在指导小、中、大班时，要有一定的侧重点。小班的智力游戏大多是利用玩教具进行的，教师首先要考虑如何通过游戏玩教具的出现来激发幼儿的游戏兴趣。在游戏中，教师的讲解要生动、简单、形象，有些讲解可以和示范动作相结合，以吸引幼儿的注意力，同时要不断提醒他们遵守游戏的规则。例如"小兔请客"小班智力游戏，教师首先向幼儿出示小白兔的房子，其中包含三角形、圆形和长方形，教幼儿简单识别图形。在小白兔家门口有各种形状的坑，只有铺好了路小动物才不会摔跤，顺利地参加宴会。在教师的指导下，幼儿们动手尝试拿相应图形去填坑，在操作的过程中，幼儿们总结如何配对才能把坑填平。

中班幼儿的指导仍需要示范和讲解游戏的玩法和规则，游戏中，教师应注意检查他们对游戏玩法的掌握情况以及遵守游戏规则的情况，使幼儿明白，只有遵守游戏规则，游戏才有趣味。教师要鼓励幼儿关心游戏结果，并努力争取好的游戏结果。

对大班幼儿智力游戏的指导，主要是靠语言进行的。教师要依靠语言讲解游戏、要求幼儿独立地进行智力游戏，并严格遵守游戏规则，争取最好的游戏结果。教师还可以要求幼儿对自己的游戏结果进行适当的评价。

### 3. 要注意对个别幼儿的照顾，鼓励每个幼儿都积极参加各种智力游戏

教师应当按幼儿的不同需要，提出共同的要求，进行不同的练习。尤其是对能力差的幼儿，应更多地鼓励、吸引他们参加智力游戏，及时肯定他们的进步，增强他们的自信

心，提高他们的游戏能力。

4. 广泛地利用智力游戏对幼儿进行教育

智力游戏条件简便、方式灵活，游戏时间、课堂上及日常生活中都可以进行，以对幼儿进行教育。教师要更多地利用这种游戏来复习巩固幼儿所学的知识技能，还可以利用它对幼儿进行个别教育。

## 四、音乐游戏的指导

### （一）创设丰富的音乐环境，激发幼儿的兴趣

在音乐游戏中，教师应创设民主、宽松、自由、愉悦的音乐游戏环境，以激发幼儿参与音乐游戏的兴趣和积极性。教师可以根据幼儿的年龄特点，为幼儿选择一段旋律优美的音乐、有趣的故事情节，为幼儿营造轻松、富于趣味性的游戏氛围，并用富于感染力的动作和表情去调动幼儿的积极性，让幼儿从一开始就置身于音乐游戏的情境中。例如中班音乐游戏，《草原上的舞会》是一首充满热情、欢快气氛的音乐，在游戏开始环节，教师可创设"篝火晚会"的情境，让幼儿听音乐做身体律动来感受晚会欢快的气氛，然后再用夸张高兴的表情告诉幼儿，教师也要举行一场晚会，参加晚会的幼儿要跳舞，当听到哨声时轮流编一个和别人不一样的动作。在整个过程中，教师通过游戏与联想，使幼儿身临其境，将幼儿引入音乐游戏中。

**案例 8-4**

### 找朋友

班里有位小朋友，动作协调性较差，每次进行音乐游戏时，他总是不乐意参加。老师观察后，特意组织了一次"找朋友"的游戏，主动找到他，和他做朋友，并鼓励他继续去邀请其他小朋友玩游戏。游戏结束后，他的表演受到了老师的表扬，其他小朋友也纷纷为他鼓掌，他很开心。从这次之后，他对游戏产生了兴趣，对自己也慢慢有了信心。每次游戏时，他都会挤到老师身边，自信地问："老师，你看我做得好吗？"原来能力弱的孩子，现在成了活动积极分子。由此可见，只要了解幼儿的特点，采取相应的方法，就一定能激发幼儿对音乐活动的兴趣。

### （二）注重幼儿游戏过程中的音乐体验，引发幼儿情感上的共鸣

教师在组织幼儿进行音乐游戏时，要给每个幼儿充分体验音乐、感受音乐的时间，并保证每个幼儿都能熟悉游戏中所播放的音乐。只有幼儿感受、理解音乐了，才能在头脑里有联想，才能有新旧表象的二次组合和再造形象。教师要引导幼儿从听、说、演、唱、动和想等多方面感受音乐、陶冶情操，促进幼儿积极情感的发展。音乐是一种善于描绘情感的艺术，要想幼儿真正从音乐中获得美的熏陶，就必须准确而深刻地体验作品中所蕴含的

情感内涵，教师在音乐游戏中，要使自己的情绪情感表达与音乐所表达的情感相一致，从而引发幼儿情感上的共鸣。

### （三）注重幼儿游戏过程中的自我表现和自主创造

音乐游戏要提供幼儿自由表现的机会，鼓励幼儿用不同的艺术形式大胆地表达自己的情感、理解和想象。教师应努力为幼儿创设轻松、和谐的游戏氛围，支持、鼓励幼儿充分发挥自己的想象力和创造力，在游戏中大胆创新和积极展现自我。

### （四）发挥教师的角色示范作用，给予幼儿个别化指导

幼儿通过观察模仿来学习，教师是幼儿观察模仿的对象。在音乐游戏中，教师游戏化的语言、夸张的表情、丰富的动作是吸引幼儿参与游戏的根本动力。在游戏过程中，教师要仔细观察幼儿的游戏，针对不同游戏水平、不同个性特征的幼儿，提供适宜的指导。

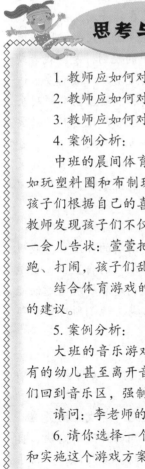

**思考与练习**

1. 教师应如何对幼儿体育游戏进行指导？请举例说明。
2. 教师应如何对幼儿智力游戏进行指导？请举例说明。
3. 教师应如何对幼儿音乐游戏进行指导？请举例说明。
4. 案例分析：

中班的晨间体育活动开始了，活动前，教师要求孩子们在指定的区域玩游戏，如玩塑料圈和布制玩具的小朋友在塑胶跑道上玩，跳绳的在中间。活动开始了，孩子们根据自己的喜好选择了布条、飞盘、塑料圈和跳绳开始玩游戏，不一会儿，教师发现孩子们不仅没有在规定的区域玩，甚至有了打闹行为，一会儿争抢玩具，一会儿告状：萱萱把我打了，浩浩把我撞了……一眼望去都是孩子们无休止的疯跑、打闹，孩子们乱成一团，怎么叫停都停不下来。

结合体育游戏的内容，分析以上案例中孩子们乱成一团的原因，并提出相应的建议。

5. 案例分析：

大班的音乐游戏"猴子爬树"连续开展几次后，一些幼儿已经不感兴趣了，有的幼儿甚至离开音乐区去玩自己感兴趣的游戏。李老师看到之后，马上让孩子们回到音乐区，强制幼儿把音乐游戏完成之后再离开。

请问：李老师的做法有什么问题？如果你是李老师，你会怎样做？

6. 请你选择一个班级，设计一个符合该班幼儿特点的音乐游戏方案，并组织和实施这个游戏方案。

## 延伸阅读

### 规则游戏的指导方略

一、对游戏规则和规则游戏的科学认识

要充分发挥游戏规则和规则游戏对幼儿发展的积极作用，首先，必须在观念和意识层次上对其有科学的认识。游戏规则是游戏的本质特征。游戏规则是幼儿顺利进行游戏活动，实现游戏性体验的前提，必须严格遵守。一方面，只有遵守游戏规则，才能开展游戏，实现幼儿在各方面可能的发展；另一方面，只有真正融入游戏中，沉浸于游戏的情境和游戏的秩序中，才能够对游戏有触及心灵深处的感知、感觉，才能有心灵的"震颤"。在遵守不同于日常生活的游戏规则中，实现游戏的审美追求，创造游戏自身的美，展示游戏自身的魅力。

要正确认识规则游戏的发展和教育价值。规则游戏不只是教学的"工具"和"手段"，也不只是教学的"空白地带"和"候补队员"，它有着自身的价值。规则游戏是幼儿发展到一定的年龄阶段才会出现的，反映幼儿的发展水平。在指导幼儿规则游戏时，一方面，必须依据幼儿的发展水平来选择游戏的类型；另一方面，应注重恰当地开发、提倡、应用"规则游戏"，以促进幼儿的发展。规则游戏中的规则，是游戏者或设计游戏的人经过深思熟虑而制定的，是为了游戏顺利进行、满足幼儿游戏需要、达到预期游戏效果而制定的。所以，它需要智慧和知识、需要计划和经验、需要统观全局。游戏设计者和游戏者都必须是各方面发展到一定水平的人。当然，这些只是必要而非充分条件。幼儿是发展中的个体，是蕴含着发展的现实性和可能性的个体，在各种发展的可能性中，隐含着"游戏"的可能性，在成人的指导下，幼儿的"可能发展水平"能够转化为"现有发展水平"，并指向"未来发展水平"，也就是说，幼儿可以在成人的指导下，开展可能的"规则游戏"，实现超前发展。

二、制定科学、合理的游戏规则

理解"规则"的意义之后，重要的是游戏规则的制定和规则游戏的开发。游戏规则的制定和规则游戏的开发不能由成人来包办，而应该充分发挥幼儿的自主性、创造性，让幼儿获得充分的自由、充分被尊重的感觉，培养他们发现问题和解决问题的能力。而且，由幼儿自己制定的游戏规则和开发的规则游戏才更容易为他们所理解和超越，让游戏真正成为幼儿生活、发展不可缺少的部分。

三、把握幼儿游戏的本质和特点

在指导规则游戏、发挥幼儿游戏规则的作用时，必须首先把握其如下基本"功能"：

（1）游戏的体验功能。"幼儿在游戏中产生游戏性体验，这是'游戏'的灵魂。"这种体验包括自由感体验、支配感和胜任感体验、兴趣感体验，同时伴随着愉快、自愿、自由自主的体验，其中"游戏所带来的对自由的体验超过一切其他目的，正由于有这种自由感，所以幼儿感到快乐、满足，充满成就感"。

（2）游戏的教育功能。教育功能主要是强调教师在游戏中的指导作用。毕竟，幼儿只是幼儿，任何行为都难以脱离成人的帮助。但这并不意味着幼儿的一切游戏活动都由教师来决定，而是说，教师在幼儿的游戏规则制定和遵守过程中，要支持幼儿自主地、有创造性地制定游戏的规则，使他们自愿地遵守游戏规则。

（3）游戏的发展功能。发展性是幼儿游戏的宗旨。如果游戏只是"好玩"，就必然会"丧志"，高兴、快乐只是在游戏中伴随游戏产生的，不是游戏本身所具有的。高质量的游戏过程是幼儿发现问题、解决问题、获得发展的过程。

四、正确处理游戏规则、规则游戏与幼儿创造性发展的关系

人们认为，一谈规则就会没有创造性，事实上，在游戏中，幼儿对规则的认识是其创造性发挥的前提，规则在某种程度上为幼儿创造性的发挥提供契机。一方面，幼儿可以通过对游戏规则的认识，在某种情况下变通游戏规则，拥有意外的收获和发展；另一方面，我们要认识到，规则是人创造和规定的，规则的不同决定了游戏的"玩法"，决定了游戏的多样性，游戏多样性的形成时期便是幼儿创造性得以发挥的契机。

另外，游戏的隐性规则意味着要使幼儿全身心地投入、沉浸于游戏当中，为游戏的秩序、情境所吸引，在一种高度忘我的状态中发展自己、游戏自己，而这种忘我的境界是产生创造的最佳状态，在忘我中将现实世界和虚拟世界融合起来，建构新的世界。

因此，不是规则限制了创造性，而是我们缺乏发现的眼光、把握的能力。所以，幼儿创造性的发展取决于对"规则的认识"，对"教育、发展、创造契机的把握"。

# 第九章 幼儿园区域游戏及其指导

小花朵幼儿园大三班的教室里，区域游戏正在如火如荼地进行着。医院游戏区、肯德基游戏区、益智区、科学探索区、建构游戏区、美工区都挤满了幼儿，主班李老师发现没有一个人玩银行游戏，便问道："有人想玩银行游戏吗？"可是都没人搭理李老师，大家都在自顾自地玩着，建构游戏区人满了，还有幼儿拿着牌子在门口等着。李老师想着，可能小朋友们都不喜欢银行游戏了，但是要新建一个什么游戏区域呢？大班可以安排哪些游戏区域呢？

区域游戏时间过去一半，这时听到益智区的幼儿大声喊道："你们声音可以小点吗？我们都玩不下去了。""走，算了，我们别玩了。"李老师向益智区看过去，益智区的小朋友们正在认真地玩新投入的游戏材料，用筷子夹玻璃球。这是李老师为了锻炼小朋友们使用筷子的能力而特地开发的一个新游戏，没想到小朋友们都蛮喜欢的。旁边肯德基游戏区的小朋友们玩得很开心，声音有点大。益智区的小朋友们夹玻璃球老是夹不起来，就有了刚刚的一幕。"我投放的游戏材料太难了吗？我是不是应该把玻璃球换成纸球呢？还是应该把益智区跟肯德基游戏区隔得远一点，减少肯德基游戏区幼儿对益智区幼儿的影响？"

要消除李老师的疑问，首先必须搞清楚区域游戏有何特点、有哪些种类，进而解决幼儿园区域游戏的环境创设问题，最后，明白如何在幼儿进行区域游戏的过程中进行观察与记录，并在此基础上给予指导。

本章围绕这些问题阐述区域游戏的概念、种类和特点，讨论在区域游戏过程中老师应该如何观察记录并指导幼儿游戏。

# 第九章 幼儿园区域游戏及其指导

## 背景知识

游戏是幼儿的天性,从《幼儿园工作规程》到《幼儿园教育指导纲要(试行)》,再到《3~6岁儿童学习与发展指南》,"游戏是幼儿园教育的基本形式"这个基本原则从法规层面过渡到课程层面,最后落实在实操层面,层层深入,始终引领着幼儿教育改革与发展的正确方向。学习不一定是游戏,但游戏一定是一种学习。

活动区域的最早形态可追溯到20世纪30年代的英国开放教育模式——开放教室。区域活动在改革开放后,通过海峡两岸的教育交流,传入我国一些发达城市的幼儿园。区域活动从起初的集体教育活动的补充,发展到现在已然成为幼儿园最具活力和影响力的幼儿教育活动形式。把游戏的主动性归还给幼儿,将教室分为若干个区域,教师结合各区域游戏的特点、幼儿游戏的兴趣及年龄特点、游戏目标、游戏材料进行区域游戏环境的创设,让幼儿观察、取用、探究,以丰富幼儿的想象创造力,发展幼儿的语言表达能力,培养他们自主解决问题、表现自我及与同伴友好相处的能力。

## 拓展知识 9-1

### 开放教育

开放教育是一种有较多自由挑选学生、课程内容、教学方法的教育方式。学生在学习知识及受教育等方面也有较多的自由。在英国,一般叫"开放计划"。在美国叫"开放课堂"。这种教育方式从20世纪30年代开始流行于英国,60年代末经美国教育家查尔斯·E·西尔伯曼等的介绍和宣传并移植到美国后,在部分小学流行。其特点是:①教室内分成几个"兴趣区";②教学活动没有固定结构;③以儿童的兴趣为中心;④在活动中学习;⑤不分年级,也不按能力分组;⑥教师的职责是引导、建议、鼓励和帮助;⑦创造一种令儿童喜爱的环境。开放教育一般以美国的杜威、意大利的蒙台梭利、英国的艾萨克斯、瑞士的皮亚杰的教育理论为依据,强调儿童个别的兴趣和需要。面临时代的挑战,中国变过去的封闭式教育为开放式教育,教师要解放学生,让他们走向社会,引导他们观察思考,给他们应用理论解决实际问题的机会,然后观察他们的反应和表现,听取他们提出的问题,抓住中心问题和关键问题,及时反馈。

教师采取开放式教育的形式一般有:①组织信息报告会;②组织学生参观、访问、调查;③组织学生参加社会活动;④有针对性地开展书评会、影评会、讨论会、辩论会和演讲会;⑤广泛联系社会、家庭等各方面的教育力量,建立教育网。随着控制论、信息论、系统论以及人才科学等对教育科学的影响,开放教育已经有了新的含义:不仅指学生不局限于书本，要与自然、社会接触，而且指学生在学习中有充分选择的途径，允许有较大的流动；学校培养的人不局限于儿童、青少年，而是面向社会的各种人，从婴儿到老人。联合国教科文组织论述当代教育革新的策略时已提出："一个全面的开放教育体系能帮助学习者在这个体系中纵横移动，并扩大他们可能得到的选择范围。"

# 第一节 幼儿园区域游戏及其特点

每个幼儿园乃至每个班都会设置区域。区域游戏不仅体现了教师以幼儿为主体的教育理念，同时也解放了教师的双手。那到底什么是区域游戏，区域游戏有哪些类型，区域游戏有何特点呢？

## 一、幼儿园区域游戏的概述

广义的幼儿园区域活动是指幼儿园在特定的地理空间范围内开展的一切教育活动。

狭义的幼儿园区域活动是指幼儿教师根据教育目标和幼儿的发展水平，把幼儿园活动空间划分为一些相对稳定的区域，有目的、有计划地投放各种区域游戏材料，创设适宜的游戏环境，让幼儿在宽松和谐的氛围中按照自己的意愿和能力，自主地选择游戏内容和活动伙伴，主动进行操作、探索和交往的活动方式，俗称区域游戏，它是在幼儿园区角活动的基础上发展起来的，这里主要讨论的就是这一区域活动。

区域游戏是幼儿园课程的重要组成部分，在幼儿的一日生活中，区域游戏是占时最多、占用空间最大、材料最丰富的。区域游戏也是一种以快乐和满足为目的，以操作、摆弄为途径的自主性活动。区域游戏以幼儿为中心，有着相对宽松的游戏环境、丰富多彩的游戏材料、灵活多样的游戏形式。幼儿通过与环境、材料以及同伴的相互作用获得知识与成长。所以在区域游戏中，环境的创设尤为重要。幼儿园教师在创设区域游戏环境时，要遵循幼儿身心发展的特点，充分考虑幼儿认知、情感、社会性、动作技能等多方面发展的需要。

## 二、幼儿园区域游戏的种类及特点

### （一）幼儿园区域活动的种类

区域活动的形式多种多样，根据分类标准的不同，有的专家将活动区域分为固定区域和流动区域，也有专家将活动区域分为常规区域和特色区域。对幼儿来说，区域活动既是"游戏"也是"学习"；对教师来说，区域活动是一种隐性教学。下面按照幼儿在活动区域中的活动功能定位，将区域活动分为三类：

1. 纯游戏区域

纯游戏区域指的是教师根据区域游戏特点和幼儿年龄及其发展水平，有目的地准备游戏材料、创设游戏环境，在活动过程中，幼儿凭借自己对现实生活的认知和理解，根据自己的兴趣和需要，主动地、快乐地进行的游戏。纯游戏区域主要包括三个区域：角色游戏区域、建构游戏区域、表演游戏区域。纯游戏区域中，教师投放的为低结构游戏材料，幼儿作用于游戏材料的方式具有极大的自由度，游戏是一种自发性学习，具有不确定性，每个幼儿从中获得的经验都是多样和不确定的。教师要事先为幼儿创设好熟悉和感兴趣的游戏环境，准备好游戏材料，以便幼儿自主游戏，在游戏中成长。如角色游戏区域，在幼儿园小班，教师可以创设娃娃家、理发店等幼儿熟悉的游戏环境，幼儿能够在角色扮演与体验中学会自我观察、自我监督、自我评价、自我控制，并初步进行自我调节，摆脱以自我为中心的心理，从而潜移默化地发展自我意识；在与同伴的互动中，强化幼儿的社会交往意识和社会角色规范等。在建构游戏区域，教师应根据幼儿的年龄特点，准备适宜的游戏材料，建构游戏对幼儿的认知发展和社会性发展均有积极的作用，除此之外还有利于幼儿想象创造力以及动手能力的发展。表演游戏是让幼儿根据故事、童话、寓言等文学作品中的情节、内容、角色，通过语言、表情、动作来表现的一种游戏，教师可以为幼儿提供开放式、低结构的游戏材料，表演游戏除了有利于幼儿想象创造力的发展，还能发展幼儿的表演才能和语言能力等。

2. 纯学习区域

纯学习区域指的是教师根据区域游戏特点和幼儿年龄及其发展水平，有目的地准备游戏材料、创设活动环境，在活动过程中，幼儿认识和理解自然环境、客观现象，吸取知识，积累生活经验和认知经验的区域。纯学习区域主要包括三个区域：种植区域、阅读区域、野外探索区域。在纯学习区域中，教师投入的材料倾向于高结构游戏材料，即教师设计这个活动具有明确目的，旨在幼儿在活动中掌握某种特定的经验。游戏中，教师要制定好规则，培养幼儿认真学习的态度，不能以游戏的心态来对待。如种植区域提供了科学价值，为幼儿亲近大自然、探索大自然提供了天然的场地，幼儿能真实地见到植物的种植和生长过程，能快乐地陪伴小动物成长，照顾和关怀小动物，幼儿在这个微缩的小自然环境里感受生命的萌动，探索大自然的秘密；阅读区域能够激发幼儿的阅读兴趣，培养幼儿良好的阅读习惯，开阔幼儿的视野，增强幼儿的语言表达能力，启迪幼儿的智慧，陶冶幼儿的情操，而且有助于促进幼儿各方面全面发展；野外探索区域能够增强幼儿的自信心，提高幼儿的身体素质、柔韧度与协调能力，训练幼儿的思考能力、观察能力、专注力等。

3. 混合区域

混合区域指的是教师根据区域游戏特点和幼儿年龄及其发展水平，有目的地准备游戏材料、创设活动环境，在活动过程中，幼儿在游戏中学习，在学习中玩耍。混合区域主要包括三个区域：运动区域、益智区域、美工区域。在混合区域中，教师为幼儿提供高结构化材料或中结构化材料，教师提供的材料可以给幼儿一种新异的刺激，引发幼儿的探究欲。

### 拓展知识 9-2

### 常规活动区域

教师在认真分析各类区域游戏特点的基础上，结合各年龄段幼儿的实际水平及兴趣需求，设置常规的活动区域。常见的如角色游戏区（娃娃家、超市、水果店、小吃店、肯德基、餐厅、美容美发店、医院、火锅店等）、建构游戏区、表演区、科学探索区、益智区、美工区等。

常规的区域游戏不受年龄的影响和地域的限制，创设的游戏区域环境一个学期更新一次。平时，教师需要多关注幼儿的游戏情况，通过丰富幼儿的生活经验、增加游戏材料来拓展幼儿游戏的范围。在设置区域的时候，教师要结合各个区域游戏的特点进行设置，如在光线明亮、安静的区域开设美工区、科学探索区等；在空间宽敞处设置娃娃家、建构游戏区、音乐区等。

### 拓展知识 9-3

### 特色活动区域

特色活动区域并非不同于常规活动区域，而是幼儿园根据自己的地域特色来创设区域游戏环境。比如，在建构游戏区中，只投放具有地域特色的游戏材料，或者是只投放自己幼儿园发掘的游戏材料，开展一系列富有地域特色的建构活动。例如，安吉幼儿园建构游戏中的大部分游戏材料就是用竹子制成的，安吉享有中国第一竹乡之称，安吉的幼儿园就是利用了安吉副产竹子的特色，创设了开放性的建构游戏环境和大量竹制品的建构游戏材料。

除此之外，还有一种特色活动区域，就是某些幼儿园会对某个区域游戏领域进行长期、深入的研究，他们累积了丰富的经验，形成了具有园本特色的区域活动。例如湘潭韶山的镇泰艺术幼儿园，他们每天组织幼儿进行混龄区域游戏，而且所有的区域游戏材料都来源于农村自然资源以及废旧物品的利用，形成了自己独有的风格，每一个孩子都能在轻松愉悦的游戏中快乐学习，在自主探索的活动中享受不一般的快乐童年。

### （二）幼儿园区域游戏的特点

#### 1. 自主性

区域游戏大多采用幼儿自选的组织形式，注重让幼儿自选、自由地开展游戏活动，充分发挥游戏的自主性特点，游戏主题的确定、游戏材料的选择、玩伴的选择、语言的运用、动作的展示等游戏过程的各个环节都自然地进行。这样就为幼儿提供了更多按照自己的兴趣和能力进行游戏的机会，满足了幼儿的个体需求。

区域游戏材料多样、内容丰富，它为幼儿提供了更多的自由选择机会，幼儿可以选择自己喜欢的、自己擅长的或对自己有挑战性的项目操作。幼儿在没有压力的环境中"玩玩做做学学"，生动、活泼、自主、愉快地游戏，潜移默化地学习，能更多地体验成功的乐趣。

### 2. 教育性

区域游戏虽然有自主性，但也并非幼儿完全自由自在、不受控制地游戏，它有鲜明的教育性，只是区域游戏的教育性较为隐蔽，它的教育性集中体现在游戏的过程中幼儿对材料的操作，对游戏规则的遵守，以及在与同班伙伴相互交往和交流中社会性的发展。例如：角色游戏区（医院、娃娃家等）中体现了丰富的教育价值，在游戏中促进了幼儿的社会性发展（如在主题的确定、情节的发展、材料的选择以及游戏过程中都有丰富的语言交流及社会交往）；建构游戏区中幼儿的想象创造力和审美能力得到了充分的发展（如幼儿会运用各种操作技能搭建美丽的造型），除此之外，幼儿的动手操作能力以及手脑并用的能力也得到了大大的提升，等等。

### 3. 实践性

任何类型的区域游戏，都需要通过幼儿的具体实践才能实现它的教育性。区域游戏是一类实操性强的游戏，有角色、有动作、有语言、有游戏材料，幼儿在游戏中必须身体力行，幼儿各种能力的发展都必须建立在实际操作的基础上。

## 第二节　幼儿区域游戏的指导

### （一）科学合理的空间布局

**1. 创设良好的区域游戏环境，可以促进幼儿的积极探索行为**

如何创设一个能吸引幼儿、引导幼儿、支持幼儿游戏的区域环境？这是教师首先关注的问题。教师既要提供一个有准备的、丰富的、精心设计的、有序的环境，又要提供一个开放的、变化的、有多种探索发现机会的环境。应充分利用地面、墙面、桌面等空间布置环境，并整合材料、设备等蕴含的教育因素，使三者融合发挥作用，让幼儿在自由游戏的基础上和谐发展。

1）安全舒适的心理环境让幼儿玩得轻松自由

为了能使幼儿更多地体验到愉悦感和成功感，教师必须为幼儿提供一个安全自由的心理环境，即自主、宽松、和谐的氛围，它是开展区域游戏的前提，只有幼儿毫无拘束地表达自己的内心情感，幼儿的个性才能得到充分展示。教师鼓励的眼神、微笑的面容、及时的示意等，都能让幼儿感到尊重、信任和鼓励，从而产生自信，更加积极主动地投入游戏之中。

2）美观舒适的区域布置引导幼儿自由探索

开放的环境布置有利于幼儿自由地进行各种探索活动，美观舒适的环境布置不仅有利于培养幼儿的秩序感,更有利于幼儿初期审美能力的培养。室内区域创设主要分为游戏区域与学习区域。

### 案例 9-1

#### 一个大班的室内活动区

阅读区:在教室的一个角落里投放一些适合幼儿年龄特点且幼儿平时比较感兴趣的图书、绘本,培养幼儿的阅读能力,支持幼儿与同伴进行自主阅读,鼓励幼儿发表自己的观点。

美味餐厅:架子上的各种水果、一张张小圆桌,门口的收银台,开放式的优雅就餐环境,为幼儿营造了快乐的乐园,加强了他们的交往能力,在招待客人和就餐的同时,学习初步人际交往的技巧,感受与他人融洽相处的乐趣,发展了幼儿的社会性。

手工坊:墙上的纸编作品,教师为幼儿提供的毛线贴画,草编的小鱼和娃娃,一排开放式的柜子,里面放满各种工具材料,加上琳琅满目的小作品,都是孩子们最喜欢的。

小小建筑师:这里的墙上粘着教师用纸盒割出来的儿童房子,精致又漂亮,而这里的材料更是幼儿自己收集的各类大大小小的饼干盒和各种罐头盒,教师为幼儿只是提供了简单的小木板和小棍子,幼儿便能创造出最有创意的高楼庭园。

娃娃家:利用房间的一个角落开辟出来的小天地,教师在墙上挂了一张全家照,还挂了几件娃娃穿的小毛衣。里面有冰箱、微波炉、餐具、小床……是幼儿最喜欢去的独立的小空间。

科学区:设立在长长的走廊上。每一张小圆桌是一个独立的区域。这些区域游戏都来自幼儿平时的生活。有沙漏计时、小磨盘磨米粉、筛子筛米粒、小小木工台、哪个电灯亮了等等。大班幼儿最喜欢在这里进行自主的探索,获取科学的秘密。

理发店:教师们在塑料圈上,编上了一根根的长毛线,让幼儿戴在头上做假发,墙上挂了个热水器,还用蛋糕盒做了一个烫发器,边上还贴了一张大大的理发海报,难怪幼儿到了这里都不肯离开。

运动区:运动区设立在走廊的一头,和其他的区域隔离,这里设立了三个运动项目,有苹果丰收(投掷)、保龄球和九曲回廊(走积木练平衡)。老师在角落上放了三个积分牌,并设有一个裁判,谁得了分数,就自己去加分。经常可以看到这个区域活动的幼儿为了一分而争论不休。

表演区:教师为幼儿创设了一个独立表演的舞台,增添了演出的气氛。上面挂上小彩灯,墙后还有大幅度的演出海报,有各种衣服、饰品、化妆品、录音机、打击乐器等等,特别是手工区幼儿制作的尼龙袋背心是最好的表演道具。在这个区域玩的幼儿,都有很强的表现欲和较好的组织能力。这里的节目经常吸引一大批的小观众观看,实在不比专业的演员差。

## 2. 功能全面的游戏区域有利于幼儿积极主动地探索

我们将区域游戏活动环境分为六大类：

（1）角色类游戏（包括家庭角色扮演、社会角色扮演）。

（2）建构类游戏（包括大型建构、小型建构、自然物建构）。

（3）表演类游戏（音乐表演、戏剧表演）。

（4）运动类游戏。

（5）益智类游戏（包括观察、探索、阅读）。

（6）美工类游戏（包括绘画、手工、美术欣赏）。

大框架制定以后，各班教师就可根据本班幼儿的基本发展水平、阶段性教育目标以及个别差异，拟订本班区域设置的具体内容了。如小班以角色类游戏、生活劳动、感官训练、建构与装扮等为主安排区域，中班以装扮、建构、美工、音乐等为主，而大班在区域中更重视科学文化探索等智力能力的培养，注重发展儿童的社会性。

### （二）区域游戏环境创设的原则

区域游戏设置的形式对幼儿的游戏行为有显著的影响。在设置中，表演区与角色游戏区相隔较近，很多资源可以共享。益智区、美工区、建构游戏区的空间设置相对开放，幼儿的活动积极性较高，活动时间较长，通过互相学习合作，能力有一定的提高。

#### 1. 自然性原则

（1）在有效的空间里，利用桌子、椅子、移动玩具柜将活动室分为几个区域，并利用走廊的环境创设不同的区域，幼儿有自主选择的余地，能够专心游戏，减少喧哗和干扰。

（2）用不同的铺设物来暗示区域的划分，如地毯、泡沫板等，这样既能区分区域，又可增加互动。

（3）各区域间幼儿的走动要有清楚的线路，而不能随意穿插，以免影响别人的正常游戏。

#### 2. 相容性原则

将性质相似的区域设置在相邻的位置，使幼儿之间能够产生互动。如：手工作坊和娃娃家、表演区相邻，做好的作品可以放到"家里"，给幼儿观赏，还可以送到表演区，给幼儿穿戴。益智区和建筑角相邻，使幼儿将动手与动脑结合，激发创意。

地面、墙面、立体空间之间可以相互呼应，比如在娃娃家的环境创设中，教师可以在墙面上挂上粉色的帷幔，下面摆一张小床，床上面放上各种娃娃，营造出小卧室的氛围，旁边可以放一个桌子，摆上各种厨房用具以及碗筷等，还可以摆上餐桌椅，充分利用空间，通过整个立体空间让幼儿感受到这里就是娃娃家，通过环境引导幼儿自由游戏。

#### 3. 动态性原则

班级的区域游戏确定下来以后都是较为稳定的，如大班的角色游戏"医院"是一个常设的区域，它的位置也是相对稳定的。但是，由于幼儿的学习发展及其兴趣的需要会不断变化，所以当幼儿对某个区域的活动失去兴趣的时候，教师可以根据幼儿的兴趣爱好及时更换或者增设游戏区域。随着主题的变化，区域也可以相应调整。

教师应多观察幼儿的区域游戏，适时地提供新材料，增加幼儿的游戏行为。如在科学

探索区中，在磨盘的基础上，新提供了大大小小的筛子，并在一个筐里装上大小不一的豆、米和细珠。在教师的指导下，孩子们用从大到小的方法，一层层筛豆子，把这些豆、米分开，并且把豆用磨盘磨成豆浆，幼儿在实践操作中得到探索和游戏的乐趣。

### 4. 参与性原则

首先，鼓励幼儿参与环境的创设，师幼共同收集材料，为活动提供开放式的环境。其次，鼓励幼儿制定规则，随时改变区域人数，如在科学角新投放了一个磨盘后，幼儿产生了极大的兴趣，一时该区域"人满为患"，如何解决活动区域的拥挤现象呢？通过研究讨论，幼儿和教师一起找到了答案：可在每个区域边上贴上几个小口袋，让幼儿插牌，如果小口袋里插满了红牌，就说明人满了，这样幼儿在"满员"的情况下必须学会等待或先到其他区域活动，通过环境的暗示改变原来的拥挤现象。

### （三）选择与投放适宜的游戏材料

所谓适宜的材料，是指材料要符合幼儿的年龄特点、思维特点、兴趣爱好、发展水平等，能够激发幼儿的游戏兴趣。比如，小班幼儿以具体形象思维为主，小肌肉发展不够协调，注意力容易转移，所以教师应该投放颜色鲜艳、形象逼真、生动有趣、大小适宜且手感较舒适的材料；游戏材料的种类和数量可以多一点，避免小朋友们争抢。中、大班的幼儿逐步从具体形象思维向抽象逻辑思维过渡，有了初步的规则意识，与同伴交流交往的能力进一步增强，动手能力也大大提高。因此教师可以准备一些更具挑战性的材料，比如半成品和自然物可以多放一些，它们更富有变化性和创造性；材料的种类增多，但是同种材料的数量可以减少。

## 二、区域游戏材料的投放策略

一个被动的观察者无法得到知识，必须通过分析种种活动自行挖掘或建构知识。区域游戏材料是幼儿主动建构知识的支持物，在投放材料时既要考虑幼儿的年龄特点，又要兼顾个体差异，材料要丰富、多样、有趣，做到适时、适量、适宜。观察发现，游戏材料投放的不同方式能够影响幼儿游戏的动机、态度、坚持性、交往与创造水平，影响游戏的过程及结果。同样的游戏材料，投放方式不同，效益也大不相同。那么，教师该如何投放适宜的材料呢？

### （一）根据幼儿的年龄特点投放材料

根据幼儿的年龄特点来选择投放的游戏材料更能引起幼儿游戏的兴趣，小班的游戏材料以可爱的动物形象和色彩鲜艳的材料为主，以吸引幼儿的注意力，提高游戏的参与性。如在小班可以创设小动物吃饼干、给娃娃喂豆、找图形、坐火车（给小动物分类）等区域游戏。在中班可以投放数字拼图（母鸡生蛋），让幼儿通过直观形象的教具学习数学，使中班孩子对抽象的数字产生兴趣。大班投放的材料则以培养幼儿的认知、社会性、建构和动手能力为主，如识字卡片、各类图书、计算材料、纽扣等。

### （二）提供具有启发性、操作性、探索性、层次性的材料

让环境具有动态性，让幼儿对游戏充满新鲜感。教师首先需要为不同年龄段的幼儿投

## 第九章 幼儿园区域游戏及其指导

放材料,其次要根据相同年龄段不同发展水平的幼儿投放材料,最后要考虑相同的材料幼儿操作熟练后,难度层次的提高。如在探索区,教师为幼儿提供了沙漏,这是用来计时的,玩过几次后,幼儿就没有了兴趣。教师可以在原有的基础上,把沙漏的孔变得有大有小,有的是三孔,有的是一孔,让幼儿观察是孔大漏得快还是孔小漏得快,并做观察记录。等幼儿掌握了以后,还可以鼓励幼儿用各种材料自己制作沙漏,使材料具有层次性,增强幼儿参与游戏的积极性。

### 自制玩教具的安全性

教育性、科学性、趣味性、创新性、简易性、安全性是幼儿园优秀自制玩教具的评价标准,这是经专家和幼儿园教师多次研讨形成的。

**一、教育性**

玩具是幼儿最亲密的伙伴,也是幼儿学习的重要资源,是幼儿的"教科书"。从古至今,玩具在娱乐幼儿的同时一直承担着"教育者"的角色。教育性是玩具的基本特性之一。

在不同的社会文化背景和不同的历史发展阶段,人们对于玩教具的"教育性"可能会有不同的认识和理解。在当前我国幼儿教育改革的背景下,评价幼儿园自制玩教具的"教育性",应当从"是否符合《幼儿园教育指导纲要(试行)》的基本精神,鼓励幼儿积极主动地参与活动,有益于幼儿身心健康发展"来衡量。

1. 幼儿能做的就不要代替他们去做

幼儿园自制玩教具的"教育性",首先应当体现在"鼓励幼儿积极主动地参与"上,幼儿能做的事情教师不要代替他们去做。《幼儿园工作规程(试行)》(1989)指出:"游戏材料应强调多功能和可变性,应充分尊重幼儿选择游戏的意愿,鼓励幼儿制作玩具,根据幼儿的实际经验和兴趣,在游戏过程中给予适当指导,保持愉快的情绪,促进幼儿能力和个性的全面发展。"

教师在自制玩教具时,应当坚持"幼儿能做的就不要代替他们去做"的原则。从当前幼儿园自制玩教具活动的情况来看,教师在制作玩教具的时候,往往缺乏区分"需要教师做的"和"可让幼儿做的"的明确意识,往往自己不辞辛苦地去做了幼儿能够自己做的事情。例如,在一个幼儿园自制玩教具(教师作品)展览上,我们看到有一个陀螺是用两个废旧光盘和废旧彩笔帽做成的。这件作品在废旧材料的利用上有很好的创意,制作方法也简单,让幼儿自己制作这件玩具比教师做给他们玩更有意义。

2. 考虑自制玩教具的适宜"用途"

幼儿园自制玩教具的"教育性"还应当体现在根据幼儿园的课程目标和内容来考虑自制玩教具适宜的"用途"上,充分发挥自制玩教具的作用,促进幼儿的学习和发展。要避免为做玩教具而做玩教具的倾向。

实例：两件辘轳玩具的比较。

辘轳是利用轮轴原理制成的一种起重工具，通常安在井上汲水，过去在北方农村常见。在一个自制玩教具作品展览上，我们看到了两个辘轳玩具。这两件作品都可以让幼儿摇动辘轳的把，把装满水的"小桶"提上来，可以让幼儿体验轮轴起重原理，属于"科学教育"的范畴。

其中一件作品的独特之处是给辘轳安了一个"家"，把辘轳放在了"井"里，不仅使辘轳回归了生活，也为幼儿的学习提供了有意义的社会生活情景。如果在"我们喝的水从哪里来"这个主题活动中利用这个作品，不仅可以让他们亲身体验轮轴起重原理，还可以丰富幼儿关于水的来源的知识，帮助幼儿了解人们传统的生活方式。

二、科学性

1. 知识、概念与原理正确

相当多的幼儿园自制玩教具属于"教育性玩具"。教育性玩具通常包含一定的学习任务，它把抽象的概念具体化，让幼儿通过操作来学习和理解抽象的概念。应当说，它更像"教具"或"学具"，其"教育"功能大于"娱乐"功能。例如，上面提及的辘轳玩具等都属于这类教育性玩具。由于教育性玩具担负着"教学"的任务，因此，在自制教育性玩具时要注意玩具结构与使用方法是否符合科学原理。

实例：这样的水车能转吗？

在幼儿园自制玩教具展览上，我们看到一个用大可乐瓶做的水车模型。这件作品在废旧材料的使用上有较好的创意，但是，在制作时做得比较"糙"：供上面瓶里的水流下来的瓶口没有对准下面水车上的桨叶。如果让幼儿实际操作，这个水车是不能转动的，因此，也不能真正让幼儿理解水车工作的原理。

2. 符合幼儿身心发展的特点和水平

幼儿园自制玩教具的"科学性"，还应当从它是否符合幼儿身心发展的特点和水平、符合幼儿身心发展的客观规律来评价。从当前幼儿园自制玩教具的情况来看，有必要注意避免幼儿园自制玩教具小学化、甚至中学化的倾向。在自制玩教具时，要考虑玩教具承载的知识、概念和原理是否是幼儿在学前教育阶段需要学习的，幼儿是否能够真正理解这些知识、概念和原理。

三、趣味性

玩教具的"趣味性"要求玩教具的设计者、制作者以幼儿为中心，体验"童心""童趣"。

在相当长的历史时期内，玩具的设计和生产是以成人为中心的，从成人角度出发制造"有价值的"玩具，为幼儿制作的玩具是成人世界物品的缩微物，反映成人的审美趣味。以"娃娃"为例，一直到20世纪初，玩偶才开始做得像幼儿的样子，也才开始穿上幼儿的衣服。随着以幼儿为主要消费对象的玩具市场的形成，幼儿逐渐占据玩具设计和生产的中心，玩具的设计和制作开始注意反映幼儿的兴趣、年龄特点和审美趣味等，力求以丰富多彩的造型、色彩、声响吸引幼儿。从古代到现代，"玩具最大的变化是不再为成人制作……而是为幼儿制作"。

富有"趣味性"的玩教具，首先要在色彩、造型等外观因素上受到幼儿喜爱，符合幼儿的审美情趣，为幼儿所喜闻乐见；其次，在玩法上要能激发幼儿的活动兴趣，操作过程有趣，具有可探索性。简言之，富有"趣味性"的玩教具要"好看又好玩"。

四、创新性

幼儿园自制玩教具的"创新性"主要表现在以下两个方面：一是构思新颖。自制玩教具在外形、结构、使用方法以及所用的材料等方面要"独具一格"或能"推陈出新"。二是有利于幼儿想象和创造。一般来说，形象的、开放性的玩教具有利于激发幼儿的想象和创造。

五、简易性

幼儿园自制玩教具不同于商品玩教具的地方，正在于其"简易性"。这种"简易性"表现在两个方面：一是就地取材，体现地方特色，成本低廉；二是制作方法简单，使用方便。

六、安全性

玩具可以给幼儿带来快乐，但劣质的玩具也可能成为"杀手"，给幼儿带来伤害。在玩具伤害中，常见的是被玩具的锋利边缘所割伤、被玩具武器（如玩具枪、弹弓等）打伤或从玩具（如木马）上跌落下来、吞食或把玩具的小零件或小玩具塞入鼻中或耳中而窒息或受到伤害。

自制玩教具在"安全性"方面的评价应当参照国家关于玩教具的安全、卫生标准，确保在材料的使用、操作方法等方面不会对幼儿造成伤害，选用的材料、外形结构设计、制作和使用方法等不会对幼儿身心造成伤害。具体包括如下几方面：

其一，自制玩教具所用的材料不应含有有毒物质，不应使用受过污染的材料。幼儿园自制玩教具往往使用较多废旧材料，在使用前应当采用适宜的方法对这些材料进行消毒，确保不会对幼儿的身体健康和安全造成不良影响。

其二，自制玩教具所用的材料和制成品不应有可能割伤或刺伤幼儿皮肤或眼睛的尖锐的角、锋利的边缘，或有可能夹住幼儿手指、头发或皮肤的裂缝。

其三，自制玩教具如果采用电动或机械装置，要防止漏电，机械部分应牢固地安置于玩教具的腔体中，在任何时间或位置都不会因打开而掉出来。

其四，自制玩教具（包括零、配件，例如玩偶的眼睛、鼻子、扣子，汽车的轮子等）的体积不能过小，零配件不易松脱，不能带有长线（长度不超过30厘米），以免幼儿因吞食而窒息，或因把玩教具塞入耳、鼻中和因长线缠住脖子、绊倒而造成意外伤害。

其五，填充类自制玩教具应注意采用质量较好的填充材料和不易破裂的表面材料，缝制要牢固，避免因表面破裂而造成填充物被幼儿误食。最好不要选用有长毛绒的材料制作玩教具。

其六，自制玩教具要考虑制成品的大小和重量等。玩教具的大小以适合幼儿把握为宜。过分细小和过重的玩教具都不适合幼儿。

其七，选用的材料应当有利于环境保护和可持续发展。

### （三）要结合近期的教育目标来创设环境、投放材料

如在环保主题活动中，教师为幼儿提供了许多的报纸和尼龙袋，还有许多的罐头盒，幼儿在美工区把它们制作成各种服装，并装饰漂亮的小花，然后送到表演区给小演员们穿上表演，充分展示区域之间的互动和幼儿之间的合作，合作游戏水平进一步提高。在美工区中，有个做纸泥的活动，这是在开展"纸"的系列主题活动后，由于孩子们兴趣浓厚，课堂的集体教学还不能满足幼儿的创作欲望，就延伸到区域活动中。之所以为幼儿创设一种自由活动的形式，是因为通过游戏和自由交往可以获得集体活动中得不到的有关经验。

## 三、幼儿园区域游戏的组织与指导

### （一）区域游戏指导的特殊性

区域游戏是幼儿园一日生活的重要组成部分，既不同于教学活动，也不同于自由游戏，那区域游戏与其他活动的区别在哪里呢？

#### 1. 人员分散，游戏区域多

一般的班级进行区域游戏时会开放4~6个区域，每个区域都会有多个不同的区域游戏，全班幼儿分散在各个不同的区域，加大了教师的管理难度，所以在很多幼儿园教师不敢放手让幼儿开展区域游戏。

#### 2. 没有固定、具体的指导目标

集体教学活动中都会有预设的活动目标，教师指导的时候根据目标进行；但在区域游戏中，没有预设的活动目标，只有笼统的大目标，与幼儿阶段性的发展目标一致，而且每个区域因功能不同，所以目标也不同，即使是同一个区域，在不同时期目标也不同。此外，进区的幼儿不同，目标也会有所不同。因此，教师要根据实际情况灵活地把握和调整指导目标。

#### 3. 活动过程灵活多变

区域游戏中，幼儿可以自由地选择区域、玩伴和玩具材料开展自己喜欢的游戏。游戏过程中一般没有固定的玩法和模式，幼儿根据自己的兴趣爱好随时变换，会出现种种问题，如幼儿之间的交往矛盾、幼儿对材料的争执、幼儿对材料的创造性运用、幼儿兴趣的变换转移等。区域游戏的灵活多变必然带来教师指导上的困难。

#### 4. 区域游戏中更多的是隐性指导

区域游戏中，幼儿是活动的主体，重在自由自在地游戏。所以，如果教师给予过多的指导，整个游戏就会变成教学活动。因此，在游戏过程中，教师应尽可能地以游戏玩伴的角色参与活动，间接指导幼儿游戏，或者可以通过增减游戏材料来帮助幼儿游戏。

### （二）区域游戏指导的一般策略

尽管各个区域的功能不同、性质不同，指导的具体策略也不同，但因为有相同或相似的特质，也就是幼儿在特定环境中的自由游戏，所以，在指导上有一些共性的策略。

#### 1. 通过材料指导

区域中教师最主要的隐性指导策略就是通过材料物化游戏目标，通过材料的层次递进

引导幼儿有序地发展,通过材料调整引导幼儿的发展方向。

有部分幼儿在区域游戏中比较盲目,教师可以根据主题活动,将在活动中出现的实物、材料投放到区域游戏中,幼儿就会按照实物去进行操作,从而达到巩固复习的作用。如:现在正在开展冬天乐的主题活动,中班的教师将小雪花的剪纸方法贴到美工区中,进入美工区的幼儿看到小雪花后也拿起剪刀开始学着剪,既巩固了活动内容,同时也锻炼了手部精细动作。

### 案例 9-2

#### 大班角色游戏"美好超市"

在"美好超市"游戏中,教师和幼儿一起搜集丰富的材料,如各种食品的包装盒、生活用品的包装盒、瓶瓶罐罐、各种玩具等,让幼儿通过清点物品、物品上架等活动认识物品,进行分类活动、数数活动、对应活动等。

除了上述搜集物品、布置小超市的活动外,教师还可以通过调整物品的摆放、增加价格标签、投放模拟钱币、增加刷卡机、手机微信付款等,引导幼儿开展购物游戏。这样,不但有助于幼儿角色意识的确立,培养幼儿的交往能力,还可以把幼儿学过的数学知识有机地融入游戏中,提高幼儿对人民币的认识和10以内加减的运算能力。

### 2. 通过同伴指导

1)同伴间的互相学习和模仿

教师经常看到幼儿在小组内活动时会彼此模仿,游戏活动会因为幼儿之间的相互学习和模仿不断出现新的创意和转机。如:中班幼儿在建构游戏区玩插塑玩具时,一个幼儿插了一支手枪后就开始玩打枪的游戏,其他幼儿纷纷效仿,建构游戏很快有了"假装"的性质,演变成为象征性游戏。

2)幼儿间以强带弱

幼儿之间的相互学习会随时发生,以强带弱是区域游戏中一种自然的学习状态。如:因为建构游戏对认知和动作技能要求比较高,所以有些幼儿经常会表现出低水平状态,教师可以鼓励幼儿之间搭伴玩,一个群体中只要有一两个幼儿搭建水平较高,这个群体的搭建技能就会很快地得到提高。孩子之间的以强带弱、互相学习在建构游戏中表现得比较突出。

### 案例 9-3

#### 中班建构游戏"化妆品城"

在今天的区域游戏中,青青、甜甜、香香、叮咚来到了建构游戏区,她们把积木全部倒在地上,开心地玩了起来。香香跟叮咚一起合作游戏,搭建了一个不错的城

堡，甜甜一个人也玩得很开心，只有青青坐在地上，看看眼前的材料又看看其他玩得很开心的小朋友，思考了很久，也开始玩起来，但是她刚搭起来一点就推翻了，好像很不满意。十多分钟过去了，青青还在重复着，香香、叮咚和甜甜都搭出了一个很大的建筑物。观察许久以后，教师来到了香香和叮咚身边，问道："你们搭的这个大城堡是什么呀？"她们开心地回答："是化妆品城，我们最喜欢跟妈妈一起去买化妆品了。"教师又转向青青问道："你搭的是什么呀？"青青回答道："我搭的也是化妆品城。"教师对香香和叮咚说道："既然你们都搭化妆品城，那么你们可以一起搭个大的化妆品城出来吗？等会儿老师再来你们的化妆品城购物可以吗？"于是香香和叮咚开心地来到青青搭建的三三两两的积木前规划着："你这里就卖口红和指甲油吧，我们用这个当口红。"然后三个人开心地搭了起来。不一会儿，一个诺大的化妆品城就搭好了，主班教师与配班教师一起去她们的化妆品城买护肤品、化妆品，三个小朋友有模有样的。

3）游戏中设置共同的任务，引导分工与协作

利用同伴资源，引导分工合作，共同完成任务是教师隐性指导的重要策略。因为同伴之间比师幼之间更容易沟通，所以，对于中、大班幼儿的区域游戏，教师可以通过共同任务的设置，启发幼儿进行合理的分工，协作完成作品或任务。

**案例 9-4**

### 中班建构游戏"美丽的幼儿园"

中班最近的活动主题是"我爱我家"，所以，关于"自己的家"和"小动物的家"幼儿积累了丰富的经验。区域游戏时，建构游戏区的幼儿仍然各顾各地忙乎，这时，教师走到孩子们身边问道："想不想搭建一个我们共同的家园——幼儿园？"孩子们听到后很高兴，纷纷举手表示赞同。接着，教师又问道："咱们幼儿园有什么呢？""怎样分工才能搭建出我们美丽的幼儿园呢？"在教师的帮助下，幼儿很快就确立了共同搭建的主题，并进行有效的分工合作，很快一个美丽的幼儿园就建成了，孩子们都很开心。

4）同伴间妥善解决冲突和矛盾

同伴间的相互接纳是成功合作的保证，但在共同游戏时，幼儿各有各的想法，当彼此间发生争执时，要想游戏继续下去，他们就必须做出让步，并且协商解决争执。在这个过程中，幼儿学会协商、退让、轮流、守规则，甚至据理力争等交往技能，形成良好的同伴关系。

3. 教师通过参与游戏进行指导

在区域游戏中，最有效的指导策略就是教师参与幼儿的游戏，以玩伴的身份指导幼儿操作或游戏。这种指导方式既简单又自然，不会给予幼儿压力和距离感，而且能更真切地感受和了解幼儿的想法，使指导更有针对性、更有效。

## 第九章 幼儿园区域游戏及其指导

陶行知先生曾说:"教师要变成孩子,与孩子共享欢乐。"因此,在区域游戏中,教师应注意以双重身份介入游戏。

1)平行介入指导

教师应和幼儿平等地去玩区域里的玩具和材料,不直接和幼儿发生交往活动,即各玩各的。有时教师还可以边玩边自言自语。因为幼儿的模仿能力极强,所以教师的玩法很容易成为幼儿模仿的对象,从而引导幼儿的操作方式。一般来讲,建构游戏区、美工区等区域游戏都很适合教师采用平行介入指导的方式引导幼儿的游戏。

**案例 9-5**

### 小班建构游戏"垒高塔"

小班建构游戏中,格格正在把纸盒子垒高,可是总是垒不到 5 个纸盒就倒了,格格看起来很沮丧。教师看到她有放弃游戏的念头,就坐在她身边,也拿起纸盒来垒高,而且一边垒一边说:"我把大的纸盒放在下面,再把小一点的摆上去,这样对齐了,再继续……"格格学着教师的样子继续游戏。

2)交叉介入指导

教师以角色的身份与幼儿共同游戏,在游戏的情境中了解幼儿游戏的情况,展开师幼互动,引导幼儿游戏的进展。教师一般扮演其中的一个角色,可以根据幼儿游戏情节的进展,灵活地借助游戏的语言或行为,帮助幼儿丰富游戏的内容和情节,提升幼儿的游戏水平。

**案例 9-6**

### 中班角色游戏"平安医院"

区域游戏开始了,"平安医院"里有扮演医生的幼儿、有扮演护士的幼儿,但没有人愿意扮演病人,"医院"里的"小医生""小护士"们都无所事事。这时,娃娃家的丽丽手里拿着一块积木,凑到老师跟前说:"老师,请你吃饼干。"老师便假装真的吃了,接着就捂着肚子喊肚子疼。"医院"里的"医生""护士"赶紧把老师扶到床上躺下,有的还非常着急地喊着:"老师、老师,你怎么了?""老师是不是中毒了?"老师回答:"可能刚才吃的饼干有细菌,医生,我该怎么办呀?"幼儿这才想起自己的角色来:"我来给老师打个消炎针吧。""小护士"也跟着忙起来,于是救助活动就开始了,有的听老师的心跳,有的摸老师的胸口,有的拿针管假装给老师打针,忙得不亦乐乎。

**4. 通过引导问题讨论指导**

中、大班幼儿不仅表达能力增强,而且有自己的主见,因此教师可以通过游戏前的讨论帮助他们增强游戏的计划性和目的性;通过游戏过程中的讨论来丰富他们的游戏内容,及时解决游戏中的小困难、小冲突;通过游戏后的分享交流来提升共同经验。

1)游戏开展前的讨论

区域游戏前,教师可以围绕以下问题组织幼儿展开思考、讨论:你想去哪个区域玩呀?想玩什么呢?玩的时候应该注意什么呢?怎样玩才能更好玩呢?

每次讨论时应有重点话题、主题。避免每次都面面俱到,耽搁太多时间。教师应在游戏前多加注意平时在区域游戏中盲目性特别强的幼儿,问问他们想干什么、想去哪个区域,逐渐增强幼儿的目的性和计划性。同时,有的幼儿在某项技能方面特别强,这可能会增强他的优越感,教师可给他安排一定的任务或让他当此区域的小小管理员,让其他幼儿都跟着他学习,起到以强带弱的作用。

2)游戏过程中的讨论

幼儿在区域游戏中会出现各种各样的问题,导致游戏中间停止,无法顺利进行,如因幼儿之间争夺材料而无法实现目标从而导致游戏失败,以及发展水平低导致原地重复……当幼儿遇到自己无法解决的问题和困难时,教师可以随时组织幼儿进行小组讨论,寻找解决的办法。

**案例 9-7**

### 中班角色游戏"娃娃家"

娃娃家里几个幼儿在发牢骚:"没有冰箱,没有电视,也没有锅……怎么玩啊?""就是呀,太不好玩了!"教师走到娃娃家,对他们说:"我知道你们都想玩娃娃家,这些东西没有的话,你们想想怎样才能玩呢?我们可以用什么东西替代吗?"教师话音刚落,幼儿就开始想办法了——用纸箱来当冰箱和电视,从其他区域中拿来小木棒当食物……娃娃家里的家具用品越来越多了,大家也玩得越来越开心。

3)游戏结束后的分享讨论

区域游戏结束后,教师可以组织幼儿集体分享和讨论,帮助幼儿展示成果,获取同伴的经验资源,提升全体幼儿的经验水平。

教师可以请幼儿先别收拾作品,让幼儿去不同的区域参观同伴的作品,鼓励幼儿相互交流、学习分享。教师也可以把部分幼儿的作品拍下来,通过屏幕展示的方式共同欣赏。在这个过程中,鼓励幼儿大胆地表达自己的见解,同时培养幼儿的倾听能力,并学习别人的经验,提升自己的能力。

区域游戏中出现的问题具有一定的普遍性,如角色扮演的问题、材料的使用问题、创新问题、规则的遵守问题等,教师可以给幼儿一个平台,组织幼儿去讨论,通过讨论,引导幼儿学习解决问题的方法,提升幼儿自我管理的能力和学习能力。

区域游戏已成为很多幼儿园不可缺少的活动,不管是区域游戏的空间设置还是材料的投放、对幼儿的观察指导等,各个方面都需要教师的智慧,在现实生活中,教师要创设科学、合理、有趣的游戏区域，根据幼儿的年龄特点和身体发展需要选择有目的性、好玩、实用的区域材料，对于幼儿的发展能力及时给予适当的肯定，对于幼小的幼儿要给予足够的耐心，充分调动幼儿的积极性，让幼儿能通过区域游戏得到更大的发展。

### （三）区域游戏指导的注意事项

区域游戏区别于集体教学活动，它重在幼儿在有准备的环境中自主、自由地游戏，教师在指导中既不能破坏幼儿游戏的自主性，不能把区域游戏演变成教学活动，又要通过适宜的指导帮助幼儿促进游戏的发展。在区域游戏的指导过程中，教师需要注意以下几个问题：

#### 1. 根据观察，确定指导的必要性和介入指导的时机

区域游戏是幼儿自主、自愿、自由的游戏，但是教师的指导也是必要的。如在建构游戏中，幼儿能自主掌握的游戏技能有限，如果没有教师的指导，那么幼儿的游戏可能会长时间停留在垒高、铺长等阶段，玩多了也就腻了，会失去继续玩建构游戏的兴趣。但是并不是所有区域游戏都需要教师的指导，也不是任何时候都需要教师的指导，教师应该仔细观察，根据具体情况决定幼儿是否需要帮助。一般来说，以下几种情况需要教师的指导：

（1）当幼儿在游戏中遇到了自己无法解决的问题或者困难时。

（2）当游戏目标无法完成时。

（3）当游戏需要升级的时候。

（4）当幼儿游戏时出现安全问题的时候。

（5）当幼儿较长时间无所事事时。

（6）当幼儿不断地更换游戏区域时。

#### 2. 在尊重的基础上，巧妙引导

区域游戏是幼儿自主自愿的游戏，并非教师交代的任务。区域游戏是一种能让幼儿得到更全面、更好发展的活动，既然幼儿处于主体地位，那么教师就应该尊重幼儿的游戏自由，如尊重幼儿兴趣的多变性、尊重幼儿的个性化需求、尊重幼儿的创造性表现、尊重幼儿的愉悦情绪、尊重幼儿游戏的随机性，等等。

#### 3. 避免粗暴干预幼儿游戏

有的教师发现问题后急于指导，不留时间和空间让幼儿思考，潜意识里不相信幼儿有解决问题的能力，喜欢限制、指挥幼儿，使幼儿自主探索的机会悄然流逝。教师干预过多，极容易改变区域游戏自主、自愿、自由的性质，进而丧失应有的教育价值。

#### 4. 过分相信幼儿，放任自流

有的教师过分相信幼儿的能力，放任幼儿完全自由地游戏，对幼儿的发现漠然处之，使智慧的火花瞬间泯灭；或对幼儿观察、关注不够，导致指导滞后；或缺少指导策略，没有能力给予幼儿有益的点拨。

#### 5. 注重平时幼儿社会生活经验的积累，为区域游戏的开展奠定基础

重视幼儿社会生活经验的积累，引导幼儿有序地观察生活是区域游戏顺利开展的基础。比如在建构游戏中，教师平时可以多引导幼儿关注周围的各类建筑物以及物体形象，了解其特点和结构，积累丰富的感性经验。如大班幼儿喜欢搭建楼房，教师可以引导幼儿

多关注身边不同的楼房形状，观看不同的楼房图片、视频，了解不同楼房的结构造型、材质等。在幼儿掌握各类建构技能的基础上，教师可以较为容易地引导幼儿自由思考如何搭建楼房的各个部位。

### 四、幼儿园区域游戏的观察与评价

#### （一）区域游戏的观察与记录

**1. 选择适宜的观察记录方法**

观察是教师了解幼儿的一种基本方法。观察的方法有很多种，在区域活动中，要想观察记录更有效地为活动的开展服务，就要选择合适的方法，有目的地进行观察记录。经过几年的实践，我们知道几种有效的观察记录方法：

（1）全面性的观察记录，也称扫描性观察记录。这种方法是在开展活动时，班级的教师要进行任务分配，其中一位教师全面地对整个活动区域进行观察，主要观察活动区域的整体状况，如：幼儿进区时的情况、游戏中幼儿出现的状况、区域中材料的使用情况等。对活动区域的整体状况进行全面、大致的观察和记录。

（2）定点观察。班上的另一位教师到某个区域中，对个别幼儿或该区域中的一组幼儿进行观察记录，主要记录该区幼儿的情绪、个性、行为、材料使用、合作等的情况，详尽了解幼儿在特定区域活动中的具体行为表现，从而方便有针对性地给予指导和提供更适宜的材料。如：数学区中幼儿会对新投入的材料比较感兴趣，但是当发现操作有一定难度的时候，很多幼儿采取了放弃的做法，因此教师要进行适当的引导和鼓励，在制作材料时要考虑材料的难易度，尽量做到有一定的层次性，满足不同程度幼儿的需要。

（3）观察活动中幼儿记录的表格。区域游戏中存在教师观察不过来的现象，为了能尽量了解每个幼儿的情况，可以根据区域的情况设计一些能让幼儿自己记录的表格，让幼儿自己记录活动的情况，然后教师可以根据幼儿记录的表格一目了然地了解幼儿在活动中的情况，如：科学区一些小实验的记录表，在"溶解"操作中，让幼儿一边实验一边记录什么可以溶解、什么不可以溶解等，这样教师就可以了解幼儿对溶解的掌握情况并适时地进行指导了。

**2. 多种记录形式结合**

教师对区域活动中的幼儿进行观察以后不能忽视记录这一环节，如果只是单纯的观察，很多重要的细节、教育契机会因为过了一些时间而被遗忘，失去了引导和教育的时机，所以在观察的同时，教师要把观察的情况详细地记录下来，在记录时可以将多种记录形式结合。

（1）文字的形式。用文字的形式详细地记录幼儿的活动情况，包括一些特殊的表现行为、幼儿的情绪态度等。如：什么时候哪位小朋友在做什么，他和同伴是怎么交流的，对教师的引导有何反应等。

（2）表格的形式。这种形式比较方便，当班级幼儿人数比较多且想在短时间内了解幼儿的情况时，只靠文字观察记录比较难，可以借助表格形式来记录。如：幼儿的进区情况就可以用表格的形式记录，教师可以清楚地了解娃娃家有谁、各个区域中都有谁、哪个区域大家不经常去等。

（3）照片或视频的形式。这种形式能够更加具体形象地记录幼儿在活动中的一些情况，这样的形式是幼儿活动情况的再现，采用这种形式对幼儿活动后的评价能起很大的作用，教师对指定区域进行观察时，把幼儿在该区时对某个材料的使用情况进行详细的记录，然后在最后评价中再现给全班幼儿看，这样可以分享别人的经验，从而转化成为自己的经验。

### 3.明确观察记录的内容

很多教师对区域活动的观察不明白要观察记录什么，也不清楚观察记录的目的是什么，所以导致教师困惑到底如何写观察记录。

首先，教师要明确观察记录的目标，如要重点观察记录的是哪个区域，在那个区域中投入了哪些材料，这些材料对要达成的目标有什么帮助，等等。

其次，要观察记录活动中的一些特殊情况，如幼儿达成教师期望目标的情况，在操作材料中出现的情况等，要有针对性和侧重性。因为在活动中幼儿发生的事情会很多，所以教师不要一一记录，也记录不过来，记录得太多反而会成为流水账，没有多大的意义。

再次，观察记录幼儿与教师的对话和教师对幼儿的指导行为。在活动中教师与幼儿对话和教师对幼儿的行为做出指导、引导的次数很多，谈论的话题各有不同，做出的辅导也有所不同，但这是了解幼儿最好的时机，所以对于这样的内容应该进行详细的记录，记录反映幼儿内心的想法和教师对幼儿进行辅导时使用的各种教育手段、方法以及幼儿的反应，这可以帮助教师去分析材料、分析幼儿的行为，为对幼儿进行引导提供依据。

最后，分析和反思。这项内容在观察记录表中是不可以省去的。在这一栏中，教师要详细地记录幼儿的特殊行为，对材料的适宜性进行分析，通过分析做出适当调整和指导，如：在数学区中，在给物体从大到小排列的幼儿突然对物体的垒高产生了兴趣，他把最大的积木放在下面，一块一块放上去，看看能放几块。这与原来预设的情况发生了变化，幼儿的兴趣发生了转移，所以教师要进行分析、反思，思考应该顺着幼儿的兴趣还是按照原来的目标游戏，这样可以使区域活动更加完善。

## （二）区域游戏的评价

评价是区域游戏后的一个重要环节，教师首先要明确评价的目的是促进幼儿的发展。引导幼儿进行讲述、讨论、分析，帮助幼儿整理获得的零散经验，引导幼儿改正错误，让幼儿分享成功的快乐，也为下一次游戏提出新的要求。有效的讲解不仅能够真正反映游戏的实际水平，而且能使教师及时地发现游戏的质量，如在游戏结束后，让幼儿尽可能想说、多说，表达自己的各种想法，表现自我，让幼儿介绍在游戏中是怎样玩的、出现了哪些问题、是怎么解决的，这样可以锻炼幼儿的语言表达和自我评价能力。另外，教师还要对幼儿有所表示，使他们的行为受到赞许和强化，使他们的水平不断提高，收到更好的教育效果。对于游戏中幼儿表现不好的地方，可以用合适的方式指正。那么教师可以从哪些方面进行评价呢？

### 1.幼儿的兴趣和参与度

1）游戏兴趣的高低

兴趣是最好的老师，兴趣浓厚的游戏，幼儿参与度高，更有益于幼儿的全面发展，一般教师可以从幼儿的情绪和行为两个方面来观察幼儿是否对区域游戏感兴趣。

2）游戏过程中的专注与投入度

适宜的环境、丰富的材料、好玩的心理都会使得幼儿快速地投入游戏中，但是个性不同、兴趣不同、教养方式不同会导致幼儿的习惯不一，所以幼儿在游戏中的行为会呈现出很大的差异。有的幼儿高度关注自己的游戏，有的幼儿四处观望他人游戏，有的幼儿缺乏积极的情绪，重复单一的动作。

3）持续时间长短

对区域游戏感兴趣的幼儿总能找到自己感兴趣的游戏材料并自发地组织游戏，自己来拓展游戏内容，而且游戏的时间较长，结束游戏时还会意犹未尽。有些幼儿恰恰相反，他们对区域游戏不感兴趣，每次游戏都是浅尝辄止，简单地玩几下就没兴趣了，游戏时间较短。

### 2. 幼儿的社会性发展水平

1）参与群体游戏的兴趣

幼儿是否愿意并喜欢参与群体游戏是教师必须关注的一点。一般来说，社会性发展良好的幼儿都是喜欢和别的幼儿一同玩耍的，除非在如益智区等必须单独游戏的区域游戏中会独自游戏。如果一个幼儿始终喜欢一个人游戏，教师就需要分析他一个人玩的原因了，如是游戏材料太具有吸引力，还是他不愿意跟别的幼儿一起游戏。

2）在群体游戏中的位置和作用

幼儿在区域游戏中都是群体活动，有些幼儿表现突出，大部分时间处于主动地位，也有些幼儿自愿跟从别人游戏，还有一些幼儿在游戏中经常与人发生矛盾纠纷。社会性发展良好的幼儿善于表现自己，也经常处于主动地位，不会轻易与人发生矛盾纠纷。

3）相互间的交流与合作

区域游戏的空间、时间都是比较自由的，幼儿之间自主交流沟通的机会也很多。社会性发展良好的幼儿可以在游戏中很快地找到玩伴，一起游戏，中、大班的幼儿还会分工协作。幼儿游戏的发展一般经历几个阶段：独自游戏—平行游戏—联合游戏—合作游戏，不同阶段有不同特征。

4）对玩具材料的分配和使用

一个区域游戏中的幼儿需要一起分享区域中的玩具与游戏材料，如果有幼儿经常因为玩具和材料与同伴发生矛盾纠纷，则有可能是材料数量太少，也有可能与个别幼儿对玩具的独占有关。社会性发展良好的幼儿会遵守规则，每次游戏只拿一个或者一盒材料，玩完后放回原处，先来的先拿、先玩，不与他人争抢。

5）发生同伴纠纷的频率

在区域游戏中，幼儿之间发生矛盾纠纷是很正常的事，这与幼儿交往技能低下、语言表达能力欠缺有关，但如果一个幼儿无论在哪个区域、无论跟谁在一起都容易发生矛盾纠纷且发生频率较高，则说明这个幼儿的社会性发展差，需要教师多多关注。

6）解决同伴纠纷的途径和方法

幼儿间发生纠纷很正常，但是发生纠纷后事件的处理方式能体现幼儿的个性，也能体现幼儿的社会性发展水平。一味地争夺、打人或者哭鼻子告状、退缩的幼儿都需要得到教师的特别关注及适当的指导。

### 3. 幼儿的认知发展水平

1）语言表达水平

幼儿的语言表达能力是其认知发展的重要表现。因为区域游戏是自由自主的游戏，所以游戏中幼儿有很多语言交流的机会。有的幼儿愿意表达自己的愿望和兴趣，会用清晰的语言表达自己的想法，不会轻易与他人发生肢体冲突；也有的幼儿很少与别人进行语言交流，只会自己玩。

2）选择材料的难易程度

区域游戏中的材料多样、难易不同。认知发展水平高的幼儿倾向于选择有难度、有挑战性的游戏材料，而认知水平低的幼儿会选择一些自己喜欢的简单的材料玩。

3）创造性地使用材料

区域游戏中材料丰富，有些幼儿可以做到一物多玩，思想活跃，对游戏材料充满创造性；也有些幼儿喜欢按部就班地游戏，缺乏创造性。

4）已有经验的迁移

观察幼儿在区域中的游戏情况，包括已有经验的呈现和迁移。聪明的幼儿会用学过的知识经验，让游戏变得更加丰富多彩。

5）幼儿作品展示

幼儿作品的分析是评价幼儿认知发展水平的重要维度。

6）解决困难和问题的能力

区域游戏中幼儿之间发生矛盾纠纷是很正常的事，认知水平高的幼儿喜欢挑战、自己想办法去解决困难和问题，然而有些幼儿一遇到问题就选择放弃，不做任何尝试。

7）对游戏结果的反思与评价能力

游戏中和游戏后，教师都可以邀请幼儿上台分享自己对游戏的看法，也可以评价自己或者他人的作品。

### 4. 幼儿规则意识的培养

1）是否知道每个区域的规则

遵守规则是区域游戏顺利进行的重要保证。同时开放多个区域时，教师很难面面俱到、关注到每个幼儿。规则意识强的幼儿会按照规则有秩序地游戏。

2）能否按规则约束自己的行为

一般来讲，年龄越小的幼儿自制力越差，容易因为在游戏中情绪高涨而忘记游戏规则。规则意识随年龄的增长不断提高。幼儿在不同区域也会有不一样的表现，如在规则游戏中更遵守规则一些，在创造性游戏中比较容易违反规则。

3）被指出违规后是否愿意改正

有些幼儿经过别人的提示就会马上改正，遵守规则。但有的幼儿频频违规，还听不进别人的提示，甚至与他人发生纠纷。

4）以何种态度对待同伴的违规行为

幼儿的违规行为对区域游戏影响较大，有些区域游戏甚至无法继续，所以，区域中的每一个幼儿都要自觉遵守游戏规则，同时也要关注同伴的违规行为并及时指出，帮助其改正。

## 思考与练习

**一、思考题**

1. 假设你是幼儿园的大班教师，在设计幼儿园室内区域游戏环境时，你会如何设计？你觉得有哪些问题是需要考虑的？

2. 幼儿园区域游戏，教师可以从哪些方面进行评价？

**二、实践操作**

观察记录幼儿的区域游戏活动，并记录下来。

### 区域游戏观察记录表

| 观察班级 | | 观察时间 | |
|---|---|---|---|
| 观察记录者 | | 观察对象 | |
| 观察区域及游戏主题 | | | |
| 观察目标 | | | |
| 游戏材料 | | | |
| 游戏情况 | | | |
| 师幼互动 | | | |
| 教师指导 | | | |
| 综合分析 | | | |

### 幼儿园开展区域游戏活动的策略

**韩 莉**

游戏是对人生的模拟，是对未知的探索。幼儿游戏是幼儿借助对现实生活的认知、理解，在假想的情景中模仿与再造的实践活动，是当前幼儿园实施素质教育、推动幼教改革的重要教育形式。区域活动具有相对宽松的活动气氛、灵活多样的活动形式，能够满足幼儿多方面、多层次的发展需要，是幼儿自我学习、自我探索、自我发现、自我完善的活动，因此幼儿园应多开展区域游戏活动，以个别化学习弥补集体教学的缺陷，充分发挥幼儿的主体性，促进幼儿个性发展。

一、充分利用有限空间，科学投放材料

在当前学位紧张的情况下，多数公办幼儿园在满负荷运作。面对这一现实制约，本着节约的精神，幼儿园可以从以下两方面入手开展区域游戏活动。

首先，随着孩子数量的增加，很多幼儿园面临活动面积较小，且各班级孩子人数较多，班级物品摆放比较拥挤的问题。这导致在开展游戏时总要浪费很多时间去摆放材料，孩子的游戏时间无法得到保证，也影响了游戏区域的布置。为缩短游戏前大量摆放材料的时间，减轻教师的负担，保证孩子的游戏时间，幼儿园可以将走廊、美术室、科学发现室、幼儿图书室等辅助性教学区合理利用起来，并给每班配置相应的区角柜，摆放幼儿游戏所需的材料，由此解决这一问题。

其次，要充分发挥全园教职工的聪明才智，与幼儿一起动手布置区域环境，这样既能锻炼教师和幼儿的动手能力，也能为区域游戏活动的开展提供丰富的材料。比如，教师可以根据孩子的年龄特点，用空易拉罐做成分割区域的小栅栏，废旧的奶箱和水果箱则变成"娃娃家"游戏中的小电冰箱、小洗衣机、小桌子、小椅子、小电脑、小空调等。

二、开发活动区域的公共价值，尝试打破班级界限

为更大限度地发挥区域游戏的教育价值，同时减轻教师的工作量，幼儿园可以打破班级界限，让区域活动更"活"。由于区域活动是幼儿按自己的意愿进行的一种带有学习性质的游戏，而不是由教师事先设定教学程序，引导幼儿一步步按教师的思路完成的活动，因此在教师创设的有利于幼儿成长的环境中，应由幼儿自己设定游戏目标、规则、方法，在玩中学，自主地完成活动。教师的任务是帮助幼儿实现自己的设想，并鼓励幼儿发挥主动性、创造性，向自己挑战。这就要求各班的游戏区域有尽可能多的材料，能够创设出尽可能丰富的环境。这也就意味着，在区域游戏活动材料的投放和布置上需要花费较多的精力，如果一味地让教师更换游戏材料或游戏内容，就会加大教师的工作量。如果将各班游戏在班组内交换，既能节约材料，又能给幼儿提供不断面对新的人、事、物及情境的机会，从而获得更宽广的交往空间。孩子们在交往中的对象、担当的角色、操作与交流的方式与过去那种一味由教师安排的方式相比，都将有很大的改变。

随着"区域交换"的出现，众多的人、事、物组成错综复杂的关系，使幼儿面临更复杂的问题情境，班与班之间出现了合作、竞争、谦让、为班集体争取荣誉等活动，幼儿从中体验到更丰富的社会性情感。区域的交换由此大大地丰富了幼儿的认知与社会性活动经验，提高了有限教育资源的利用率，也促进了教师间的互动与合作。

三、灵活运用各种语言指导策略，发挥教师引导的积极作用

区域活动本是能够满足孩子主动学习、自主发展需要的有效活动形式，但是目前教师在区域指导过程中常常运用一些指令性的语言，如"这样做不对！""你应该这样做！"等，对孩子的行为造成了干涉，代替孩子思考与行动，是不利于孩子自主学习的。为改变这一现象，教师应更多地运用以下"开放性"的指导策略，保护孩子自主

探究的欲望。

（一）善退——"转让式"语言的运用

孩子总是有一定的依赖性，当他在游戏的过程中遇到困难时，也许不愿意自主地尝试、寻找解决的办法，而会更多地选择更为便捷的方式，那就是向教师求助。遇到这样的情况，教师不妨试着把问题转移，让孩子欣然、主动地接受挑战。如在建构区里，孩子们都想用积木搭建高架桥。可是搭了一段时间，桥只搭了一半，始终没有成型，孩子们处于简单摆弄的状态。当教师经过时，孩子们开始求助。这时教师故意露出诧异的眼神，回答道："我也不知道怎么搭，谁能帮帮我吗？"一个孩子主动上前回应道："老师，看我来给你搭一个吧。"这个孩子边说边和身边的其他孩子一起继续游戏起来。

（二）善推——"暗示性"语言的运用

在传统的教育模式中，教师是知识的拥有者，教师的任务是向学生输出知识。而现代的教育模式正在不断地发生转变，教师更多地需要观察孩子的变化，在了解孩子的基础上，发现他们的需要，推动孩子不断进步，而探索过程仍然是由孩子自己完成的。暗示是一种隐性的教育方式，教师在指导的过程中，并没有直接将游戏的方式、方法传授给孩子，而是通过相对间接的语言介入，帮助孩子寻找新的思路和方向。在幼儿园中、大班，孩子们对教师暗示性的语言已经能够较好地领会，这不但可以保护孩子自主探究的欲望，同时也为孩子朝着正确的方向游戏奠定了基础。如在美工区里，孩子们正在制作高楼，有个男孩直接选择了较难的制作方法，用剪刀剪开牙膏盒，但是尝试了十多次，还是没有成功，他有些气馁了，将盒子、剪刀一把甩在桌上。这时，教师走到他跟前，轻轻地指指旁边的小朋友说道："你看，佑佑做得真不错！"这个小男孩一看，很快就发现了一种新的方法，便试着用同伴的"先折再剪"的方法来制作。不一会儿，一座"高楼"便呈现在他面前了。

（三）善引——"建议性"语言的运用

如果说幼儿是水，教师就是"引水之人"，因为只有有了有效的"引导"，才会有后来的"水到渠成"。著名的教育家叶圣陶也曾说："不重在教，而重在引。"因为随着教育形式的转变，在教育孩子的过程中，教师已不再拉着孩子的手向前走，更多的是给孩子指个方向，让孩子自己走，因此巧妙的引导、有效的推动，在幼儿园区域活动中发挥着重要作用。建议性的语言常常是以询问的方式出现的，与询问式语言的不同之处在于它不仅提出问题，而且给予具体的方向指示，如"这样试试……""如果不行再想想别的办法""我要……可是没有……"等句子都可以达到这样的目的。角色活动区里有个"小银行"，游戏开始时"取钱"的人很多，但不一会儿，取了钱的幼儿就各自忙碌去了，偶有一两个人来"取钱"。"银行管理员"开始变得无所事事，心里可着急了，还不停地念叨："怎么没人来取钱啊？"正当这位孩子要离开时，教师出现了，并要求"取钱"，同时她还有意地询问道："银行里还有多少1元、多少5元的钱啊？帮我数一数。"这使孩子发现除了"存取款"的游戏，还可练习"数钱"。后来，他还尝试着计算钱的金额，从而使得消极等待的现象明显减少了。

### (四)善评——"辨析式"语言的运用

发掘幼儿游戏中的闪光点,展示区域活动的成果,不仅能让幼儿体验区域游戏的成果,还能为游戏延伸打下伏笔,帮助幼儿迁移经验,从而解决活动中存在的共性问题,为幼儿下一次开展区角游戏活动提供行为与情感上的支撑。在评价的阶段,教师可以采用"辨析式"或"设疑式"的语言来引发孩子的讨论。这种语言最能引发孩子间的互动,让持有不同观点的孩子之间互相辩驳,其中"说"的过程是经验的共享;"辨"的过程是智慧的碰撞;"析"的过程则是思维水平的提升。通过简短的"说、辨、析"三部曲,孩子会成为活动真正的主人。如大班的"宝贝厨房"游戏结束了,大家安静地坐下来。这时教师问道:"刚才我发现斌斌和乐乐都在小厨房里切黄瓜,你们分别用了什么办法?"斌斌说:"我直接把黄瓜给拗断了,就是样子不太好看。"乐乐说:"我用圆口的蛋糕刀切,切的时候把汁都压出来了。"教师:"那大家觉得谁的方法更好呢?你们有更好的方法吗?"孩子们你一言我一语地讨论开了,最终大家决定用破的泥工板来做新的尝试。

(本文源自《学前教育研究》,2013年第9期)

# 第十章 幼儿游戏观察与评价

　　大班幼儿正在沙水池玩得不亦乐乎。乐乐洗了铲子后开始学着捏住软管使它高速喷水，并一直喊："发射！"水龙头软管端口不稳定，水有一下没一下，乐乐就丢下软管走了。康康又捡起来尝试捏住软管并喊："发射！"他双手紧捏着软管口。水龙头一打开，水一下就喷了出去，喷了3米远。旁边的幼儿兴奋地喊叫起来。

　　庆庆特别开心地把自己的铲子放在空地上的树杈上，跑过来对着康康喊："看，树上有火，树上有火！"大家纷纷回头看，都哈哈大笑。乐乐跑过来说："我来试一试！"然后拿着软管尝试捏紧喷水，贝贝也凑过来说："有火，救命啊！救命啊！"康康回头对着乐乐说："树上有火，赶快灭火！"乐乐立马拿着软管调转方向朝着树上捏紧软管高速喷水，旁边的幼儿都很兴奋地喊："树上有火，灭火……"

　　幼儿在游戏中经常会出现令人惊奇的言语和动作，也常常将生活中的场景在游戏中加工再现，我们如何看待游戏中这些看似荒唐却又极具创意的行为呢？教师如何记录、分析幼儿在游戏中自然流露的言语、动作和人际交往？现有的观测工具又有哪些？教师如何利用现有的研究工具对幼儿游戏进行指导？

　　本章围绕这些问题阐述幼儿游戏观察与评价的概念、意义、内容和方法，探讨教师在幼儿游戏中如何进行观察与评价。

### 背景知识

　　认识游戏从观察游戏开始。游戏观察是走进幼儿游戏世界的一条必经之路。通过观察，我们能从纷繁复杂的游戏现象中看见幼儿纯洁的童真；从杂乱无章的玩具操作中看见幼儿朦胧的创造；从松散无序的游戏过程中看到幼儿的严肃认真；从

### 第十章 幼儿游戏观察与评价

争吵不休的游戏情境察觉到幼儿的对话精神。当然，游戏观察也能让我们知道幼儿游戏的需要，帮助我们掌握指导时机——在合适的时间提供恰当的指导。尽管教师和父母经常观察幼儿游戏，但这种观察具有随意性，对幼儿游戏只有粗浅的表面认识，难以了解幼儿行为背后的含义。

游戏是非常复杂的社会现象，要真正了解幼儿游戏背后的意义，观察就必须系统而有条理性。观察者必须了解观察的目的，选取合适的观察方法和工具，才能科学地认识幼儿游戏世界。

评价是教师通过判断幼儿技能水平、兴趣爱好和优缺点，了解幼儿能力发展的过程。尽管幼儿游戏、学习与发展的测评方法及其工具不断成熟，但是，观察法仍然是认识幼儿游戏最有效的方法。为此，有必要全面理解游戏观察与评价的方法内容，熟练掌握游戏观察的技巧与步骤。

## 第一节　幼儿游戏观察

游戏是透射幼儿发展的"窗口"。观察幼儿游戏是了解和理解幼儿的第一步。游戏观察能帮助教师了解幼儿的兴趣和发展，帮助教师决定什么时候、在什么地点、以何种方式介入游戏，以及在何时及时退出，帮助教师思考什么时候提供什么经验和玩具材料推动游戏发展，观察为教师指导幼儿游戏提供理论与实践依据。

游戏观察的含义是什么？有什么意义？主要的内容和方法是什么？有哪些已有的观察工具以及如何使用？这些都是需要先了解清楚的。

### 一、游戏观察的含义

观察是有目的、有计划、有思维参加的知觉。观察是认知活动的源泉，是人类直接认识事物和掌握知识的主要途径，对人类的实践活动具有重要意义。观察力是人类重要的认知能力，通过观察获得的知觉印象比一般的知觉印象更深刻完整。古今中外的科学家和教育家都非常认同观察的重要作用，心理科学研究表明人脑所获的80%~90%的信息是通过视觉获取的，达尔文说："我没有突出的理解力和过人的机智，只是在觉察稍纵即逝的事物并对其进行精细观察的能力上，我可能在众人之上。"

幼儿的游戏行为能直接反映幼儿的游戏水平，游戏中幼儿的任何行为都能做出发展意义解释。幼儿的游戏观察就是成人对游戏中幼儿自然流露的动作、语言、神情、交往和使用的工具材料等进行记录分析的过程。游戏中教师的观察有两种：一种是随机观察，另一种是有目的的观察。有目的的观察是有针对性地根据事先设定的幼儿行为发展水平指标进行的观察。因此，应根据研究与教育的需要在游戏前设计观察内容，确定目标幼儿或目标行为，通过观察分析确定教育方案。

福禄贝尔说过，游戏是幼儿生命的镜子。教育对象是独立个体，因此观察也必须是单个进行的。幼儿园教育要关注幼儿在活动中的表现和反应，敏感地察觉他们的需要，及时以适当的方式应答，形成合作探究式互动。观察在游戏组织中的地位如图10-1所示。

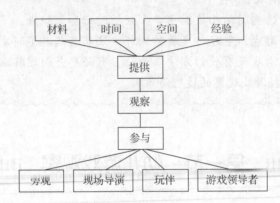

图 10-1 观察在游戏组织中的地位

游戏是幼儿在幼儿园的主要活动，幼儿游戏的观察是全面了解幼儿发展状况和水平、科学指导幼儿游戏的前提和基础，也是幼儿园精准施教的有力保障。

### （一）游戏观察是走进幼儿世界的通道

教师要走进幼儿的内心世界，就要掌握幼儿的发展趋势和游戏需要。而游戏是了解幼儿、理解幼儿、认识幼儿的最佳途径。因为游戏是幼儿最爱的活动，游戏中幼儿自由地表现自我，他们的言语、动作、神情都显示出自己的真实发展水平，他们对玩具材料的选取使用，对游戏的选择参与都显示出他们的认知思维发展以及社会性发展差异。

通过游戏观察，教师可以了解幼儿的发展水平和游戏特点，进而深入理解幼儿的游戏动机和游戏体验，系统把握游戏活动进程。

### （二）游戏观察是游戏创设环境的依据

游戏场地、时间、材料是开展游戏的必备条件，能丰富幼儿的游戏经验、推动幼儿发展，教师通过游戏观察可以创设幼儿感兴趣且适合幼儿发展的环境，合理安排时间、空间、提供玩具材料并预设多层次的游戏内容。

### （三）游戏观察是师幼互动的前提

教师在游戏中对幼儿进行科学指导的前提条件是充分观察，通过观察幼儿的具体行为判断不同幼儿的游戏水平，选取适宜的指导方式，抓住恰当的指导时机，有针对性地进行指导。教师介入式观察能拉近师幼间的距离，帮助教师从幼儿的角度思考认识幼儿，即使是旁观式的观察也能使幼儿感受到教师的关注与关心，对自身的游戏行为充满安全感和满足感。

### （四）游戏观察是游戏评价的基础

教师对幼儿的评价依附于通过游戏观察获取的直观信息，充分观察为教师对幼儿进行评价提供客观、积极、有针对性的材料，避免千篇一律的乏味评说，能真正关注到幼儿的真实游戏行为，及时对幼儿游戏中的行为表现做出积极客观的评价，及时的鼓励肯定会使幼儿收获自信与满足，更加愿意积极参与下一次的游戏。

## 三、游戏观察的内容与方法

观察是了解幼儿游戏的关键，通过观察可以了解幼儿偏好的游戏种类、材料、设备和感兴趣的内容，能发现幼儿的游戏水平和游戏发展能力层次以及在不同游戏中的优缺点。

预先确定观察游戏行为的内容，并选择一种适宜的方法。尽量在能使幼儿施展游戏才能的情景中进行观察，并提供能促进幼儿游戏行为变化的材料，例如运动性游戏材料（如球、攀爬类）、建构性游戏材料（如积木、智力玩具）和角色游戏材料（如玩具娃娃、服装、道具箱）。尽量既在室内又在户外进行观察，从而确定幼儿游戏行为的代表性。应让幼儿熟识适应环境后再进行观察。可适当延长观察时间来保证幼儿游戏行为的典型性。

### （一）游戏观察的内容

教师在游戏中要观察幼儿的具体行为表现，关注创设的游戏环境和玩具材料能否支持幼儿顺利进行游戏并发展游戏技能，为游戏的指导做准备。

**1. 游戏的时间和开展**

（1）是否有充足的游戏时间。游戏时间的长短影响幼儿游戏的水平和质量，充足的游戏时间是幼儿开展游戏的前提，每天都要保证幼儿有较长的集中游戏时间，游戏时间过短，幼儿除了选取材料、分配角色和构思游戏情节，实际纯玩的时间非常少，没有充分的游戏时间就无法保证游戏情节的充分展开，久而久之幼儿的游戏就会趋于简单表面化。

（2）是否有过多的等待和过渡。游戏的空间也会影响幼儿的游戏，没有足够的游戏空间，在游戏时间分配中，空间就会占用游戏时间，孩子们的等待和过渡大多是消极浪费的。

（3）是否给予孩子充分的自主权。固定化的游戏模式和分配会使孩子不能为自己的游戏做主，没有自主的思考与参与，容易出现孩子不感兴趣和不配合的情形，甚至宁愿发呆聊天也不愿意参与的现象。给孩子充分的游戏自主权，更多地让孩子做决定是保证游戏顺利开展的必备前提。

**2. 游戏场地和玩具材料**

（1）游戏的场地、提供的玩具材料是否安全、卫生，如：游戏场地的空间是否足够，材料设施是否安全结实等。

（2）各游戏区域安排是否合理，如：是否有空间浪费和拥挤现象，动态游戏区域与静态游戏区域是否相互干扰影响等。

（3）游戏场地标志和规则设置是否清晰合理，如：各游戏区域是否有清晰的标志要求，规则设置是否满足幼儿进行自主游戏的需求等。

（4）游戏材料是否充足，难度是否适中。如：游戏材料的提供是否考虑到孩子的兴趣和能力水平，游戏材料是否容易引发争抢或无人问津现象，游戏材料的数量和种类是否足够孩子自由选取等。

3. 游戏心理氛围的创设

丰富多彩的游戏会使幼儿感到轻松愉悦，教师在游戏心理氛围的创设中起决定作用，要为幼儿开展内容充实、符合幼儿身心发展的游戏。教师在游戏心理环境的创设中可从以下几方面观察：

（1）师幼关系是否平等、亲切、民主、和谐，如：是否管制过多或干脆"放羊"，师幼相处是否温馨自然，是否有过多呵斥和强制要求等。

（2）幼儿之间的伙伴关系是否积极友爱，如：幼儿之间的交往是否顺利、能否互帮互助、是否缺乏沟通交流，幼儿是否文明礼貌等。

（3）教师之间是否真诚相待、友好合作，如：教师之间的交往是否文明规范、语言动作是否合理大方等。

4. 幼儿是否积极参与游戏

幼儿的游戏水平、表现和建构能力，游戏的持续时间和目的性，游戏的情绪和参与度，游戏中的社会性、认知性、合作规则意识，是否积极参与游戏和具有创新意识，这些都是需要观察的内容。

**拓展知识10-1**

### 角色游戏的观察框架与重点

角色游戏的观察框架如图10-2所示。

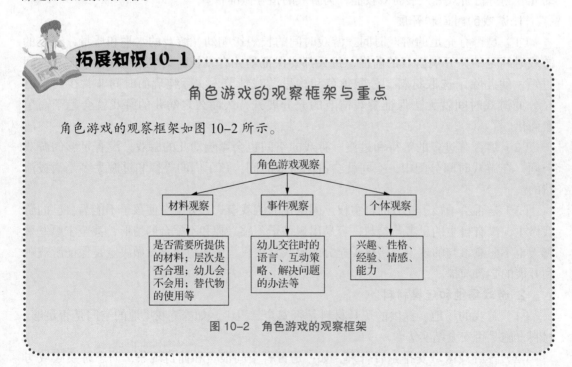

图10-2 角色游戏的观察框架

角色游戏的观察重点如表 10-1 所示。

表 10-1 角色游戏的观察重点

| 年龄 | 年龄特点 | 观察重点 |
|---|---|---|
| 小班 | 小班幼儿主要处于平行游戏阶段，满足于操纵、摆弄物品。对物品的需求是"别人有的，我也要有"，对相同物品要求多；矛盾的焦点主要在幼儿与物品的冲突上 | 观察重点在于幼儿如何使用物品等 |
| 中班 | 随着认知能力的发展、生活经验的丰富以及游戏情节较小班复杂，中班幼儿处于角色的归属阶段。虽然选择了一个角色，但想做多个角色的事情，想与人交往但尚无交往技能，是人与人交往出现冲突的多发期 | 观察重点在于幼儿间的冲突。不管是规则、交往技能还是使用物品上的冲突 |
| 大班 | 随着生活范围的进一步扩大以及幼儿综合能力的增强，大班幼儿不断产生新的主题，新主题与原有经验之间的不和谐导致不断产生认知冲突 | 观察重点一：在现有经验的基础上创新；重点二：相互交往、合作、分享、解决矛盾 |

## （二）游戏观察的方法

观察的展开有许多种形式，一般采用定区观察法和定人观察法。定区观察法就是观察特定区域的幼儿的整体活动，定人观察法就是重点观察几个人的连续活动。幼儿游戏观察常用三种具体方法：检核表、评分量表法及轶事记录法。前两种有较严谨的结构，指明了观察对象和记录方法。它们简单易行，但在一定程度上限制了幼儿游戏的行为和环境的信息。而轶事记录法恰恰相反，其对结构的限制很少，观察者只需将对游戏的描述记录在空白的卡片和纸上就可以了。虽然轶事记录法比清单要花费更多的时间，但在幼儿游戏活动和内容方面更容易获得丰富的资料。因此，作为游戏观察者，必须在使用方便和记录翔实中做出选择。

### 1. 检核表

检核表是有用的观察工具，其用途一是集中描述游戏特定行为，二是快捷提供游戏行为出现与否信息的简易观察系统。

有 3 种为 2~8 岁儿童设计的，适合幼儿教育者及父母使用的检核表：帕顿 / 皮亚杰的社会性 / 认知量表，可广泛观察幼儿的社会及认知水平；豪威斯的同伴游戏量表，用来分析幼儿的社会性游戏；斯米兰斯基的社会戏剧游戏量表，可观察幼儿群体玩戏剧游戏的层次。

教师可根据使用目的选择不同类型。社会性 / 认知量表是一种筛选工具，对幼儿的游戏模式进行总体评价，提示何时选用何种量表进行观察。比如，经过社会性 / 认知量表的测定，发现幼儿在社会性游戏方面表现水平较低，那么同伴游戏量表可在这方面提供更多、更详细的资料。如果一名四五岁的幼儿在团体戏剧性游戏项目上得分很低，则可使用社会戏剧游戏量表来检测该幼儿在游戏中缺失哪些特定的组成部分。

### 2. 评分量表法

评分量表法是一种等级评分法，将观察行为分为若干等级，每一等级对应确定的能力或认知要求。比如：适应行为是个人独立处理日常生活与承担社会责任达到他的年龄和所处社会文化条件所期望的程度，也就是指个体适应自然和社会环境的有效性。为了评定儿童适应行为的发展水平，诊断或筛选智力低下的儿童，帮助制订智力低下幼儿教育和训练计划，湖南医科大学姚树桥、龚耀先于1994年编制了幼儿适应行为评分量表。该量表适用于3~12岁智力正常或低下的儿童，采用分量表结构，有感觉运动、生活自理、语言发展、个人取向、社会责任、时空定向、劳动技能、经济活动8个分量表，信度、效度非常良好。这些量表都便于使用且能帮助成人了解孩子的游戏行为。

### 3. 轶事记录法

轶事记录法是观察者在观察过程中以记事为主，对被观察者在自然状态下发生的典型行为或事件进行客观记录的一种方法。（参见案例10-1）

**案例 10-1**

### 娃娃家中的社会学习

现在的孩子大都是独生子女，很少能想到主动关心别人，只知道别人照顾自己、关心自己是应该的，而在"娃娃家"里，"爸爸""妈妈"会自觉地关心照顾自己的孩子：给宝宝做饭，送宝宝上幼儿园；宝宝生病了，"爸爸""妈妈"急得团团转，一会儿找"大夫"，一会儿摸摸宝宝的头，一会儿给宝宝倒水、喝药，还不停地说："你真勇敢，头烧得烫手，不哭也不闹，真是个懂事的乖孩子。"

宁宁发烧痊愈后返园的第一天，他妈妈就拉着教师的手说："宁宁生病的时候可乖了，不哭也不闹，打针时医生都表扬他懂事、很勇敢，问他怎么变得这么棒，他说在娃娃家里都这样。"

在游戏中，幼儿学会关心、帮助别人，并体验到帮助、关心别人的快乐。在日常生活中，有的幼儿能主动使用礼貌用语，而大部分幼儿是在成人的提醒下使用，然而在游戏中，幼儿去"娃娃家"做客，会主动敲门，"小主人"也是热情款待："你好！请进，请坐，请吃水果。"玩具一起玩，不小心碰了头，都争着说："对不起，撞疼了吧？""没关系，我很勇敢！""客人"要走了，会主动说："谢谢你，我在你家玩得很快乐！再见。""再见，欢迎你下次再来！"这样让孩子们体验到礼貌用语给人带来的快乐，在日常生活中他们也学会了主动使用礼貌用语。

### 四、游戏观察的记录与分析

进行观察总是有理由的，教师对幼儿游戏进行观察后最终需要做评价和提出建议，依靠及时记录游戏情形分析幼儿的游戏行为，使用各种方法做记录以及合理使用记录是每位幼儿教师必备的技能。以下介绍一些教师可能使用的方法，无论采用何种方法进行记录观察，都需要包括原始信息、评价和结论。

## （一）图表记录法

### 1. 追踪记录法

追踪记录法通常是为了记录一位幼儿选择了几项活动或者在某项活动上花费的时间。实施观察前要对在何处进行观察、如何记录幼儿的移动、是否需要设定缩写代码等考虑清楚。

### 案例 10-2

#### 一个幼儿动作技能的观察记录

观察日期：2016 年 11 月 8 日
开始时间：上午 10：50　　　　结束时间：上午 11：05
幼儿数目：全班幼儿　　　　　教师数目：2
幼儿姓名：小康　　　　　　　年龄：6 周岁
目的：观察幼儿在摆放体育器具的活动中心的表现。
目标：追踪幼儿选用的器具，识别并记录小康使用器具时表现出的动作技能。
地点：摆放各种体育器具的活动中心。
观察记录：
平衡木、长凳、鞍马：未使用。
绳索：花了几分钟尝试，不能成功荡起来且爬不到顶端。
攀爬器具：大部分时间在此，开始攀爬得很顺利，接近顶端时会犹豫，下来时有困难，会先试探再移动。
追踪观察如图 10-3 所示。

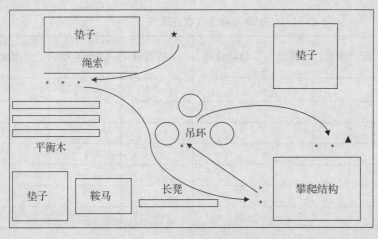

图 10-3　追踪观察

结论：从上述观察记录中可以看出，小康偏好玩大型器具（攀爬结构或绳索），未选择鞍马和平衡木。小康在绳索上尝试，发现荡起来有困难；在攀爬结构上使用胳膊

和腿，将胳膊伸过头顶查探，爬得越高他越犹豫，多次停下来看看脚下，下来时显得非常不安，会先试探再往下爬。

评价：小康在玩大型器具时虽有巨大的兴趣且乐于尝试，但缺乏一定的自信，不能像该年龄段大多数幼儿一样流畅移动，也不像其他幼儿一样喜爱活动性强的体育游戏并积极参与，他常显得犹豫，只喜爱自己获得成功经验的活动。

建议：小康需要参与更多的活动来获取自信，教师应鼓励他尝试不同的运动器具，更多地练习各种体育活动。

这份观察记录清晰地展示出观察幼儿的价值，在整个班级幼儿共同活动时，教师很难关注到每位幼儿，容易忽略个别有困难的幼儿，将情况详细记录下来会更有辅助作用。

2. 表格记录法

表格记录法就是把要观察的内容设计成表格的形式，教师通过观察幼儿在相应栏目内做标记判断是否出现某行为或具有水平差异。其中行为核检表是最常见的形式，其次是等级量表。

### 案例 10-3

#### 时间取样法观察记录表

采用时间取样法观察和记录幼儿的游戏水平。在规定游戏时间内，依次观察每个幼儿 1 分钟，根据幼儿的社会参与程度和 6 种游戏类型的操作定义，判断每个幼儿这 1 分钟的行为属于哪种类型，填入观察记录表（表 10-2）。

表 10-2 时间取样法观察记录表

| 游戏类型<br>幼儿代号 | 无所事事 | 旁观 | 单独游戏 | 平行游戏 | 联合游戏 | 合作游戏 |
|---|---|---|---|---|---|---|
| 1 | | | | | | |
| 2 | | | | | | |
| 3 | | | | | | |
| 4 | | | | | | |
| 5 | | | | | | |
| 6 | | | | | | |
| … | | | | | | |

（二）叙事记录法

叙事记录法是用文字描述幼儿的行为，是对幼儿进行观察记录最常用的方法。在叙事记录法的各种类型中，轶事记录法和连续记录法是常用的两种非正式观察法。

## 第十章 幼儿游戏观察与评价

**案例 10-4**

### 叙事记录

幼儿姓名：小小　　　　　　　幼儿年龄：3 岁
开始时间：下午 2:00　　　　 结束时间：下午 2:15
地点：小建构区

观察记录：小小手拿一块半圆形木块走来走去，大声喊："我有西瓜，西瓜。"然后拿着各种各样的"西瓜"自言自语：香的、甜的、好吃的、地里的、大的、小的……看到教师站在一边就走过来说："老师，老师，你要不要买西瓜？"教师蹲下来看看"西瓜"问小小："你在卖西瓜呀？"小小说："我开了水果店，好多水果，这是西瓜，你要不要买西瓜？"教师弯腰说："你要卖西瓜呀？那你能给我一块吗？"小小开心地递给教师一块，教师答谢："谢谢哦。"小小跑到"水果店"再去挑选半圆形木块，一边挑一边开心地念叨："西瓜香又甜，我要卖西瓜。"教师往前走动，有的幼儿将长木块并排放置形成很宽很长的路并在上面跑；有的幼儿将长木板竖着连接成很长很窄的小路，路的尽头有大大的圆，还有封闭式的小方形路；小小拿着半圆形木块一直大喊："买西瓜呦，买西瓜呦，谁要买西瓜呦……"

结论：在展开观察前小小已经在建构区玩了几分钟了，我对他的专注力能持续多久很感兴趣，他对卖西瓜的游戏持续了 15 分钟，在这期间一直有幼儿来来回回，但都没有对小小产生干扰，只有在教师出现时引起了他的主动互动。小小在自己的想象游戏中一直都有流畅简单的语言解说，显然他对于卖水果有一定的经验了解，能将生活中的言语在游戏中表演出来。

评价：幼儿在 4 岁前想象性的装扮游戏能维持很长一段时间，可以看出小小表现出了预期中的行为。

建议：继续为小小提供想象游戏的机会，鼓励小小通过不同的表达描述多种水果，并拉入更多的小伙伴共同参与游戏。

#### 1. 轶事记录法

轶事记录法是教师常用的非正式观察法，用简洁描述的方法，记录幼儿行为表现中的重要信息，注重记录事实，强调客观性，描述事情是如何发生的、在何时何地发生以及幼儿的言行，记录可随着幼儿年级的变换，由不同的教师继续使用。教师可通过记录做出推论，以增进其对幼儿人格特质及行为的了解，只适合记录人格特质或适应行为而不适合记录如成就、创造力、智力，或解决问题的能力等行为。

1）轶事记录

记录事件的故事性描述，在事件发生时或发生后马上记录事件的始末，通常记录幼儿的游戏能力以及社会认知和身体发展情况。主要包括：记录日期、时间、情境及基本活动信息；记录观察主角行为及行为注解；记录游戏情节顺序；记录幼儿对话。

可对轶事记录法稍做调整,每页记录分左右两边,左边记录发生的轶事,右边记录评述或解释;也可将记录表分为上下两部分,上半部分记录发生的轶事,下半部分记录评述或解释。

### 案例 10-5

## 轶事记录表

轶事记录表如表 10-3 所示。

表 10-3　轶事记录表(1)

| 幼儿姓名:啸天 | 年龄:4 岁 | 日期:11 月 23 日 |
|---|---|---|
| 观察者:丹丹老师 | 地点:沙水池 | 时间:上午 9:00—10:00 |
| 事件:一群男孩拿着细管子和铲子来到沙池与水池的交接处,拿铲子的幼儿开始把沙子铲走挖一条沟,啸天拿了教师提供的细管子开始在水池处玩耍,想把细管子套上水龙头,使水经过管子流向沟中。他将一根管子套在水龙头上,然后将另一根管子接在这根管子后面,当他接第三根管子的时候,第一根与第二根管子的接口松掉,水流出来了。啸天尝试把管子接起来,但一接触水管,水就喷出来溅湿了衣服,他丢下管子喊叫,小康看了一会儿把水龙头关掉。啸天放下第二根管子,重新接好前两根管子。小康一开水龙头,水管就脱落,他尝试接上去,啸天直接放弃了,用一根水管直接把水引向沙沟:"水来了。"同时他手指紧捏管子口,使水以高速密集状态喷射出去,瞬间大家伙都兴奋了,啸天开始探索水管与水的秘密。 ||| 
| 评述:啸天特别喜欢探索新鲜事物,对教师提供的游戏材料通常都第一个尝试不同的玩法,但遇到困难只稍作尝试,如果没有成功就容易放弃。 |||

评述部分包含教师的一些推论和结论,对幼儿游戏行为的细节记录较详细,为结论积累了轶事作为证据。

2)轶事花絮

教师在幼儿进行游戏时不能或来不及记录幼儿发生的游戏活动,在游戏后再回想记录事实发生之后的记载称为花絮。

轶事记录的要领:随时留意观察记录;对孩子的行为保持敏锐观察;随时随地记录;先观察再利用代号快速记录,趁记忆犹新整理;对地点、情境、幼儿行为过程进行详细记录;依序描述行为过程;对不常出现的行为要做出进一步的解释或推论(需要靠记录者敏锐的判断)。

轶事记录的目的在于了解幼儿行为产生的原因以及相关的情景,而不仅是记录孤立的行为,可以用五个"W"来记录:

Who:谁(游戏者)。

Whom:和谁产生行为语言互动。

When:哪天的哪一段时间。

Where:在什么地方,哪个游戏角。

What:有哪些动作、语言、表情、姿势,做什么事,使用哪些材料及怎样使用,等等。

### 案例 10-6

#### 轶事记录

观察日期：2016 年 11 月 9 日
开始时间：上午 8∶00　　　结束时间：上午 10∶30
幼儿数目：全班幼儿　　　成人数目：2
目的：观察幼儿在不同活动时间段的活动情况。
目标：观察并记录班级幼儿在不同活动中的行为。
地点：幼儿园。
观察记录如表 10-4 所示。

表 10-4　轶事记录表（2）

| 要点示例 | 何时 | 有几个人 | 在哪里做什么 | 要做什么、怎么做 | 过程如何 | 行为推论 |
|---|---|---|---|---|---|---|
| 1 | 早上入园 | 颖慧（1个人） | 抱着娃娃自言自语 | 哄娃娃吃东西 | 喂娃娃吃饭，语气轻柔："乖乖，不烫，好吃的。" | 颖慧在模仿自己的经历 |
| 2 | 自由活动时间 | 3个人在盥洗室 | 洗手 | 一边洗手一边跟旁边人的聊天 | 幼儿提醒颖慧："不能玩水。"颖慧没反应 | 颖慧喜欢水 |
| 3 | 户外活动时间 | 5个孩子在玩滑滑梯 | 跟同伴玩滑滑梯 | 看别人玩，跃跃欲试 | 开始不敢，看了几次后慢慢尝试 | 尝试自主玩滑滑梯 |
| … | | | | | | |

轶事记录法有许多优点：观察者不需接受特别训练就可自己使用；观察是开放性的；意外事件随时都可被记录下来；观察者可选择记录重要信息。

同时，轶事记录法也有局限性：记录不易展现事情全貌；记录的内容取决于观察记录，细节效果较差；记录的内容易受观察情景误导；不易编码分析，不适用于科学研究。

2. 连续记录法

连续记录法是另一种非正式观察记录法，按照事情发生顺序和过程将行为详细记录下来。连续记录法与轶事记录法的差别在于，连续记录法是将所有的行为都记录下来，轶事记录法只记录观察者选的部分。连续记录法是即时记录，轶事记录法是事后记录，连续记录法为保证速度一般采用速记的方式，句子较简短，但要收集大量信息，因此不实用。连续记录法需记录的信息如表 10-5 所示。

表10-5 连续记录法需记录的信息

| |
|---|
| ·面部表情 |
| ·使用材料的情况 |
| ·与他人的互动 |
| ·身体活动 |
| ·身体语言 |
| ·口头语言 |
| ·注意广度 |

观察者对事实性材料的记录要避免使用判断性描述语句。对于研究幼儿发展的观察者，连续记录法有以下优点：记录内容完整全面且不限于特定事件；记录是开放式的，观察不限定于特定行为类型；即时记录更精确；不要求观察技能，适用于幼儿教师。

同时，连续记录法也有缺点：费时，观察记录过程易被打断；记录内容过于全面，容易忽略细节；较适用于观察单个幼儿；长时间内观察者需与幼儿保持距离。

### （三）图示记录法

图示记录法是利用几何的点、线、面、色彩等的描绘，把所研究对象的特征、内部结构、相互关系和对比情况等方面的统计资料，绘制成整齐简明的图形，用以说明所研究对象的量与量之间的对比关系的一种方法。利用事先设计的图示记录法记录幼儿的游戏情况，简洁方便，易于获得直观明确的信息，便于比较和分析。

按照图的形式可以分为：

（1）条形图，用宽度相等且平行的条形的高低或长短来表示统计事项的数量或百分比大小的统计图。同类事物用不同数值加以比较。

（2）曲线图，以曲线升降和斜度表示统计事项变动的图形。

（3）直方图，用直方形的面积表示数量大小的图形。它适用于连续性的次数分布资料。

（4）圆形图，用圆的总面积表示事物或现象的总体，用其中的各扇形表示总体中的各个组成部分的图形。通常用以说明总体结构。

（5）象形图，以统计对象的具体形象来表示统计资料大小或多少的统计图形。它极引人注目，易收成效。

## 第十章 幼儿游戏观察与评价

**案例 10-7**

### 活动区域人数分布观察

观察日期：2016 年 11 月 22 日

开始时间：上午 10：00　　　　　　结束时间：上午 10：30

幼儿数目：全班幼儿　　　　　　　成人数目：2

目的：观察活动室幼儿自由选择活动区域的情况。

目标：观察并记录班级幼儿在活动室的区域选择。

地点：活动室。

观察记录：大班幼儿活动区域的选区人数分布情况如表 10-6 所示。

表 10-6　大班幼儿活动区域的选区人数分布情况

| 娃娃家 2 女 | 积塑区 5 男 | 美工区 4 男 2 女 | 盥洗室 |
|---|---|---|---|
| 门 | 室内公共集体活动区域 | | 科学区 2 男 |
| 图书角 无人 | 医院 3 男 4 女 | 餐厅 2 女 2 男 | 美发厅 4 女 |

评析：

除了图书角无人，其余活动区域都有幼儿进行活动，美工区与医院有较多幼儿，且这两个活动区域男女人数较为均匀，女生较多集中于娃娃家与美发厅，男生则较多集中于积塑区。

大班幼儿参与活动的兴致较活跃，男生喜爱具有挑战性的游戏，在积塑区常常合作分工、共同游戏，女生则偏向于角色扮演类活动区域，整体上男女生在各区域的比例相当。

### （四）摄像记录法

摄像记录法是用摄像机、数码相机等拍摄幼儿游戏活动，利用照片和音像来记录幼儿游戏活动的方式。特别是在教室或室外活动区域安装固定的摄像仪器，可以更加直观、形象地详细记录整个活动的过程，把教师从描述记录的负担中解放出来，更好地和幼儿进行互动。

### 五、游戏观察量表

游戏观察量表是观察幼儿游戏行为的重要工具，美国等发达国家的心理学家和幼教界在长期的实验中设计了一些权威、科学的观察量表，并由我国的一些专家加以引进介绍，主要有以下几个量表：

## （一）游戏兴趣量表

利伯曼第一个设计了游戏兴趣量表，他的"爱做游戏量表"广为流传，在此量表中的一些诸如运动兴趣、游戏兴趣、灵活性、表达能力和想象程度都被操作化了。此量表共7题，每一题5分。

（1）A. 幼儿在游戏中自发进行身体运动和活动的次数有多少？
　　　B. 在身体活动中，他/她的运动协调能力怎样？
（2）A. 在游戏活动中，幼儿显示出来的高兴次数有多少？
　　　B. 他/她以什么样的自由表达表现高兴？
（3）A. 游戏中幼儿表现出的幽默感次数有多少？
　　　B. 幽默所表现出来的持续程度怎样？
（4）A. 幼儿游戏时与周围群体相互作用中表现出来的灵活性次数有多少？
　　　B. 幼儿活动时的自如程度如何？
（5）A. 在做表演和戏剧性的游戏时，幼儿表现自发动作的次数有多少？
　　　B. 在做上述游戏时，幼儿表现出来的想象程度如何？
（6）幼儿的聪明程度如何？
（7）幼儿在做的游戏对其他幼儿有多大吸引力？

## （二）游戏的社会性/认知量表

早年的游戏研究一般都是从单一角度评价幼儿游戏，20世纪70年代，鲁滨等人创设了两个尺度的评价系统，将帕顿量表和皮亚杰量表结合起来，将社会性和认知结合起来进行观测，形成12种游戏行为类型，加入非游戏行为项目，组织成社会性/认知量表——帕顿/皮亚杰量表。帕顿/皮亚杰量表如表10-7所示。

表10-7　帕顿/皮亚杰量表

| 项目 | 独自 | 平行 | 团体 |
| --- | --- | --- | --- |
| 功能性 | 独自-功能性 | 平行-功能性 | 团体-功能性 |
| 建构性 | 独自-建构性 | 平行-建构性 | 团体-建构性 |
| 戏剧性 | 独自-戏剧性 | 平行-戏剧性 | 团体-戏剧性 |
| 规则性 | 独自-规则性 | 平行-规则性 | 团体-规则性 |

社会性/认知量表是一种整体评价工具，为了解幼儿的游戏发展水平提供重要信息。

使用社会性/认知量表的第一步是熟悉不同的游戏和非游戏分类的定义，以此确定在游戏中应观察什么。第二步采用记录表将所观察的游戏记录保存下来，一般建议使用二维的图表。

社会性/认知分类的操作定义：

1. 认知水平

（1）功能性游戏：借助或不借助实物进行反复的肌肉练习（包括跑跳、收集和挖掘、操作实物和材料、简易游戏）。

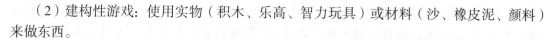

（2）建构性游戏：使用实物（积木、乐高、智力玩具）或材料（沙、橡皮泥、颜料）来做东西。

（3）戏剧性游戏：角色游戏（装扮婴儿、消防队员）或假扮转换（用铅笔假装注射）。

（4）规则游戏：包括再认、接受和遵守规则（包括追逐、踢足球）。

2．社会性水平

（1）独自游戏：在可以交谈的范围内独自玩，玩的材料与其他小朋友不一样。

（2）平行游戏：玩的玩具和参与的活动与临近的幼儿相同，但是并没有打算与其他幼儿一起玩。

（3）团体游戏：与其他幼儿一起玩，有或是没有指定的角色。

3．空闲/旁观/转换

空闲/旁观/转换包括空闲的行为、旁观的行为和从一个活动变换到另一个活动。

4．非游戏活动

必须符合既定的模式，如活动包含图画书、工作簿、计算机和教育性玩具。

最后，为使观察更具系统性，我们发现以15秒为一个周期的观察能发挥很好的作用，既能辨认游戏类型又能防止两种类型的游戏同时发生。社会性/认知观察记录表如表10-8所示。

表10-8　社会性/认知观察记录表

姓名：_____　　　　　观察日期：_____

| 项目 | | 认知水平 | | | |
| --- | --- | --- | --- | --- | --- |
| | | 功能性 | 建构性 | 戏剧性 | 规则性 |
| 社会性水平 | 独自 | | | | |
| | 平行 | | | | |
| | 团体 | | | | |
| 非游戏活动 | | 空闲/旁观/转换 | | 活动 | |

此量表操作程序如下：

（1）打乱记录单的顺序，为观察建立随机顺序。

（2）依照顺序进行观察，对每个孩子观察15秒，并在相应的观察类型的性质中画上标记。

（3）每次观察间隔5秒后对第二个孩子观察15秒并做记录，以此类推。

（4）第一轮周期性的观察15秒钟后再开始下一轮，1分钟可观察每名幼儿3次行为。

（5）获得一个幼儿的20~30次观察记录之后，可以根据记录分析幼儿的游戏模式。

（三）同伴游戏评定表

豪威斯设计了一种比社会性/认知量表更为详细的检测幼儿社会性游戏行为的观察评

定表。同伴游戏评定表有两类平行游戏：简单的平行游戏（水平一）和彼此注意的平行游戏（水平二）。另外，还有四种团体游戏分类：简单的社会性游戏（水平三）、互补游戏（水平四）、合作性社会装扮性游戏（水平五）和复杂的社会装扮性游戏（水平六）。同伴游戏评定表集中于同伴游戏的三个维度：

（1）幼儿社会性互动的复杂程度。

（2）幼儿互动中所达到的互补程度。

（3）在组织和维持游戏的过程中使用语言的程度。

同伴游戏评定表的操作定义：

1. 水平一：简单的平行游戏

孩子们相互间隔约1米，并进行同样的活动，但没有眼神或言语的交流。

2. 水平二：彼此注意的平行游戏

这是一种有眼神来往的平行游戏。孩子虽未表现出社会性交往却意识到了他人的存在及活动，经常模仿他人游戏。

3. 水平三：简单的社会性游戏

孩子们参与同类型的活动，相互间有社会性交流。他们谈话、交换物品、相互微笑，或进行其他类型的社会交往。

4. 水平四：互补游戏

孩子们参与到社会性游戏或"基于互助性行为"的游戏中来。

5. 水平五：合作性社会装扮性游戏

在参与社会戏剧性游戏的过程中，幼儿也扮演了互补的角色。角色不需要外在的标签，但它们可以从幼儿的行为中明显得到确认。

6. 水平六：复杂的社会装扮性游戏

幼儿同时显示了社会装扮性游戏和关于游戏的元交流。当幼儿暂时脱离他们所装扮的角色而对游戏本身进行评价时，就产生了元交流。豪威斯同伴游戏评定表如表10-9所示。

表10-9 豪威斯同伴游戏评定表

| 日期 | 独自游戏 | 平行游戏 | 彼此注意的平行游戏 | 简单的社会性游戏 | 互补游戏 | 合作性社会装扮游戏 | 复杂的社会装扮游戏 | 成人参与 | 情境和材料 |
|---|---|---|---|---|---|---|---|---|---|
| | | | | | | | | | |
| | | | | | | | | | |
| | | | | | | | | | |

同伴游戏评定表中加入了帕顿的独自游戏类型，这样所有水平的社会性游戏就均包括在内了。其中还设置了一栏来记录游戏中幼儿与成人交流的实例。最后一栏则用来记录游戏场地和幼儿使用的游戏材料。如同社会性/认知量表一样，每个孩子也都需要一张单独的记录表。

同伴游戏评定表的操作程序：首先，确定需要观察的幼儿；其次，用足够的时间来观察以确定他或她的同伴游戏水平并进行相应的标记；最后，记下幼儿游戏的背景及其所用的玩具。在针对一名幼儿做好几次观察之后，可以分析记录表中的社会性游戏行为模式。

### （四）斯米兰斯基社会戏剧性游戏调查表

社会戏剧性游戏看似简单却对幼儿语言、认知和社会性发展提出较高的要求，孩子们通过语言、合作、分享，把握角色的特征，开展社会戏剧性游戏。此表由斯米兰斯基创立，作为游戏训练组成的量表，侧重评价形成高质量角色游戏的5个特点：角色扮演、假扮转换、社会互动、语言沟通、坚持性。这个体系揭示出了幼儿的游戏中哪些成分存在、哪些成分缺失。

社会戏剧性游戏调查的记录表是一个检测表：横栏是幼儿的名字，纵栏列出游戏的5个成分。一张表可以用来观察许多不同的孩子，表中加入了3类假扮转换（实物、行动、情境）和2类游戏中主要的言语交流类型（蜕变交流和角色交流）的独立栏目。最终的记录表能获得比最初量表更为详尽的有关幼儿团体社会戏剧性游戏技能方面的资料。

社会戏剧性游戏调查表的操作定义：

（1）角色扮演：幼儿扮演角色并采用口头方式根据扮演的角色进行交流。

（2）假扮转换：用象征物、简约行为和口头陈述来代表物体、行为和环境。

（3）社会互动：游戏中至少有2名幼儿进行了直接的互动。

（4）语言沟通：孩子们参与与游戏情节有关的口头交流，包括用于组织和设计游戏情节的蜕变交流（为了指明物体的假装身份、分配角色、计划游戏进程、指责表演不当的游戏者）和角色交流。

（5）坚持性：幼儿参与持续的游戏情节中。研究表明，年龄是判断幼儿是否具有坚持性的一个重要因素，4岁前幼儿应维持至少5分钟的游戏情节，4~6岁幼儿至少应维持10分钟。

斯米兰斯基的社会戏剧性游戏调查表如表10-10所示。

表10-10 斯米兰斯基的社会戏剧性游戏调查表

| 姓名 | 角色扮演 | 假扮转换 | | | 社会互动 | 语言沟通 | | 坚持性 |
| --- | --- | --- | --- | --- | --- | --- | --- | --- |
| | | 实物 | 行动 | 情境 | | 蜕变交流 | 角色交流 | |
| | | | | | | | | |
| | | | | | | | | |
| | | | | | | | | |

表10-10的观察程序与游戏训练研究中采用的程序相似。持续观察一名幼儿一段时间（至少15分钟），然后再将该幼儿在这段时间中表现出的游戏行为特点记录在清单上。

我们推荐在使用这一系统时，最好遵从以下步骤：选择2~3名要观察的幼儿；将注意力集中到这些孩子身上，对每名幼儿持续观察1分钟；及时在观察记录表上记下幼儿的游戏行为特点；重复观察以确保观察结果的可靠性。

观察结束后及时分析观察记录法，确定在特定的幼儿游戏中哪些成分出现、哪些成分缺失，以便通过干预帮助幼儿将缺失成分整合到游戏中。

综上所述，上面的 4 种游戏观察量表都可以为我们提供有关幼儿游戏行为的信息。研究者可以根据自己的具体目的选择适宜的量表，在使用上述 4 种游戏观察量表时，应注意以下问题：

（1）同一情境下对幼儿行为进行多次观察，以反映其真实的游戏兴趣和能力。

（2）时间取样和事件取样相结合。观察时间的长短会对观察结果产生影响。观察时间过短则无法观测到幼儿的深层次行为，较长的观察时间能观测到幼儿行为的发展变化，使观察更深入。因此，将现有观察量表与客观描述幼儿游戏行为结合起来是保证观察有效性的方法。

（3）为幼儿提供种类多样的、能诱导幼儿进行建构性游戏和社会性主题角色游戏的玩具和游戏材料。

（4）观察要兼顾室内与户外。

（5）幼儿彼此熟悉后进行游戏有较高层次的认知及社会性行为表现，此时展开游戏观察能正确评估幼儿的游戏能力。

（6）提问和谈话辅助观察。

观察者是客观存在于幼儿游戏外的，观察时不能仅通过幼儿的外显行为做推断，还应倾听幼儿的言语表达，或者在不确定的情况下通过提问来了解幼儿当前行为的意义。提问和谈话有可能打扰幼儿游戏，因此不能滥用。

（7）随时随地观察，以确定幼儿游戏行为的典型特点。幼儿行为具有多变性，无论是随机还是系统取样都不能依靠几次观察就得出结论，也不能依据同天的观察判定幼儿游戏的典型特征，考虑到幼儿的身体、情绪、家庭、伙伴等各种原因都会影响幼儿的游戏行为，要进行反复多次的观察来抵消抽样时的误差，一周中至少应当观察 2~3 次。

## 幼儿游戏观察的一般原则

为了获得幼儿游戏行为的准确信息，观察者不论采用何种观察方法，都应遵循以下原则：

（1）应明确观察的目的，并选择适当的观察方法。

（2）观察应在确保幼儿有机会展示他们所有游戏能力的情境中进行，既保证幼儿有丰富的、能引发他们各种游戏行为的材料，又保证幼儿有充分的游戏时间。如果不能满足以上要求，幼儿就有可能出现低水平的游戏行为，而事实上幼儿并非缺乏游戏技能。

（3）如果可能，应保证对幼儿室内和户外游戏进行观察。研究表明，有些幼儿在户外游戏比在室内游戏更能表现出较高的社会性和认知水平。

（4）应在幼儿彼此熟悉并熟悉环境后开始对幼儿进行观察。在与熟悉的同伴游戏时，幼儿会展现较高水准的社会性和认知水平。若开学初就进行观察，可能会低估幼儿真实的游戏能力。

（5）应持续观察，以确保记录的是幼儿典型的游戏行为。

## 第二节 幼儿游戏评价

评价是教师收集有关幼儿能力发展状况信息的过程，由教师对幼儿的技能水平、兴趣和优缺点进行判断，活动中的评价多数是自发且仅凭印象的，目的在于让教师更好地了解学生，能及时对幼儿进行鼓励、赞扬。家长、教师和地方当局对幼儿的研究都必须以评价为基础，对于教师而言，幼儿为完成活动所做的事是重要的信息，帮助教师了解幼儿学到了什么，为了达成目标他们又会做什么。

幼儿游戏评价是幼儿教育工作者普遍关注的重要问题。各种幼儿教育机构一直都试图确定幼儿的需要，评价他们的发展状况。目前，有关幼儿游戏、学习、发展和行为变化的测评方法及工具日益丰富。

### 一、幼儿游戏评价的目的

对幼儿进行评价有很多不同的原因，有些幼儿教育机构将幼儿评价作为一种测评工具，以了解以下问题：幼儿是否达到了预期的发展水平？课程是否需要调整？而有些幼儿教育机构之所以进行幼儿评价，是因为政府要求他们这么做，以此证明其教育的成效，这样才能继续得到支持和经费。

评价的目的是更好地设计幼儿的课程活动，以促进幼儿成长。教师需要先了解幼儿发展状况，这样在设计课程活动时才能充分考虑如何满足其发展需要。在活动中观察记录幼儿活动是收集幼儿个体发展资料的主要方法，可用于评价幼儿发展水平，教师通过对数据进行整理分析来判断幼儿发展的强项以及需要加强的领域，从而为幼儿个体和群体规划出合适的活动方案。

### 二、游戏评价的内容

评价包括形成性评价和总结性评价两类。形成性评价是在引导游戏中的干预，发生在对自由游戏的观察之后，目的在于扩展幼儿的行为表现和学习范围，为幼儿提供帮助，以促进其进一步思考；总结性评价则是对某种活动结果进行的评价。

一般来说，总结性评价提供的是有关学习者已经取得的成就的信息。相反，形成性评价是一种诊断测试，其作用在于让教师了解还需要为幼儿提供哪些学习机会。游戏情境中一般不会有正式测验，但大部分幼儿游戏都会产生一个作品（模型、画或故事），教师可以从幼儿的作品中了解其学习情况，从而思考如何展开游戏引导。

评价幼儿的坚持性和注意力等特质也是非常重要的，幼儿在活动中的专心致志最能体现其学习特点，表现出最多的自我、思维品质、智力以及维持智力增长的能力。

## 三、游戏评价的方法

幼儿评价可以采用一些技术手段,这些手段大多包含幼儿观察。此外,在基于游戏活动的评价中,还包含收集幼儿的代表性作品、对幼儿的访谈以及视频文件。

### (一)基于游戏的评价

游戏是幼儿与周围世界互动的自然途径,在参与游戏的过程中对幼儿发展进行评价也是很合乎情理的。长期以来,心理学家使用玩具和一些特定的人造情景,借助标准化的工具对幼儿的行为进行观察、记录。不过,基于游戏的评价与心理学家上述这些传统的评价方法有所差异。这种差异在于幼儿是在日常自然的情景中进行活动时被观察的。尽管在观察过程中及对幼儿的行为进行分析时,依然可能借用标准化的评价工具,但是,观察者是在活动室环境中,对幼儿玩玩具以及与同伴或教师、家长交往的自然表现进行观察。

"基于游戏的评价"定义为"发展性评价的一种方式"。这种评价方式是在幼儿自由游戏或玩某一种特定的游戏时,观察幼儿怎样独立游戏,如何与同伴、父母或其他家人在游戏过程中进行互动。

游戏是幼儿展现自己能做什么、自己的感受、如何学习新事物及如何与熟悉的人交往的自然方式,因此,基于游戏的评价对幼儿的发展是有所助益的。基于游戏的评价有以下三种典型的类别:

(1)非结构性的评价:记录和评价幼儿在某一游戏情景中表现出来的所有行为,评价者通常是观察幼儿与家长一起游戏。

(2)结构性的评价:在特定的游戏活动中,使用某一已经设计好的游戏行为记录表格进行评价。

(3)跨学科的评价:由若干个评价者组成一个小组,评价小组的成员同时对某一幼儿进行观察,每一个成员都有自己的观察焦点。

基于游戏的评价有以下优点:为那些在正式的测试情景中无法表现的幼儿提供行为评价的机会;观看幼儿游戏比要求幼儿表现能得到更多信息;同一时间可以观察到幼儿在各个发展领域的表现情况。

### (二)幼儿访谈

教师与幼儿之间的评价性访谈可以获得其他评价方法不易获得的一些重要信息。幼儿访谈最好是在自由游戏时以一种非正式的方式进行。教师在与幼儿进行游戏互动时可以与幼儿讨论发生的事情,细心聆听幼儿的回答,可以用录音机将访谈内容录下来,也可以在访谈后及时将访谈内容记录下来。

教师对幼儿的访谈应该简短,以不超过 10 分钟为宜。此外,要给幼儿足够的时间思考和回答教师提出的问题。教师可以拟订各种记录幼儿信息的表格,与其他观察数据一起存放在幼儿的文件夹或档案袋里。访谈较为灵活便利,访谈者可以就同一问题重复询问,可以更深入地探询其他被访者。访谈者可以根据需要引导和调整访谈内容,直到有关信息得到澄清并得到所有想要收集的材料为止。读故事书时的访谈问题如表 10-11 所示。

## 第十章 幼儿游戏观察与评价

表 10-11 读故事书时的访谈问题

| |
|---|
| 描述：这一页发生了什么？ |
| 预测：你觉得接下来会发生什么？ |
| 问题解决：主人公可以采用什么其他方法解决这个问题？ |
| 移情：你觉得主人公对所发生的事情会有什么感受？ |
| 创造：如果你是主人公，你会怎么做？ |
| 回忆：你还记得主人公一开始时做了什么事情吗？ |

### （三）视觉材料

视觉材料有助于教师认识幼儿的发展。有关幼儿的视觉材料有多种形式：活动中的幼儿照片，幼儿作品的图片、录像带、录音带或样本。

除了前述的基于游戏的评价、访谈或传统的活动室观察之外，以下一些设备也可用于观察幼儿：数码相机、手机、摄录机、录音机。这些视觉材料可以将重要信息捕捉下来并记录在胶片或磁带上，作为已经收集到的幼儿观察数据的辅助材料。这些材料也可作为小组对某一幼儿的发展状况进行研讨时的素材。对于某些有特殊需要的幼儿，教师在设计帮助这些幼儿的活动方案时，这些视觉材料也能发挥重要的参考作用。

### （四）照片

照片是给教师用的，不是为了给幼儿用，同一个幼儿或幼儿参与的活动照可用于存档、分析，可为照片附上简要介绍和日期，与该幼儿的其他记录材料存放在一起。

照片还有其他的用途，可以将与其他幼儿互动的照片作为评价访谈的焦点，教师在访谈时就照片提出简单的问题询问幼儿，以此获得评价所需的信息。教师提出的问题必须具有足够的开放性，访谈时也可以用录音机把谈话内容录下来，或将谈话的结果整理后，与相关的照片存放在一起。

用数码相机拍下的幼儿个人照片可打印出来，保存在幼儿档案袋中。幼儿也可以用这些照片自己编写故事书，在每一页的照片下面写上自己的故事。教师在讨论某个幼儿的教学方案或在开家长会时，还可以将照片显示在电脑或电视屏幕上。教师有幼儿行为的第一手视觉材料，无论是对幼儿的行为进行解释，还是为幼儿设计相应的教学方案，都会更为有效。幼儿观察和评价中照片的使用如表 10-12 所示。

表 10-12 幼儿观察和评价中照片的使用

| |
|---|
| 在幼儿活动的瞬间捕捉幼儿的图像 |
| 帮助教师记忆发生的事情 |
| 增强幼儿的自我形象 |
| 可用于评价访谈 |

续表

| |
|---|
| 可用于家长会 |
| 可用于幼儿自编的故事 |
| 可用于幼儿轮流活动的情景 |
| 可用于呈现幼儿的作品 |
| 写用于在档案袋或文件夹中存档 |
| 能帮助教师解释幼儿的发展 |
| 能帮助教师解释幼儿的行为 |
| 能帮助教师为幼儿制订教学计划 |

### （五）录像带

录像机在家庭和学校中较为普及。便携式录像机已成为家长们记录幼儿早期发展的主要手段。在许多教室，录像机已经成为一种标准配置，成为评估和教学的手段。这种设备在如下几个方面可用来帮助观察者观察幼儿的行为：

（1）录像设备为解决游戏观察中的主要问题——教师怎样找到时间对游戏进行系统的观察提供了一个解决方案。录像机可放置于各个游戏区并在无人注视和不需成人费神的情况下连续不断地进行游戏记录。等到时间允许的时候，录像带可重新播放和观看。

（2）录像带记录法提供了比单纯的游戏观察更详尽的有关游戏行为的记录。除了显示游戏类型，它还能揭示游戏材料、幼儿与幼儿以及成人与幼儿之间的互动、游戏中使用的语言、幼儿和成人的手势语。

（3）录像带还可用来改进观察技巧。例如，几名教师可以观看同一个游戏情节并且采用本章前面提到的三种检测表单中的一种做数据记录，或用轶事记录或简述来描述游戏，然后再进行比较。这种训练能够极大地提高游戏观察的可靠性和一致性。

最后，教师还可采用这些录像带来评估或改进他们的游戏参与技能。美国学者沃德（Wood）等人通过盒式录音带记录他们与幼儿在自由游戏期间的交流情况，通过分析调整自己的游戏参与策略，从而更有效地完成自我评价。录像记录能提供比 Wood 等人采用录音带获得资料更为详细的有关教师的活动以及幼儿对这些活动的反应。另外，相比于录音带，录像带不需要转录。

### （六）录音带

录音机能够将幼儿的口头语言或与其他幼儿的语言交流记录下来，这有助于丰富书面的观察记录。先把幼儿的姓名、观察者的姓名、日期和活动室的活动区角名称录下来，然后，把录音机放在靠近某个幼儿的桌上。在回听录音带中的内容时，要做好记录，或参照幼儿发展检核表，在合适的行为项目上打钩。之后，将这些材料一并保存在幼儿的档案袋中。

## （七）展示板

展示板是观察幼儿发展的另一种评价方法，在活动室的墙面上钉一块板，然后在板上陈列幼儿的照片和他们的作品。

展示板的照片和作品能记录幼儿大肌肉动作和小肌肉动作的发展过程，也能体现幼儿测量和计数时的认知能力，孩子们在项目的进程中表现出来的轮流和互相帮助，也能记录下来。这些陈列品和展示板能为教师与其他专业人员的分享和后续活动计划的制订提供依据。

## 四、游戏评价应注意的问题

评价往往带有主观性，教师要将自己对幼儿活动的评价与他人对比，确保评价的客观性。幼儿往往是自己学习的最佳评价者和测试者，对幼儿的学习进行评价时，最好能和幼儿进行个别交流，以获得有效的信息，然后辅以观察和详细的记录，这样才能够对幼儿有全面的了解。

## 五、游戏等级评定量表

等级评定量表集中于特定行为并提供信息进行记录，不仅能揭示行为的出现与缺失，还能帮助观察者评定行为水平，从而判断行为质量。等级评定量表易学易用，用于对难以直接测量的广泛行为进行判断。但其也有不利的一面，一般性问题包括：

（1）仁慈错误：对熟悉的人的评定要高于他们应得评定的倾向。
（2）趋中错误：避免极端高或低的评价的倾向。
（3）晕轮效应：不相干的信息影响判断的倾向。

这里选择两种评价游戏不同方面的数量化量表作为例子。第一种用来评估游戏性的人格特质，能够提供与一个贪玩幼儿是怎样的有关的信息。第二种则是用于记录学校幼儿的交互性同伴游戏行为。

### （一）游戏性量表

游戏性被认为是一种基本的人格特质。一些具有某些特质的幼儿有频繁参与游戏的偏好，并能在单调的环境中创造出自己的游戏天地。而其他一些幼儿即使是在丰富多彩的游戏环境中也很少参与游戏。

巴尼特设计了一种使研究者和教师能够记录下每个幼儿采用游戏的方式接近环境的倾向的量表。

这套量表依据的是利伯曼关于游戏性的五个维度：

（1）身体的自发性。
（2）社会自发性。
（3）认知自发性。

（4）明显的愉悦性。

（5）幽默感。

基于先前的研究，巴尼特提出了四五种行为描述，对每一维度进行了操作定义。她还设计了一种五点反应量表，以评定有关幼儿行为的每一描述特征的程度。

教师可采用这种量表来评定学生的游戏性。在这种特质上得分较低的学生应当给予特别的帮助，即以成人参与或是更具游戏性的同伴协助方式，从游戏导向性课程活动中获益。巴尼特游戏性量表如表10-13所示。

表10-13　巴尼特游戏性量表

| 项目 | 项目与幼儿相符的程度 | | | | |
| --- | --- | --- | --- | --- | --- |
| | 完全不符合 | 有点不符合 | 不清楚 | 比较符合 | 完全符合 |
| | 1 | 2 | 3 | 4 | 5 |
| 身体的自发性 | | | | | |
| 幼儿的运动能很好地协调<br>幼儿在游戏中行为很活跃<br>幼儿好动不好静<br>幼儿有许多的跑、跳、滑动作 | | | | | |
| 社会自发性 | | | | | |
| 幼儿对别人的接近表现出友好<br>幼儿能与别人一起发起游戏<br>在游戏中幼儿能与其他人合作<br>幼儿愿意与别人分享玩物<br>幼儿在游戏中担任领导者的角色 | | | | | |
| 认知自发性 | | | | | |
| 幼儿创造他/她自己的游戏<br>幼儿在游戏中使用非传统性的物品<br>幼儿担任不同特征的角色<br>幼儿在游戏中变换活动 | | | | | |

续表

| 项目 | 项目与幼儿相符的程度 | | | | |
|---|---|---|---|---|---|
| | 完全<br>不符合 | 有点<br>不符合 | 不清楚 | 比较<br>符合 | 完全<br>符合 |
| | 1 | 2 | 3 | 4 | 5 |
| 明显的愉悦性 | | | | | |
| 幼儿在游戏中表现得很兴奋 | | | | | |
| 幼儿在游戏中表现得精力充沛 | | | | | |
| 幼儿在游戏中表现积极 | | | | | |
| 幼儿在游戏中表达情绪 | | | | | |
| 幼儿在游戏时又说又唱 | | | | | |
| 幽默感 | | | | | |
| 幼儿喜欢与其他幼儿开玩笑 | | | | | |
| 幼儿善意地逗惹他人 | | | | | |
| 幼儿讲滑稽故事 | | | | | |
| 幼儿听到幽默故事时发笑 | | | | | |
| 幼儿喜欢和周围人闹滑稽笑话 | | | | | |

## （二）佩恩交互性同伴游戏量表

研究人员从 800 名幼儿中选择了在交互性游戏中表现水平最高的 25 名幼儿和水平最低的 25 名幼儿，然后，研究者仔细分析了幼儿游戏的录像带，以确认能够区分高水平游戏者与低水平游戏者的显著行为。这些行为被编成 36 项等级评定量表的项目，要求教师指出在最近两个月中观察到的每一种行为的频率。

研究人员采用因素分析法确定了幼儿交互性同伴游戏的可靠的基本维度。

（1）游戏的交互性：与亲社会行为、交往技巧、自我控制以及言语自信相关的积极的维度。

（2）游戏的破裂：与攻击性行为和缺乏自控力相关的消极的维度。

（3）游戏的隔离：与退缩相关的另一消极维度。

教师如何使用这些评定来设计教育活动：如果这个班级整体表现出来的是低水平的交互性行为以及更多的破裂和隔离行为，则教师应采取更具结构性的活动并有成人指导，以支持积极的互动。相反，如果班级整体显示出较高水平的社会互动，则教师应基于这些能力，以同伴互动为媒介实施教学（例如，采用合作学习的方法）。

教师的积极作用对幼儿的有效交流和学习非常重要，因为教师能够为幼儿的有效游戏和学习提供适宜的条件和环境。只有通过课堂中的密切观察、评价,以及对幼儿进步和发展的记录,教师才能看到学习的发生,才能知道如何帮助幼儿获得更好的成长与进步。佩恩交互性同伴游戏量表如表10-14所示。

表10-14 佩恩交互性同伴游戏量表

| 项目 | 在过去两个月中行为发生的频率 | | | |
| --- | --- | --- | --- | --- |
| | 未发现 | 不经常 | 经常 | 非常频繁 |
| | 1 | 2 | 3 | 4 |
| 游戏的交互性 | | | | |
| 分享主张 | | | | |
| 领导其他幼儿 | | | | |
| 帮助其他幼儿 | | | | |
| 礼貌地指导其他人的行动 | | | | |
| 鼓励其他人参与游戏 | | | | |
| 在游戏情节和活动中表现出创造性 | | | | |
| 游戏的破裂 | | | | |
| 开始打架和争吵 | | | | |
| 被他人拒绝 | | | | |
| 不按次序轮流 | | | | |
| 搬弄是非 | | | | |
| 口头攻击 | | | | |
| 哭、埋怨、发脾气 | | | | |
| 抓住别人的东西不放 | | | | |
| 身体攻击 | | | | |
| 游戏的隔离 | | | | |
| 逗留于游戏团体之外 | | | | |
| 退缩 | | | | |
| 无目的地徘徊 | | | | |
| 被人忽视 | | | | |
| 没有被游戏团体邀请 | | | | |
| 被邀请时拒绝参与游戏 | | | | |
| 在游戏中表现迷茫 | | | | |
| 需要教师指导 | | | | |
| 看起来不开心 | | | | |
| 从一个活动转向另一个活动存在困难 | | | | |

# 第十章 幼儿游戏观察与评价

**思考与练习**

1. 请观察一名正在进行游戏的幼儿，做一份轶事记录并分析其游戏水平。
2. 下面是某教师设计的观察记录表，看看有哪些问题，请帮忙修改。

| 姓名＼活动区 | 科学区 | 表演区 | 户外游戏 |
|---|---|---|---|
|  |  |  |  |
|  |  |  |  |

3. 案例分析：

幼儿园组织教师们学习了各种观测量表，中班的王老师打算在自己班尝试一下，于是他自制了许多表格放在教室，每天一上班就对照表格仔细观察班上幼儿的行为，一旦发现有相关信息对应就填入表格中。通过一周的观察，王老师发现自己每天的注意力就集中在寻找表格上的信息和不停地观察幼儿行为上，根本没有时间顾及教学计划中的各项教学任务，连活动组织都没有过多的策划思量时间，且王老师每天的观察记录也并不十分顺利，在观察过程中班级常常出现突发事件需要他处理，也常常被其他幼儿打断，因此王老师认为一线教师没办法兼顾教学活动与科研观察。

请问：王老师的问题是什么原因造成的？请给他一些合理的观察建议。

4. 案例分析：

"今天蛋糕的生意特别好，迎来了许多的小厨师，大家都对做蛋糕的彩泥非常感兴趣，每个孩子一来就选取了自己喜欢的颜色开始创作，有的尝试不同的揉捏方法，有的在撕拉，有的把颜色混合在一起，有的玩起了蛋糕大战，互相丢得到处都是……"

以上是某老师的观察记录，请分析其不足之处。

**延伸阅读**

### 美国学前儿童观察记录系统的评价内容、实施方法与借鉴意义

**霍力岩 陈雅川 周 彬**

教育评价是幼儿园教育工作的重要组成部分，是了解教育的适宜性、有效性，调整和改进工作，促进每一个幼儿发展，提高教育质量的必要手段。"学前儿童观察记录系统"作为美国学前教育课程中的一套主要评价工具，在基于教育实践的基础上不断发展和完善，顺应和推动了多方对教育项目质量的要求。当前我国正面临"办好学前

教育""提高学前教育质量"的新形势,进一步了解"学前儿童观察记录系统"这一评价工具的评价内容与实施方法,对于我国深入系统地开展学前儿童综合发展评价研究,在实践中科学有效地促进儿童"快乐生活,健康成长"具有重要的借鉴意义。

一、"学前儿童观察记录系统"的评价内容

"学前儿童观察记录系统"是美国学前教育高宽课程模式的主要评价工具。高宽课程由美国儿童心理学家戴维·韦卡特于1970年创立,以儿童主动学习为核心教育理念,以全面的、结构化的"关键发展性指标"为课程的基本架构,以"计划—工作—回顾"为课程方法,以"学前儿童观察记录系统"为儿童发展评价工具。成年人运用"关键发展性指标"这一列表来指导他们观察、支持儿童,并为儿童设计活动,它既是课程内容框架,又是普适性的儿童发展评价框架,帮助教师在教学环境中结构化、系统化地观察评价儿童。

"学前儿童观察记录系统"作为高宽课程主要的儿童评价工具,基于高宽课程的"关键发展性指标",确立了评价的内容指标,具体包括主动性、社会关系、创造性表征、音乐和运动、语言与读写、数学和科学等六个类别内容,共32个观察项目。作为一种基于教育情境的真实性评价体系,"学前儿童观察记录系统"的评价内容与高宽课程各年龄段的"关键发展性指标"以及教育建议相互联系、有机融合,共同致力于实现儿童身心全面发展的终极目标。

二、"学前儿童观察记录系统"的实施方法

传统评价需要被评价者在得不到帮助的情况下对测试进行回应,而年幼的儿童可能拒绝回应。即使得到儿童的配合,这类评价也只能反映儿童在测验情境中有限的行为表现,不能反映儿童在真实教育环境和日常生活中的行为。为了更加真实客观地评价儿童的发展,"学前儿童观察记录系统"提倡真实情境中的观察记录,具体分为以下四个步骤:

1. 观察

作为一套以观察为基础的评估工具,"学前儿童观察记录系统"关注儿童当下正在做什么,而不是寻找或是评论他或她还不能够做的事,这种评估要求评价者形成一种"积极观察"的习惯。"积极观察"与"消极旁观"相对立,前者是在与儿童的日常互动中,观察儿童的每日活动和具体行为,而后者只扮演一种监视性的角色。积极观察使得教师通过亲眼所见的一个个真实的观察实例,开始关注并研究儿童是如何学习与发展的,在理解儿童学习过程的基础上,进一步进行课程设计上的反思与调整。为了保证所有儿童均被关注与支持,教师可提前进行观察,每天或每两天关注一些不同的儿童。与此同时,教师需要保证在一段工作时间内着重观察教室里的某一特定区域,以获取更为细致和准确的观察实录。

2. 记录

如果说"一次观察正如一张照片,及时捕捉一个时刻",那么在观察基础上做客观而真实的观察记录,就是利用文字和其他显性形式将这一时刻固化并保留下来。"学前儿童观察记录系统"评估的主体部分即通过记录简短的笔记(高宽课程称之为轶事),

并辅以相关档案项目的收集,来对儿童的重要行为和活动进行信息采集。

轶事记录是突出儿童重要日常行为的简短片段描述。最开始记录轶事笔记时,需遵循以下原则:其一,除了日期,还要记下活动是在日常流程中的什么时段发生的、在什么地方发生、和谁一起进行。其二,简短简明,但要保证包括特定的细节。从行为发生的背景开始记,描述行为,并以行为结果以及儿童对行为的解释为结语。

除了轶事记录,儿童档案同样是"学前儿童观察记录系统"的重要数据来源。一个档案袋能容纳儿童的涂鸦、书法等所有作品,以及儿童活动时的照片、录音带、录像带等,为儿童成长提供了系统、全面、有组织的具体"证据"。需要强调的是,儿童档案材料的收集是与轶事笔记的记录同步进行的,教师常常会在记录轶事时援引档案袋中的作品作为支持性的证据。

3. 评分

在评价者简短描述记录儿童行为中的重大事件(轶事),并收集了其他形式的文件记录信息之后,下一步需要按照学前儿童观察记录的类别、观察项目和等级水平对其进行分类和评价,以此反映每个儿童当前的发展水平。具体来说,为提高项目判断的有效性,每个观察项目下均包含5个不同的发展水平,即从简单(水平1)到复杂(水平5)的5个等级,其中每个等级下又包含了至少两个典型行为的实例,具体解释描述了儿童在该观察项目中的发展性等级。基于对某一儿童的观察,评价者先进行轶事记录或收集其他资料,之后在与之对应的观察项目下选择最能代表该儿童行为特点的最高水平的陈述,进行相应的等级划分。

4. 形成报告

从横向来说,运用"学前儿童观察记录系统"是教师每日工作计划中的一部分。教师在全天看护儿童的同时,观察他们所做的事情,并在观察的基础上记录轶事笔记,收集其他支持性材料。之后,为轶事笔记或支持性档案资料分配一个观察项目(字母),并确定相应的发展等级(数字),以此反映每个儿童当前的发展水平。从纵向来看,"学前儿童观察记录系统"的运用更是一个连续性的过程。根据不同的评估需要和特定的项目要求,周期性地汇集回顾轶事笔记,寻找丢失的材料,对以上信息进行总结,为特定儿童或所有儿童填写"儿童信息和发展总结"表格,遵循说明计算平均数并合成分数。

当要同家长分享信息的时候,汇集某一名儿童全部的轶事笔记,以此为家长准备"家庭报告"。若要对班级整体儿童进行评估,即汇总所有儿童的"儿童信息和发展总结",遵循小组表格中的说明计算出平均数和小组增长分数,从而获得"小组总结"。

可以看出,区别于过于专业、抽象、理想化的操作指南,"学前儿童观察记录系统"聚焦于儿童生活的各个环节,重视真实性观察和轶事记录,将儿童观察、记录、评价变为可操作、有实效的一项常规工作。通过客观、全面、连续地记录儿童的日常生活,真实且清晰地呈现出儿童发展的趋势脉络,同时完整保留儿童发展变化的所有过程性特点。

### 三、"学前儿童观察记录系统"的借鉴意义

#### 1. 坚持儿童发展与教育评价一体化

传统儿童评价工具通过简单的比较仅能展现出儿童能够达到和需要达到的目标，此类评价结果更倾向于对一般意义上的学术能力进行回应，而如此有限的评价信息忽视了更广义的儿童发展，诸如主动性、社会关系、协调能力和一般逻辑推理能力等，这使得早期教育出现诸多不适宜的现象。"学前儿童观察记录系统"基于儿童发展的全面性和整体性特点，强调对儿童发展进行的评估应是综合性、过程性的观察记录，而不是机械的单次测验。这样一种真实性评价，其评价过程是开放的，允许有多种答案，有助于评价者了解儿童得出答案的思维过程，从而树立广义的儿童学习观，反映儿童发展的方方面面，实现儿童发展与教育评价的一体化目标。

当前，对于儿童发展与教育评价的问题，我国《幼儿园教育指导纲要（试行）》和《3~6岁学前儿童学习与发展指南》都给予了特别关注。其中，《幼儿园教育指导纲要（试行）》中指出要全面了解幼儿的发展状况，防止片面性，尤其要避免只重知识和技能，忽略情感、社会性和实际能力的倾向。《3~6岁儿童学习与发展指南》也指出："以为幼儿后继学习和终身发展奠定良好素质基础为目标，以促进幼儿体、智、德、美各方面的协调发展为核心。"但是，在我国学前教育实践中，目前的评价大多是达标测试性的，缺乏对儿童发展整体的全面评价，更难实现儿童发展和教育评价一体化。

#### 2. 倡导课程改进与教育评价一体化

课程评价作为课程改进的重要依据，对于提高课程质量至关重要。"学前儿童观察记录系统"从设计之初就强调如何基于儿童的身心发展特点进行具体的课程生成和改进。评价内容指标本身就是其课程框架中关于儿童发展内容的集中体现，一方面课程内容成为确定评价指标的重要依据，另一方面通过持续收集儿童真实的发展信息，对评价结果进行分析，转而反馈到课程，不断改进教育方案。

正如高宽课程的设计者所说，"一个功能良好的儿童发展评价工具不仅可以为父母和纳税人提供信息，帮助他们知晓哪些针对儿童教育的投资是物有所值的，同时也为每一个关心儿童发展的人勾勒出儿童发展的各个维度，为早期教育和保育的课程体系提供一个操作性的定义"。可见，"学前儿童观察记录系统"不仅评价儿童发展本身，还通过评价儿童发展来进行课程的改进，即通过整合课程内容框架和评价指标体系，在评估儿童发展水平的同时，验证课程本身的内容质量，实现课程改进与教育评价的一体化。

近年来，我国学前教育评价工作得到了普遍重视，很多幼儿园花费大量人力、物力和财力为每位儿童制作资料完备的成长档案，用来对儿童发展进行评价。但是，幼儿园在评价信息和结果的分析使用上显得轻描淡写，使得收集到的评价信息没有真正发挥促进儿童发展的作用，更没有关注到评价工作与课程之间的紧密联系。因此，我们可以尝试借鉴儿童观察记录的实施过程，在注重对儿童轶事记录的同时，加大日常记录信息的使用效率，提高利用价值，依据日常的记录信息，科学合理地归纳总结教学经验，为课程改进提供支撑性证据，努力实现课程改进与教育评价一体化的目标。

### 3. 推动教师成长与教育评价一体化

任何一种观察、记录、评价的工具，除了关注其投入与产出的比例、后续行动的有效性之外，也都需要关注参与其中的教师成长及所投入的时间和精力等。教师在使用"学前儿童观察记录系统"的过程中，每天都要将他们看到的儿童所做的事情用非常简短的笔记记录下来，这只需要几分钟的时间。之后还需要将粗略的笔记转换成正式的记录，加入儿童轶事录、录入电脑或项目设立的文件系统中，这可能又会花费20~45分钟的时间。

随着教师评价经验的丰富，他们会发现轶事记录更像是加强他们与儿童的互动时间，而不是必须让他们放下重要的事情去做的额外工作。相对于严格的科学实验来说，这种方式是简便易行的，更为重要的是，教师进行观察和记录的过程，正是教师认识和理解儿童学习的过程。这种研究境界将直接推动教师专业能力的提升，并以此实现教师成长与教育评价的一体化。

在国内实践中，对于较为重视观察儿童行为的幼儿园来说，"观察"已逐渐成为教师一日工作的重要组成部分，与教师的工作量和绩效密切相关。但是，很多时候教师的记录仅仅停留在对流程的描述，行为描述缺乏系统性和规范性，所做的评价仅停留在经验层面，既缺乏对现象的抽象总结，也较少提出有效指导的策略。甚至有些教师为了应付工作，使原本要进行的情景性评价变成了简短的概括性点评，评价趋于教条化和模式化。可见，实践中的观察记录并没有真正起到评价儿童发展的作用，更没有起到促进教师成长的作用。因此，目前有必要大力推动教师成长与教育评价的一体化进程。

作为高宽课程儿童发展的重要评价工具之一，"学前儿童观察记录系统"已成为促进儿童发展、提高课程质量和提升教师专业水平的重要途径，这也是高宽课程几十年来得以不断发展、完善、推广和应用的重要原因。当前，随着党的十八大提出"办好学前教育"的新要求，我国学前教育事业已进入提升质量的关键时期，借鉴高宽课程"学前儿童观察记录系统"的有益经验，开发符合我国国情的儿童发展评价工具，必将有力提升我国学前教育的整体质量，从而更好地促进我国学前儿童的全面发展。

（本文源自《中国特殊教育》，2015年第1期）

# 参考文献

［1］教育部教师工作司．幼儿园教师专业标准（试行）解读［M］．北京：北京师范大学出版社，2013．

［2］刘焱．儿童游戏通论［M］．北京：北京师范大学出版社，2010．

［3］丁海东．幼儿园游戏与指导［M］．北京：高等教育出版社，2013．

［4］雷湘竹．学前儿童游戏［M］．上海：华东师范大学出版社，2012．

［5］杨枫．学前儿童游戏（第2版）［M］．北京：高等教育出版社，2014．

［6］翟理红，侯珍娟．幼儿游戏［M］．北京：北京师范大学出版社，2012．

［7］董旭花，韩冰川，王翠霞，等．小区域，大学问——幼儿园区域环境创设与活动指导［M］．北京：中国轻工业出版社，2016．

［8］龚蕊萍．幼儿园综合游戏案例设计［M］．武汉：湖北美术出版社，2013．

［9］［美］何诺德．儿童游戏［M］．谢光进，等，译．北京：社会科学文献出版社，1989．

［10］［美］詹姆斯·约翰逊，等．游戏、儿童发展与早期教育［M］．马柯，译．南京：南京师范大学出版社，2013．

［11］［美］盖伊·格朗兰德．发展适宜性游戏：引导幼儿向更高水平发展［M］．严冷，译．北京：北京师范大学出版社，2014．

［12］［美］桑德拉·海德曼．游戏：从理论到实践［M］．邱学青，等，译．南京：南京师范大学出版社，2015．

［13］［美］凯瑟琳·贾维．游戏［M］．王蓓华，译．成都：四川教育出版社，2006．

［14］［美］劳伦斯·科恩．游戏力［M］．李岩，译．北京：中国人口出版社，2016．